Welcher Pilz ist das?

Markus Flück

KOSMOS

Inhalt

Welcher Pilz ist das? 6
Erklärung von Fachausdrücken 7
Zum Gebrauch dieses Buches 8

Wie Pilze gebaut sind 9

Pilze richtig sammeln 28

Wie Pilze leben 32

**Pilze und Bäume,
eine Partnerschaft** 37

Wo findet man Pilze? 60

Wie Pilze sich vermehren 63

Wie Pilze wachsen 68

Pilze und Tiere 72

Nützliche und schädliche Pilze .. 74

**Speisepilze,
eine kulinarische Bereicherung** .. 77

Pilze selber kultivieren 86

Pilzgifte – Giftpilze 92

Hutunterseite mit Lamellen - Lamellen hell oder dunkel; Stiel deutlich beringt.

   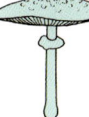

Knollenblätterpilze S. 230-242 | Champignons, Egerlinge S. 243-249 | Schirmlinge S. 250 | Riesenschirmpilze S. 251-253 | Egerlingsschirmpilze S. 254

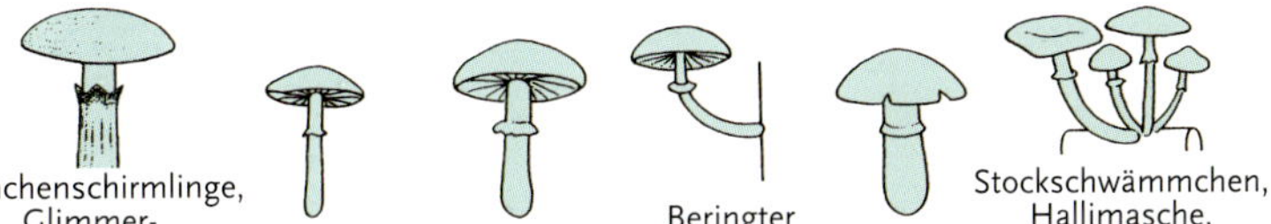

Körnchenschirmlinge, Glimmerschüppling S. 255-256 | Ackerlinge S. 257 | Träuschlinge S. 258-259 | Beringter Schleimrübling S. 260 | Reifpilz S. 261 | Stockschwämmchen, Hallimasche, Häublinge S. 262-265

Hutunterseite mit Lamellen - Lamellen meist dunkel; bei einigen Arten jung hell, dann dunkel gefärbt; Stiel ohne oder nur mit schwach angedeuteter Ringzone.

Tintlinge S. 266-270 | Düngerlinge, Faserlinge S. 271-272 | Schwefelköpfe S. 273-275 | Schüpplinge S. 276-278 | Risspilze S. 279-284

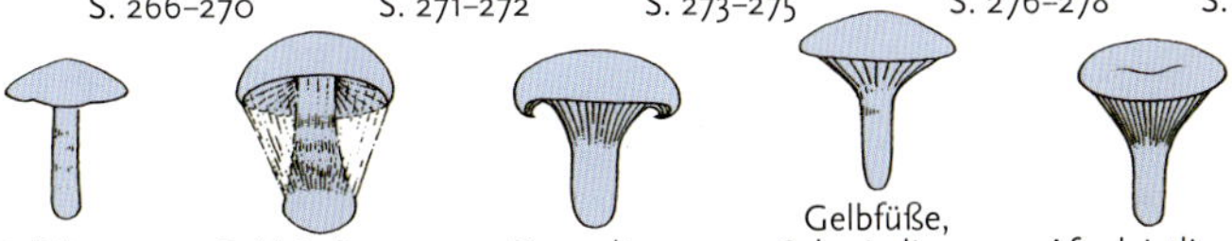

Fälblinge S. 285 | Schleierlinge S. 286-297 | Kremplinge S. 298-299 | Gelbfüße, Schmierlinge S. 300-304 | Afterleistlinge S. 305

Pilze, die nicht in die vorangegangenen Gruppen einzuordnen sind.

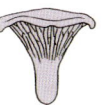 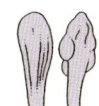 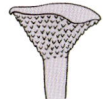   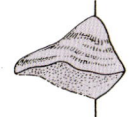

Leistlinge S. 306-314 | Keulenartige, Spatelinge S. 315-317 | Stachelinge S. 318-321 | Zählinge, Spaltblättling S. 322-323 | Seitlinge S. 324-325 | Porlinge S. 326-337

Korallenartige S. 338-346 | Holzkeulen S. 347 | Erdsterne S. 348-351 | Boviste, Stäublinge S. 352-358 | Rutenpilze S. 359-360

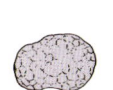     

Trüffelartige S. 361-362 | Morcheln S. 363-367 | Lorcheln S. 369-372 | Becherlinge, Morchelbecherling S. 368, 373-377 | Teuerlinge S. 378 | Gallertartige, Schleimpilze S. 379-385

Pilzarten im Porträt 99

Hutunterseite
mit Röhren 100

Hutunterseite mit hellen,
wachsartigen Lamellen 134

Hutunterseite mit hellen,
oft brüchigen Lamellen 146

Hutunterseite mit Lamellen
und unberingtem Stiel 176

Hutunterseite mit Lamellen
und deutlich beringtem Stiel 230

Hutunterseite
mit dunklen Lamellen 266

Pilze ohne Röhren
und Lamellen 306

Zum Weiterlesen 386

Zum Weiterklicken 386

Register 387

**Informationszentralen
für Vergiftungsfälle** 396

Welcher Pilz ist das?

In diesem Buch stelle ich dem Natur- und Pilzliebhaber über 270 der häufigsten Pilzarten Mitteleuropas vor. Für Pilzsammler sind viele essbare Arten abgebildet und beschrieben, außerdem findet man Hinweise auf giftige Doppelgänger. Aber auch die häufigsten giftigen und ungenießbaren Pilze werden dargestellt. In einem eigenen Kapitel (ab S. 28) wird ausführlich auf das richtige Sammeln und Zubereiten der Pilze eingegangen, mit Rezeptvorschlägen und Tipps zur Konservierung. Ab S. 77 finden Sie eine Übersicht von wichtigen Kulturpilzen, die heutzutage erhältlich sind.

Pilze nehmen eine wichtige Stellung im Naturkreislauf ein. Einige sind lebenswichtige Partner bestimmter Pflanzen, wie etwa vieler Bäume, andere sorgen als Fäulnisbewohner für den Abbau von totem, organischem Material und die Rückführung der Ausgangsstoffe in den Naturkreislauf oder leben als Schmarotzer. In einem eigenen Kapitel (s. S. 33) und in der Rubrik „Wissenswertes" bei jeder Pilzart wird ausführlich auf diese interessanten ökologischen Zusammenhänge und weitere Besonderheiten eingegangen. Die Lebensweise jeder Pilzart wird bei den Artbeschreibungen durch ein entsprechendes Symbol dargestellt.

Das Wissen um Bäume und ihre jeweiligen Pilzpartner kann beim Bestimmen eine große Hilfe sein. Deswegen werden im Buch Bestimmungshilfen für die häufigsten Baumarten gegeben und einige Pilzpartner vorgestellt (ab S. 37).

Sämtliche Fotos bei den Artbeschreibungen und die meisten auf den anderen Buchseiten wurden in der freien Natur am jeweiligen Standort aufgenommen.

Seltene Pilzarten sollten ihren wohlverdienten Schutz erhalten und stehen gelassen werden. Diese sind in den Artbeschreibungen mit der Bezeichnung „schonenswert" versehen. In vielen europäischen Ländern werden sie in einer Roten Liste aufgeführt. Langfristig aber muss die Erhaltung von Lebensräumen angestrebt werden, denn letztendlich kann nur dies die Vielfalt der Pilzarten erhalten.

Nun sind schon 14 Jahre vergangen, seit das Buch zum ersten Mal auf dem Markt erschienen ist. Heute darf ich Ihnen eine komplett überarbeitete Ausgabe nach dem neuesten Kenntnisstand vorlegen. Ich hoffe, dass sich weiterhin viele Pilzliebhaber und Naturfreunde vom Buch angesprochen fühlen. Es soll dem Anfänger die nötigen Kenntnisse vermitteln, dem Naturfreund die ökologischen Zusammenhänge näher bringen und dem fortgeschrittenen Pilzliebhaber viele besondere Eindrücke durch die am natürlichen Standort aufgenommenen Bilder weitergeben.

Für die spontane Übernahme der Durchsicht der ersten Auflage 1995 dieses Werkes möchte ich Josef Breitenbach, Luzern, herzlich danken. Leider ist er inzwischen verstorben. Der in Ruhestand getretene Fotograf Albert Römmel, Oensingen, hat mich viele Jahre fotografisch beraten. Auch ihm möchte ich meinen Dank aussprechen. Weiterhin danke ich meiner Frau Susanne und unserem Sohn für ihr Verständnis. Abschließend danke ich allen, die mich bei meiner Arbeit unterstützt haben.

Markus Flück

Erklärung von Fachausdrücken

anastomosierend mit Querverbindungen versehen (bei Lamellen und Leisten)
Ascus schlauchartige Zelle der Schlauchpilze (Ascomycetes), in der meist acht Sporen entstehen
Basidie flaschenförmige Zelle der Ständerpilze (Basidiomycetes), auf der sich meist vier Sporen entwickeln
bereift wie mit Raureif überzogen
Cortina Haarschleier, spinnwebenartiges Velum partiale
exzentrischer Stiel ein nicht zur Hutmitte verlaufender Stiel
Fruchtschicht, Hymenium sporenbildende Schicht am Fruchtkörper
Gleba das Innere der Fruchtkörper einschließlich der Sporenmasse bestimmter Pilze, beispielsweise der Bovistartigen (Lycoperdales)
Guttationstropfen Wassertröpfchen, die an der Stielspitze, den Röhren oder den Lamellen ausgeschieden werden und dort bis zum Eintrocknen haften
Habitus äußeres Erscheinungsbild
hygrophane Pilzhüte Pilzhüte, die bei Änderung des Feuchtigkeitszustands oft helle, dunkle Partien zeigen und bei Trockenheit ausblassen
Hyphen Pilzfäden aus hintereinander gereihten Zellen, Durchmesser kleiner als 1 mm; das Mycel sowie den Fruchtkörper bildend
Lamellen blattartige Träger der Fruchtschicht bestimmter Hutpilze, verlaufen auf der Hutunterseite vom Stiel zum Hutrand
Lamellenschneide äußere Kante der Lamelle, vergleichbar der Schneide des Messers
Leisten leistenartige Träger der Fruchtschicht bestimmter Hutpilze, in Gestalt dicker, flacher Rippen
Manschette Stielring, Reste des Velum partiale
Mycel watteartiges Pilzgeflecht aus weißen, dünnen Pilzfäden (Hyphen); durchwächst das Substrat und ist für die Nährstoffaufnahme verantwortlich
Mykologie Pilzkunde
Mykorrhiza enge Lebensgemeinschaft zwischen Pilzen und den Wurzeln höherer Pflanzen
Parasit Schmarotzer; parasitische Pilze entziehen ihre Nährstoffe lebenden Organismen, die meist dadurch geschädigt werden
Peridie äußere Hülle der Fruchtkörper von Bovistartigen (Lycoperdales)
Poren Röhrenmündungen
Röhren röhrenartige Träger der Fruchtschicht bestimmter Pilze (Röhrenpilze)
Saprobiont saprophage Pilze, die ihre Nährstoffe totem, organischem Material entziehen
Sporen Verbreitungseinheit; entsprechen funktionell den Samen höherer Pflanzen
steril unfruchtbar
Substrat Nährboden wie Erde, Holz usw., dem die Pilze ihre Nährstoffe entziehen
Symbiose enge Lebensgemeinschaft artungleicher Individuen zu gegenseitigem Nutzen, wie z. B. in der Mykorrhiza
Trama Grundgewebe, Fleisch des Fruchtkörpers
Velum Schutzhülle, die den jungen Fruchtkörper bestimmter Pilze ganz (Velum universale) oder nur teilweise (Velum partiale) umhüllt
Volva Scheide; häutige Reste des Velum universale, die an der Stielbasis zurückbleiben
zentraler Stiel ein zur Hutmitte verlaufender Stiel

Zum Gebrauch dieses Buches

Mit **Hilfe des Schlüssels** am Anfang des Buches (auf der vorderen Klappe) können Sie den gefundenen Pilz grob charakterisieren. Die Pilze sind nach Fruchtkörperformen und gut erkennbaren Merkmalen in sieben Hauptgruppen eingeteilt. Diese sind durch einen Farbcode gekennzeichnet. Durch die Beschreibung allgemeiner Merkmale und Umrisszeichnungen ist eine leichte Einordnung des zu bestimmenden Pilzes möglich. Innerhalb der Hauptgruppen kann der Pilz mit Hilfe der Umrisszeichnungen weiteren Gruppen (mit Verweis auf die Seitenzahl der Artbeschreibung im Buch) zugeordnet werden.

Alle Merkmale des gefundenen Pilzes müssen mit dem Bestimmungstext und dem Foto übereinstimmen. Im Kapitel „Bau von Pilzen" (s. S. 9) sowie am Anfang des Buches (auf der vorderen Klappe) sind diese in Fotos und Zeichnungen dargestellt und werden ausführlich erläutert.

Auch die ausführlichste Diagnose in einem Pilzbestimmungsbuch kann jedoch nicht die umfassende Erfahrung ersetzen, die ein Pilzsammler erst im Laufe der Zeit erwirbt. Lassen Sie deshalb selbstbestimmte Pilze beim geringsten Zweifel an der Diagnose von einem Fachmann nachbestimmen (Pilzberatungsstellen, anerkannte Pilzberater). Im Zweifelsfall sollten Sie eine fragliche Art nicht verwenden.

Zu den Artbeschreibungen

Ab S. 100 finden Sie die Beschreibungen der einzelnen Arten. Die Größenangabe in der Rubrik „Hut" bezeichnet den Durchmesser des Pilzhuts. In der Symbolleiste und unter der Rubrik „Speisewert" finden Sie zu jedem Pilz Angaben über den Speisewert. Nur wirklich gut verträgliche Pilze wurden als essbar eingestuft. Diese Angaben zur Essbarkeit beziehen sich, wenn es nicht ausdrücklich anders vermerkt ist, nur auf ausreichend erhitzte Pilze. In der Gruppe „Kein Speisepilz" sind auch giftverdächtige Pilze eingeordnet. Das Symbol „Giftig" umfasst auch die tödlich giftigen Pilze.

Erläuterung der Symbole

In der Symbolleiste bei jeder Artbeschreibung steht zuoberst das Symbol für den **Speisewert:**

Essbar   *Kein Speisepilz*   *Giftig*

Die verschiedenen **Standortansprüche** sind durch vier Symbole dargestellt.

 Bei Laubbäumen oder auf Laubholz

 Bei Nadelbäumen oder auf Nadelholz

 Bei Nadel- und Laubbäumen oder auf Nadel- und Laubholz

 Auf Wiesen und Weiden, nicht auf Bäume angewiesen

Weitere Informationen erhält man über die **Lebensweise** der Pilze. Wir unterscheiden zwischen Pilzen, die eine Lebensgemeinschaft mit Pflanzen eingehen (Mykorrhizapilze), Fäulnisbewohnern (Saprobionten) und parasitisch lebenden Pilzen.

 Partnerpilz von Pflanzen (Mykorrhizapilz)

 Moderpilz (Saprobiont)

 Schmarotzer (Parasit)

Bei einer Pilzvergiftung
Informationen über das Verhalten bei Vergiftungsverdacht oder Vergiftungsfällen und Adressen von Informationszentralen für Notfälle finden Sie auf S. 396.

Fichten-Steinpilze

Wie Pilze gebaut sind

Hauptsächlich im Herbst kann man im Wald die verschiedensten Pilzfruchtkörper der Großpilze (Macromyceten) entdecken. Diese Fruchtkörper werden allerdings nur für kurze Zeit gebildet. Der eigentliche Pilzkörper besteht aus einem ausgedehnten unterirdischen Pilzgeflecht (Mycel) aus einzelnen Fäden (Hyphen). Auch die Fruchtkörper sind aus miteinander verflochtenen Pilzfäden aufgebaut. Sie sind für die Bildung und Verbreitung der Sporen, mit denen sich der Pilz vermehrt, verantwortlich. In der Regel entstehen aus dem Mycel einmal im Jahr die Fruchtkörper, an denen die Art bestimmt werden kann. Sind die entsprechenden klimatischen Voraussetzungen infolge von Trockenheit oder Kälte nicht gegeben, können die Fruchtkörper über Jahre hin ausbleiben. Das Mycel wird dabei nicht beeinträchtigt.

Großpilze

Die Fruchtkörper von Großpilzen, die in diesem Buch beschrieben werden, sind mit bloßem Auge erkennbar. Für Sammler und Pilzfreunde sind sie von besonderem Interesse. Die meisten Fruchtkörper sind charakteristisch pilzförmig, also in Hut und Stiel gegliedert, diese gehören bis auf wenige Ausnahmen zur Klasse der Ständerpilze (Basidiomycetes).

An der Hutunterseite findet man die sporenbildende Fruchtschicht. Andere Vertreter der Ständerpilze, wie z. B. Korallen (Ramaria), Glucken (Sparassis), Stachelpilze (Thelephoraceae), Gallertpilze (Tremallales), Bovistartige (Lycoperdales), Erdsterne (Geastraceae) und Keulenpilze (Clavulinaceae), sind wegen ihrer ausgefallen geformten Fruchtkörper oft einfacher als die Hutpilze zu bestimmen. Dies gilt auch für die Klasse der Schlauchpilze (Ascomycetes). Unter ihnen findet man Becherlinge *(Peziza, Aleuria)*, Morcheln *(Morchella)*, Lorcheln *(Gyromitra, Helvella)*, Echte Trüffel (Tuberales) und die Holzkeulenartigen (Xylariaceae).

Bestimmung Hutpilze

Für die Bestimmung der Hutpilze ist es wichtig, vor allem auf die verschiedenen Formen des Huts und des Stiels zu achten. Weitere wichtige Bestimmungsmerkmale sind Geruch und Geschmack, die bei einigen Pilzen sehr stark ausgeprägt sein können. Die Farben der Hüte und Stiele sind als Merkmale nur bedingt geeignet, da sie sich bei vielen Arten während der kurzen Wachstumsphase ständig verändern. Hingegen sind die Farben der Lamellenschneide, Röhrenmündung, Ring und Stielnetz aussagekräftiger, da sie meist konstant bleiben oder sich erst im Alter verändern. Das Fleisch und die Milch verfärben sich oft, sobald sie der Luft ausgesetzt sind. Sie gelten als recht zuverlässige Merkmale für eine sichere Bestimmung.

Zur sicheren Bestimmung müssen die einzelnen Erkennungsmerkmale genau beobachtet werden und mit allen in diesem Buch beschriebenen übereinstimmen. Oft kann ein essbarer von einem giftigen Pilz nur aufgrund weniger Merkmale unterschieden werden.

Der Bau der Fruchtkörper wird im Folgenden durch Farbfotos, Zeichnungen und Beschreibungen verständlich gemacht. Weitere Zeichnungen zu wichtigen Bestimmungsmerkmalen und die dazugehörenden Fachausdrücke finden Sie vorne auf den Klappen.

Gut sichtbares Pilzgeflecht in einer Champignonkultur. Normalerweise wächst das Mycel unterirdisch; da aber die Zucht im Dunkeln erfolgt, sieht man es hier auf der Substratoberfläche.

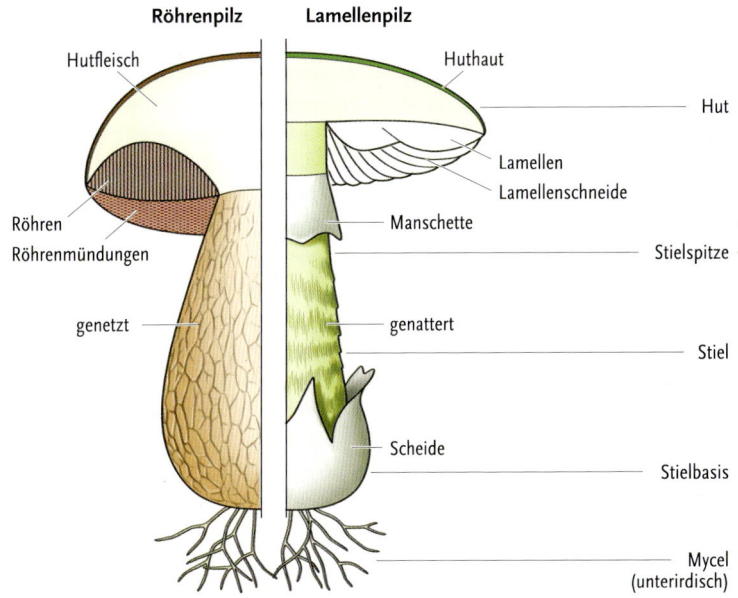

Schema eines Röhrenpilzes (links: Gemeiner Gallen-Röhrling, *Tylopilus felleus*) und eines Lamellenpilzes (rechts: Grüner Knollenblätterpilz, *Amanita phalloides*)
Achtung, nicht immer sind die verschiedenen Merkmale so prägnant ausgebildet und ersichtlich wie in dieser Zeichnung. Auch die Farben variieren in Wirklichkeit.

Der Hut

Ausbildung der Hutunterseite

An der Hutunterseite von Hutpilzen entdeckt man häufig Röhren, Poren, Lamellen, Leisten oder Stacheln, die von der Fruchtschicht überzogen werden. Durch diese eigentümlichen Formen wird die Oberfläche der Fruchtschicht deutlich vergrößert, so dass diese möglichst viele Sporen produzieren kann. Diese werden geschützt auf der Hutunterseite ausgebildet.

Leisten, etwa 2-fach vergrößert (Trompeten-Pfifferling, *Cantharellus tubaeformis*)

Wie Pilze gebaut sind

Brüchige Stacheln (Habichtspilz, *Sarcodon imbricatus*), etwa 5-fach vergrößert

Gallertartige Stacheln (Eispilz, *Pseudohydnum gelatinosum*), etwa 5-fach vergrößert

Röhren und Poren

Gut überschaubar ist die Familie der Röhrlinge (Boletaceae) und der Düsteren Röhrenpilze (Strobilomycetaceae). Geschützt auf der Hutunterseite findet man bei diesen Pilzen senkrecht angeordnete, aneinandergereihte Röhren. In den Röhren reift eine große Anzahl von Sporen heran. Die Röhrenschicht ist entweder am Stiel breit oder etwas herablaufend angewachsen, setzt sich mit einer deutlichen Ausbuchtung von diesem ab oder ist fast frei.

Junge, unreife Fruchtkörper haben im Querschnitt oft weißlich gefärbte Röhren. Mit zunehmendem Alter verfärben sie sich als Folge der Sporenreife je nach Art in Gelb, Graubraun oder Grün. Die gesamte Röhrenschicht kann vom Hut leicht abgelöst werden. Die Röhrenmündungen sind oft rund, aber auch wabenartig oder vieleckig geformt und oft abweichend von der übrigen Röhrenschicht gefärbt. Am häufigsten sieht man gelbe, gefolgt von roten, orangefarbenen, beigen und olivfarbenen Mündungen. Nur bei wenigen Arten sind sie dunkelbraun oder grau gefärbt. Rote und rosafarbene Röhrenmündungen können bei ausgewachsenen Dickröhrlingen *(Boletus)* als Warnfarbe bezeichnet werden. Diese Röhrlinge sind giftig oder zumindest ungenießbar. Bei Blätterpilzen (Agaricales), Porlingsartigen (Polyporaceae) und anderen Pilzgruppen gibt es keine solche Regel. Viele Röhrenmündungen verfärben sich auf Druck blau bis grün, einige sogar auch braun.

Röhren fast herablaufend, Mündungen schwach wabenartig (Pfeffer-Röhrling, *Chalciporus piperatus*)

Röhren am Stiel ausgebuchtet, Mündungen rund und klein (Weinroter Purpur-Röhrling, *Boletus rhodopurpureus*)

 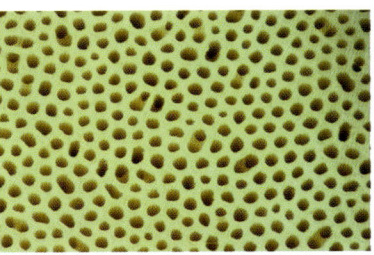

Röhren am Stiel breit angewachsen, Mündungen unregelmäßig vieleckig (Grauer Lärchen-Röhrling, *Suillus viscidus*), ca. 3-fach vergrößert

Runde und gleichmäßige Röhrenmündungen (Fichten-Steinpilz, *Boletus edulis*), ca. 2-fach vergrößert

Sämtliche Porlinge bilden ebenfalls Röhren aus. Diese sind allerdings eher korkig und zäh. Die meisten Porlinge sind ungestielt und sitzen dem Substrat direkt auf. Viele fruchten dachziegelartig in verschiedenen Lagen übereinander. Im Gegensatz zu den Röhren der Röhrlinge sind die der Porlinge meist kürzer und fast immer mit dem Hutfleisch verwachsen, so dass sie sich nicht ablösen lassen. Oft sind die Röhren sehr eng gestellt, manchmal erscheinen sie jedoch weitmaschig und wabenartig.

Die Röhrenmündungen der Porlinge werden als Poren bezeichnet. Sie weisen dieselbe Formenvielfalt auf wie die der Röhrlinge. Die Größe der einzelnen Poren kann 0,1–2 mm betragen. Nur sehr wenige Arten sind als Speisepilze geeignet.

Lamellen

Die weitaus größte Anzahl der Hutpilze bildet blattartige Lamellen. Diese befinden sich wie die Röhren auf der Unterseite des Hutes. Eine gründliche Unterscheidung der verschiedenen Lamellenteile ist besonders wichtig.

Farbe: Lamellen besitzen die unterschiedlichsten Farben. Da auf den Lamellen die zahlreichen Sporen gebildet werden, können bei Reife dunkel gefärbte Sporen im Laufe der Entwicklung die Eigenfarbe der Lamellen völlig überdecken.

Wie ein Labyrinth, Röhrenmündungen des Rotfuß-Röhrlings *(Xerocomus chrysenteron)*, ca. 8-fach vergrößert

Lamellen mit weißen Schneiden auf grauviolettem Grund (Grünspan-Träuschling, *Stropharia aeruginosa*)

Wie Pilze gebaut sind

Dicke Lamellen, am Stiel breit angewachsen (junger Rötlicher Holzritterling, *Tricholomopsis rutilans*)

Lamellen mit glatten Schneiden, ausgebuchtet angewachsen (Violetter Rötelritterling, *Lepista nuda*), ca. 5-fach vergrößert

Der Erdblättrige Risspilz *(Inocybe geophylla)* etwa hat jung weißliche Lamellen, die sich durch die reifen Sporen deutlich bräunlich verfärben. Bei Pilzen mit weißen Sporen, wie z. B. bei Wulstlingen *(Amanita)* und Ritterlingen *(Tricholoma)*, kann die Eigenfarbe der Lamellen auch bei alten Fruchtkörpern noch erkannt werden.

Haltung: Die Art des Anschlusses der Lamellen an den Stiel bezeichnet man als deren Haltung. Sie ist zur Bestimmung von vielen Blätterpilzen wichtig. Folgende Formen werden dabei hauptsächlich unterschieden: frei, gerade angewachsen, ausgebuchtet angewachsen und herablaufend. Sämtliche Wulstlinge *(Amanita)* sind sogenannte Freiblättler. Der Grüne Knollenblätterpilz *(Amanita phalloides)* z. B. unterscheidet sich durch seine freie Lamellenhaltung von den Ritterlingen *(Tricholoma)*, Rüblingen *(Collybia)* und Täublingen *(Russula)*, die allesamt angewachsene Lamellen aufweisen.

Form: Wie die Haltung ist auch die Form der Lamellen zur Bestimmung der Pilze wichtig. Man unterscheidet breite und schmale sowie dicke und dünne Lamellen. Besonders dicke Lamellen besitzt der Dickblättrige Schwärz-Täubling *(Russula nigricans)*. Den Lamellenrand nennt man Schneide. Meistens ist sie glatt, gesägt, gekerbt, oder gewimpert.

Die Lamellen sind entweder gedrängt oder entfernt stehend angeordnet. Sämtliche Schnecklinge und Saftlinge (Hygrophoraceae) weisen z. B. sehr entfernt stehende Lamellen auf.

Die Lamellen können entweder alle gleich lang, mit Zwischenlamellen versehen (untermischt), gegabelt oder durch Queradern miteinander verbunden (anastomisierend) sein. Die Fruchtschicht der Leistlinge

Untermischte Lamellen mit glatten Schneiden, breit angewachsen (Kirschroter Saftling, *Hygrocybe coccinea*), ca. 2-fach vergrößert

Glatte Schneiden, die Sporenanlagen sind schwach sichtbar (Kahler Krempling, *Paxillus involutus*), ca. 8-fach vergrößert

Gekerbte und gesägte Schneiden (Harziger Sägeblättling, *Lentinus adhaerens*), ca. 8-fach vergrößert

(Cantharellaceae), wie z. B. des bekannten Echten Pfifferlings *(Cantharellus cibarius)*, ist immer anastomosierend.

Interessant ist die Familie der Sprödblättler (Russulaceae), zu der die Täublinge *(Russula)* und Milchlinge *(Lactarius)* gehören. Durch eine nestweise Anhäufung kugeliger Zellen zwischen den gestreckten Hyphen ist das Fleisch dieser Arten sehr mürbe und brüchig. Fährt man mit dem Finger quer über die Lamellen, um die Festigkeit zu prüfen, so zersplittern sie dabei. Eine Ausnahme bilden der Violettgrüne Frauen-Täubling *(Russula cyanoxantha)* und seine nahen Verwandten, die wie alle übrigen Blätterpilze mehr oder weniger elastische Lamellen aufweisen.

Hutfarbe

Die Farbpalette der Hüte reicht von Weiß über Gelb, Orange, Rot, Blau, Grün, Braun bis hin zu Schwarz. Bei einigen Lamellenpilzen sind äußerst attraktive Hutfarben bekannt. Immer wieder bewundernswert ist der Hut des Fliegenpilzes *(Amanita muscaria)* mit seinen weißen, flockigen Hüllresten auf rotem Grund. Der Grünspan-Träuschling *(Stropharia aeruginosa)* fällt durch seine blaugrüne Farbe auf, die im Pilzreich selten ist. Er hat eine schleimige Huthaut, die jung mit weißen Hüllresten besetzt ist. Die intensive Färbung des jungen Violetten Lacktrichterlings *(Laccaria amethystea)* ist einzigartig. Durch Sonneneinstrahlung wird die Hutoberfläche aber schon bald ausgebleicht.

Die meist grell gefärbten Saftlinge *(Hygrocybe)* erinnern uns an Leuchtstofffarben von Textmarkern. Sie sind mit wenigen Ausnahmen die einzigen Pilze, die in Hut, Lamellen und Stiel, ausgenommen einiger Nuancen, dieselbe kräftige Farbe aufweisen. Ihre Pracht hält nur bei trockener Witterung, denn starke Regenfälle waschen ihre Farbe aus, so dass sie nur noch fad und unauffällig erscheinen.

Die Farbe der Hüte von Täublingen *(Russula)* variiert innerhalb der einzelnen Arten sehr stark. Man nennt dies wechselfarbig. Der Hut des Rotstieligen Leder-Täublings *(Russula olivacea)* kann von Olivfarben bis Grün, Braun oder Rot variieren. Auffallend ist das satte Rot des Kirschroten Spei-Täublings *(Russula emetica)*.

Es gibt Pilzhüte, die bei feuchter Witterung durch die Aufnahme von Wasser eine dunklere Farbe annehmen. Sobald sie wieder

Wie Pilze gebaut sind

Hutform halbkugelig

Hutform trichterig

Hutform kegelig

Hutform spitz gebuckelt

von der Sonne beschienen werden, erscheinen sie plötzlich zweifarbig, hell und dunkel. Durch die Wärme verdunstet ein Teil des Wassers, so dass die Hutspitze zuerst ausbleicht, während im unteren Drittel gegen den Rand hin immer noch Flüssigkeit gespeichert ist und dieser dadurch dunkler erscheint. Dies nennt man hygrophan. Das büschelig wachsende Stockschwämmchen *(Kuehneromyces mutabilis)*, das mit dem tödlich giftigen Gift-Häubling *(Galerina marginata)* verwechselt werden kann, ist durch seine hygrophanen Hüte bekannt.

Witterungseinflüsse wie Wind und Regen, Wärme und Kälte können die Farben beträchtlich verändern. Die oft kräftigen Farben der Hüte von jungen Pilzfruchtkörpern werden im Alter zunehmend ausgebleicht.

Hutform

Im Laufe des oft erstaunlich schnellen Wachstums der Fruchtkörper ändert sich die Hutform ständig. Oft sind die jungen Hüte halbkugelig, dann gewölbt und später fast flach, wie beispielsweise bei den meisten Röhrlingen (Boletaceae). Aus den jungen paukenschlegelförmigen Fruchtkörpern der Riesen-Schirmlinge entwickeln sich erst glockenförmige, dann große gewölbte bis flache Hüte, die in der Mitte schwach bis spitz gebuckelt sind. Aus den anfangs flach gewölbten bis ausgebreiteten Hüten der Trichterlinge *(Clitocybe)* entstehen schon früh die im Alter so charakteristischen Trichter.

Bei der Gelben Kraterelle *(Cantharellus xanthopus)* und der Herbsttrompete *(Craterellus cornucopioides)* ist der Trichter bis in den Stiel erweitert. Dies nennt man durchbohrt.

Die Hüte der Risspilze *(Inocybe)* sind jung stets kegelig; einige Arten behalten diese Form bis ins Alter, andere hingegen verflachen, aber immer bleibt ein Buckel zurück.

Die meisten Hüte der Helmlinge *(Mycena)* haben eine glockige bis kegelige Form. Typisch glockenförmig von der Jugend bis ins Alter ist der Hut des Glocken-Düngerlings *(Panaeolus papilionaceus)*. Der einzigartige, walzenförmige Hut des Schopf-Tintlings *(Coprinus comatus)* öffnet sich nie. Erst durch den Zersetzungsprozess bleibt eine runde, flache Scheibe zurück, die einem ausgebreiteten Hut ähnelt.

Aus diesen Beispielen ist ersichtlich, dass mit einigen, gut abgrenzbaren Hutformen schon eine grobe Einteilung vorgenommen werden kann. In einigen Fällen kann damit sogar die Gattung bestimmt werden.

Oberfläche und Haut

Die Hutoberfläche und Huthaut kann oft typisch für die einzelnen Arten sein. Verschiedenen Wulstlingen *(Amanita)* haften die

Weiße Flocken auf rotem Grund kennzeichnen den märchenhaften Hut des Fliegenpilzes *(Amanita muscaria)*, Maßstab ca. 1:1.

Hüllreste in Form von Punkten oder Fetzen auf der Huthaut.

Bei einigen Milchlingsarten, besonders Edel-Reizker *(Lactarius deliciosus)*, Zottiger Birken-Milchling *(Lactarius torminosus)* und Grubiger Milchling *(Lactarius scrobiculatus)*, ist die Hutoberfläche konzentrisch gezont.

Bei allen Scheidenstreiflingen fällt die Riefung am Hutrand auf. Der Kahle Krempling *(Paxillus involutus)* und der Samtfuß-Krempling *(Paxillus atrotomentosus)* besitzen jung einen eingerollten Hutrand. Der Hutrand beim Fransigen Wulstling *(Amanita strobiliformis)* hingegen ist bei ausgewachsenen Exemplaren von Resten der Gesamthülle deutlich behangen.

Der Hut des Safran-Riesenschirmpilzes *(Macrolepiota rachodes)* ist dachziegelartig geschuppt.

In der Regel kann man folgende Hauttypen unterscheiden: trocken, schmierig, matt, glänzend, samtig, glatt oder getropft.

Die Haut lässt sich teilweise oder sogar ganz abziehen (s. hintere Klappe). Die Huthaut des Kuhmauls *(Gomphidius glutinosus)* ist mit einer durchsichtigen, abziehbaren Schleimschicht überzogen.

Schmier-Röhrlinge *(Suillus)* besitzen eine stark klebrige, Filz-Röhrlinge *(Xerocomus)* eine außerordentlich filzige Huthaut. Die Haut sämtlicher Schnecklinge *(Hygrophorus)* ist schleimig, aber nicht unbedingt klebrig. Bei feuchter Witterung ist die Haut verschiedener Reizker aus der Gattung der Milchlinge *(Lactarius)* feucht und klebrig. Täublinge *(Russula)*, die in vielen Arten vorkommen, haben eine trockene, schwach wachsige Haut. Eine radialfasrige und meist trockene Huthaut ist uns vom Grünen Knollenblätterpilz *(Amanita phalloides)* und von einem großen Teil der Risspilze *(Inocybe)* bekannt. Vielen Rotfuß-Röhrlingen *(Xerocomus chrysenteron)*, die im Sommer Fruchtkörper bilden, wird die Huthaut bei starker Sonneneinstrahlung feldrig aufgerissen. Auch beim Sommer-Steinpilz *(Boletus reticulatus)* kann dies häufig beobachtet werden.

Der Stiel

Form

Wie die Hüte können auch die Stiele unterschiedlich geformt sein. Dabei kommen zentrisch und exzentrisch zum Hut verlaufende Stiele vor. Folgende Hauptformen werden unterschieden: bauchig, keulig, zylindrisch, wurzelnd, verdreht, mit Längsrillen versehen, gekniet und an der Spitze verjüngt.

Die dicksten und bauchigsten Stiele sämtlicher Großpilze besitzen sicher die Dickröhrlinge *(Boletus)*. Dazu gehören unter anderen der bekannte, wohlschmeckende Fichten-Steinpilz *(Boletus edulis)* und der giftige Satans-Röhrling *(Boletus satanas)*. Die Raustiel-Röhrlinge *(Leccinum)* weisen eher lange, schlanke, bisweilen schwach bauchige und dunkel geschuppte Stiele auf. Die längsfasrigen Stiele der Rüblinge *(Collybia)* sind häufig verdreht. Der verglichen mit seiner Größe eher dünne und sehr lange Stiel des Riesenschirmpilzes *(Macrolepiota procera)* ist an der Basis keulig bis zwiebelig verdickt.

Ein durch Äste oder Steine beeinträchtigtes Wachstum kann zu eigentümlichen Verformungen der Stiele oder der ganzen Fruchtkörper führen.

Längsschnitt

Einige Pilzarten weisen typische Merkmale auf, wenn ihr Stiel längs durchgeschnitten

Im Längsschnitt wird sichtbar, dass Morcheln hohl sind (hier: Spitz-Morchel, *Morchella conica*).

wird. Beim Kornblumen-Röhrling *(Gyroporus cyanescens)* und Hasen-Röhrling *(Gyroporus castaneus)* findet man eine mehrfache, arttypische Kammerung vor. Ähnliche, aber wattig ausgestopfte Stiele haben einige Arten der Täublinge *(Russula)*.

Die Morcheln *(Morchella)* und Lorcheln *(Gyromitra, Helvella)* sind im Stiel und Hut völlig hohl. Dadurch ist es ihnen möglich, solch eigenartige Formen hervorzubringen. Die wabenartige, dünne Haut stützt den Fruchtkörper wie ein Außenskelett. Das Gewicht ist dadurch sehr gering, hundert frische Spitzmorcheln ergeben ca. 1 kg.

Farbe und Oberfläche

Die Stiele der Röhrlinge (Boletaceae) weisen die interessantesten Farben und Oberflächenstrukturen auf. Viele Stiele der Dickröhrlinge *(Boletus)* ziert eine feine, längsmaschige und farbige Netzzeichnung auf einer weißlichen, gelblichen oder rötlichen Grundfarbe. So ist der gelbliche Stiel des Netzstieligen Hexen-Röhrlings *(Boletus luridus)* mit einem rötlichen und der cremefarbene Stiel des Gemeinen Gallen-Röhrlings *(Tylopilus felleus)* mit einem derben braunen Netz überzogen. Der Fichten-Steinpilz *(Boletus edulis)*

Stiel netzig

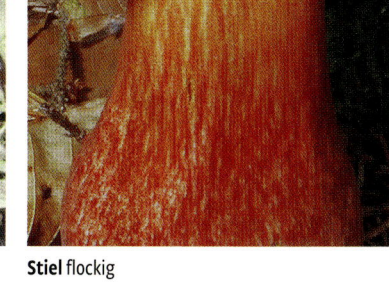
Stiel flockig

Stiel genattert

Stiel raufaserig

hingegen trägt ein feines, weißliches Netz auf weißem oder hellbraunem Hintergrund.

Einige Schmier-Röhrlinge *(Suillus)* sondern an der Stielspitze Wassertropfen (Guttationstropfen) ab. Die samtigen Stiele des essbaren, im Winter fruchtenden Samtfußrüblings *(Flammulina velutipes)* und des Samtfuß-Kremplings *(Paxillus atrotomentosus)* sind mit feinen schwarzen Haaren dicht besetzt. Diese Pilzarten wachsen auf totem Holz.

Die einer Schlangenhaut gleichenden Stiele vieler Wulstlinge (Amanitaceae) nennt man genattert. Bei Stielen der Schnecklinge (Hygrophoraceae) erscheint die Spitze wie mit Raureif überzogen. Diese sogenannte Bereifung hält in der Regel nicht lange an und kann bei älteren Exemplaren oft nicht mehr festgestellt werden.

Schüpplinge *(Pholiota)*, der Riesenschirmpilz *(Macrolepiota procera)* sowie einige andere Arten haben schuppige Stiele. Die Stiele einiger Milchlinge *(Lactarius)* weisen grubige, tropfenförmige Vertiefungen auf, die durch eine kräftige Färbung auffallen und dem Stiel ein gesprenkeltes Aussehen verleihen.

Ring, Manschette, Ringzone

Manche Fruchtkörper tragen am Stiel einen Ring. Die verschiedenen Ringarten entstehen durch das Platzen der Teilhülle, einer Schutzhülle, die von den jungen Fruchtkörpern gebildet wird.

Hängende Ringe werden oft als Manschette bezeichnet. Bei Schleierlingen *(Cortinarius)* spricht man von Ringzonen.

Wie Pilze gebaut sind

Bei vielen Arten bestehen diese Ringe aus besonders dünner Haut, so dass sie schon nach wenigen Stunden bei entsprechender Witterung nicht mehr sichtbar sein können. Solche zarten Ringe oder Manschetten werden als vergänglich bezeichnet.

Man unterscheidet folgende ausgebildete Ringe: herabhängend und nach oben abziehbar, aufsteigend, doppelt, mit gezähntem Rand oder gerieft. Bis auf die Scheidenstreiflinge sind alle Wulstlinge *(Amanita)* beringt. Einige Wulstlinge sind mit einer gerieften Manschette versehen.

Die Riefung ist nichts anderes als der Abdruck der Lamellenstruktur auf der Teilhülle. Den Grauen Wulstling *(Amanita excel-*

Die Riefung auf der Manschette ist nichts anderes als der Abdruck der Lamellenstruktur, hier beim Perlpilz *(Amanita rubescens)*.

sa) unterscheidet die gerieft Manschette z. B. deutlich vom ähnlichen Pantherpilz *(Amanita pantherina)*. Die Riesen-Schirmlinge *(Macrolepiota)* besitzen einen doppelten Ring. Da er nicht direkt mit dem Stiel verbunden ist, lässt er sich nach oben und unten verschieben. Einen häutigen, aufsteigenden und trichterförmigen Ring hat der seltene Glimmerschüppling *(Phaeolepiota aurea)*. Unter den Schmier-Röhrlingen ist besonders der Butterpilz *(Suillus luteus)* bekannt, der eine kaum vergängliche, häutige und weißliche bis violette Manschette trägt. Bei verschiedenen Egerlingsarten *(Agaricus)* ist die arttypische, zarte Manschette bei ausgewachsenen Exemplaren oft nicht mehr völlig intakt.

Basis

Die Stielbasen der Pilze können die verschiedensten Formen aufweisen. So gibt es wurzelnde, zuspitzende, abgerundete, knollige und vom Mycelfilz umsponnene Basen. Viele Rüblinge *(Collybia)*, wie z. B. der Brennende Rübling *(Collybia peronata)*, weisen an der Basis einen weißlichen bis gelblichen Mycelfilz auf.

Die Stielbasis des häufigen, meist einzeln stehenden Grubigen Wurzelrüblings

Der Stiel des Spitzgebuckelten Raukopfs *(Cortinarius rubellus)* ist mit Velumresten gegürtelt. Diese Ringzonen sind typisch für Schleierlinge.

Lappige Scheide

Stiel in Basis eingepfropft

Warzig gegürtelte Knolle

Zwiebelig abgesetzte Knollen

(Xerula radicata) wurzelt wie eine Pfahlwurzel tief im Boden. Besonders keulig bis knollig sind die Stielbasen der Schleimköpfe und Klumpfüße *(Cortinarius,* Untergattung *Phlegmacium).* Ein bekannter Vertreter ist der größte Schleierling, die Schleiereule *(Cortinarius (Phlegmacium) praestans).*

Pilze, die jung eine Gesamthülle ausbilden, tragen an den verdickten oder knollenartigen Stielbasen noch erkennbare Reste davon. Man unterscheidet dann zwischen folgenden Haupttypen: lappige Scheide, Stiel in Knolle eingepfropft, warzig gegürtelte Knolle, zwiebelig abgesetzte Knolle und rübenförmige Basis.

Sämtliche Wulstlinge *(Amanita)* haben eine besonders ausgebildete Stielbasis. Durch ihre Verschiedenartigkeit ist sie oft ein wichtiges Unterscheidungsmerkmal zwischen essbaren und giftigen Wulstlingarten. So ist z. B. der giftige Pantherpilz *(Amanita pantherina)* an seiner eingepfropften, darüber ringförmig gegürtelten Stielbasis erkennbar. Die Stielbasis des Fliegenpilzes *(Amanita muscaria)* ist knollig und warzig gegürtelt, die des essbaren Perlpilzes *(Amanita rubescens)* ausgesprochen keulig bis knollig ohne Warzengürtel.

Das Fleisch

Struktur

Das Fleisch (Trama) der meisten Pilzfruchtkörper ist längsfaserig. Der Stiel lässt sich nur mit einem Messer durchschneiden und nicht sauber entzweibrechen. Das Fleisch von

Wie Pilze gebaut sind

Täublingen *(Russula)* und Milchlingen *(Lactarius)* hingegen ist mürbe und brüchig, ähnlich dem eines reifen Apfels. Dies kommt durch die Anhäufung kugeliger Zellen zwischen den gestreckten Hyphen zustande. Die Stiele solcher Pilze lassen sich leicht in alle Richtungen entzweibrechen.

Mit einigen Ausnahmen ist das Fleisch von bodenbewohnenden Pilzarten eher weich. Das Fleisch der auf Holz wachsenden Porlingsarten (Polyporaceae), wie das des häufigen Schwefel-Porlings *(Laetiporus sulphureus)*, ist jung sehr weich, ausgewachsen aber hart und korkig.

Verfärbungen

Oft kann man vor allem nach dem Anschneiden von Fruchtkörpern oder bei Druck eine Anfärbung des Fleisches beobachten. Die Entstehung dieser Farben ist meist noch ungeklärt; die Verfärbungen entstehen wohl durch eine Reaktion mit Sauerstoff.

Immer wieder beeindruckend ist das blaue Anlaufen verschiedener Röhrlinge (Boletaceae). Schon die Röhrenmündungen sowie die Stieloberfläche verfärben sich bei Druck. Beim Zerschneiden der Pilzkörper kann die Verfärbung, die in wenigen Sekunden entsteht, mit bloßem Auge mitverfolgt werden.

Der Schwarzblauende Röhrling *(Boletus pulverulentus)* nimmt eine tief schwarzblaue Farbe an. Folgende Arten laufen in einem kräftigen Blau an: Netzstieliger Hexen-Röhrling *(Boletus luridus)*, Flockenstieliger Hexen-Röhrling *(Boletus luridiformis)* und Maronen-Röhrling *(Xerocomus badius)*. Eher schwach blau werden der Rotfuß-Röhrling *(Xerocomus chrysenteron)*, der Blutrote Röhrling *(Xerocomus rubellus)*, der Schönfuß-Röhrling *(Boletus calopus)*, der Wurzelnde Bitter-Röhrling *(Boletus radicans)* und der Satans-Röhrling *(Boletus satanas)*.

Auffallend schön verfärbt sich das Fleisch des seltenen Silber-Röhrlings *(Boletus fechtneri)*. Bei einem Längsschnitt wird der Hut himmelblau, während die Stielbasis rosa erscheint. Das Fleisch der Espen-Rotkappe *(Leccinum rufum)* verfärbt sich an der Stielbasis grünlich, das übrige Fleisch nimmt eine schwärzliche Farbe an. Die Röhrenmündungen des Goldgelben Lärchen-Röhrlings *(Suillus grevillei)* verfärben sich bei Druck bräunlich. Bemerkenswert ist, dass sich das Fleisch und die Röhren aller „Steinpilze" hingegen nicht verfärben. Für die Bestimmung von Röhrlingen ist es daher sehr wichtig, die Verfärbungen zu beobachten.

Auch bei anderen Pilzen kann man Verfärbungen entdecken. Der Schwärzende Saftling *(Hygocybe conica)* z. B. verfärbt sich im Alter von Rotorange nach Schwarz. Bei den Egerlingen / Champignons *(Agaricus)* werden gilbende und rötende Arten unterschieden. Das Fleisch des Safran-Riesenschirmpilzes *(Macrolepiota rachodes)* verfärbt sich im Schnitt oder bei Druck safranrot.

Der Schwarzblauende Röhrling *(Boletus pulverulentus)* hält, was sein Name verspricht.

Milch

Ein weiteres interessantes Phänomen sind die milchenden Pilzarten. Wie ihr Name schon sagt, gehören sämtliche Milchlinge *(Lactarius)* dazu. Bei diesen Arten ist hauptsächlich das Hutfleisch mit Gefäßen (Milchsafthyphen) durchzogen, die bei Verletzung eine milchartige Flüssigkeit absondern. Die meisten Pilze dieser Gattung sind weiß milchend. Die Milch verfärbt sich beim Eintrocknen oft bräunlich, gelblich oder grünlich. Geschmacklich unterscheidet man milde sowie etwas kratzende, scharfe und brennend scharfe Milch. Der giftige Grubige Milchling *(Lactarius scrobiculatus)* entlässt eine schwefelgelbe Milch. Die Milch des seltenen Violettmilchenden Zotten-Reizkers *(Lactarius repraesentaneus)* ist violett.

Nur sehr schwer bestimmbar sind die verschiedenen rotmilchenden Reizker, eine Hilfe bietet die Farbe der frischen und eintrocknenden Milch. Die frische Milch des Edel-Reizkers *(Lactarius deliciosus)* ist orangerot und verfärbt sich nach Graugrün. Ebenfalls orangerot milchend sind der Lachs-Reizker *(Lactarius salmonicolor)* und der Fichten-Reizker *(Lactarius deterrimus)*, bei diesen Arten verfärbt sich die Milch nach Weinrot bis Orangebraun. Der Weinrote Kiefern-Reizker *(Lactarius sangifluus)* entlässt eine weinrote Milch, während die Milch des Spangrünen Kiefern-Reizkers *(Lactarius semisanguifluus)* erst nach drei bis zehn Minuten eine weinrote Färbung annimmt.

Auch unter den Helmlingen kann man einige wenige milchende Arten finden, wie beispielsweise den Gelbmilchenden Helmling *(Mycena crocata)*, den rotmilchenden Purpurschneidigen Helmling *(Mycena sanguinolenta)* und Blut-Helmling *(Mycena haematopoda)* sowie den Weißmilchenden Helmling *(Mycena galopus)*.

Der Lachs-Reizker *(Lactarius salmonicolor)* gehört zu den rotmilchenden Milchlingen.

Geruch

Der Geruch des Fleisches ist ein weiteres wesentliches Bestimmungsmerkmal. Dieser kann bei manchen Pilzarten besonders stark ausgeprägt sein. Die ausgewachsen stark nach Aas riechende Stinkmorchel *(Phallus impudicus)* kann aufgrund ihres Geruches schon auf weite Distanz ausgemacht werden. Auch der Lästige Ritterling *(Tricholoma inamoenum)* sowie der Seifen-Ritterling *(Tricholoma saponaceum)* sind an ihrem aufdringlichen Geruch erkennbar.

Das Riechen an einem Schwefel-Ritterling *(Tricholoma sulphureum)* sollte eher vorsichtig erfolgen, da er einen beißenden, schwefelartigen Geruch verbreitet.

Einen angenehmen Geruch, der bei günstiger Windrichtung über einige Meter wahrgenommen werden kann, verbreitet der Anis-Zähling *(Lentinellus cochleaus)*. Dieser Holzbewohner ist ein guter Würzpilz, wenn er dem Pilzgericht in kleinen Mengen zugegeben wird. Die Anis-Egerlinge *(Agaricus arvensis* und *essettei)* besitzen denselben, allerdings schwächeren Duft.

Wie Pilze gebaut sind

Der Wohlriechende Schneckling *(Hygrophorus agathosmus)* aus der Familie der Wachsblättler duftet nach Marzipan. Wenn man an dem Kleinen Duftmilchling schnuppert, sehnt man sich nach südlichen Breiten, seine Milch riecht nach Kokosnuss. Der Stachelbeer-Täubling *(Russula queletii)* riecht nach Stachelbeeren, schmeckt jedoch brennend scharf.

Geschmack

Eine Geschmacksprobe bei Täublingen *(Russula)*, Milchlingen *(Lactarius)*, Röhrlingen (Boletaceae) und anderen Pilzen wurde früher bedenkenlos durchgeführt. Heute ist man allerdings etwas vorsichtiger geworden. Seit einigen Jahren ist bekannt, dass dabei ein geringes Risiko besteht, sich mit den Eiern des Fuchsbandwurms zu infizieren. Deswegen sollten Geschmacksproben auf ein Minimum reduziert und in besonders gefährdeten Gebieten gänzlich unterlassen werden. Nur bei einwandfreien und sauberen Fruchtkörpern sollte eine solche Probe vorgenommen werden.

Das Fleisch einiger Täublinge und Milchlinge ist sehr scharf und nachhaltig brennend. Deswegen sollte, erst nachdem man an den Lamellen oder der Milch mit der Zungenspitze den Geschmack festgestellt hat, bei nicht besonders scharf schmeckenden Arten ein kleines Stück Fleisch gekaut werden. Nach einigen Sekunden muss die gesamte Kostprobe wieder ausgespuckt werden, sie darf keinesfalls geschluckt werden.

Achtung, selbst das Verschlucken kleinster Mengen kann bei giftigen Pilzen gesundheitsgefährdend sein. Geschmacksproben dürfen keinesfalls bei tödlich giftigen Pilzen erfolgen.

Sporen

Die für die Vermehrung der Pilze wichtigen Sporen werden auf der Fruchtschicht (Hymenum) gebildet. Die Größe der Sporen beträgt im Mittel 2–20 Tausendstelmillimeter. Die Größe und Gestalt ist von Art zu Art verschieden, kann aber mit bloßem Auge nicht erkannt werden. Da die Sporen jedoch millionen-, teilweise sogar milliardenfach pro Fruchtkörper produziert werden, ist es möglich, die Sporenpulverfarbe (s. Tabelle) festzustellen. Dies kann mit den sogenannten Abwurfpräparaten geschehen. Dazu legt man den entstielten Pilz mit dem Hymenium nach unten auf einen weißen Bogen Papier. Zum Schutz vor Luftzügen stülpt man ein Glas darüber und lässt das Ganze einige Zeit, am besten über Nacht, stehen. Die Farbe des Sporenpulvers ist nun deutlich ersichtlich. Außerdem erhält man einen Abdruck der entsprechenden Lamellen- oder Röhrenstruktur.

Bei büschelig wachsenden Fruchtkörpern fallen die Sporen auf die tiefer liegenden Hüte. Auf diesen überpuderten Hüten kann man bisweilen die Sporenpulverfarbe breits im Wald erkennen.

Die Lamellenstruktur und die Farbe des Sporenpulvers sind bei einem Abwurfpräparat deutlich erkennbar (hier: Riesenschirmpilz, *Macrolepiota procera*).

Sporenpulverfarbe	Pilzgruppe
weiß	Wulstlinge (Amanita) Saftlinge (Hygrocybe) Ritterlinge (Tricholoma) Raslinge (Lyophyllum) Schnecklinge (Hygrophorus) Helmlinge (Mycena)
weiß bis cremefarben	Riesen-Schirmpilze (Macrolepiota) Schirmlinge (Lepiota) Rüblinge (Collybia) Trichterlinge (Clitocybe) Hallimasche (Armillaria)
weiß, cremefarben bis dottergelb	Täublinge (Russula) Milchlinge (Lactarius)
rosa bis rosabräunlich	Rötlinge (Entoloma) Dachpilze (Pluteus)
hell- bis olivbraun	Röhrlinge (Boletaceae)
rostbraun	Schleierlinge (Cortinarius) Mistpilze (Bolbitius) Kremplinge (Paxillus) Schüpplinge (Pholiota)
purpurfarben, violett, dunkelbraun bis schwarz	Egerlinge/Champignons (Agaricus) Tintlinge (Coprinus) Träuschlinge (Stropharia) Gelbfußpilze (Gomphidiaceae)

Schutzhüllen von jungen Pilzen

Um die junge, unreife Fruchtschicht vor Erdpartikeln, gefräßigen Käfern und Schnecken zu schützen, bilden junge Ständerpilze (Basidiomycetes) häufig Schutzhüllen, die als Velum bezeichnet werden. Dabei lassen sich Gesamthüllen von Teilhüllen unterscheiden:

Gesamthülle

Die dünne, hautartige Gesamthülle (Velum universale) umschließt den jungen Fruchtkörper ganz. Im Verlauf des weiteren Wachstums des Fruchtkörpers zerreißt diese Gesamthülle. Auf der Hutoberfläche bleiben dann oft Hautfetzen in Form von rundlich flachen, warzigen, seltener pyramidenförmigen Flocken zurück. Diese sind meist abwaschbar und nach einem Platzregen erscheint die Huthaut plötzlich verwirrend kahl. In der Regel sind die Velumreste weißlich oder gräulich, seltener gelblich gefärbt. Beim Fliegenpilz (Amanita muscaria) z. B. heben sich die weißen, warzigen Flocken auffällig von der roten Huthaut ab.

Wie Pilze gebaut sind

Die Reste der Gesamthülle sind aber nicht nur auf dem Hut ersichtlich, sondern immer auch an der Stielbasis, die dann eine Gürtelung oder eine Scheide aufweist. Diese kann bei der Bestimmung von Pilzen mit Gesamthülle dadurch wichtige Unterscheidungsmerkmale liefern. Sämtliche Wulstlinge *(Amanita)* sind jung von einem Velum universale umschlossen. Solange diese Gesamthülle intakt ist, kann man die Wulstlinge kaum voneinander unterscheiden und Verwechslungen mit Stäublingen *(Lycoperdon)* sind durchaus denkbar.

Teilhülle

Die Teilhülle verbindet den Hutrand mit der Stielmitte und wird auch als Velum partiale bezeichnet. Der Ring am Stiel und der oft mit Fetzen behangene Hutrand sind deutliche Überbleibsel der beim Aufschirmen des Huts zerreißenden Teilhülle. Bei Riesen-Schirmlingen *(Macrolepiota)* mit ihrem dickhäutigen, bei einigen Arten verschiebbaren Ring und dem meist behangenen Hutrand sind diese besonders deutlich zu erkennen.

Bei einigen Pilzarten kann man eine Riefung auf der Manschette feststellen. Diese

Schutzhüllen bei jungen Pilzen; die Reste sind bei ausgewachsenen Fruchtkörpern gut erkennbar.
Oben: Entwicklung der Teil- und Gesamthülle beim Fliegenpilz *(Amanita muscaria)*
Unten: Entwicklung des Schleiers bei der Schleiereule *(Cortinarius praestans)*

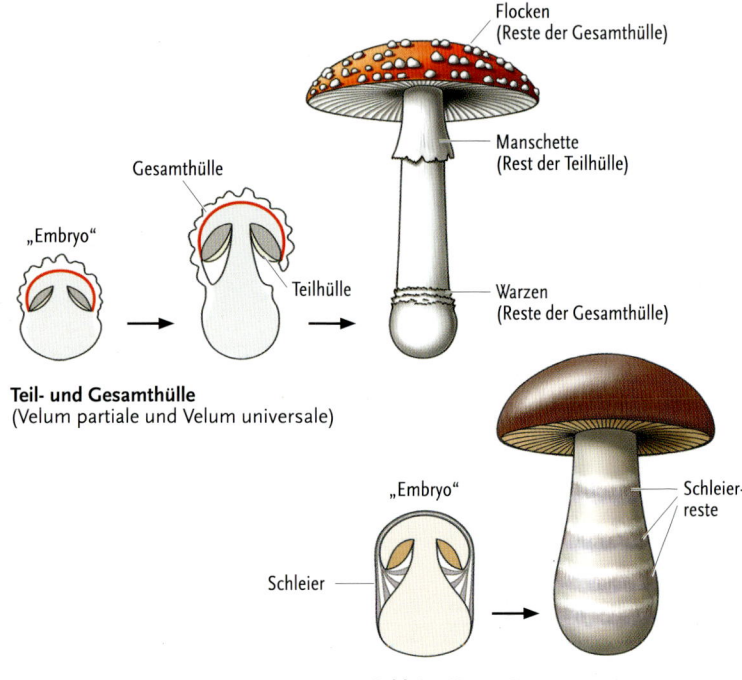

Die Teilhülle verbindet den Hutrand mit dem Stiel und schützt so die jungen Lamellen (hier: Voreilender Ackerling, *Agrocybe praecox*).

entsteht durch den Druck der jungen Lamellen auf die Teilhülle. Beim Perlpilz *(Amanita rubescens)* z. B. kann man diese Muster deutlich auf der Manschette erkennen. Die meisten Wulstlingsarten *(Amanita)* außer den Scheidenstreiflingen bilden zusätzlich zum Velum universale ein Velum partiale aus.

Der Haarschleier (Cortina) ist nicht hautartig, sondern besteht aus Fäden. Sie ist meist eine spezielle Form des Velums partiale, seltener des Velums universale und tritt hauptsächlich bei der großen Familie der Schleierlingsartigen (Cortinariaceae) auf. Dieser zarte, spinnwebenartige Schleier überzieht beim jungen Fruchtkörper die Lamellen zwischen Hutrand und Stiel. Die Farbe des Schleiers variiert von Weiß über Bläulich, Orange, Gelblich, Grünlich bis Bräunlich.

Reißen die Fäden beim Wachsen der Fruchtkörper und Ausbreiten der Hüte, so bleiben am Stiel zarte Reste der Cortina zurück. Nicht selten werden die Stiele von diesem fadenartigen Velum deutlich gegürtelt. Oft werden diese Ringe von den Sporen rostbraun gefärbt. Der größte Schleierling ist die essbare, aber eher seltene Schleiereule *(Cortinarius praestans)* mit einer weißbläulichen Cortina.

Die Cortina ist ein zarter, spinnwebenartiger Schleier (Schleiereule, *Cortinatius praestans*).

Pilze richtig sammeln

Für eine kurze Zeit im Jahr erwacht die fantastische Pilzwelt, die uns mit ihrer Formen- und Farbenvielfalt jedes Mal von neuem begeistert. Viele Pilze werden wegen ihrer verschiedenen köstlichen Aromastoffe hoch geschätzt. Deshalb ist das Sammeln von Speisepilzen sehr beliebt. Leider gibt es immer wieder Unfälle mit giftigen und sogar tödlich giftigen Pilzen, die meistens auf Unwissenheit und Unvorsichtigkeit beruhen. Achtung, die kleinste Unachtsamkeit beim Bestimmen der Pilze kann schwerwiegende Folgen haben! Eine Pilzvergiftung durch einen der giftigsten Pilze kann zu irreparablen Organschäden oder im schlimmsten Fall sogar zum Tode führen. Anfänger können die notwendigen Kenntnisse durch die Teilnahme an Kursen erwerben oder zumindest vor dem ersten selbst gesammelten Pilzgericht ein geeignetes Pilzbuch eingehend studieren.

Durch die steigende Umweltbelastung sind die Wälder mit ihrem Tier- und Pflanzenbestand stark in Mitleidenschaft gezogen worden. Die Lebensbedingungen vieler Pilze haben sich verschlechtert. Viele Arten sind seltener geworden oder ganz ausgeblieben. Für viele Pflanzen sind jedoch ihre Pilzpartner lebenswichtig. Gerade die Pilzfruchtkörper tragen mit ihrer Sporenproduktion wesentlich zur Arterhaltung bei. Als Pilzsammler verpflichtet man sich deshalb, die Beeinträchtigung des Naturhaushalts möglichst gering zu halten und entsprechende Verhaltensmaßregeln zu befolgen.

Um zu verhindern, dass wirklicher Raubbau – von einigen wenigen, unverantwortlichen Menschen – an essbaren Pilzen betrieben wird, wurden in der Schweiz, Deutschland, Österreich, Fürstentum Lichtenstein, Italien und Frankreich Gewichtsbeschränkungen pro Person und Tag eingeführt. In manchen dieser Länder sind sogar zeitlich beschränkte Pflückverbote erlassen worden. In Naturschutzgebieten ist das Pflücken von Pilzen völlig untersagt. Einige seltene Pilzarten werden von den jeweiligen Ländern als geschützt aufgeführt und dürfen keinesfalls gesammelt werden. Bevor man zum Pilzesammeln aufbricht, sollte man sich daher unbedingt über die örtlichen Beschränkungen informieren.

Auswertungen einer rund dreißigjährigen Forschungsarbeit in der Schweiz haben jedoch gezeigt, dass das Sammeln von Pilzen weder die Fruchtkörpermenge noch die Artenvielfalt beeinträchtigt. Die Streitfrage, ob Pilze beim Ernten ausgedreht oder abgeschnitten werden sollten, hat sich damit auch abgetan, da aus der Studie ebenfalls keine Auswirkungen auf die Pilzflora beobachtet werden konnten.

Durch diese Ergebnisse sind die heutigen Sammelbeschränkungen in der Schweiz und in Österreich ins Wanken geraten. Aus wissenschaftlicher Sicht sind die derzeitigen Vorschriften nicht sinnvoll. Trotzdem erfüllen solche Sammelbeschränkungen durchaus auch einen pädagogischen Zweck und machen damit auf die natürliche Ressource „Pilze" aufmerksam.

Wie wird gesammelt?

Als Sammelbehältnis sollte man ausschließlich luftdurchlässige Körbe aus Weide, Bast oder gleichwertigen Materialien verwenden. Papiertüten sind ungeeignet, Plastiktüten sogar gefährlich. Da die gepflückten Fruchtkörper noch weiterleben, also einem Stoffwechsel unterliegen, kommt es in luftundurchlässigen Plastiktüten nämlich schnell zu einem Wärme- und Feuchtigkeitsstau. Außerdem werden die Fruchtkörper beim Tragen zerdrückt. Der Zersetzungsprozess des Pilzgewebes wird stark beschleunigt. Der Verzehr solcher Pilze kann schwere Lebensmittelvergiftungen hervorrufen. Deshalb auf gar keinen Fall Plastiktüten verwenden!

An regnerischen Tagen lohnt es sich nicht, Pilze zu sammeln. Meist trifft man nur noch auf völlig durchnässte, alte Exemplare. Wenige Tage danach, wenn durch die Sonnenstrahlen der Boden etwas abgetrocknet ist, macht das Sammeln besonderen Spaß. Die Voraussetzungen für ein üppiges Pilzwachstum sind gut, und man kann in der Regel viele frische Fruchtkörper entdecken.

Sammeln Sie nur die Pilze, die Sie sicher erkennen und bestimmen können. Ungenießbare und giftige Pilze sollten stehen gelassen und nicht zerstört werden. Auch seltene und schützenswerte Arten lässt man stehen und erfreut sich an ihrer Eigenart und Schönheit.

Pilze ernten

Wenn man essbare Pilze zum Ernten entdeckt hat, dreht man sie mit dem Stiel vorsichtig aus dem Boden. Um ein Vertrocknen des meist sichtbaren Mycels zu verhindern, wird das entstandene Loch mit Laub oder Erde zugedeckt. Die weitläufige Meinung, dass Pilze mit dem Messer abgeschnitten werden müssten, um dem Mycel nicht zu schaden, hat sich nicht bestätigt. Zusätzlich können bei ausgedrehten Fruchtkörpern die wichtigen Bestimmungsmerkmale der Stielbasis erkannt werden.

Ein Korb ist der richtige Sammelbehälter, hier mit Sommer-Steinpilzen.

Bei alten Exemplaren wird, bevor man sie pflückt, mit einem Schnitt durch den Hut geprüft, ob sie zum Essen noch geeignet sind. Wenn sie schwammig oder stark von Maden befallen sind, lässt man sie stehen.

Auch junge Exemplare sollte man nicht sammeln. Bei jungen Fruchtkörpern fehlen außerdem die wichtigsten Bestimmungsmerkmale oder sind noch nicht ausgeprägt; sie können deswegen nicht eindeutig bestimmt werden.

Wenn Sie diese Regeln einhalten, beeinträchtigen Sie die Pilzflora kaum.

Die geernteten Pilze werden am besten mit einem Messer an Ort und Stelle von Erde, Nadeln, Laub und Schnecken befreit. Auch die schleimige Huthaut kann man gleich entfernen. Man sollte allerdings darauf achten, dass besondere Merkmale, wie eine knollige oder wurzelnde Stielbasis oder eine bewegliche oder häutige Manschette, dabei nicht verletzt werden. Diese Teile des Pilzes können für eine sichere Nachbestimmung außerordentlich wichtig sein.

Pilze als Überträger von Krankheiten

Der Fuchsbandwurm

In den letzten Jahren machte der Kleine Fuchsbandwurm *(Echinococcus multilocularis)* vermehrt Schlagzeilen. In einigen Gebieten können bis zu 50 % der Füchse von diesem Bandwurm befallen sein. Auch Hunde oder Katzen sind als sogenannte Endwirte bekannt.

Der Mensch kann sich als sogenannter Fehlwirt über die Aufnahme von Bandwurmeiern infizieren. Die genauen Übertragungswege sind jedoch noch nicht im Detail bekannt. Eine Möglichkeit ist Kontakt mit dem Fell von Füchsen, Hunden oder Katzen, in dem die Eier des Fuchsbandwurmes haften.

Beim Kuscheln und Schmusen mit dem Haustier können die Wurmeier leicht in den menschlichen Organismus gelangen. Mit Kot infizierter Füchse verunreinigte Erde oder Pflanzen könnte ein weiterer Übertragungsweg sein. Entgegen der weitverbreiteten Meinung konnten Studien kein erhöhtes Krankheitsrisiko durch den Genuss von wild wachsenden, ungewaschenen Beeren oder Waldfrüchten feststellen, mit Ausnahme von ungewaschenen Walderdbeeren.

Die gefürchtete Erkrankung, bei der die Larvenstadien des Bandwurms die Leber tumorartig durchwuchern, kann bei unbehandelten Personen tödlich verlaufen. Symptome, z. B. Gelbsucht, treten häufig erst nach 10–15 Jahren in einem sehr späten, nicht selten inoperablen Stadium auf. Da der Mensch als extremer Fehlwirt gilt, können sich die Bandwurmlarven im Menschen nur sehr selten entwickeln. Es ist dennoch ratsam, vor allem in Gebieten mit befallenen Füchsen, folgende Vorsichtsmaßnahmen einzuhalten:

- Tragen von Atemschutzmasken bei staubigen Arbeiten im Risikogebiet
- Nach jedem Waldgang, Arbeiten im Freien und vor dem Essen die Hände gründlich waschen
- Keine Pilze und bodennahe Beeren wie Erdbeeren roh verzehren
- D Den Rötlichen Gallerttrichter *(Tremiscus helvelloides)* und den Eispilz *(Pseudohydnum gelatinosum)*, die nur roh schmecken, lässt man besser stehen.
- Beim Kochen oder Backen werden Eier bei über 70 °C minutenschnell abgetötet, so dass bei warmen Pilzgerichten keine Ansteckungsgefahr mehr besteht.
- Das Einfrieren bei –18 °C in den üblichen Tiefkühlgeräten reicht für die Abtötung der Eier des Fuchsbandwurmes nicht aus, diese sterben erst bei –80 °C ab.

Tollwut

Wie beim Fuchsbandwurm spielt der Fuchs auch bei der Tollwut eine wesentliche Rolle. Die Tollwutviren werden von infizierten Tieren durch Biss oder Speichel, der in eine offene Wunde oder Hautverletzung gelangt, auf den Menschen übertragen. Eine Infektion über die Aufnahme mit dem Mund spielt praktisch keine Rolle. Zudem sind Tollwutviren nicht hitzeresistent. Über Pilzmahlzeiten kann demnach keine Ansteckung erfolgen.

Zecken

Obwohl das Thema Zecken direkt mit Pilzen nichts zu tun hat, taucht diese Frage bei Pilzsammlern immer wieder auf. Da Zecken wichtige Krankheitsüberträger sind, kann ein Zeckenstich wesentliche Gesundheitsrisiken bergen. Krankheitserreger können durch den Stich der Zecke in die menschliche Blutbahn gelangen. Seit einigen Jahren ist in Mitteleuropa hauptsächlich der Gemeine Holzbock *(Ixodes ricinus)* für die Übertragung von der Frühsommer-Hirnhautentzündung (FSME) und der Lyme-Borreliose oder Wanderröte bekannt.

Die Frühsommer-Hirnhautentzündung führt häufig zu bleibenden Gehirnschäden und Lähmungen und geht zu etwa 1 % tödlich aus. Es besteht die Möglichkeit, sich durch eine vorbeugende Impfung, die in gestaffelten Abständen zu drei Teilen verabreicht wird und zehn Jahre wirksam bleibt, vor einer Erkrankung zu schützen. Bei ungeimpften Personen kann maximal vier Tage nach dem Stich noch eine passive Immunisierung erfolgen. Mit den Erregern infizierte Zecken sind regional verbreitet. In den letzten zehn Jahren sind immer mehr Gebiete bekannt geworden. Diese können im Internet unter den folgenden Adressen abgerufen werden: www.zecke.de oder www.zecke.ch.

Die durch Bakterien verursachte, weltweit verbreitete Lyme-Borreliose kann Lähmungen, Hirnhautentzündung, Rheuma, Hauterkrankungen und Herzbeschwerden auslösen. Tritt nach einem Zeckenstich eine Hautrötung auf, sollte sofort ein Arzt aufgesucht werden, der nur im frühen Stadium in der Lage ist, mit den entsprechenden Antibiotika eine erfolgreiche Heilung einzuleiten.

Entfernen der Zecke: Das Entfernen sollte nur mechanisch erfolgen, ohne Zusatz von Öl, Alkohol, Nagellackentferner usw. Da die Wahrscheinlichkeit einer Infektion mit der Dauer des Saugakts zunimmt, ist es vorteilhaft, wenn die in der Haut sitzende Zecke möglichst früh erkannt und entfernt wird. Eine spezielle Zeckenpinzette, die in Apotheken angeboten wird, eignet sich dazu besonders gut und ist empfehlenswert.

Mit der Pinzette werden die mit Widerhaken und Zähnchen versehenen Mundwerkzeuge direkt über der Haut erfasst und nach hinten oben aus der Stichwunde herausgezogen. Sehr wichtig ist, dass der Zeckenleib dabei weder gequetscht noch beschädigt wird, damit die Erreger nicht durch diese Aktion in die Wunde gelangen.

Vorbeugen: In Mitteleuropa kommen Zecken bis auf eine Höhe von 1000 m vor. Sie sind vom Frühling bis in den Herbst aktiv. Eine Luftfeuchtigkeit von über 80 % und mildes Wetter werden von Zecken bevorzugt. In heißen und trockenen Sommern ist die Stechlust minimal. Am späten Vormittag und am frühen Abend gelten sie als besonders aggressiv.

Zecken halten sich mit Vorliebe auf Gräsern, im Unterwuchs, in der Krautschicht, an Waldrändern, auf Farnen und Büschen auf. Von vorbeiziehenden Tieren oder Menschen werden sie dann abgestreift, wo sie sich beim Menschen auf der Haut oder den Kleidern festhalten. Nun sucht die Zecke eine geeignete Hautpartie, was Stunden dauern kann. Zecken bevorzugen etwas feuchte, warme und gut durchblutete, dünne Haut. Beim Menschen sind besonders die Kniekehlen, der Haaransatz, die Leistenbeuge und die feine Haut hinter den Ohren ein beliebtes Ziel. Sie dringt dann mit ihrem Saugrüssel in die Haut ein und beginnt Blut zu saugen.

Eng anschließende Bekleidung mit Jacke und langer Hose, gutes Schuhwerk sowie eine Kopfbedeckung schützen vor Zecken. Nach einem Waldgang sollte man die Kleider zu Hause nach Zecken absuchen.

Wie Pilze leben

Nur die kurzlebigen Pilzfruchtkörper sind die für uns sichtbaren Teile des hauptsächlich aus einem ausgedehnten, unterirdischen Geflecht (Mycel) aus Pilzfäden (Hyphen) bestehenden Pilzkörpers. Durch dieses stark verästelte, watteartige Mycel werden die notwendigen Nährstoffe aufgenommen. Im Gegensatz zu den Pflanzen besitzen Pilze kein Blattgrün (Chlorophyll) und sind nicht in der Lage, die Sonnenenergie zum Aufbau von organischen Substanzen zu nutzen. Sie müssen deshalb organische Substanzen aus ihrer Umgebung aufnehmen. Als Nahrungsquelle dienen ihnen lebende oder tote tierische oder pflanzliche Organismen. Daher gibt es unter den Pilzen Vertreter, die entweder als Symbionten, Saprobionten oder Parasiten leben.

Pilze als Symbionten

Die Wurzeln einer Vielzahl der höheren Pflanzen gehen mit Pilzen eine enge Lebensgemeinschaft (Symbiose) ein.

Diese Erscheinung wird als Mykorrhiza bezeichnet. So umspinnen z. B. bei den meisten unserer Waldbäume Pilzfäden die Enden der Feinwurzeln mit einem dichten Geflecht und dringen in die Rindengewebszellen der Wurzel ein. Diese Symbiose ist für beide Partner vorteilhaft. Es kommt zu einem gegenseitigen Stoffaustausch. Die Pilze werden von den Pflanzenwurzeln mit organischen Stoffen versorgt, die diese mit Hilde ihres Blattgrüns aufbauen können. Der Pilz wiederum erweitert die zur Stoffaufnahme befähigte Oberfläche im Wurzelbereich und verbessert die Mineralstoff- und Wasserversorgung der Pflanze. Außerdem wird die Pflanze vor einem Eindringen von Schädlingen geschützt. Man unterscheidet hauptsächlich zwei verschiedene Mykorrhizatypen:

Ektotrophe Mykorrhiza

Die sogenannten „ektotrophen Mykorrhizen" bilden die Wurzeln der meisten unserer

Oft ein Partner von Fichten: der Rotfuß-Röhrling *(Xerocomus chrysenteron)*

Ein wirtsspezifischer Partner von Lärchen: der Graue Lärchen-Röhrling *(Suillus aeruginascens)*

Waldbäume hauptsächlich mit Ständerpilzen (Basidiomycetes), seltener mit Schlauchpilzen (Ascomycetes). Viele Waldpilze, darunter viele beliebte und qualitativ hervorragende Speisepilze, sind Mykorrhizabildner. Es wird geschätzt, dass sich beispielsweise in der Gruppe der Röhrlinge und Blätterpilze insgesamt über 1000 Arten auf eine solche Partnerschaft spezialisiert haben.

Bei dieser Form der Mykorrhiza hüllen Pilzhyphen die Pflanzenwurzeln ein und dringen bis in die äußeren Zellschichten der Wurzel vor, wachsen aber lediglich in den Zellzwischenräumen. Vor allem bei ungünstigen Bodenverhältnissen werden die Bäume ohne ihren jeweiligen Pilzpartner in ihrem Wachstum stark gehemmt.

Oft leben die Pilze nur mit bestimmten Bäumen zusammen, wie z. B. der Goldgelbe Lärchen-Röhrling *(Suillus grevillei)*, der Rostrote Lärchen-Röhrling *(Suillus tridentinus)* und der Graue Lärchen-Röhrling *(Suillus aeruginascens)* nur mit Lärchen. Der Zottige Birken-Milchling *(Lactarius torminosus)* fruchtet nur bei Birken. Der besonders scharf schmeckende, unauffällig braungefärbte Beißende Milchling *(Lactarius pyrogalus)* bevorzugt den Haselstrauch als Partner. Den Kahlen Krempling *(Paxillus involutus)* hingegen findet man in verschiedenen Waldgesellschaften.

Für Naturfreunde und besonders Pilzsammler ist die Kenntnis dieser Partnerschaften sehr nützlich. Deswegen werden in diesem Buch die wichtigsten Waldbäume und ihre verschiedenen Pilzpartner vorgestellt (s. S. 37).

Endotrophe Mykorrhiza

Im Falle der „endotrophen Mykorrhiza" fehlt eine die Wurzel umgebende Hyphenhülle. Die Pilzhyphen dringen tiefer in die Wurzel ein und wachsen auch in den einzelnen Zellen. Dieser Mykorrhizatyp findet sich bei Kräutern, Stauden, Gräsern, Halbsträuchern und selten auch bei Bäumen. Fast alle Orchideen sind z. B. auf eine solche Partnerschaft mit einem Pilz angewiesen. Deren winzige Samen sind zur Keimung völlig von dem Pilzpartner abhängig. Nur wenige dieser Pilzpartner sind bis heute bekannt. Die meisten von ihnen sind niedere Arten, die in der Regel keine Fruchtkörper ausbilden.

Gemischte Formen

Die Abgrenzung von Ekto- und Endomykorrhiza ist keineswegs so scharf und eindeutig, wie man es vielleicht erwarten würde. Es gibt zahlreiche fließende Übergänge und vielfach geht eine Ektomykorrhiza in eine Endomykorrhiza über.

Weiter gibt es noch gemischte Formen, bei denen Pilze ein Doppelleben führen. Einerseits leben sie als Mykorrhizapilz in den Pflanzenwurzeln, ohne diese zu schädigen, und andererseits nutzen sie gleichzeitig die Nährstoffe im Boden, indem sie als Saprobiont organisches Material abbauen. Der Wirtsbaum wird dabei vom Pilz mit Nähr- und Mineralstoffen versorgt.

Ökologisches Gleichgewicht

Waldbäume und Pilze sind aufeinander angewiesen. Stirbt der Wald, sind auch die Pilze betroffen, und umgekehrt.

Wissenschaftliche Studien haben gezeigt, dass Bäume in einem intakten Wald durch die ausgedehnten, unterirdischen Mycelien der Mykorrhizapilze miteinander vernetzt sind. Ein Vergleich mit unserem heutigen World Wide Web ist das gar nicht abwegig. Das Gleichgewicht dieser Lebensgemeinschaft wird durch die Aktivitäten des Menschen gestört. Das Waldsterben ist in aller Munde. Dabei ist eine Fülle von Faktoren verantwortlich, die auf die unterschiedlichste Art und Weise in das Ökosystem Wald eingreifen.

Stickstoffeinträge durch Regen aus Landwirtschaft und Verkehr führen zur Überdüngung und damit zu einem einseitigen Nährstoffüberfluss der Bäume, der sich besonders im Wurzelbereich negativ äußert und schließlich zum Stressfaktor wird. Pilze reagieren dabei besonders empfindlich. Immerhin zeigt die Schwefeldioxid-Belastung in den letzten 15 Jahren einen deutlich rückläufigen Trend. Trotzdem sind weitere Luftschadstoffe wie Stickoxide und Ozon bei der Schädigung von Blättern und Nadeln verantwortlich. Dies hat eine verringerte Zuckerproduktion zur Folge. Daraus können sich Sekundärschäden, wie eine Störung der Mykorrhizabildung, entwickeln. Hohe Emissionen giftiger Stickoxide und von Ammoniak belasten die Waldböden weiter, gefährden

Recycling-Spezialist im Wald: die Schmetterlingstramete *(Trametes versicolor)*

das Grundwasser und steigern die Ozonbelastungen. Die Wasser- und Mineralstoffaufnahme der Bäume wird dadurch empfindlich gestört. Dies führt zu einer fortlaufend stärkeren Schädigung der Bäume. Die Pflanzen werden infolgedessen anfälliger gegen verschiedene Schädlinge, wie z. B. parasitische Pilze. Extreme Klimaschwankungen wie lang anhaltende Trockenheit, strengen Frost oder zu starke Nässe und eine daraus resultierende Sauerstoffarmut im Wurzelbereich setzen den Bäumen weiter zu.

Symbiosen mit Algen und Tieren

Neben der Partnerschaft mit Pflanzen, sind noch weitere Pilzsymbiosen bekannt. Eine besonders enge Partnerschaft gehen Pilze mit Algen ein. Diese Lebensgemeinschaft führt die beiden Partner zu einem Doppelwesen zusammen, das äußerlich als Einheit erscheint und als Flechte bezeichnet wird.

Auch von Tieren sind die unterschiedlichsten Symbiosen mit Pilzen bekannt. So ermöglichen Pilze im Verdauungstrakt von holzfressenden Insekten, wie etwa Termiten, ihren Wirten den Aufschluss ihrer Nahrung. Tropische Blattschneiderameisen kultivieren in ihren unterirdischen Bauten bestimmte Pilze auf einem Substrat aus zerkauten Blattstücken. Die verdickten, nährstoffreichen Hyphenenden der Pilze dienen ihnen als Nahrung.

Pilze als Saprobionten

Saprophage Pilze ernähren sich von pflanzlichen oder tierischen Rückständen. Gäbe es keine saprophagen Pilze, so würde der Wald in seinen eigenen Abfallprodukten ersticken. Alle anfallenden, toten, organischen Substanzen werden laufend von saprophagen Pilzen und Bakterien zerlegt und wieder in den Naturkreislauf zurückgeführt. Dabei bauen sie Cellulose, Chitin, aromatische Verbindungen und andere Stoffe mit besonderen Eigenschaften wie Lignin, Keratin und weiteren Proteinen ab. Einzig die für eine kurze Zeit sichtbaren Fruchtkörper der Pilze zeugen von diesem fantastischen Werk.

Das Mycel von bodenbewohnenden, saprophagen Pilzen zersetzt Blätter, Nadeln, Zapfen und weitere organische Substanzen, die den Waldboden bedecken. Ein typischer Vertreter dieser Pilze ist der Fichten-Zapfenrübling *(Strobilurus esculentus)*, der sich im Frühjahr mit seinen kleinen Fruchtkörpern auf verrotteten Fichtenzapfen als einer der ersten Pilze im Jahr präsentiert. Einen größeren Fruchtkörper besitzt der bekannte Riesenschirmpilz *(Macrolepiota procera)*, der sich auf Laubstreu und kalkhaltigen Böden wohl fühlt. Andere Bodenansprüche stellt der Safran-Riesenschirmpilz *(Macrolepiota rachodes)*, der auf Nadelstreu Fruchtkörper bildet.

Saprobionten auf totem Holz

Unter den auf totem Holz saprophag lebenden Pilzen findet man vor allem die Porlingsartigen (Polyporaceae) mit ihren hartfleischigen, oft mehrjährigen Fruchtkörpern. Sie durchziehen mit ihrem Mycel ganze abgestorbene Baumstämme und Äste. Aber auch Seitlinge und wenige Blätterpilzarten gedeihen auf diesem massiven Substrat. Diese holzbewohnenden Arten fruchten vom Spätherbst über den Winter bis in den Frühling. In milden Wintern können besonders viele Fruchtkörper gefunden werden. Ein typischer essbarer Winterpilz ist der Samtfußrübling *(Flammulina velutipes)*. Er ist einer der wenigen zentrisch gestielten Lamellenpilze, die Fröste überstehen. Liegen die Temperaturen unter dem Gefrierpunkt, verzeichnen die Fruchtkörper einen Wachstumsstillstand. Sobald die Temperaturen steigen, beginnen sie erneut zu wachsen.

Viele dieser saprophagen Pilze wachsen nur auf bestimmten Holzarten. Es ist durchaus möglich, dass mehrere Pilzarten gleichzeitig auf einem Baumstamm Fruchtkörper bilden. Die auf Holz saprophag lebenden Pilze können ihr Substrat in seine Ausgangsstoffe zerlegen und diese wieder in den Naturkreislauf zurückführen.

Coprophile Pilze

Coprophile Pilze haben sich auf den Dung von verschiedenen pflanzen- und auch fleischfressenden Tierarten spezialisiert. Der Goldmistpilz *(Bolbitius vitellinus)*, ein sehr zerbrechlicher Pilz, entwickelt sich auf diesem Substrat wie auch die Sammethäubchen *(Conocybe)*, Träuschlinge *(Stropharia)* und Düngerlinge *(Panaeolus)*.

Pilze als Parasiten

Parasitische Pilze beziehen ihre Nährstoffe aus einem lebenden Wirt. Meist ist mit dem Parasitismus (Schmarotzertum) eine direkte Schädigung des Wirts verbunden.

Der überwiegende Teil der parasitisch lebenden Pilze ist auf Holz spezialisiert. Vor allem alte, kranke oder beschädigte Bäume werden befallen. Meist dringen die Pilze durch Verletzungen der Rinde in das Holz ein, wo sie Cellulose oder Lignin abbauen.

Wenn die Pilze Cellulose abbauen, spricht man von der Braunfäule; hierbei wird das braune Lignin nicht angegriffen. Die Weißfäule entsteht durch den Abbau des Lig-

Das Werk eines parasitischen Pilzes: Wurzelschwamm *(Heterobasidion annosum)* am Grunde eines Fichtenstammes

Das Werk eines parasitischen Pilzes: Fäule bei Fichten durch den Wurzelschwamm *(Heterobasidion annosum)*

nins, das zersetzte Holz nimmt eine weiße Farbe an.

Eine strenge Trennung von parasitischen und saprophagen Pilzen ist nicht immer möglich. Viele Parasiten verhalten sich nach dem Absterben der Wirtspflanze in der zweiten Phase noch als Saprobionten, wie z. B. der vorwiegend auf Nadelbäumen parasitierende Dunkle Hallimasch *(Armillaria ostoyae)*. Aber auch auf anderen Pflanzen und Organismen, wie z. B. Mensch und Tier, können Pilze parasitieren.

Pilze und Bäume, eine Partnerschaft

Die Wurzeln vieler höherer Pflanzen gehen mit Pilzen eine enge Lebensgemeinschaft ein, die als Mykorrhiza bezeichnet wird (s. S. 33). Diese bringt beiden Partnern Vorteile. Das Mycel der Pilze versorgt die Pflanze mit Mineralstoffen und Wasser, während der Pilz von der Pflanze die für sein Wachstum benötigten organischen Stoffe erhält. Fast alle Bäume unserer Wälder sind auf diese Partnerschaft angewiesen.

Unter den Mykorrhizapilzen findet man viele bekannte Speisepilze. Oft sind die Pilze auf bestimmte Arten von Bäumen spezialisiert. Auch abgestorbene, tote Hölzer werden, meist nach Holzart getrennt, von den jeweiligen spezialisierten Pilzarten, den sogenannten Saprobionten (s. S. 35), durchwachsen und zersetzt.

So bringt es dem Pilzsammler und Naturfreund große Vorteile und ein besseres Verständnis, wenn er über diese Beziehungen Bescheid weiß. Auf den nächsten Seiten werden deswegen die wichtigsten Waldbäume und ihre jeweiligen Pilzpartner vorgestellt.

Der Pfirsich-Täubling *(Russula violeipes)*, ein Mykorrhizapilz von Laub- und Nadelbäumen, bevorzugt Buchen, Eichen und Kiefern.

Pilze und Bäume, eine Partnerschaft

Fichte, Rottanne
(Picea abies)

Die Fichte erreicht eine Höhe von bis zu 50 m. Die Krone ist gleichmäßig, spitz und kegelförmig. Im Gegensatz zur Tanne sind die Äste quirlständig und etwas herabhängend. Die 10–15 cm langen, braunen Zapfen sind an den obersten Zweigen hängend angeordnet. Im Herbst bei Reife der Samen fallen die ganzen Zapfen auf den Boden. Die grünen, steifen Nadeln sind am Zweig dicht seitlich, aufwärts und nur wenig abwärts stehend angeordnet. Der kerzengerade Stamm weist eine rotbraune Borke auf.

Die Fichte ist als ausgesprochener Flachwurzler auf eine ausreichende Wasserversorgung angewiesen. In Mitteleuropa bildet sie natürliche, geschlossene Bestände in den Mittelgebirgen und Alpen auf Höhen von 800–2000 m. Außerhalb ihres Verbreitungsgebiets wird sie seit dem letzten Jahrhundert als gewinnbringendes Nutzholz angepflanzt. Dies warf in den letzten Jahrzehnten vermehrt Probleme auf, da diese nicht an ihrem ursprünglichen Standort und meist in Monokulturen angepflanzten Bestände anfälliger gegenüber Krankheiten und Schädlingen sind.

Zapfentragende Fichte

Das Holz der Fichte kann zur Papierherstellung oder als vielfältiges Baumaterial genutzt werden. Seit einigen Jahren weisen Fichtenbestände je nach Standort mehr oder weniger starke Schäden auf, die auf die zu-nehmende Umweltverschmutzung zurückzuführen sind. Aber auch andere Baumarten wie Tanne, Kiefer und viele Laub-

Zapfen und Blüten

Stamm

Fichten-Steinpilz *(Boletus edulis)*

holzarten werden davon in Mitleidenschaft gezogen.

Pilzpartner

Die Fichte hat eine Vielzahl von Pilzen als Partner. Darunter findet man einen großen Teil der Wulstlinge *(Amanita)*. Der giftige Fliegenpilz *(Amanita muscaria)*, der tödlich giftige Spitzhütige Knollenblätterpilz *(Amanita virosa)*, der essbare Perlpilz *(Amanita rubescens)*, der giftige Gelbe Knollenblätterpilz *(Amanita citrina)*, der nicht essbare Graue Wulstling *(Amanita excelsa)* und der schwach giftige Narzissengelbe Wulstling *(Amanita gemmata)* sind einige wenige Beispiele.

Aber auch Röhrlinge (Boletaceae) findet man unter den Fichten, darunter bekannte und beliebte essbare Arten wie den Fichten-Steinpilz *(Boletus edulis)*, den Maronen-Röhrling *(Xerocomus badius)*, die Ziegenlippe *(Xerocomus subtomentosus)* und den häufigen Rotfuß-Röhrling *(Xerocomus chrysenteron)*. Giftige Röhrlinge wie der Gemeine Gallen-Röhrling *(Tylopilus felleus)* und der Schönfuß-Röhrling *(Boletus calopus)* sind ebenfalls Fichtenbegleiter.

Auch viele Täublingsarten *(Russula)* zählen zu den Mykorrhizapartnern. Sehr häufig ist der Ockerweiße Täubling *(Russula ochroleuca)* mit seinem bitteren, zum Verzehr ungeeigneten Fleisch. Schon ab Mai bis in den späten Herbst sind die Fruchtkörper dieses Pilzes hauptsächlich im Flachland in bodensauren Fichtenbeständen sichtbar.

Den tödlich giftigen Gift-Häubling *(Galerina marginata)* findet man als Saprobiont vor allem auf den Schnittflächen von totem Fichten- und Tannenholz.

Weiß-Tanne
(Abies alba)

Die Weiß-Tanne erreicht eine Höhe von bis zu 50 m. Die Krone ist jung kegelförmig, später abgeflacht und leicht zerzaust. Der walzenförmige Stamm wächst kerzengerade. die Rinde ist silbergrau und feinrissig. Die Nadeln stehen meist deutlich zweireihig am Ast. Während sie auf der Oberseite dunkelgrün gefärbt sind, schimmern sie auf der Unterseite etwas weißlich. Im Gegensatz zur Fichte stehen die Zapfen aufrecht in den Wipfeln. Nach der Reife zerfallen sie bereits auf dem Baum. Einen Tannenzapfen bekommt man deshalb auf dem Boden höchst selten zu Gesicht.

Zweireihig stehende Nadeln

Die Weiß-Tanne bevorzugt nährstoffreiche, tiefgründige Böden, die kalkreich, aber auch kalkarm sein können. In den Gebirgen Mittel- und Südeuropas ist sie bis zu einer Höhe von 1600 m weit verbreitet. Sie ist tiefwurzelnd und eine ausgesprochene Schattenbaumart.

Die Weiß-Tanne liefert beliebtes Nutzholz, das verhältnismäßig weich, aber auch äußerst widerstandsfähig ist.

Weiß-Tanne im Herbst

Stamm

Anis-Klumpfuß *(Cortinarius odorifer)*

Pilzpartner
Auch bei der Weiß-Tanne findet man verschiedene Mykorrhizapilze, wie z. B. den Lachs-Reizker *(Lactarius salmonicolor)* mit seinen orangerot milchenden Fruchtkörpern oder den auch bei Fichten fruchtenden Anis-Klumpfuß *(Cortinarius (Phlegmacium) odorifer)*. Die Breitblättrige Glucke *(Sparassis brevipes)* findet man mit viel Glück im Tannenwald am Fuße der Stämme oder auf morschen Strünken. Hauptsächlich kommt sie jedoch bei Laubbäumen vor.

Lachs-Reizker *(Lactarius salmonicolor)*

Pilze und Bäume, eine Partnerschaft

Wald-Kiefer, Föhre
(Pinus sylvestris)

Die Wald-Kiefer erreicht eine Höhe von bis zu 40 m. Junge Pflanzen haben eine kegelförmige Krone, die im Verlauf des Wachstums meist vielgestaltige Formen annimmt. Die 3–7 cm langen Nadeln stehen zu zweien, also paarweise an Kurztrieben. Bei der Reife fallen die eiförmigen, 3–7 cm langen Zapfen als Ganzes ab. Der Stamm der Wald-Kiefer ist meist etwas gewunden und im Bereich der Krone mit starken Astgabelungen versehen. In großen Beständen und auf guten Böden sind die Stämme lang und die Kronen kurz. Die Rinde ist im oberen Stammbereich fuchsrot und feinschuppig. Bei älteren Bäumen weist die Rinde im unteren Teil des Stamms eine dunkelgraue oder rotbraune Plattenborke auf, die fast so dick, aber brüchiger als die Rinde der Kork-Eiche ist.

Nadeln mit Zapfen

Die Wald-Kiefer wurzelt sehr tief und ist dadurch windfest. Dieser anspruchslose Nadelbaum kommt vom Flachland bis ins Gebirge auf 2100 m Höhe vor. Er ist frosthart, unempfindlich gegen Trockenheit und besiedelt daher vor allem steinige und felsige Trockenstandorte. Die Wald-Kiefer liefert gutes Nutzholz und wird forstwirtschaftlich angebaut.

Wald-Kiefer im Sommer

Stamm

Körnchen-Röhrling *(Suillus granulatus)*

Kupferroter Gelbfuß *(Gomphidius rutilus)*

Pilzpartner

Trotz ihrer oft recht trockenen Standorte gibt es einige Mykorrhizapilze, die mit der Wald-Kiefer eine Partnerschaft eingehen. Der Körnchen-Röhrling *(Suillus granulatus)* und der Kupferrote Gelbfuß *(Gomphidius rutilus)*, die beide essbar sind, fruchten meist zur selben Zeit bei ihr. Der Butterpilz *(Suillus luteus)* ist ein typischer Nadelbaumpartner, meistens kommt er bei der Wald-Kiefer vor. Auch den Edel-Reizker *(Lactarius deliciosus)*, einen orangerot milchenden, essbaren Milchling, findet man dort. Der Rosa Schmierling *(Gomphidius roseus)* ist eng mit dem Kuh-Röhrling *(Suillus bovinus)* vergesellschaftet, beide sind Mykorrhizapilze der Wald-Kiefer. Weitere Partner sind die Gelbe Kraterelle *(Cantharellus xanthopus)* und der ausgesprochen seltene, mit einem rosafarbenen Mycel ausgestattete Ringlose Butterpilz *(Suillus fluryi)*.

Arve, Zirbel-Kiefer
(Pinus cembra)

Die Arve erreicht eine Höhe von bis zu 25 m. Junge Bäume sind kegelförmig mit auffallend dichtem Nadelkleid und die Äste reichen fast bis zum Boden. Später nehmen die Bäume eine abgerundete, breite Form an. Die 5–8 cm langen, ziemlich steifen, grünen Nadeln stehen zu fünft an den Kurztrieben. Diese Anordnung findet man nur bei sehr wenigen Kiefernarten, z. B. auch bei der aus Nordamerika stammenden Weymouths-Kiefer. Der Stamm der Arve besitzt eine graubraune, schuppige Borke. Erst nach 50 Jahren werden die aufrecht stehenden Zapfen ausgebildet. Sie erreichen eine Länge von 5–8 cm, sind eiförmig, unreif violett und später braun gefärbt.

Die Arve ist nicht sehr häufig. Man findet diese frostharte Kiefernart hauptsächlich in den Zentralalpen zwischen 1800 und 2400 m in der sogenannten Kampfzone, zusammen mit der Europäischen Lärche und der Legföhre (Latsche). Einzelstehende Arven, die noch höher hinaufklettern, sind vom Wetter gezeichnet, und es entstehen einzigartige,

Arve im Gebirge

bizarre Formen. Auch mit nur 70 Tagen Vegetationszeit kann sie überleben.

Pilzpartner
Bei der Arve findet man eher seltene Pilze wie den Arven- oder Zirben-Röhrling *(Suillus plorans)*. Der Elfenbein-Röhrling *(Suillus placidus)* und der Helvetische Körnchen-Röhrling *(Suillus sibiricus* var. *helveticus)* gehen außer mit der Arve auch mit der Weymouths-Kiefer eine Partnerschaft ein.

Zapfen mit Nadeln

Stamm

Elfenbein-Röhrling *(Suillus placidus)*

Pilze und Bäume, eine Partnerschaft

Europäische Lärche
(Larix decidua)

Die tiefwurzelnde Lärche erreicht eine Höhe von bis zu 50 m. Als einziger Nadelbaum verliert sie ihre sich im Herbst von Grün nach Gelb verfärbenden Nadeln. Ihre Krone ist in der Jugend kegelig, später oft breit mit abgeflachtem Wipfel. An den tonnenförmigen Kurztrieben sind jeweils 30–40 hellgrüne, weiche, 2–3 cm lange Nadeln angeordnet. Die männlichen Blüten sind gelb, unscheinbar und nach unten gerichtet. Die weiblichen Blüten sind die zunächst lebhaft rot gefärbten Zäpfchen. Diese sind 1–3 cm lang und werden zur Reifezeit hellbraun, später grau. Nach dem Samenfall verbleiben sie oft noch

Blüte mit Nadeln

Jahre am Baum. Die Rinde ist graubraun, tief gefurcht und mehrschichtig abblätternd.

In den Zentralalpen bildet die Lärche geschlossene Bestände. Sie erträgt Trockenheit und ist widerstandsfähig gegen Frost und Wind. In den Niederungen wird sie viel-

Stamm

Europäische Lärche im Frühling

fach forstlich im Nadelmischwald angebaut. Auch wegen ihrer geraden, langen Stämme liefert sie wertvolles Nutzholz.

Pilzpartner

Unter den Lärchen findet man viele Pilze. Der Hohlfuß-Röhrling *(Boletinus cavipes)*, der Goldgelbe Lärchen-Röhrling *(Suillus grevillei)*, der Graue Lärchen-Röhrling *(Suillus viscidus)* und der Rostrote Lärchen-Röhrling *(Suillus tridentinus)* sind Mykorrhizapartner der Lärche. Der Lärchen-Milchling *(Lactarius porninsis)*, ein scharf schmeckender Pilz, ist ebenfalls mit ihr vergesellschaftet.

Goldgelber Lärchen-Röhrling *(Suillus grevillei)*

Stiel-Eiche
(Quercus robur)

Die Stiel-Eiche erreicht normalerweise eine Höhe von 30–35 m, in Ausnahmefällen sogar von bis zu 60 m. Schon früh gehen vom Stamm starke Äste ab. Dies geben der Krone die relativ unregelmäßige Form. Wenn die Stiel-Eiche frei steht, wird sie sehr ausladend und wirkt ausgewachsen sehr mächtig. Die 5–15 cm langen, dunkelgrünen Blätter sind verkehrt eiförmig, der Rand ist drei- bis sechsmal stumpf gelappt. Die Blattstiele der Stiel-Eiche sind mit 2–10 mm Länge im Gegensatz zu denen der Trauben-Eiche sehr kurz. Die Eicheln sitzen meist zu mehreren an einem 3–5 cm langen Stiel, daher leitet sich der deutsche Name ab. Die Früchte der Trauben-Eiche dagegen sind praktisch ungestielt, ihre Anordnung ähnelt der von Weintrauben. Nach 15–30 Jahren weist der Stamm der Stiel-Eiche eine dicke, längsrissige, graubraune Borke auf.

Blätter

Stamm

Stiel-Eiche im Frühling

Eichen gehören zu den Lichtbaumarten. Die Stiel-Eiche ist in Laubmischwäldern bis in die unteren Gebirgslagen vertreten. Wie alle Eichen ist sie tiefwurzelnd und sturmfest. Auch nasse und gelegentlich überflutete Auenwälder sowie nährstoffarme, saure Böden werden von ihr besiedelt. Die Trauben-Eiche hingegen meidet nasse Standorte.

Die Stiel-Eiche erreicht ein Alter von 500 Jahren und mehr. Sie liefert wie die anderen Eichenarten hochwertiges Nutzholz. Bei diesen langsam wachsenden Bäumen werden die lufterfüllten Gefäße im reifen Holz verstopft und durch Einlagerungen imprägniert. Diese Harthölzer sind besonders widerstandsfähig und auch dekorativ.

Eichhase *(Polyporus umbellatus)*

Pilzpartner

Bei Eichen wachsen bekannte Mykorrhizapilze wie der Wurzelnde Bitter-Röhrling *(Boletus radicans)*, der auch bei Buchen vorkommt, und der Eichhase *(Polyporus umbellatus)*. Auch der tödlich giftige Grüne Knollenblätterpilz *(Amanita phalloides)* kann oft unter Eichen entdeckt werden, wie auch ein anderer, ebenfalls gefürchteter Wulstling, der stark giftige Pantherpilz *(Amanita pantherina)*.

Zur Zucht der Shii-Take-Pilze *(Lentinula edodes)* ist Eichenholz vorzüglich geeignet.

Grüner Knollenblätterpilz *(Amanita phalloides)*

Rot-Buche
(Fagus sylvatica)

Die Rot-Buche erreicht eine Höhe von 10–40 m. Sie gehört somit zu den größten einheimischen Laubbäumen. Freistehende Exemplare sind kurzstämmig und haben eine ausgesprochen ausladende Krone. Rot-Buchen in geschlossenen Beständen sind lang und astfrei, ihre Kronen kurz und schmal. Die Rinde, die meist bis ins hohe Alter glatt bleibt, ist silbergrau gefärbt. Die Früchte der Rot-Buche sind die 1–2 cm langen, dreikantigen Bucheckern, die zu zweien in einen stacheligen Fruchtbecher eingebettet sind, der sich bei Reife vierlappig öffnet.

Die Rot-Buche ist bis zu einer Höhe von 1600 m weit verbreitet. Trotz ihrer Mächtigkeit ist die Rot-Buche empfindlich gegen Dürre, Staunässe und extreme Winterfröste. Sie bevorzugt deshalb luftfeuchte und wintermilde Lagen. Als Nutzholz ist sie nicht mehr

Alter Stamm

Blätter

Freistehende Rot-Buche

so gefragt wie früher, im Spielwarensektor ist das Holz dennoch beliebt. Die Blut-Buche ist eine von ihren zahlreichen Abarten.

Pilzpartner

Zahlreiche Pilzarten findet man bei Rot-Buchen. Der Sommer-Steinpilz *(Boletus reticulatus)* geht außer mit der Rot-Buche auch mit anderen Laubbäumen eine Partnerschaft ein. Der seltene Silber-Röhrling *(Boletus fechtneri)* jedoch bildet nur bei der Rot-Buche Fruchtkörper. Nicht selten ist der tödlich giftige Grüne Knollenblätterpilz *(Amantia phalloides)* mit der Rot-Buche vergesellschaftet wie auch der bekannte Gewürzpilz, die Herbsttrompete *(Craterellus cornucopioides)*. Häufig kann man den essbaren, saprophag lebenden Riesenschirmpilz *(Macrolepiota procera)* in der Laubstreu der Rot-Buche antreffen.

Sommer-Steinpilz *(Boletus reticulatus)*

Hainbuche
(Carpinus betulus)

Die Hainbuche erreicht eine Höhe von 5–25 m. Ihr Name ist irreführend, denn sie gehört nicht zu den Buchen-, sondern zu den Birkengewächsen. Die Stämme der Hainbuche sind nicht gerade, sondern meist etwas gekrümmt und verdreht. Der mit Längsfurchen und Wülsten überzogene Stamm hat eine glatte, hellgraue Rinde. Diese reißt erst im hohen Alter etwas auf, bildet aber keine eigentliche Borke. Die Blätter sind wechselständig, zweizeilig angeordnet, an der Basis eiförmig abgerundet und laufen bauchig in eine Spitze aus. Mit dem Laubaustrieb bilden sich die Blüten; schlaff hängende, 4–7 cm lange Kätzchen. Im Herbst sieht man dann die abgeflachten, eiförmigen Nüsschen, die in hängenden, bis zu 15 cm langen Fruchtständen eingebettet sind.

Blätter mit Früchten

Über 800 m wird die Hainbuche selten angetroffen. Sie bevorzugt tiefgründige, nährstoffreiche und feuchte Böden. Im Wald

Freistehende Hainbuche

Stamm

ist sie als Halbschattenbaum gerne mit Eichen vergesellschaftet. Die Hainbuche wird häufig als Hecke gepflanzt, da sie Schnitt gut erträgt, ohne dabei ihre Austriebsfreudigkeit zu verlieren. Das Hartholz der Hainbuche, das von besonderer Festigkeit ist, hat seine frühere Bedeutung als Werkholz durch die Einführung der Kunststoffe weitgehend verloren.

Pilzpartner

Der Hainbuchen-Raufuß *(Leccinum griseum)* ist ein Mykorrhizapilz der Hainbuche. Er ist ein essbarer und wohlschmeckender, aber nicht sehr häufiger Pilz. Der sehr scharfe, ungenießbare Gebänderte Milchling *(Lactarius circellatus)* ist ebenfalls mit der Hainbuche vergesellschaftet.

Hainbuchen-Raufuß *(Leccinum griseum)*

Pilze und Bäume, eine Partnerschaft

Gewöhnliche Esche
(Fraxinus excelsior)

Die Esche erreicht eine Höhe von 15–35 m und kann bis zu 300 Jahre alt werden. Junge Pflanzen sind schnurgerade und stehen oft dicht gedrängt. Die Esche bildet sowohl runde als auch ovale Kronen aus. Die Blätter sind gegenständig gefiedert, schmalelliptisch und spitz. Der Blattrand ist deutlich fein gesägt. Die Früchte hängen in Büscheln. Sie sind zungenförmig und geflügelt. In geschlossenen Baumbeständen ist der Stamm lange astfrei. Jüngere Stämme haben eine glatte Rinde, die sich später zu einer dichten, längsrissigen Borke entwickelt. Der Laubaustrieb erfolgt erst nach der Blütezeit. Lange nach den anderen Laubbäumen treibt die Esche als eine der letzten Bäume ihre Blätter aus. Dieser späte Austrieb geschieht aus Schutz vor Spätfrösten, die ein Erfrieren der frostemp-

Gegenständig gefiederte Blätter

findlichen Triebe der Gewöhnlichen Esche zur Folge haben können.

Als Standort liebt diese tiefwurzelnde Baumart nährstoffreiche und feuchte Böden. Die Gewöhnliche Esche gedeiht in Laubmisch- und Auenwäldern an Flüssen, Bächen und in Schluchten.

Gewöhnliche Eschen im Sommer

Stamm

Gemeine Morchel *(Morchella esculenta* var. *vulgaris)*

Pilzpartner

Die Fruchtkörper der Gemeinen Morchel *(Morchella esculenta* var. *vulgaris)* und der Mai-Morchel *(Morchella esculenta)* findet man im Frühling oft bei der Esche. Sie erscheinen mit dem Austrieb der ersten Blätter. Durch die waldbodenähnliche Färbung der Fruchtkörper sind diese vorzüglichen Speisepilze nur schwer zu entdecken.

Mai-Morchel *(Morchella esculenta)*

Pilze und Bäume, eine Partnerschaft

Hänge-Birke
(Betula pendula)

Die schnellwüchsige Hänge-Birke erreicht eine Höhe von bis zu 30 m. Die Krone dieses Laubbaums ist etwas oval. Die Blätter sind dreieckig-oval, zugespitzt und doppelt gesägt. Typisch für diese Birkenart sind die mehr oder weniger schlaff herabhängenden Zweigspitzen, was an die Gestalt der Trauer-Weide erinnert. Wegen ihrer weißen, auffälligen Rinde und ihrer attraktiven Form wird sie häufig in Garten- und Parkanlagen als Ziergehölz angepflanzt.

Die besonders robuste Hänge-Birke, die selbst schwere Fröste erträgt, hat in klimatisch rauen Gegenden Vorteile gegenüber anderen Baumarten. In den Alpen kommt sie zwar nicht häufig, aber bis auf 1800 m Höhe vor. Sie ist nicht besonders tiefwurzelnd, besiedelt aber durch ihre Anspruchslosigkeit jeden Bodentyp. In Laub- und Nadelwäldern findet man vereinzelt Birken. Häufiger tritt sie an Waldrändern, in Mooren und auf Weiden, oft als Einzelbaum oder in kleinen Gruppen auf.

Blätter und Blüten

Hänge-Birke im Frühjahr

Stamm

Fliegenpilz *(Amanita muscaria)*

Pilzpartner

Bei Birken findet man bekannte Pilze wie den Gemeinen Birkenpilz *(Leccinum scabrum)* sowie andere ebenfalls essbare, aber seltenere Raustielröhrlinge *(Leccinum)*. Der attraktive Fliegenpilz *(Amanita muscaria)* kommt ebenfalls häufig bei Birken vor. Der weißmilchende, giftige Zottige Birken-Milchling *(Lactarius torminosus)* mit seinen zottigen, gezonten und im Alter trichterigen Fruchtkörpern ist eng mit der Birke vergesellschaftet. Ein später Herbstpilz, bei dem der Standort zur Bestimmung eine wichtige Rolle spielt, ist der essbare Birken-Schneckling *(Hygrophorus hedrychii)* mit seinen weißen Fruchtkörpern.

Gemeiner Birkenpilz *(Leccinum scabrum)*

Zitter-Pappel, Espe
(Populus tremula)

Die Zitter-Pappel ist ein schnellwüchsiger, bis zu 30 m hoher Laubbaum mit breiter, lockerer Krone. Die Blätter erscheinen erst nach der Blüte, sind auf der Rückseite mehlig bis silbrig gefärbt und mit langen Stielen versehen. Bereits ein leichter Windhauch, der das besonnte Blätterdach streift, lässt die Blätter „wie Espenlaub zittern".

Die wärme- und lichtliebende, tiefwurzelnde Zitter-Pappel ist ausgesprochen standorttolerant, bevorzugt jedoch etwas feuchtere Böden. Sie besiedelt häufig lichte Wälder und Waldränder. Obwohl die Zitter-Pappel als Nutzholz keinen besonderen Wert besitzt, gewinnt dieser Überlebenskünstler vermehrt an Bedeutung. Er gedeiht sogar auf unbefestigten Böden, wo er durch seine Schnellwüchsigkeit innerhalb kurzer Zeit zur Stabilisierung beiträgt. Als robuste und industriefeste Baumart wird die Zitter-Pappel immer mehr in Städten angepflanzt.

Junge Blätter

Zitter-Pappeln am Waldrand

Stamm

Pilzpartner

Als Mykorrhizapartner ist die Zitter-Pappel für einige Pilzarten von Bedeutung. Die Espen-Rotkappe *(Leccinum rufum)* mit ihrem orangeroten Hut, der Pappel-Raufuß *(Leccinum duriusculum)* und der Pappel-Ritterling *(Tricholoma populinum)* sind drei ihrer Begleiter. Die Espen-Rotkappe gehört zu den Raustielröhrlingen *(Leccinum)* und gilt als guter Speisepilz, ist jedoch in den letzten Jahren eher seltener geworden. Der ebenfalls essbare Pappel-Raufuß kommt weniger häufig als die Espen-Rotkappe vor. Erst seit kurzer Zeit ist bekannt, dass der Pappel-Ritterling Inhaltsstoffe enthält, die medizinisch genutzt werden können.

Espen-Rotkappe *(Leccinum rufum)*

Wo findet man Pilze?

Überall dort, wo Samenpflanzen gedeihen, sind auch Großpilze (Macromyceten) mit ihrem ausgedehnten unterirdischen Hyphengeflecht, dem Mycel, am Werk. Nur für die arterhaltende Sporenproduktion treten sie mit den vielfältigsten Fruchtkörpern für eine kurze Zeit ans Tageslicht. Da Pilze in ihrer Ernährung auf andere Organismen angewiesen sind, also nicht wie die Pflanzen mit Hilfe des Blattgrüns und Sonnenlichts Zucker aufbauen können, benötigen sie für ihr Wachstum nur beschränkt direktes Sonnenlicht.

Einige Pilze können bei Temperaturen bis zu 60 °C und andere bei extremer Kälte überleben. Pilze gedeihen in allen Klimaten dieser Erde. Von den salzigen Dünen der Küstenregionen über Wälder und Wiesen bis zu den Gletscherregionen der Alpen werden alle Lebensräume von Pilzen besiedelt.

Jede Pilzart stellt spezifische Ansprüche an die Temperatur und die durch Niederschläge entstehende Feuchte. Besonders windgeschützte Orte mit vielfältiger Vegetation sind reich an den verschiedensten Pilzarten.

Laubwald

Natürliche Standorte

Den größten Artenreichtum an Großpilzen findet man in unseren Wäldern. Eine große Anzahl der Pilzarten lebt mit den Wurzeln von Bäumen in einer Symbiose (Mykorrhiza). In dieser Gemeinschaft gedeihen außer giftigen Pilzen auch begehrte Speisepilze. Dabei sind viele Pilze auf bestimmte Baumarten angewiesen. So werden die unterschiedlichen „Steinpilzarten" unter anderem durch ihre Standorte bei verschiedenen Baumarten, wie z. B. Fichten, Eichen, Kiefern und Buchen unterschieden. Der wohl häufigste „Steinpilz", *Boletus edulis,* wird oft in unmittelbarer Nähe des Fliegenpilzes *(Amanita muscaria)* gefunden. Beide Pilze haben die Fichte als Baumpartner und bilden zur selben Jahreszeit Fruchtkörper.

Saprophage Pilze wachsen auf Nadelstreu, Falllaub, Früchten und totem Holz. Der Samtfußrübling *(Flammulina velutipes)* kommt in milden Wintern häufig in Büscheln auf totem Laubholz vor. Der Fichten-Zapfenrübling *(Strobilurus esculentus)* erscheint unmittelbar nach der Schneeschmelze. Er gedeiht nur auf Fichtenzapfen, die meist etwas in der Erde vergraben sind.

Die ungewöhnlichen Lebensbedingungen der Moore lassen nur spezialisierte Pflanzen gedeihen und überleben. Deshalb ist es nicht verwunderlich, dass sich auch außergewöhnliche Pilzarten in diesen Biotopen angesiedelt haben. Ein Vertreter ist der Moor-Hallimasch *(Armillaria ectypa),* der nicht auf Holz wächst, sondern sich im Torfmoos in sehr nassen Mooren wohl fühlt. Der Moor-Röhrling *(Suillus flavidus)* erscheint bei Kiefern. Auch viele Schlauchpilze (Ascomycetes) wachsen in Mooren. Durch die landwirtschaftliche Nutzung angrenzender Gebiete und die daraus folgende Überdüngung der Moore sind diese Biotope jedoch stark gefährdet. Dadurch ist ein großer Artenrückgang zu erwarten.

In den Alpen kommt bis über 2000 m der Arven- oder Zirben-Röhrling *(Suillus plorans)* und der Helvetische Körnchen-Röhrling *(Suillus sibiricus* var. *helveticus)* vor. Beide leben in Symbiose mit der Arve, die in den Alpen teilweise geschlossene Bestände bildet. Auch der auffällig hell gefärbte Elfenbein-Röhrling *(Suillus placidus)* mit seinem jung weißen, später elfenbeinfarbenen Hut ist ein Mykorrhizapilz der Arve.

Nadelwald

Durch Menschen entstandene Lebensräume

Auf Magerwiesen mit ihrem Reichtum an Gräsern und Kräutern wachsen oft Saftlinge *(Hygrocybe)* und Ellerlinge *(Camarophyllus).* Auf extensiven Schaf-, aber auch Kuhweiden trifft man auf Rötelritterlinge *(Lepista),* Weichritterlinge *(Melanoleuca)* und Rötlinge *(Entoloma).* Egerlinge / Champignons *(Agaricus)* und Träuschlinge *(Stropharia),* die meist in großen Massen auftauchen, lieben mit Kuh- oder Pferdemist gedüngte Böden. Auch der Großsporige Riesen-Egerling *(Agaricus macrosporus)* und der Riesenbovist *(Langermannia gigantea)* wachsen auf Wiesen. Sie bilden riesige Fruchtkörper, die eine Größe von über 30 cm erreichen können. Beide Arten kommen gerne in Hexenringen oder halbkreisförmiger Anordnung vor. Nicht selten findet man Gruppen von essbaren Wiesen-Champignons *(Agaricus campestris)* und giftigen Karbol-Egerlingen *(Agaricus xanthoderma)* Seite an Seite.

Der mit seinen gelben Fruchtkörpern auffallende Schwefel-Porling *(Laetiporus sulphureus)* parasitiert hauptsächlich auf alten Kirsch- und anderen Obstbäumen. Da er nur die äußeren Holzschichten (Splint) befällt, können die Bäume oft Jahrzehnte überleben.

Hauptsächlich in nicht standortgerecht und als Monokultur angepflanzten Fichtenwäldern, jedoch auch in anderen angeschlagenen Baumbeständen breiten sich parasitische Pilze wie der Hallimasch *(Armillaria mellea)* oder der Wurzelschwamm *(Heterobasidion annosum)* besonders aus. Der Hallimasch besitzt die Fähigkeit, Überdauerungsmycelien, sogenannte Rhizomorphen, zu bilden. Das sind Hyphenbündel von erheblichem Durchmesser, die Längen von mehreren Metern erreichen können. Beim Wegebau oder beim Holzschlag können diese Rhizomorphen durch das Aufreißen der oberen Waldbodenschicht durchtrennt werden. An den entstandenen Schnittstellen bilden sich bis zu 20 neue Stränge. Damit kann sich der Hallimasch ungewollt noch mehr ausbreiten. Gut geschützt gegen solche parasitischen Pilze sind nur die Bäume, die in einer engen Symbiose mit ihren entsprechenden Mykorrhizapilzen leben.

Biotopveränderungen

Viele Waldpilze werden durch die Umforstung naturnaher Laubwälder in einseitige Fichtenforste und durch Entwässerungsmaßnahmen gefährdet. Durch die Ausmerzung von sogenannten unwirtschaftlichen Laubbäumen wie Birken, Weiden, Hainbuchen und Espen werden deren Begleitpilze immer seltener. Der Verlust an Laubholzpilzen wird durch den vermehrten Anbau von Nadelbäumen nicht wettgemacht, da die meisten Pilze in Gebirgsnadelwäldern der Fichte nicht in tiefere Lagen folgen. Da in den Fichtenmonokulturen dann einige wenige Pilzarten in Massen auftreten, wird der Verlust an Artenvielfalt leicht unterschätzt und schlicht übersehen.

Pilzreiche Magerwiesen, moorige Wiesen und Viehweiden, die durch die Tätigkeit des Menschen entstanden sind, sind auf den Fortbestand der jeweiligen Maßnahmen angewiesen. Werden diese Biotope stärker gedüngt, zu Äckern umgebrochen oder nicht mehr bewirtschaftet und damit bebuscht und bewaldet, verschwinden die Magerwiesenpilze.

Schutzmaßnahmen

Um die Artenvielfalt der Pilze zu schützen, müssen Pilzbiotope erhalten und nach Möglichkeit neue geschaffen werden. Dazu tragen diese Maßnahmen bei:

- Standortgerechte Baumbepflanzung in Wäldern ist anzustreben.
- Stehende oder liegende abgestorbene Stämme sind im Wald zu belassen, damit für saprophage Pilzarten Lebensraum geschaffen wird.
- Der Wald sollte nicht zu intensiv forstwirtschaftlich genutzt werden.
- Extensive Wiesen und Weiden sind durch eine weiterführende Bewirtschaftung zu erhalten.
- Pilzsammler sollten seltene Arten, die strengen Schutz verdienen, stehen lassen. So wird die Pilzvielfalt erhalten, und auch die kommende Generation kann sich an ihrer Schönheit erfreuen.

Weide mit Mischwald

Wie Pilze sich vermehren

Die der Vermehrung dienenden Mechanismen sind bei den verschiedenen Pilzarten äußerst mannigfaltig und können hier nur in vereinfachter und abgekürzter Form dargestellt werden.

Es gibt sowohl eine geschlechtliche als auch eine ungeschlechtliche Form der Vermehrung. Die meisten Pilze können sich auf beide Arten vermehren.

Die ungeschlechtliche Vermehrung

Dabei kommt es zu keinen Kernverschmelzungen. Die Mehrzahl der Pilze, darunter jedoch nur wenige Großpilze, schnürt an den Enden speziell ausgebildeter Hyphenäste Verbreitungseinheiten, die sogenannten Konidien, ab. Aus diesen kann ein neues Mycel entstehen.

Die geschlechtliche Vermehrung

Sie basiert auf der Vereinigung von zwei Zellkernen und einer anschließenden Teilung des Erbguts. Bei den von den Fruchtkörpern gebildeten Sporen gibt es bei vielen Pilzarten zwei verschiedengeschlechtige Sporen, die man als Plus- und Minuszelle bezeichnet. Diese werden verbreitet und keimen bei günstigen Bedingungen aus. Zelle für Zelle reiht sich nun zu einem Pilzfaden (Hyphe) aneinander. Aus diesem entsteht durch weitere Teilungen und Abzweigungen ein sich nach allen Richtungen ausbreitendes und verzweigtes Hyphengeflecht, das sogenannte Primärmycel.

Dieses ist jedoch nicht in der Lage, Fruchtkörper hervorzubringen. Dazu müssen erst zwei verschiedengeschlechtige Primärmycelien derselben Pilzart mit ihren Hyphenenden aufeinandertreffen und verschmelzen. Aus zwei Zellen entsteht eine, die dann statt mit einem mit zwei verschiedengeschlechtigen Kernen besetzt ist. Dieser vom Zufall abhängige Vorgang rechtfertigt die enorme Menge an produzierten Sporen. Es entsteht ein Sekundär- oder Paarkernmycel, das nach einer genügend langen Wachstumsphase in der Lage ist, unter günstigen Umweltbedingungen Fruchtkörper auszubilden.

Nahe der Substrat- oder Erdoberfläche bilden sich dichte Hyphenknäuel, die sich rasch vergrößern. Erst treten kugelige bis halbkugelige Gebilde ans Tageslicht, die schnell zu den individuellen Fruchtkörpern heranwachsen, anhand derer die Art bestimmt werden kann. Dabei entstehen die unterschiedlichsten Formen wie ungestielte kugelige, konsolenförmige oder korallenförmige Körper sowie gestielte Fruchtkörper mit kegeligen, glockigen, geschirmten oder trichterförmigen Hüten. Während die einen eine

In schlauchartigen Fortpflanzungsorganen entstehen die Sporen der Schlauchpilze, ca. 600-fach vergrößert.

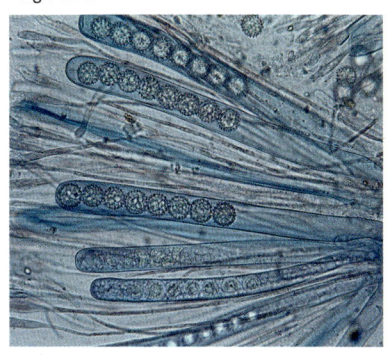

Wie Pilze sich vermehren

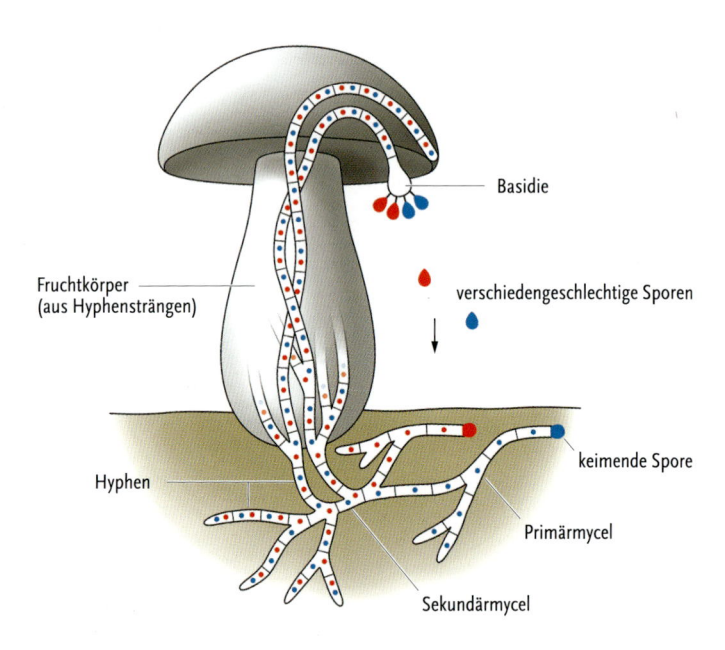

Entwicklungszyklus eines Ständerpilzes (Basidiomycetes)

Labels: Basidie; verschiedengeschlechtige Sporen; keimende Spore; Primärmycel; Sekundärmycel; Hyphen; Fruchtkörper (aus Hyphensträngen)

blasse Farbe aufweisen, sind die anderen grell gefärbt. Nur für die arterhaltende Sporenproduktion werden die Fruchtkörper für eine kurze Zeit gebildet. Erst in den Endzellen der Fruchtkörper verschmelzen die beiden Zellkerne zu einem Kern. Der Kernverschmelzung folgt die Halbierung des Erbguts. Die Erbgutträger und Verbreitungseinheiten sind die Sporen, die in ungeheurer Zahl produziert werden. Ein mittelgroßer Pilz wie der Wiesen-Egerling *(Agaricus campestris)* setzt pro Stunde bis zu 40 Millionen Sporen frei.

Die Sporen der Ständerpilze (Basidiomyceten) werden von kurzen, endständigen Zellen nach außen abgeschnürt, ca. 600-fach vergrößert.

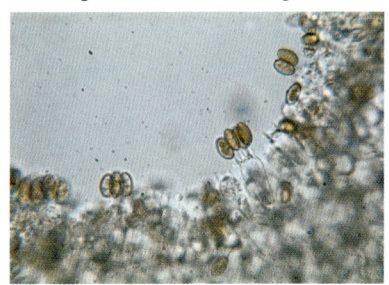

Sporenbildung bei Schlauch- und Ständerpilzen

Die Sporen der Schlauchpilze (Ascomycetes) werden in schlauchartigen Fortpflanzungsorganen (Asci) gebildet, dabei entstehen in jedem Ascus meist acht Sporen. Die Asci sind überwiegend in einer Fruchtschicht (Hymenium) angeordnet. Diese ist nicht mit Lamellen oder Röhren wie bei den Ständerpilzen (Basidiomycetes) ausgestattet, sondern glatt. Sie befindet sich auf der Außenhaut, beispielsweise bei den Becherlingen *(Peziza, Aleuria)* auf der Oberseite im Becher, bei den Morcheln *(Morchella)* und Lorcheln *(Gyromitra, Helvella)* in den Gruben und Rippen und bei den Holzkeulenartigen (Xylariaceae) um die Spitze verteilt.

Das charakteristische Fortpflanzungsorgan der Ständerpilze (Basidiomycetes) ist die Basidie, eine kurze, flaschenförmige und endständige Zelle. Von dieser Zelle werden meist vier Sporen nach außen abgeschnürt. Die Basidien sind in einer Fruchtschicht angeordnet, die sich bei Pilzen, die in Hut und Stiel gegliedert sind, auf der geschützten Hutunterseite befindet. Oft liegt die Fruchtschicht Lamellen, Röhren, Leisten oder Stacheln und nur selten anderen Trägern auf.

Sporenvielfalt

Nicht nur die Menge der Sporen ist beeindruckend, sondern auch die Vielfalt in Größe, Farbe und Form. Einzelne Sporen können jedoch mit dem bloßen Auge nicht wahrgenommen werden, da die Größe meist nur 2–20 Tausendstelmillimeter beträgt. Erst unter dem Mikroskop kann die Vielfältigkeit der attraktiven Sporen entdeckt werden. Von rund über oval, mandelförmig, bananenförmig bis eckig sind alle erdenklichen Formen vorhanden. Die Oberfläche der Sporen ist nicht immer glatt. Sie kann netzig ornamentiert, genoppt, warzig und stumpf- oder spitzstachelig sein.

Rosa, blau bis violett, dunkelviolett bis fast schwarz, weißlich, gelb, hell- bis dunkelbraun und auch oliv gefärbte Sporen können unterschieden werden. Die Farbe des Sporenpulvers, bei dem Tausende von Sporen übereinander zu liegen kommen, ist jedoch immer kräftiger als die einzelner Sporen unter dem Mikroskop. Aus weißem Sporenpulver entnommene Sporen erscheinen unter dem Mikroskop in der Regel durchsichtig (hyalin).

Verbreitung der Sporen

Pilze bedienen sich der unterschiedlichsten Mechanismen zur Freisetzung und Verbreitung der reifen Sporen. Viele Schlauchpilze (Ascomycetes) wie Becherlinge *(Peziza, Aleuria)*, Morcheln *(Morchella)*, Lorcheln *(Gyromitra, Helvella)* und Holzkeulenartige *(Xylariaceae)* haben regelrechte Abschussvorrichtungen entwickelt. An der Spitze der Schläuche befindet sich ein Öffnungsmechanismus. Bei Berührung oder starker Erwär-

Die Sporen sind äußerst vielfältig, links runde Sporen von einem Wulstling *(Amanita)* und rechts elliptische Sporen vom Scharlachroten Kelchbecherling *(Sarcoscypha coccinea)*, ca. 1000-fach vergrößert.

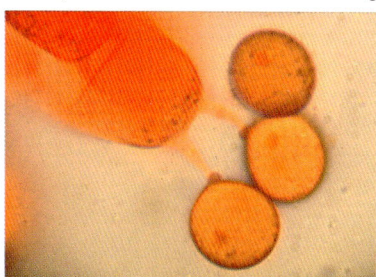

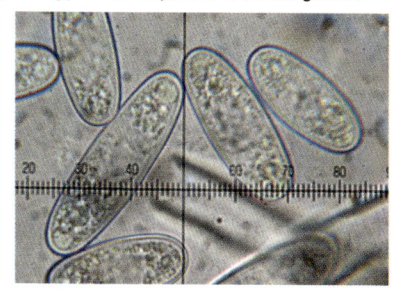

mung öffnen sich die Deckel der Schläuche und die Sporen werden zu Hunderttausenden explosionsartig hinausgeschossen.

Auch die Echten Trüffel (Tuberales) gehören zu den Schlauchpilzen. Da sie aber unterirdisch wachsen und heranreifen, haben sie sich für die Verbreitung ihrer Sporen etwas anderes einfallen lassen. Ihr aufdringlicher Geruch und Geschmack ziehen bestimmte Tiere, hauptsächlich Wildschweine, Rehe und Hirsche, an. Diese graben die stark duftenden, knollenartigen Gebilde aus, verspeisen sie und tragen damit zur Verbreitung der Sporen bei.

Bei den Ständerpilzen (Basidiomycetes) werden die reifen Sporen meist der Reihe nach abgeschleudert und durch Wind verbreitet. Erdsterne *(Geastrum)* brauchen jedoch eine fremde Erschütterung, wie z. B. durch Regentropfen, um ihre Sporen aus der bei reifen Exemplaren entstandenen Öffnung (Porus) freizusetzen. Auch reife Boviste und Stäublinge (Lycoperdaceae) warten auf Regentropfen. Der Druck eines Tropfens auf die pergamentartige Hüllwand eines ausgereiften Exemplars lässt Hunderttausende von Sporen durch die Öffnung in die Luft frei. Auch bei feuchter Witterung verkleben die einzelnen Sporen im Innern des Behälters erstaunlicherweise nicht miteinander. Dies verhindern die haarigen Strukturen, die zwischen den Sporen angeordnet sind.

Regentropfen sind auch für die Teuerlinge *(Cyathus)* zur Verbreitung der Sporen wichtig. Die Sporenbehälter sind im trichterförmigen Fruchtkörper wie Eier in einem Nest angeordnet. Deshalb werden sie auch Nestpilze genannt. Diese bis zu 2 mm großen, linsenförmigen Sporenpäckchen werden durch einen Federmechanismus, der durch Regen-

Millionen von Sporen werden durch Druck frei (hier: Birnen-Stäubling, *Lycoperdon pyriforme*).

tropfen ausgelöst wird, regelrecht aus dem Trichter geschleudert. Dabei entrollt sich ein am Sporenpäckchen befestigter langer Faden, der sich um den nächsten Grashalm wickeln kann. Bei Reife platzt das Paket und die Sporen werden frei. Es besteht aber auch die Möglichkeit, dass die Sporenpäckchen von Tieren gefressen werden, den Verdauungstrakt passieren und auf den Fäkalien auskeimen. Damit sind eine Verbreitung über eine weite Distanz und ein üppiger Nährboden gesichert.

Die Stinkmorchel *(Phallus impudicus)* vertraut ihre Sporen nicht dem Wind an. Sie wartet auf Insekten, die die Verbreitung der Sporen übernehmen. Um die Insekten anzulocken, geht von der dunkelgrün oder olivgrün gefärbten, kegeligen Spitze ihres Fruchtkörpers ein Aasgeruch wie von verwesendem Fleisch aus, der zehn und mehr Meter weit wahrnehmbar ist. Dadurch werden vor allem Schmeißfliegen, Goldfliegen

Insekten werden durch den aasartigen Gestank von Stinkmorcheln *(Phallus impudicus)* angezogen und weiden die dunkelgrüne Sporenmasse ab, bis nur ein wabenartiges Gerippe übrig bleibt.

und Dungfliegen angezogen, die die schleimige Sporenmasse vollständig abtragen und so die Sporenverbreitung gewährleisten. Bald ist nur noch ein gestieltes, weißes, abgenagtes Gerippe sichtbar, das mit seinen wabenartigen Einbuchtungen an eine Morchel erinnert. Auch die Hundsrute *(Mutinus caninus)*, der Tintenfischpilz *(Clathrus archeri)*, der Scharlachrote Gitterling *(Clathrus ruber)* und andere in Mitteleuropa eher seltene Pilzarten sichern auf diese Art und Weise die Verbreitung ihrer Sporen.

Bei den Tintlingen *(Coprinus)* lösen sich Lamellen und Hut im reifen Zustand durch Selbstverdauung völlig auf und zerfließen in eine tintenartige, durch die Sporen schwarz gefärbte Flüssigkeit. Erst kurz bevor der Fruchtkörper gänzlich zerfließt, schirmt sich der Hut auf. Der Beginn der Auflösung ist beim Schopf-Tintling *(Coprinus comatus)* besonders gut an den sich rotviolett verfärbenden Lamellenenden sichtbar. Nach wenigen Stunden zeugt nur noch eine schwarze Lache von diesem eigenartigen Vorgang.

Lamellen und Hut lösen sich auf und zerfließen in eine tintenartige, durch die Sporen schwarz gefärbte Flüssigkeit (hier: Schopf-Tintling, *Coprinus comatus*).

Wie Pilze wachsen

Nicht alle Pilzfruchtkörper wachsen gleich schnell heran. Während die einen buchstäblich über Nacht aus dem Erdboden schießen, brauchen die anderen für dieselbe Wachstumsphase etwas mehr Zeit.

Schnell wachsende Arten

Die Stinkmorchel *(Phallus impudicus)* bringt zuerst die sogenannten Hexeneier zutage. Diese weißen, eiförmigen Gebilde können durchaus mehrere Tage und Wochen in diesem Zustand verbleiben, ohne sich weiterzuentwickeln. An milden, sonnigen Tagen sind die Bedingungen besonders günstig und sie beginnen, sich zu strecken. Das eiförmige Gebilde platzt und mit der kegeligen, grünen Spitze voraus entwickelt sich der weiße Stiel innerhalb einer Stunde.

Dieses schnelle Wachstum kann sonst nur noch bei nahen Verwandten wie der Hundsrute *(Mutinus caninus)*, der in Mitteleuropa eher seltenen tropischen Schleierdame *(Phallus dictyophora)*, dem vermutlich aus Neuseeland eingeschleppten Tintenfischpilz *(Clathrus archeri)* und dem aus Südeuropa stammenden Roten Gitterling *(Clathrus ruber)* beobachtet werden.

Langsam wachsende Arten

Die Fruchtkörper der Leistlinge (Cantharellaceae) wachsen im Vergleich zu denen anderer Pilzarten langsam. Sie besitzen festes, im Alter eher zähes Fleisch und können mehrere Tage, teilweise sogar mehr als zwei Wochen alt werden, ohne zu verderben. Im Sommer, bei geringer Feuchtigkeit, tritt oft ein Wachstumsstillstand ein. Dann kann man schmächtige Fruchtkörper, wie beispielsweise von der Gelben Kraterelle *(Cantharellus anthopus)*, finden.

Zu den langsam wachsenden Pilzen zählen auch beliebte Speisepilze wie der Echte Pfifferling *(Cantharellus cibarius)*, der Trompeten-Pfifferling *(Cantharellus tubaeformis)* und die Herbsttrompete *(Craterellus cornucopioides)*.

Hexenring

In einem Kreis angeordnete Pilzfruchtkörper werden als Hexenring bezeichnet. Dieser Begriff stammt aus dem Mittelalter. Pilze wurden zu dieser Zeit als übernatürliche Erscheinungen und Teufelswerk angesehen und mit Blitz und Donner, Hexen und Dämonen zusammengebracht. In Kreisen wachsende Pilze galten als schwarze Magie und Hexenwerk. Jedermann versuchte, diesen Erscheinungen möglichst fernzubleiben.

Heute kann man das Entstehen eines solchen Hexenrings sehr einfach erklären: Das Mycel vieler Pilze breitet sich, um an Nährstoffe zu gelangen, nach allen Seiten gleichmäßig aus. In den Innenbezirken findet das Mycel keine Nahrung mehr und stirbt ab. Wenn sich keine Hindernisse in den Weg stellen, bleibt ein Mycelring übrig, der sich Jahr für Jahr ausweitet und bei geeigneten Umweltbedingungen seine Fruchtkörper ausbildet. Diese Ringe erreichen einen Durchmesser von 30 m und mehr und können über 100 Jahre alt werden.

Dunkelgrüne Flecken oder Kreise in Wiesen machen uns bereits früh darauf aufmerksam, dass Pilze am Werk sind, da im Randbereich des Mycels das Pflanzenwachstum gefördert wird. Besonders häufig bilden

Dunkelgrüne Kreise in der Wiese verraten einen Hexenring.

Die Fruchtkörper des Gefleckten Rüblings *(Collybia maculata)*, zum Hexenring formiert

Rötelritterlinge *(Lepista)*, Trichterlinge *(Clitocybe)*, Egerlinge / Champignons *(Agaricus)* und Riesen-Schirmlinge *(Macrolepiota)* solche Hexenringe aus. Aber auch Ringe von Fliegenpilzen *(Amanita muscaria)* und Fichten-Steinpilzen *(Boletus edulis)* können angetroffen werden.

Schwerkraft und Pilze

Wie bei Pflanzen richtet sich auch das Wachstum der Pilze nach der Schwerkraft. Der Hut wird immer so ausgerichtet, dass die Sporen senkrecht auf die Erde fallen können. Ändert sich die Lage des Substrats, z. B. beim Umfallen eines Baums, ändert sich auch die Ausrichtung der Pilzfruchtkörper. Bei mehrjährigen Porlingsartigen (Polyporaceae) entstehen dabei interessante Formen, die Rückschlüsse auf die verschiedenen Lagen des Substrats zulassen.

Dieses Phänomen kann man durchaus auch in einem Experiment nachvollziehen. Am besten pflückt man hierfür einen jungen Wulstling *(Amanita)* mit noch nicht ganz geöffnetem Hut. Scheidenstreiflinge eignen sich besonders gut. Diesen Fruchtkörper legt man längs auf ein Stück Papier und fixiert den Stiel im unteren Bereich mit einem Klebeband. Nach ungefähr einer Stunde wird sich der Hut rechtwinklig zum Stiel nach oben gedreht haben und sich öffnen.

Missbildungen

Missbildungen sind bei Pilzen selten, kommen aber dennoch vor. Am häufigsten sieht man Seite an Seite aneinandergewachsene Fruchtkörper. Seltener sind doppelstöckige Pilzfruchtkörper. Auf dem Hut eines Pilzes entwickelt sich dabei von der gleichen Art ein normaler, meist etwas kleinerer Fruchtkörper mit Stiel und Hut.

Andere Wachstumsstörungen rufen völlig ungewöhnliche Formen hervor, die an Morcheln oder Verpeln erinnern. Auch dem versierten Pilzkenner können diese Missbildungen bei der Bestimmung der Art große Mühe bereiten.

Sonneneinstrahlung

Intensive Sonneneinstrahlung lässt die Huthaut vieler Pilze feldrig aufreißen. Dabei entsteht meist ein eigenartiges Muster. Dem

Wie Pilze wachsen

Ungewöhnliche Formen durch Wachstumsstörungen: Breitblättriger Rübling (*Megacollybia platyphylla*, oben links), Spitz-Morchel (*Morchella conica*, rechts) und Grubiger Milchling (*Lactarius scrobiculatus*, unten links)

Anfänger geben diese Veränderungen oft unlösbare Rätsel auf. Dabei sind besonders Pilze betroffen, die im späten Frühling oder im Sommer Fruchtkörper bilden. Die aufgeplatzte, filzige Huthaut des Sommer-Steinpilzes *(Boletus reticulatus)* und des Rotfuß-Röhrlings *(Xerocomus chrysenteron)* kann ein sonderbares, schachbrettähnliches Muster aufweisen. Bisweilen reißt auch die Haut von Täublingen *(Russula)* und es entstehen skurrile Muster.

Umschließen von Gräsern
Im Wachsen begriffene Fruchtkörper der Porlingsartigen (Polyporaceae) drängen kleine Hindernisse wie Gräser oder Zweige nicht

Bei intensiver Sonneneinstrahlung entstehen interessante Muster (hier: Rotstieliger Leder-Täubling, *Russula olivacea*).

weg, sondern umschließen sie buchstäblich. So findet man häufig beispielsweise die Zinnoberrote Tramete *(Pycnoporus cinnabarinus)* mit einigen eingewachsenen Grasspitzen auf der Oberfläche.

Die Kraft der Pilze

Kaum zu glauben ist, dass die äußerst weichen, wasserhaltigen Pilzfruchtkörper nicht nur weiches Erdreich, sondern oft auch Steine und Äste beiseite drängen können. Dem Stadt-Champignon *(Agaricus bitorquis)* ist es sogar möglich, aus dem Teerbelag von Straßenrändern oder Trottoirs hervorzubrechen.

Überdauerungsmycelien

Um ungünstige Perioden überleben zu können, entwickeln viele Pilze spezielle Überdauerungsorgane. Der Hallimasch *(Armillaria mellea)* beispielsweise bildet dicke Mycelstränge aus, die sogenannten Rhizomorphen. Sie bestehen im Innern aus einem lockeren Hyphengeflecht, umgeben von einer kompakten, schwarzen Rinde. Dank dieser Rhizomorphen kann der Hallimasch am gleichen Strunk oder Substrat bis zu 40 Jahre überleben.

Die Zinnoberrote Tramete *(Pycnoporus cinnabarinus)* umwächst Gräser und Zweige.

Anders geformte Überdauerungsorgane sind feste, knollige Hyphenverbände, sogenannte Sklerotien. Sie werden von verschiedenen Pilzarten gebildet und sind meist rund oder oval. Die Größe variiert von weniger als 1 mm bis zu 30 cm Durchmesser. Ein Beispiel für ein solches Sklerotium ist das gefürchtete, äußerst giftige Mutterkorn, das von dem auf Getreide parasitierenden Mutterkornpilz *(Claviceps purpurea)* gebildet wird. Auch der Anemonenbecherling *(Dumontinia tuberosa)*, der auf Busch-Windröschen parasitiert, bildet Sklerotien.

Selbst Asphalt können Stadt-Champignons *(Agaricus bitorquis)* beiseite drängen.

Überdauerungsorgane des Hallimasch *(Armillaria mellea)*: dicke Mycelstränge

Pilze und Tiere

Die Fruchtkörper mancher Pilze schmecken nicht nur dem Menschen, sondern dienen auch verschiedenen Tieren als Nahrung. Tiere ernähren sich auch von Pilzen, die für uns giftig sind. Denn sie können auf Giftstoffe völlig anders reagieren.

Nacktschnecken

Nacktschnecken ernähren sich auch von Pilzen. So verzehren sie bedenkenlos den für uns tödlich giftigen Grünen Knollenblätterpilz *(Amanita phalloides)* und den Spitzhütigen Knollenblätterpilz *(Amanita virosa)* mit Vorliebe, ohne dabei Schaden zu nehmen. Es wäre also völlig falsch und sehr gefährlich, von Schnecken und anderen Tieren angefressene Pilze grundsätzlich für essbar zu halten. Die Nacktschnecke verträgt in der Tat im Vergleich zum Menschen etwa die tausendfache Giftdosis.

Fliegen und Mücken

Pilze sind wichtige Nahrung für zahlreiche Fliegen- und Mückenlarven. So sind bisweilen über 200 verschiedene Fliegen- und Mückenarten bekannt, die ihre Eier in Pilzfruchtkörper legen und so ihrem Nachwuchs die Nahrungsgrundlage sichern. Viele Arten benötigen für ihre Eiablage junge, frische Pilzfruchtkörper. Dies trifft beispielsweise für die meisten Schnaken, Pilzmücken und Blumenfliegen zu. Andere Arten wie Stubenfliegen, Schmetterlingsmücken und Dungfliegen bevorzugen reife, schon fast zerfallene Fruchtkörper und beschleunigen deren Abbau.

Die meisten Fliegen und Mücken beschränken sich auf eine oder einige wenige Pilzarten. Andere sind jedoch weniger wählerisch und haben ein breiteres Wirtsspektrum. Einige bevorzugen eher zähe, andere eher weiche Fruchtkörper zur Eiablage. Die einen beschränken sich eher auf Pilze, die auf Holz gedeihen, andere wiederum auf Fruchtkörper auf dem Erdboden.

Die gefräßigen Larven fressen sich vom Stiel bis zum Hut vor und durchwandern einen beachtlichen Teil des Fruchtkörpers, der dabei oft wie ein Käse durchlöchert wird.

Von Larven durchlöcherte Perlpilze *(Amanita rubescens)*

Der für uns tödlich giftige Spitzhütige Knollenblätterpilz *(Amanita virosa)* wird von Schnecken sehr geschätzt.

Die Pilze dienen jedoch nicht nur als Nahrungslieferanten, sondern ziehen aus dem Insektenbefall auch Nutzen. Nachdem sich die Insekten im Boden nahe dem Pilzfruchtkörper verpuppt haben, streut dieser seine Sporen aus, belädt die schlüpfenden Insekten damit und sichert sich so eine weite Verbreitung. Bei warmer Witterung werden Pilze zum Ärger der Sammler besonders oft von Insekten befallen, während diese in der kühleren Jahreszeit, im späten Herbst, nicht mehr besonders aktiv sind.

Wildtiere

Auch Wirbeltiere wie Mäuse, Eichhörnchen, Hasen, Rehe, Hirsche und Wildschweine verzehren bisweilen Pilze und dienen so der Verbreitung der Pilze. Rehe, Hirsche und Hasen suchen oft mit ihrem ausgeprägten Geruchsinn die unter der Erde versteckten Warzigen Hirschtrüffel *(Elaphomyces granulatus)*. Wildschweine bevorzugen Trüffelarten wie die Weiß-Trüffel *(Choiromyces meandriformis)*, die Magnaten-Trüffel *(Tuber magnatum)* und andere stark riechende Arten.

Auch Nagetiere mögen Pilze, hier ein angenagter Flockenstieliger Hexen-Röhrling *(Boletus luridiformis)*.

Nützliche und schädliche Pilze

Pilze nehmen in der Natur eine bedeutende Stellung ein und erfüllen wichtige ökologische Aufgaben. Sie haben einen wesentlichen Anteil an den ständig stattfindenden Umsetzungen. Nur in Bezug auf den Menschen können sie als Nützlinge oder Schädlinge bezeichnet werden.

Zucht- und Nutzpilze

Neben den in der Natur gesammelten Speisepilzen erfreuen sich Zuchtpilze einer immer größeren Beliebtheit. Der bekannteste ist bei uns der Zucht-Champignon (Champignon de Paris). Erstmals wurde er um 1650 in Frankreich erwähnt, und heute wird er weltweit in großen Kulturen angebaut. Das Angebot an Zuchtpilzen wurde in den letzten Jahren in Europa drastisch erweitert, so dass nun über 20 Arten vermarktet werden.

Die Bedeutung der Pilze für den Menschen geht jedoch weit über den Verzehr von Speisepilzen hinaus. Viele Käsesorten erhalten erst durch den Zusatz von Pilzen ihr besonderes Aroma. *Penicillium roqueforti* und *Penicillium camemberti* sind zwei bekannte Beispiele. Aber auch die verschiedenen Hefen, die als Trieb- und Lockerungsmittel beim Backen oder zur Bier- und Weinherstellung genutzt werden, sind Pilze. Dabei vergären die Hefen den im Malz beziehungsweise Most vorhandenen Zucker in Alkohol. Schon jahrhundertelang weiß der Mensch diese Hefepilze zu seinem Vorteil zu nutzen.

Schädliche Pilze

Als „Schimmelpilze" sind Pilze an Lebensmitteln weniger gern gesehen. Einige von ihnen scheiden Stoffe aus, die schon in kleinen Mengen für Menschen und auch Tiere äußerst gefährlich sein können. Am bekanntesten sind die von *Aspergillus flavus* gebildeten Aflatoxine.

Beträchtliche wirtschaftliche Schäden können Pilze als Parasiten von Nutzpflanzen anrichten. Unter den auf Bäumen parasitierenden Pilzen ist neben dem Hallimasch *(Armillaria mellea)* der parasitische Wurzelschwamm *(Heterobasidion annosum)* besonders gefürchtet. Der eine Rotfäule verursachende Pilz ist in manchen Gegenden stark verbreitet. Schon junge Fichten können von ihm befallen werden. Dabei kommt es zu

Champignon-Zucht in großem Maßstab

Parasit der Fichte: Dunkler Hallimasch

charakteristischen Harzausflüssen und bei älteren Bäumen zu Verdickungen an der Stammbasis. Besonders betroffen sind alte Bestände und Monokulturen.

Auch in der Landwirtschaft können parasitierende Pilze zu großen Ernteverlusten führen. 1846 konnte sich der Kartoffelschimmel *(Phytophthora infestans)* in Irland aufgrund eines kühlen und feuchten Sommers enorm ausbreiten. Die ganze Kartoffelernte wurde vernichtet und eine Hungersnot war die Folge. Die ländliche Bevölkerung verlor ihre Existenzgrundlage, viele sahen sich zur Auswanderung nach Amerika gezwungen. Heute wird durch den Einsatz von Pilzbekämpfungsmitteln versucht, den Schaden möglichst gering zu halten.

Auch Tiere und Menschen können von Pilzen befallen werden. Meistens sind diese als Mykosen bezeichneten Krankheiten ansteckend. Die Urheber sind in der Regel mikroskopisch kleine Pilze aus der Gruppe der Deuteromyceten. Besonders gefürchtet ist eine Lungenmykose, die nicht selten tödlich verläuft.

Birnengitterrost

Der Birnengitterrost *(Gymnosporangium sabinae)* parasitiert auf Birnbäumen. Er gehört zu den wirtswechselnden Rostpilzen, wobei sich sein Entwicklungszyklus teils auf den Blättern des Birnbaumes und teils auf Wacholderarten *(Juniperus)* abspielt. Im April oder Mai bilden sich auf den Ästen von befallenen Wacholderarten dunkelbraune Wärzchen, die bei feuchter Witterung zu gallertartigen, rostroten, 1–2 cm langen Zäpfchen aufquellen. Darin sind riesige Mengen an Sporen enthalten, die vom Wind über große Distanzen verbreitet werden. Bei trockener

Der Birnengitterrost erscheint in unterschiedlicher Gestalt auf seinen beiden Wirtspflanzen: dunkelbraune Zäpfchen auf Wacholder.

Witterung verkümmern die zapfenartigen Sporenbehälter und trocknen aus.

Gelangt eine vom Wind verfrachtete Spore auf das Blatt eines Birnbaums, erscheinen nach drei bis vier Wochen auf der Blattoberseite kleine, gelbe Tupfen, die sich im Sommer zu bis zu 10 mm großen Flecken erweitern. Ein starker Befall der Blätter führt zu einer verminderten Fotosyntheseleistung. Bei wiederholtem Befall über mehrere Jahre tragen die Birnbäume fast oder überhaupt keine Früchte mehr. Im Extremfall sterben sie sogar ab.

Auf Blättern von Birnbäumen verursacht der Birnengitterrost gelbe Flecken.

Nützliche und schädliche Pilze

Der einheimische Wacholder *(Juniperus communis)* wird allerdings nicht von diesem Rostpilz befallen. Nur Zierarten sind anfällig und meist schon beim Anpflanzen vom Pilz infiziert. Das vermehrte Anpflanzen dieser exotischen Sträucher in öffentlichen Anlagen und privaten Gärten führt deshalb zu einer Verbreitung des Birnengitterrostes.

Pilze in der Medizin

Aber auch in anderen Bereichen, wie etwa der Medizin, spielen Pilze eine wichtige Rolle. 1928 führte eine zufällige Beobachtung von Alexander Fleming zur Entdeckung des von einem Pilz produzierten Antibiotikums Penicillin. Durch diese Entdeckung wurden in der Behandlung von durch Bakterien verursachten Infektionskrankheiten neue Dimensionen eröffnet. Heute noch liegt die weltweite Produktion bei 20000 Tonnen pro Jahr.

Mutterkorn

„Nichts ist ohne Gift. Allein die Dosis macht, dass ein Ding kein Gift sei." Dies sind die Worte des großen Paracelsus, Naturforscher, Arzt und Erneuerer der Medizin (um 1494–1541). Bis in unsere Zeit haben seine Worte nichts an ihrer Richtigkeit verloren. Aus unzähligen Giftpflanzen wurden nach diesem Grundsatz medizinisch wertvolle Stoffe gewonnen. In Pilzen wurden in den letzten 40 Jahren über 1000 Substanzen entdeckt, die auf den Menschen in geringen Mengen eine heilende, sonst eine giftige Wirkung zeigen. Ein bekanntes Beispiel ist der Mutterkornpilz *(Claviceps purpurea)*.

An den vom Mutterkornpilz infizierten Gräsern und Getreidepflanzen erkennt man anstelle von gesunden Körnern schwarze, gebogene, aus verfestigtem Mycel bestehen-

Ein schwarzes Mutterkorn *(Claviceps purpurea)*

de Mutterkörner (Sklerotien), die eine Reihe von giftigen Stoffen enthalten. Ganze Landstriche sind in früheren Jahrhunderten durch den Verzehr von mutterkornhaltigem Getreide entvölkert worden. Die Inhaltsstoffe können in geringen Dosen jedoch medizinisch genutzt werden, früher als Wehenmittel, heute vor allem zur Behandlung von Migräneanfällen. Zur Gewinnung der Mutterkornpräparate werden ganze Getreidefelder mit dem Pilz infiziert.

Das riesige Potential an von den verschiedensten Pilzen produzierten Wirkstoffen bedarf noch eingehender Untersuchungen. Vielleicht wird sich schon bald der eine oder andere isolierte Stoff in der Medizin als besonders nützlich erweisen.

Ausblick

Unser Müllproblem könnte teilweise mit Pilzen gelöst werden. Organische Stoffe wie Holz, Karton und Papier können von spezialisierten Pilzen in ihre Ausgangsstoffe zerlegt werden. Der Einsatz von Pilzen bei Kompostieranlagen liefert wertvollen Dünger.

Speisepilze, eine kulinarische Bereicherung

Zweifellos sind Pilze schon lange als Nahrungsmittel bekannt. Der Kaiserling *(Amanita caesarea)* und verschiedene Trüffelarten *(Tuber)* galten bereits im Römischen Reich als besondere Spezialitäten. Im Mittelalter waren diese Leckerbissen meist nur den Adligen vorbehalten.

Als Folge der Lebensmittelknappheit zur Zeit der beiden Weltkriege waren Pilze für jedermann eine willkommene Zusatznahrung geworden. Durch Unerfahrenheit und Unkenntnis mit Giftpilzen sowie durch verdorbenes Sammelgut gab es viele tragische Vergiftungen. Todesfälle waren nicht selten. Die Behörden der meisten europäischen Länder erließen deshalb Vorschriften über den Handel mit Speisepilzen. Zurzeit werden alle im Handel angepriesenen Zucht- und besonders die wildwachsenden Importpilze von Lebensmittelämtern überwacht. Für den Pilzsammler stehen in größeren Ortschaften während der Pilzsaison meist Pilzkontroll- oder Pilzberatungsstellen zur Verfügung.

Nährwert

Es ist heute bekannt, dass der Nährwert der Pilze nicht, wie früher irrtümlicherweise angenommen, dem von Fleisch entspricht, sondern eher dem Nährwert von Gemüse. Pilze besitzen mit 80–93 % einen ähnlich hohen Wassergehalt wie Milch. Ihr Eiweißgehalt, der von 2,6 % beim Echten Pfifferling *(Cantharellus cibarius)* bis über 5,5 % beim Fichten-Steinpilz *(Boletus edulis)* und Riesenschirmpilz *(Macrolepiota procera)* reichen kann, ist verglichen mit dem Eiweißgehalt von Grundnahrungsmitteln wie Milch (3,5 %) und Roggenbrot (6,1 %) beachtlich. Der menschliche Körper kann jedoch nur einen geringen Teil davon aufnehmen und verwerten. Grund dafür sind die unverdaulichen Zellwände der Speisepilze, die als Gerüstsubstanz Chitin enthalten, denselben Baustoff, aus dem die Panzer der Insekten bestehen. Um möglichst viel Eiweiß aufnehmen zu können, müssen die Pilze gut zerkleinert und gekocht werden. Das unverdauliche Chitin ist höchstens als Ballaststoff für den Menschen von Wert.

Der Gehalt an verwertbaren Kohlenhydraten (3–6 %) ist beachtlich. Relativ hoch ist der Anteil an Mineralstoffen (ca. 1 %), vor allem Kalium und Phosphat, Mangan und Eisen. Etwa gleich hoch ist der Anteil an Rohfasern. Die Pilze sind außerdem besonders reich an den wertvollen Vitaminen D, B1, B2 sowie teilweise A und C. Die Fettwerte hingegen sind sehr gering (0,2–0,8 %). Der Nährwert von Pilzen ist also nicht besonders hoch, doch im Mineralstoff- und Vitamingehalt sind sie den üblichen Gemüsen ebenbürtig. Mit ihren Geschmacks- und Aromastoffen stellen sie jedoch eine Besonderheit und kulinarische Bereicherung dar.

Anreicherung von Schadstoffen in Pilzen

Schwermetalle

Pilze nehmen artspezifisch in viel stärkerem Maße als grüne Pflanzen Schwermetalle wie Quecksilber, Blei und Cadmium auf und reichern sie in ihren Fruchtkörpern an. Diese sind als Spurenelemente in sehr geringen Mengen für den Menschen unentbehrlich, in hohen Dosen jedoch gesundheitsgefährdend und giftig. Die höchsten Cadmiumwerte sind

Speisepilze, eine kulinarische Bereicherung

bei den beiden Riesenegerlingen/Champignons *(Agaricus macrosporus* und *Agaricus augustus)* sowie anderen nach Anis riechenden Champignons- oder Egerlingsarten *(Agaricus)* zu verzeichnen. Auch der Reifpilz *(Rozites caperatus)* ist mit verhältnismäßig hohen Dosen belastet. Der Cadmiumgehalt ist jedoch standortunabhängig. In unbelasteten Gegenden weisen die Pilze ähnlich hohe Cadmiumwerte auf wie auch getrocknete Pilze aus wissenschaftlichen Sammlungen aus dem vorigen Jahrhundert. Das lässt darauf schließen, dass der größte Teil des Cadmiumgehalts natürlichen Ursprungs ist und nicht auf die steigende Umweltbelastung zurückgeführt werden kann.

Der Blei- und Quecksilbergehalt wird jedoch zweifelsfrei durch die Umweltbelastung bestimmt. Entlang befahrener Straßen ist der Bleigehalt bei vielen Pilzarten deutlich erhöht. In Industriegegenden ist mit einem erhöhten Quecksilbergehalt zu rechnen. Saprophage Pilzarten scheinen tendenziell mehr Quecksilber anzureichern als Pilze, die eine Symbiose eingehen.

Folgende Maßnahmen können die Belastung durch Schwermetalle in Grenzen halten: Entlang von befahrenen Straßen, in Industriegegenden und auf mit Klärschlamm gedüngten Böden kann das Sammeln von Speisepilzen nicht empfohlen werden. Außerdem sollten keine großen Mengen von hoch belasteten Pilzarten verzehrt werden. Die Weltgesundheitsorganisation (WHO) empfiehlt, auch im Hinblick auf die Anreicherung radioaktiver Substanzen, nicht mehr als 250 g Wildpilze pro Person und Woche zu sich zu nehmen. Da Zuchtpilze kontrolliert angebaut werden, kann die 250 g Marke dabei überzogen werden.

Radioaktivität

Nach dem Reaktorunfall in Tschernobyl im April 1986 wurden in ganz Europa in Lebensmitteln erhöhte Werte an radioaktivem Cäsium festgestellt. Auch Wildpilze waren davon betroffen und zwar in stärkerem Maße als erst angenommen worden war.

Da das radioaktive Cäsium in den oberen Humusschichten verbleibt und viele Pilze mit ihrem ausgedehnten, oft mehrere Quadratmeter großen Mycel gerade diese Schichten durchziehen, reichern Pilze artspezifisch diese Stoffe an. Viele Pilzsammler fragten sich daher, ob sie weiterhin selbstgesammelte Pilze essen können, ohne sich hohen radioaktiven Belastungen auszusetzen.

Inzwischen sind die meisten Fachleute der Meinung, dass Wildpilze ohne Gesundheitsrisiko gegessen werden können, sofern nicht gerade hoch belastete Arten in großen Mengen verzehrt werden. Zu diesen zählen begehrte Speisepilze wie der Maronen-Röhrling *(Xerocomus badius)*, der auch in alpinen Lagen vorkommende Reifpilz oder Zigeuner *(Rozites caperatus)* und der durch die gerin-

Der Maronen-Röhrling *(Xerocomus badius)* gehört zu den mit radioaktivem Cäsium hoch belasteten Arten.

ge Größe seines Fruchtkörpers als Speisepilz eher unbedeutende Violette Lacktrichterling *(Laccaria amethystea)*. Erheblich belastet ist auch der Rotfuß-Röhrling *(Xerocomus chrysenteron)*. Täublinge *(Russula)* und Milchlinge *(Lactarius)* sowie der Goldgelbe Lärchen-Röhrling *(Suillus grevillei)* und der Gemeine Birkenpilz *(Leccinum scabrum)* sind ebenfalls belastet, während der Fichten-Steinpilz *(Boletus edulis)* nur wenig radioaktives Cäsium anreichert.

Nahezu unbelastet sind Schirmlinge *(Lepiota)*, Pfifferlinge *(Cantharellus)*, der Schopf-Tintling *(Coprinus comatus)*, der Hallimasch *(Armillaria mellea)*, Rötelritterlinge *(Lepista)*, Egerlinge / Champignons *(Agaricus)*, der Mönchskopf *(Clitocybe geotropa)*, das Stockschwämmchen *(Kuehneromyces mutabilis)* und die Espen-Rotkappe *(Leccinum rufum)*.

Der Gehalt an radioaktivem Cäsium ist jedoch nicht nur artspezifisch verschieden, sondern variiert stark je nach Standort. Es hat sich gezeigt, dass die Cäsiumkonzentration in Pilzfruchtkörpern außerdem beträchtlich reduziert werden kann, wenn die Zellstruktur der Pilze durch sorgfältiges Zerkleinern oder Tiefgefrieren von zuvor in Stücke geschnittenen Pilzen zerstört wird und diese Stücke anschließend stundenlang gewässert werden. Durch diese Behandlung wird allerdings der Geschmack stark beeinträchtigt.

Durch die Eigenschaft der Pilze, Schadstoffe anzureichern, aber auch im Hinblick auf die relative Schwerverdaulichkeit empfiehlt es sich, kleinere Pilzportionen großen Pilzmenüs vorzuziehen. Viel wichtiger als die Menge sind die einzigartigen Aromastoffe der Pilze, die sie zu einer wertvollen Bereicherung unseres Speiseplans machen.

Pilze zubereiten

Um Pilzvergiftungen auszuschließen, sollte vor der Zubereitung gesammelter Pilze Folgendes beachtet werden:

- Verwenden Sie nur Pilze, die Sie vollkommen sicher erkennen können und die nach der neuesten Literatur als essbar gelten.

- Beim geringsten Zweifel sollten Sie eine Pilzkontroll- oder Pilzberatungsstelle aufsuchen, bei der nicht nur ein einzelner Fruchtkörper, sondern das gesamte Sammelgut zur Überprüfung vorgelegt werden sollte.

- Sie sollten nur frische und unverdorbene Pilze verwenden.

- Die meisten essbaren Pilze sind roh giftig. Sämtliche Speisepilze, ob aus einer Zucht oder aus dem Wald, sind deshalb mindestens 10–15 Minuten lang zu garen.

Die im Wald vorgereinigten Pilze werden zu Hause geputzt. Zähe Stiele werden weggeschnitten und schleimige Huthaut, die beim Sammeln noch nicht entfernt wurde, wird abgezogen. Beim Habichtspilz *(Sarcodon imbricatus)* entfernt man die besonders bitter schmeckenden Hutschuppen. Röhren, Lamellen und Stacheln werden in der Regel nicht weggeschnitten, da sie den größten Anteil an Nährwerten enthalten. Nur bei alten, schwammigen und verklebten Röhren empfiehlt es sich, diese zu entfernen.

Um das Innere der Fruchtkörper begutachten zu können, halbiert man diese längs mit einem Schnitt vom Hut bis zum Stiel. Kommen dabei trotz sorgfältiger Auslese im Wald dennoch madige Stellen zutage, so werden diese weggeschnitten. Danach kann man die halbierten Pilze in Scheiben schneiden und, wenn nötig, kurz waschen.

Speisepilze, eine kulinarische Bereicherung

Sammelgut putzen ...   ... und zerkleinern

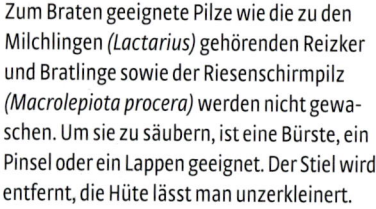

Zum Braten geeignete Pilze wie die zu den Milchlingen (*Lactarius*) gehörenden Reizker und Bratlinge sowie der Riesenschirmpilz (*Macrolepiota procera*) werden nicht gewaschen. Um sie zu säubern, ist eine Bürste, ein Pinsel oder ein Lappen geeignet. Der Stiel wird entfernt, die Hüte lässt man unzerkleinert.

Die Nebelkappe (*Clitocybe nebularis*), den Rötlichen Holzritterling (*Tricholomopsis rutilans*), den Hallimasch (*Armillaria mellea*) u. a. sollte man folgendermaßen abbrühen: Fünf Minuten im Wasser kochen lassen, danach das gesamte heiße Wasser weggießen und normal fertig kochen.

Beim Hallimasch eignen sich nur auf Nadelholz wachsende Exemplare als Speisepilze, da auf Laubholz fruchtende Formen leicht giftig sind und nicht vertragen werden.

Pilze sind ähnlich wie Fisch rasch verderbliche Lebensmittel. Das Pilzeiweiß zersetzt sich schnell und kann zu schweren Lebensmittelvergiftungen führen. Sorgfältig geputztes, unzerkleinertes Sammelgut sowie Reste von Pilzgerichten sollte man deshalb nur etwa einen halben Tag gut gekühlt aufbewahren. Dazu sind keine Aluminiumgefäße zu verwenden. Tintlinge (*Coprinus*) und Milchlinge (*Lactarius*) sollten allerdings so rasch wie möglich verwertet werden.

Pilzrezepte

Mit den folgenden Grundrezepten möchte ich einige Anregungen und Tipps geben. Der Fantasie sind jedoch keine Grenzen gesetzt, und mit verschieden gemischten Speisepilzen stehen für Gerichte enorme Variationsmöglichkeiten offen. Um das Aroma nicht zu beeinträchtigen, ist ein zurückhaltendes Würzen zu empfehlen.

Pilzgemüse

Für Pilzgemüse eignen sich, neben frischem Sammelgut, konservierte Pilze (s. S.83). Tiefgefrorene Pilze werden ohne vorheriges Auftauen direkt in die Pfanne gegeben, während Trockenware zuvor in Wasser eingelegt werden muss.

Die zerkleinerten und gewaschenen Pilze werden nach Belieben mit Zwiebeln, Tomaten oder Peperoni kurz in etwas Fett angedämpft und mit Weiß- oder Rotwein abgelöscht. Auf mittlerer Hitze etwa 10–20 Minuten schmoren lassen. Mit Streuwürze und verschiedenen Gewürzen abschmecken und nach Bedarf mit etwas Wasser verdünnen.

Noch einmal aufkochen, mit etwas Petersilie verfeinern und anrichten. Schmeckt gut zu Nudeln oder Reis.

Pilzsoße

Die Pilze werden nach dem Rezept für Pilzgemüse gekocht. Anschließend wird das Pilzgemüse mit einem üblichen Soßenbinder verdickt. Mit Sauerrahm verfeinert kann diese vorzügliche Soße sofort angerichtet werden. Pilze eignen sich aber auch hervorragend für süßsaure Soßen, die anstatt mit Soßenbinder mit Zitronensaft und Bananen verdickt werden. Mit anderen Früchten, es müssen nicht einmal Exoten sein, erhält man ebenfalls interessante Geschmacksnoten.

Pilzsuppe

Besonders für eine Suppe geeignet sind die Hüte des Stockschwämmchens (*Kuehneromyces mutabilis*) und Nelken-Schwindlings (*Marasmius oreades*) sowie getrocknete Fichten-Steinpilze (*Boletus edulis*). Die vorbereiteten und zerkleinerten Pilze werden nach Belieben mit Zwiebeln, Petersilie und Schnittlauch in Fett gedämpft und mit der gewünschten Menge an Wasser abgelöscht. Die Suppe wird mit Streuwürze und anderen Gewürzen abgeschmeckt und etwa eine halbe Stunde bei geringer Hitzezufuhr geköchelt. Um das Aroma der Pilze hervorzuheben, wird das Ganze mit einem Stabmixer püriert. Mit einer Prise Petersilie verfeinert, wird die Pilzsuppe serviert.

Gebratene Pilze

Reizker und Brätling: Bereits das Sammeln dieser zu den Milchlingen (*Lactarius*) gehörenden Pilze sollte mit der nötigen Sorgfalt erfolgen, um ein Ausbluten der Fruchtkörper zu verhindern. Dabei werden die Pilzfruchtkörper aus dem Boden gedreht und nicht mit dem Messer abgeschnitten. Beim Transport im Pilzkörbchen ist darauf zu achten, dass nicht große und schwere Pilzfruchtkörper auf die druckempfindlichen Milchlinge zu liegen kommen. Das Anschneiden der Fruchtkörper mit dem Messer im Wald, um unansehnliche Teile wegzuschneiden, sollte man besser unterlassen. Bereits länger angeschnittene Exemplare, bei denen der Milchsaft durch die Wunde fast gänzlich ausgetreten ist, schmecken bitter. Da die Milch sehr schnell eintrocknet, sollte man die geernteten Pilze möglichst bald verwerten. Frische junge Milchlinge, die sorgfältig behandelt wurden, schmecken als Bratpilze delikat.

Stockschwämmchen-Suppe

Edel-Reizker gebraten

Speisepilze, eine kulinarische Bereicherung

Da sich gewaschene Pilze zum Braten nicht eignen, sollten sie trocken mit einem angefeuchteten Lappen, einem Pinsel oder einer Bürste gereinigt werden. Kurz bevor man mit dem Braten beginnt, werden die ungeeigneten Stiele entfernt. Die Hüte können etwas mit Mehl bestäubt, nach Belieben gewürzt und in Butter beidseitig gebraten werden.
Parasol und Riesenbovist: Schnitzel aus Pilzen sind bekannt und beliebt. Der Parasol oder Riesenschirmpilz *(Macrolepiota procera)* mit seinem riesigen Hut ist dafür bestens geeignet. Die Pilzfruchtkörper werden trocken gereinigt und die holzigen Stiele weggeschnitten. Besonders der Zustand der Hüte muss beachtet werden. Sind sie alt und wässrig, eignen sie sich nicht mehr für ein Gericht. Nach Verzehr von alten Exemplaren kann es zu Magenbeschwerden kommen.

Riesenboviste *(Langermannia gigantea)* eignen sich ebenfalls für die Zubereitung feiner Schnitzel, die Kalbfleisch sehr nahe kommen. Mit einem Schnitt durch den gesamten Fruchtkörper kann man sich vergewissern, ob das Fleisch für den Verzehr noch geeignet ist. Reife Fruchtkörper haben gelblich gefärbtes Fleisch und sind nicht mehr essbar. Für die Küche sollten ausschließlich Riesenboviste mit einwandfreiem, weißem Fleisch verwendet werden. Dies gilt übrigens auch für die kleinen Bovistarten. Der ganze Bovist wird in etwa 1,5 cm dicke Scheiben geschnitten.

Die zum Braten vorbereiteten Teile der Riesenboviste oder Riesenschirmpilze werden paniert oder in Bierteig gewendet. Anschließend werden sie wie Wiener Schnitzel in Butter etwa 10–15 Minuten beidseitig gut durchgebraten. Der Riesenschirmpilz eignet sich auch als Mischpilz in Pilzgemüse

Parasol gebraten

oder Soßen, während der Riesenbovist nur als Schnitzel Verwendung findet.

Pilzsalat

Für Pilzsalat eignen sich besonders festfleischige Arten wie Echte Pfifferlinge *(Cantharellus cibarius)*, Semmel-Stoppelpilze *(Hydnum repandum)*, Mönchsköpfe *(Clitocybe geotropa)*, Egerlinge / Champignons *(Agaricus)*, Fichten-Steinpilze *(Boletus edulis)*, Espen-Rotkappen *(Leccinum rufum)*, Täublinge *(Russula)* und Rötelritterlinge *(Lepista)*. Die vorbereiteten, geschnittenen Pilze werden in Salzwasser gekocht und danach mit kaltem Wasser abgeschreckt. Die erkalteten Pilze werden mit einer beliebigen Salatsoße angerichtet. Um ein optimales Aroma zu erhalten, sollte der Salat vor dem Servieren etwa eine halbe Stunde durchziehen.

In älteren Kochbüchern wird Salat mit rohen Pilzen beschrieben. Inzwischen ist bekannt, dass sogar der Zucht-Champignon roh Substanzen enthält, die für den menschlichen Körper schädlich sein können. Abgesehen davon sind die meisten Wildpilze roh giftig. Deswegen sollten Pilze immer gekocht werden. Nur der Eispilz *(Pseudohydnum gela-*

tinosum) und der Rötliche Gallerttrichter (Tremiscus helvelloides) machen hier eine Ausnahme und können roh genossen werden. Hier muss aber auf die Gefahr einer Infektion durch die Eier des Fuchsbandwurms hingewiesen werden. Besonders in gefährdeten Gebieten sollte man diese beiden Pilzarten besser stehen lassen.

Pilze konservieren

Pilze tiefgefrieren

Bis auf den Rötlichen Gallerttrichter (Tremiscus helvelloides), den Eispilz (Pseudohydnum gelatinosum) und den Riesenbovist (Langermannia gigantea, wird bitter) eignen sich alle Pilzarten zum Einfrieren in Tiefkühlgeräten. Vergleicht man den Arbeitsaufwand beim Tiefgefrieren mit dem beim Trocknen, so ist das Tiefgefrieren die schnellste Konservierungsart. Beim Trocknen entwickeln einige Arten jedoch ein intensiveres Aroma.

Die zum Tiefgefrieren geeigneten Pilzfruchtkörper werden gereinigt und nach Bedarf kurz kalt abgespült. Danach schneidet man sie in grobe Stücke. Die Pilze sollten möglichst roh eingefroren werden. Ein vorhe-

Pilze einfrieren

riges Blanchieren spart zwar Platz, hat aber oft einen Qualitätsverlust zur Folge. Bitte achten Sie auch darauf, dass die Pilze in frischem Zustand eingefroren werden!

Das Einfrieren sollte möglichst schnell erfolgen, deswegen sollte einige Zeit zuvor das Tiefkühlgerät auf die höchste Stufe gestellt werden. Große Mengen sind in Raten einzufrieren. Achtung! Das Gefrierfach des Kühlschranks ist zum Tiefgefrieren völlig ungeeignet und sollte auf keinen Fall dafür verwendet werden.

Die Pilze können in einem üblichen Haushaltstiefkühlgerät bei mindestens −18 °C bis zu sechs Monate gelagert werden.

Vor der Zubereitung werden die Pilze nicht aufgetaut, sondern tiefgefroren in die Pfanne gegeben. Frieren Sie keinesfalls Pilzgerichte oder aufgetaute Pilzpäckchen wieder ein, da sich das Pilzeiweiß sehr rasch zersetzt und zu einer akuten Lebensmittelvergiftung führen kann. Wenn Sie diese Maßnahmen beachten, werden Sie in der Winterzeit an einem Pilzgericht aus Ihrem Vorrat viel Freude haben.

Pilze trocknen

Bei einigen Pilzarten trägt das Trocknen zu einer wesentlichen Verbesserung des Aromas bei. Folgende Pilze sind dazu besonders geeignet: Morcheln (Morchella), Aderige Morchelbecherlinge (Disciotis venosa), Fichten-Steinpilze (Boletus edulis), Maronen-Röhrlinge (Xerocomus badius), Rotfuß-Röhrlinge (Xerocomus chrysenteron), Trompeten-Pfifferlinge (Cantharellus tubaeformis), Gelbe Kraterellen (Cantharellus xanthopus), Herbsttrompeten (Craterellus cornucopioides) und Habichtspilze (Sarcodon imbricatus). Gut geeignet sind alle übrigen Röhrlinge

Speisepilze, eine kulinarische Bereicherung

Gelbe Kraterellen *(Cantharellus xanthopus)* und Herbsttrompeten *(Craterellus cornucopioides),* bereit zum Trocknen oder Dörren

(Boletaceae), Trichterlinge *(Clitocybe),* Ritterlinge *(Tricholoma),* Riesen-Schirmlinge *(Macrolepiota)* und Egerlinge / Champignons *(Agaricus)* sowie das Stockschwämmchen *(Kuehneromyces mutabilis)* und der Hallimasch *(Arrnillaria mellea).*

Bitte beachten Sie, dass folgende Pilze völlig ungeeignet zum Trocknen sind: Täublinge *(Russula),* Milchlinge *(Lactarius),* Stäublinge *(Lycoperdon),* Riesenbovist *(Langermannia gigantea)* und Tintlinge *(Coprinus)* sowie der Echte Pfifferling *(Cantharellus cibarius),* Maipilz *(Calocybe gambosa),* März-Schneckling *(Hygrophorus marzuolus),* Semmel-Stoppelpilz *(Hydnum repandum),* Rötliche Gallerttrichter *(Tremiscus helvelloides)* und Eispilz *(Pseudohydnum gelatinosum).*

Zuerst reinigt man die zum Trocknen geeigneten Pilze sorgfältig und schneidet sie danach längs in etwa 2–3 mm dicke Scheiben. Achtung, bei dieser Konservierungsart dürfen die Fruchtkörper nicht mit Wasser abgespült werden, da sich wässrige Pilzteile nicht mehr trocknen lassen.

Empfehlenswert zum Trocknen der Pilzfruchtkörper sind die sogenannten „Dörrex"-Geräte. Eine andere Möglichkeit bietet der Backofen. Es ist darauf zu achten, dass die Ofentür ein wenig geöffnet bleibt und die eingestellte Temperatur 70 °C nicht übersteigt. Leider ist diese Konservierungsart nicht unbedingt zu empfehlen, da das Dörrgut meist schwarz und hart wird. Steht kein „Dörrex"-Gerät oder Backofen zur Verfügung, können die Pilze auch an der Luft getrocknet werden. Man fädelt die in dünne Scheiben geschnittenen Pilze auf einer Schnur auf oder legt sie auf ein Tuch und bewahrt sie an einem warmen, luftigen Ort auf, z. B. auf dem Dachboden oder in der Nähe eines Ofens. Dabei sollte immer wieder geprüft werden, ob das Dörrgut nicht infolge von Wärmemangel oder fehlender Belüftung verdirbt. Die Pilzstückchen sind trocken, wenn sie sich wie Papier anfühlen, beim Umbiegen brechen und keine Feuchtigkeit mehr austritt.

Zum Aufbewahren der getrockneten Pilze empfehle ich Ihnen, das Dörrgut in Gläser mit einem guten Verschluss zu füllen und diese an einen dunklen, trockenen Ort zu

Verschiedene gedörrte Pilze in Gläsern

stellen. Achten Sie darauf, dass alle Pilzstückchen trocken sind. Feuchte Stückchen können ein ganzes Glas zum Verschimmeln bringen. Wenn Sie einen gut durchlüfteten Dachboden besitzen, können Sie das Dörrgut auch in einem Stoffsäckchen an der Decke aufhängen. Allerdings kann es hier von Schimmelpilzen oder Schädlingen wie Insekten befallen werden.

Vor der Zubereitung müssen die Dörrpilze für etwa zwei Stunden in kaltes Wasser eingelegt werden. Das Einlegewasser kann, dem Gericht beigegeben, für zusätzliches Aroma sorgen.

Pilze im eigenen Saft einmachen

Auch diese Methode ist durch die Möglichkeit des Tiefgefrierens etwas in Vergessenheit geraten. Geeignet sind besonders festfleischige Pilzarten wie Trichterlinge *(Clitocybe)*, Ritterlinge *(Tricholoma)*, Egerlinge / Champignons *(Agaricus)*, das Stockschwämmchen *(Kuehneromyces mutabilis)*, der Hallimasch *(Armillaria mellea)*, Täublinge *(Russula)*, Milchlinge *(Lactarius)*, Leistlinge (Cantharellaceae), der Maipilz *(Calocybe gambosa)*, Schnecklinge *(Hygrophorus)*, Riesen-Schirmlinge *(Macrolepiota)*, der Semmel-Stoppelpilz *(Hydnum repandum)*, der Habichtspilz *(Sarcodon imbricatus)* und verschiedene Röhrlinge (Boletaceae). Dazu werden junge, frische Exemplare gereinigt, in grobe Stücke geschnitten und mit kaltem oder lauwarmem Wasser etwas abgespült. Danach gibt man die zerkleinerten Pilze in die Pfanne, würzt sie leicht und dünstet sie 15–20 Minuten. Wasser wird nach Bedarf zugegeben. Die Pilze werden mitsamt dem Saft heiß in die vorgewärmten Weckgläser abgefüllt und diese mit Gummi und Deckel verschlossen.

Anschließend sind die Gläser 60 Minuten bei 95 °C im Wasserbad zu sterilisieren. Man lässt sie langsam abkühlen und prüft nach einigen Tagen, ob die Gläser wirklich gut verschlossen sind.

Lagern Sie die Gläser an einem kühlen Ort, am besten im Keller. Entfernen und vernichten Sie nicht einwandfreie Ware, die Sie bei einem Kontrollgang entdeckt haben, denn verdorbene Pilze sind bei Verzehr gesundheitsgefährdend. Der Arbeitsaufwand ist bei dieser Konservierungsart groß, aber für festfleischige Pilze lohnend.

Pilze in Essig

Dazu eignen sich Egerlinge / Champignons *(Agaricus)* sowie Echte Pfifferlinge *(Cantharellus cibarius)*, Mönchsköpfe *(Clitocybe geotropa)* und besonders die zu den Milchlingen *(Lactarius)* gehörenden Reizker. Verwenden Sie nur kleine, noch nicht völlig ausgewachsene Exemplare.

Die gereinigten, zerkleinerten und gewaschenen Pilze werden in Salzwasser (ein Teelöffel Salz pro Liter Wasser) mit einem Schuss Essig etwa 15 Minuten gekocht. Danach werden sie in nicht allzu große Gläser gefüllt. Der bereits vorbereitete Sud, bestehend aus Weinessig mit Senf- und Pfefferkörnern, der je nach Geschmack mit Nelken, Wacholderbeeren, Tomaten, Peperoni, Karotten, Zwiebeln, Estragon und Dill verfeinert werden kann, wird aufgekocht und nach Belieben gewürzt. Die erkaltete Soße wird nun über die noch warmen Pilze gegossen. Die Gläser werden gut verschlossen. An einem kühlen Ort aufbewahrt, sind diese Leckerbissen über längere Zeit haltbar. An einem kalten Winterabend können sie z. B. zu Raclette sehr gut schmecken.

Pilze selber kultivieren

Schon die Römer und Griechen versuchten Pilze anzubauen. Eine einfache Methode führte dabei oft zum Ziel. Reife Pilzfruchtkörper legte man zur Absporung auf saubere Schnittflächen der entsprechenden Holzart und überließ sie anschließend sich selbst. Bedingt durch das warme Klima in den südlichen Breiten konnte mit dieser Methode oft ein üppiges Pilzwachstum erreicht werden. In raueren Gegenden wäre dieses Unterfangen mit Sicherheit zum Scheitern verurteilt gewesen.

Die ersten Champignonkulturen entstanden Anfang des 20. Jahrhunderts in Frankreich. Heute ist dieser Pilz weltweit bekannt und kaum noch von der Speisekarte wegzudenken. Obwohl schon zur Zeit der ersten Champignonkulturen bekannt war, dass auch Stockschwämmchen *(Kuehneromyces mutabilis)*, Violette Rötelritterlinge *(Lepista nuda)*, Samtfußrüblinge *(Flammulina velutipes)* und Austern-Seitlinge *(Pleurotus ostreatus)* relativ einfach gezüchtet werden können, setzte sich damals eine Kultivierung dieser Arten nicht durch. Seit einigen Jahren ist es jedoch möglich, diese Pilze im eigenen Garten zu züchten. Ein Wunschtraum von manchem Hobbygärtner und Pilzliebhaber hat sich damit erfüllt. Gartencenter sowie Samenhandlungen bieten verschiedene Pilzarten in Fertigkulturen oder Pilzbruten an. Angebote werden auch über das Internet verbreitet.

Pilzbruten sind etwa einen Liter umfassende, ca. 500 g schwere Einheiten von sterilem Nährboden aus Stroh oder Getreidekörnern, die mit dem weißen Mycel völlig durchwachsen sind. Weiter werden auch hölzerne Impfdübel, die vom jeweiligen Mycel ebenfalls durchwachsen sind, angeboten. Da diese Pilzbruten bei Wärme rasch von Schimmelpilzen befallen und zerstört werden, empfiehlt es sich, sie im Kühlschrank zu lagern.

Derzeit ist es nur möglich, saprophage Pilzarten anzubauen. Die Kultivierung von besonders beliebten Speisepilzen wie Fichten-Steinpilzen *(Boletus edulis)*, Echten Pfifferlingen *(Cantharellus cibarius)* und Morcheln *(Morchella)* wurde bis jetzt vergeblich versucht. Diese Arten können nur in enger Lebensgemeinschaft mit bestimmten Pflanzen leben und Fruchtkörper hervorbringen.

Angebot an Pilzarten

In den letzten zehn Jahren hat das Angebot von Pilzarten um ein Vielfaches zugenommen. Fertigkulturen für Speisepilze und Vitalpilze werden in Fachgeschäften sowie über das Internet angeboten. Unter Vitalpilzen versteht man Pilze mit positiver oder heilender Wirkung auf den Menschen. Hauptsächlich sind heute folgende Pilze im Angebot:

Zucht-Champignon *(Agaricus bisporus)*

Zucht-Champignon
Champignon de Paris, *Agaricus bisporus*
Wissenswertes Er ist weltweit der meist angebaute Zuchtpilz. Verschiedene Sorten wie Weißer Champignon, Brauner Champignon, Stein-Champignon sind heute auf dem Markt erhältlich.
Im Angebot Fertigkultur.

Shii-Take
Lentinula edodes
Wissenswertes Er ist ein Vitalpilz, der vor allem in China und Japan traditionellen Ursprung hat. Geeignete Hölzer sind Eiche, Rot-Buche, Hainbuche, Birke, Erle, Kirsche, Esskastanie.
Im Angebot Fertigkultur, Körnerbrut und Impfdübel.

Shii-Take *(Lentinula edodes)*

Austern-Seitling
Kalbfleischpilz, *Pleurotus ostreatus*
Wissenswertes Er ist ein einheimischer Pilz, der im Dezember bis März vorkommt. Geeignete Hölzer sind Rot-Buche, Birke, Esche, Erle, Pappel, Weide, gesunde Obstgehölze.
Im Angebot Fertigkultur, Körnerbrut und Impfdübel.

Austern-Seitling *(Pleurotus ostreatus)*

Limonen-Seitling
Rillstieliger Seitling, *Pleurotus cornucopiae* var. *citrinopileatus*
Wissenswertes Die eigentliche Art kommt in Europa gelegentlich als weißer Pilz in Auenwäldern und an Flussläufen vor. Geeignete Hölzer sind Rot-Buche, Esche, Erle, Pappel, Weide und Ahorn.
Im Angebot Fertigkultur, Körnerbrut und Impfdübel.

Limonen-Seitling *(Pleurotus cornucopiae* var. *citrinopileatus)*

Rosafarbener Seitling
Flamingopilz, Rosen-Seitling, *Pleurotus salmoneo-stramineus (P. djamor)*
Wissenswertes Er ist in den Tropen und Subtropen weit verbreitet. Dort bevorzugt er

Harthölzer einschließlich Palmen, Gummibäume und Bambus. In Europa kommt der wärmebedürftige Pilz nicht wildwachsend vor. Geeignete Hölzer sind Rot-Buche, Weide, Pappel, Ahorn, Ulme, Erle, Birke.
Im Angebot Körnerbrut und Impfdübel.

Kräuter-Seitling

Mannstreu-Seitling, *Pleurotus eryngii*
Wissenswertes Er ist hauptsächlich in Süd- und Südwesteuropa beheimatet und kommt gern auf den abgestorbenen Wurzeln von Doldenblütlern vor. Geeignetes Substrat für die Zucht ist Stroh.
Im Angebot Fertigkultur und Körnerbrut.

Kräuter-Seitling *(Pleurotus eryngii)*

Reishi

Glänzender Lackporling, Ling Zhi, *Ganoderma lucidum*
Wissenswertes Er ist nicht zum Kochen geeignet, sondern kann getrocknet und gemahlen als Pilzpulver verwendet werden. Als Vitalpilz wird er hoch geschätzt und gegen Stress und als förderliche Herz-Kreislauf-Unterstützung eingesetzt. Geeignete Hölzer sind Rot-Buche, Eiche, Ahorn, Birke, Erle und Pflaume.
Im Angebot Impfdübel.

Maitake

Klapperschwamm, *Grifola frondosa*
Wissenswertes Er ist in Europa heimisch, aber nicht häufig und kommt hauptsächlich im Wurzelbereich von Eichen und Edelkastanien vor. Als Vitalpilz hat er neben etlichen anderen positiven Wirkungen die Fähigkeit, Fette zu binden.
Im Angebot Fertigkultur.

Braunkappe

Rotbrauner Riesen-Träuschling, *Stropharia rugosoannulata*
Wissenswertes Sie wurde schon vor Jahren als Pilzbrut für Strohballen angeboten. Heute kann man Kombi-Sets beziehen, welche Pilzbrut und Strohmehl beinhalten.
Im Angebot Fertigkultur und Körnerbrut.

Pioppino

Südlicher Schüppling, Ackerling, Pappel-Schüppling, *Agrocybe aegerita*
Wissenswertes Er ist im Mittelmeerraum häufig und kommt an lebenden und toten Stämmen der Pappel vor. Geeignete Hölzer für die Zucht sind Pappel, Weide, nachrangig Buche oder Linde.
Im Angebot Körnerbrut und Impfdübel.

Pioppino *(Agrocybe aegerita)*

Toskanapilz

Goldkäppchen, Japanisches Stockschwämmchen, *Pholiota nameko*
Wissenswertes Dieser orangefarbene japanische Pilz ist ein Verwandter des Stockschwämmchens. Er steht an Beliebtheit in Japan an zweiter Stelle hinter dem Shii-Take. Geeignete Hölzer sind Rot-Buche, Eiche, Birke, Pappel, Weide, Obstgehölze.
Im Angebot Körnerbrut und Impfdübel.

Judasohr

Chinesische Morchel, Mu-Err, Kikuurage, *Auricularia auricula-judae*
Wissenswertes Er ist nahezu weltweit verbreitet und wird in vielen Gerichten der asiatischen und speziell auch der chinesischen Küche verwendet. Als Vitalpilz fördert er die Durchblutung und verhindert Thrombosen. Geeignet für die Zucht ist Holunderholz ab etwa 5 cm Durchmesser.
Im Angebot Fertigkultur und Körnerbrut.

Judasohr (*Auricularia auricula-judae*)

Pom Pom

Igel-Stachelbart, Affenkopf, *Hericium erinaceum*
Wissenswertes In Europa kommt der seltene Pilz bei Eiche, Rot-Buche oder Walnuss vor. In Japan und China ist er sehr beliebt. Als Vitalpilz sind seine regulierenden Fähigkeiten von Magen und Darm von großer Bedeutung. Geeignete Hölzer sind Eiche, Rot-Buche, Nussbaum, Apfelbaum.
Im Angebot Fertigkultur, Körnerbrut und Impfdübel.

Pom Pom (*Hericium erinaceus*)

Spargelpilz

Schopf-Tintling, *Coprinus comatus*
Wissenswertes Er ist auch bei uns in Europa ein häufiger Pilz. Oft in Gruppen erscheint er entlang von Waldwegen, auf Fettwiesen, im Rasen und in Gärten. Als Vitalpilz unterstützt er eine gesunde Blutzuckerfunktion. Das Kombi-Set beinhaltet meist Pilzbrut, Substrat wie Strohpellets und Deckerde.
Im Angebot Fertigkultur und Körnerbrut.

Samtfußrübling

Enokitake, Winterrübling, *Flammulina velutipes*
Wissenswertes Er ist ein einheimischer Pilz, der im Oktober bis April vorkommt. Er gilt als Vitalpilz und verbessert die Bauchspeicheldrüsentätigkeit, hilft bei der Behandlung von Herzischämie, reinigt die Haut, wirkt antibakteriell und gegen Krebs. Natürliches Antibiotikum zur Bekämpfung von Entzündun-

Samtfußrübling *(Flammulina velutipes)*

gen. Geeignete Hölzer sind Weide, Erle, Pappel, Buche, Esche, Ahorn, Birke, Eiche und Linde.
Im Angebot Körnerbrut und Impfdübel.

Rauchblättriger Schwefelkopf
Hypholoma capnoides
Wissenswertes Er ist ein häufiger, einheimischer Pilz, kommt vom September bis Dezember und auch in milden Wintern vor. Geeignete Hölzer sind Fichte, Kiefer und gelegentlich auch Buche.
Im Angebot Impfdübel.

Fertigkulturen-Sets für Haus und Garten
Im Gegensatz zur Impfung von Holzstämmen für den Anbau im Garten ermöglichen die Fertigkulturen-Sets eine schnelle Ernte. Die Pilzbrut wird zusammen mit dem Substratmaterial wie Strohpellets, Holzspänen usw. zum Selbermischen geliefert. Eine Anleitung dazu liegt jeweils bei. Bei entsprechender Feuchte erscheinen die Pilzfruchtkörper innerhalb weniger Wochen.

Wie Zimmerpflanzen nehmen Pilzkulturen nur wenig Platz ein. Die Kulturen können auf dem Balkon, im Garten oder im Keller an einem schattigen Ort bei Temperaturen von 10–22 °C (genaue Temperatur siehe Anleitung) untergebracht werden.

Die Ernte in den eigenen vier Wänden oder Garten macht viel Freude, außerdem vergehen von der Ernte bis zum Kochtopf nur

Fertigkultur: Limonen-Seitling *(Pleurotus cornucopiae* var. *citrinopileatus)*

Der Austern-Seitling *(Pleurotus ostreatus)* eignet sich für die Gartenkultur.

wenige Minuten. Frischere Pilze können Sie nicht bekommen!

Kulturen im Garten selber anlegen

Auf Holz kultivierte Pilze tragen über mehrere Jahre Fruchtkörper. Sämtliche Arten, die zurzeit im Handel als Brut für Holzsubstrat angeboten werden, wachsen ausschließlich auf Laubholz. Für ein Beimpfen mit Pilzbrut sind Hölzer geeignet, die nach dem Schlagen nicht älter als vier bis zwölf Wochen sind. Frisches Holz ist für die Kultivierung ungeeignet, da das Pilzmycel nicht in der Lage ist, gesundes Holz zu durchwachsen. Die Abwehrkräfte des Baumes wirken dabei entgegen. Weiterhin ist es wichtig, dass die Rinde der Hölzer intakt ist. In vertrockneten und dadurch rissig gewordenen Stämmen und Ästen steht wiederum dem Mycel die nötige Feuchte nicht mehr zur Verfügung.

Geeignete Hölzer

Bei den Hölzern unterscheidet man zwischen Hart- und Weichhölzern. Zum Hartholz zählen z. B. das Holz der Eiche, der Rot-Buche, der Hainbuche, der Esche, des Ahorns und des Apfel- und Birnbaums, während das Holz der Birke, Linde, Weide, Erle oder Pappel zum Weichholz gerechnet wird. Auf Weichhölzern kultivierte Pilze bringen in der Regel schneller Fruchtkörper hervor als solche auf Harthölzern. Oft erntet man auf Weichholz noch im selben, sicher aber im folgenden Jahr nach dem Beimpfen; die Kultur bleibt etwa drei Jahre aktiv. Auf Hartholz kann oft erst nach einem Jahr geerntet werden, während die Kultur dann fortlaufend fünf bis sieben Jahre Fruchtkörper hervorbringt.

Auf eine genaue Beschreibung für die Anlegung der Kultur wird hiermit verzichtet, da diese heute immer mit der Pilzbrut oder den Pilzdübeln mitgeliefert wird.

Pilzgifte – Giftpilze

Seit Pilze gesammelt und gegessen werden, hat es Pilzvergiftungen gegeben. Im Laufe der Zeit hat sich aus guten und schlechten Erfahrungen ein Wissen angesammelt, das bis heute erhalten blieb und laufend durch neue Erkenntnisse ergänzt wird.

Da viele essbare und giftige Pilzarten sehr ähnliche Fruchtkörper hervorbringen, sind oft Verwechslungen aufgrund mangelhafter Kenntnisse für Vergiftungen verantwortlich. Nur durch ein sicheres Erkennen der essbaren und giftigen Pilzarten ist man vor gefährlichen Vergiftungen geschützt. Dafür gibt es leider keine allgemeinen Regeln. Nahezu in allen Pilzfamilien und -gattungen sind Giftpilze vertreten. Keine Farbe oder Form der Fruchtkörper sagt etwas über die Giftigkeit aus. Alte Praktiken wie das Mitkochen von einem silbernen Löffel oder anderen Gegenständen, die sich bei giftigen Fruchtkörpern verfärben sollten, erwiesen sich als Irrwege. Mangelhafte Kenntnisse und der falsche Stolz, seine Ware nicht bei einer Pilzberatungsstelle kontrollieren zu lassen, können die Ursachen solcher Vergiftungen sein.

Sicherheit hat Vorrang! Verwenden Sie nur Pilze, die Sie absolut sicher bestimmen können und die nach der neuesten Literatur als essbar gelten. Treten die geringsten Zweifel auf, sollten Sie eine Pilzberatungs- oder Kontrollstelle aufsuchen, der das gesamte Sammelgut zur Überprüfung vorgelegt werden sollte.

Amanitin

Vergiftung durch Knollenblätterpilze (Amanitaceae), kleine Schirmlinge *(Lepiota)* und den Gift-Häubling *(Galerina marginata).*

Unter den Knollenblätterpilzen findet man die giftigsten Pilzarten. Der Verzehr von Fruchtkörpern des Grünen Knollenblätterpilzes *(Amanita phalloides)*, des Spitzhütigen Knollenblätterpilzes *(Amanita virosa)* und des Frühlings-Knollenblätterpilzes *(Amanita verna)* ist für den Menschen ohne frühzeitige Erkennung und sofortige Gegenmaßnahme tödlich.

Diese drei Pilzarten enthalten Amatoxine, die zu den gefährlichsten Giftstoffen überhaupt zählen. Amatoxine sind Zellgifte und wirken hauptsächlich auf Leberzellen. Sie sind sehr beständig; durch Kochen, Trocknen oder Wässern wird ihre Wirkung nicht vermindert. Im Allgemeinen beträgt bei Erwachsenen die tödliche Dosis 50 g Frischpilz, während bei Kindern, die wesentlich empfindlicher reagieren und von einer Pilzvergiftung besonders schwer betroffen sind, schon 5–10 g tödlich sein können. Dieselben Giftstoffe enthält auch der Gift-Häubling *(Galerina marginata).*

Der Fleischrötliche Schirmling *(Lepiota brunneoincarnata)* und andere kleine Schirmlingsarten enthalten ebenfalls Amatoxine. All diese Giftpilze schmecken, laut Aussagen von Betroffenen, weder bitter noch

Grüner Knollenblätterpilz *(Amanita phalloides)*

Gift-Häubling *(Galerina marginata)*

zäh, sondern sehr gut. Der Geschmack des Pilzgerichts lässt also keinesfalls Rückschlüsse auf die Giftigkeit zu.

In der Regel machen sich die ersten Krankheitszeichen wie Brechdurchfälle zehn bis zwölf Stunden nach der Mahlzeit bemerkbar, können jedoch auch schon sechs oder erst 24 Stunden nach der Mahlzeit auftreten. Diese lange Latenzzeit ist für Vergiftungen mit Amatoxinen typisch. Eine kürzere Latenzzeit schließt jedoch eine Knollenblätterpilzvergiftung nicht aus, da in einem Mischgericht auch Giftpilze enthalten sein können, die schon nach kurzer Zeit Krankheitszeichen verursachen. Die Brechdurchfälle mit Bauchkoliken halten zwei bis vier Tage an. Gleichzeitig kann es, bedingt durch den Wasserverlust, zu Blutdruckabfall, Pulsanstieg, Wadenkrämpfen, Austrocknung und Schock kommen. Häufig tritt dann eine scheinbare Besserung ein. Später zeigen sich die ersten Anzeichen einer Leberschädigung. Nach vier bis sieben Tagen tritt der Tod durch Leberversagen ein, wenn die aufgenommene Giftmenge groß genug war und nicht frühzeitig mit einer leberschützenden Therapie begonnen wurde. Hierfür hat sich seit Jahren der Wirkstoff Silybinin, der aus der Mariendistel *(Silybum marianum)* gewonnen wird, als besonders wirksames Mittel erwiesen.

Gyromitrin

Vergiftung durch die Frühjahrs-Lorchel *(Gyromitra esculenta)* und den Kronenbecherling *(Sarcosphaera coronaria)*.

Die Frühjahrs-Lorchel galt getrocknet vor Jahren noch als hervorragender Speisepilz und wurde lange Zeit im Handel zum Verkauf angeboten. In den letzten Jahren wurde in vielen europäischen Ländern der Verkauf von getrockneten Lorcheln glücklicherweise verboten.

Die Giftigkeit der frischen Pilzfruchtkörper ist zweifellos schon seit langer Zeit bekannt. Der Giftstoff, das Gyromitrin, verflüchtigt sich jedoch durch das Trocknen der Fruchtkörper fast vollständig. Auch durch mehrmaliges Abbrühen kann man den Giftgehalt stark verringern, so dass nur noch eine kleine Restmenge zurückbleibt. Trotzdem können auch solchermaßen vorbehandelte Pilze schwere Vergiftungen hervorrufen. Außerdem kann beim Abkochen das in den Dampf übergegangene Gift eingeatmet werden. Kinder sind durch ihr geringes Gewicht und ihre erhöhte Empfindlichkeit von einer Vergiftung besonders betroffen. Erwachsene vertragen vergleichsweise die sechsfache Menge.

Erste Krankheitszeichen treten normalerweise sechs bis 24 Stunden nach der Pilz-

Frühjahrs-Lorchel *(Gyromitra esculenta)*

mahlzeit auf (Latenzzeit). Mattigkeit, Kopfschmerzen, heftiges Erbrechen und Bauchkoliken künden die Vergiftung an. Schwere Vergiftungen verursachen einen Zerfall der roten Blutkörperchen oder eine Leberschädigung, die bis zum Tode führen kann. Ähnliche Vergiftungserscheinungen ruft der Kronenbecherling *(Sarcosphaera coronaria)* hervor.

Orellanin

Vergiftung durch den Orangefuchsigen Raukopf *(Cortinarius orellanus)*, Spitzgebuckelten Raukopf *(Cortinarius rubellus)*, Schöngelben Klumpfuß *(Cortinarius splendens)* und andere Schleierlinge *(Cortinarius)*.

Seitdem 1952 in Polen 135 Personen nach dem Genuss von Orangefuchsigen Rauköpfen erkrankten und 19 davon starben, ist bekannt, dass zu den Schleierlingen auch tödliche Giftpilze zählen, die das Nierengift Orellanin enthalten.

Tage oder erst Wochen nach der Pilzmahlzeit kündigt sich das Orellanus-Syndrom mit ersten Krankheitszeichen wie Müdigkeit, Durst und Nierenschmerzen an. Diese lange Latenzzeit lässt meist weder Arzt noch Patient vermuten, dass dafür Pilzgifte verantwortlich sind.

Spitzgebuckelter Raukopf *(Cortinarius rubellus)*

Magen-Darm-Gifte

Vergiftung durch den Karbol-Egerling *(Agaricus xanthoderma)*, Riesen-Rötling *(Entoloma sinuatum)*, Leuchtenden Ölbaumpilz *(Omphalotus olearius)*, Kahlen Krempling *(Paxillus involutus)*, Tiger-Ritterling *(Tricholoma pardalotum)*, Satans-Röhrling *(Boletus satanas)*, Grünblättrigen Schwefelkopf *(Hypholoma fasciculare)*, die Bauchweh-Koralle *(Ramaria pallida)*, scharf schmeckende Milchlinge *(Lactarius)* und Täublinge *(Russula)* sowie andere.

Unter dieser Gruppe wird eine Vielzahl roh und gekocht giftiger Pilze zusammengefasst. Der Genuss dieser Pilze führt zu unangenehmen, aber nur selten lebensgefährlichen Magen- und Darmbeschwerden, die in der Regel keine Folgeschäden hinterlassen. Viele verschiedene, zurzeit meist noch unbekannte Giftstoffe sind für diese Vergiftungen verantwortlich. Die ersten Krankheitszeichen, hauptsächlich Erbrechen und Durchfall, können eine Viertelstunde bis zu vier Stunden nach der Mahlzeit auftreten. In seltenen Fällen kann der Wasser- und Salzverlust tödliche Folgen haben.

Eine große Anzahl der bekannten Giftpilze enthält solche Magen-Darm-Gifte. Gefährlich sind beispielsweise der Riesen-Rötling *(Entoloma sinuatum)* und Tiger-Ritterling *(Tricholoma pardalotum)*. Der Satans-Röhrling verursacht starke Vergiftungserscheinungen. Seine robusten, großen Fruchtkörper wirken für eine Pilzmahlzeit sehr einladend. Von unerfahrenen Pilzsammlern wird dieser hellhütige Röhrling wegen seines kräftigen Habitus und der röhrigen Fruchtschicht oft für einen Fichten-Steinpilz *(Boletus edulis)* gehalten.

Satans-Röhrling *(Boletus satanas)*  **Ziegelroter Risspilz** *(Inocybe erubescens)*

Muscarin
Vergiftung durch Risspilze *(Inocybe)* und Trichterlinge *(Clitocybe)*.

Eine Vergiftung durch das Nervengift Muscarin äußert sich nach einer Latenzzeit von Minuten bis zu zwei Stunden durch typische Schweißausbrüche, gefolgt von Bauchkoliken und Brechdurchfällen. Weitere Symptome sind Speichelfluss, verlangsamte Herztätigkeit und verengte Pupillen. Schwere Vergiftungen enden mit Lungen- oder Herzversagen. Dieser Giftstoff wurde zuerst im Fliegenpilz *(Amanita muscaria)* entdeckt und auch nach ihm benannt. Die Muscarin-Konzentration im Fliegenpilz ist jedoch, wie sich später herausstellte, sehr gering, während Risspilze und Trichterlinge zehn- bis 200-fach höhere Konzentrationen enthalten. Bei Vergiftungen durch Muscarin kann ein aus der Tollkirsche gewonnenes Gegengift, Atropin, verabreicht werden, das die Muscarinwirkung weitgehend aufhebt.

Häufig findet man die Fruchtkörper des sehr giftigen Ziegelroten Risspilzes *(Inocybe erubescens)* zur selben Zeit und an demselben Standort wie die des essbaren Maipilzes *(Calocybe gambosa)*. Der Kegelige Risspilz *(Inocybe rimosa)* und Seidige Risspilz *(Inocybe geophylla)* zählen ebenfalls zu den besonders giftigen Risspilzen. Die giftigsten Vertreter der Trichterlinge sind der Streuliebende Trichterling *(Clitocybe phyllophila)*, Feld-Trichterling *(Clitocybe dealbata)* und Rinnigbereifte Trichterling *(Clitocybe agrans)*. Um Verwechslungen zu vermeiden, sollten kleine bis mittelgroße, weiße Pilzfruchtkörper grundsätzlich nicht gesammelt werden.

Ibotensäure und Muscimol
Vergiftung durch den Fliegenpilz *(Amanita muscaria)* oder den Pantherpilz *(Amanita pantherina)*.

Fliegenpilz *(Amanita muscaria)*

Pilzgifte – Giftpilze

Pantherpilz *(Amanita pantherina)*

Vergiftungen durch den Fliegenpilz sind eher selten, da schon jedem Kind dieser knallrote, mit weißen Punkten besetzte Giftpilz bekannt ist. Als Droge mit halluzinogenen Wirkungen findet er in bedenklichem Maße vermehrt Liebhaber. Für eine Vergiftung sind nicht nur die Substanzen Ibotensäure und Muscimol verantwortlich, sondern vermutlich auch weitere Giftstoffe, die noch nicht isoliert werden konnten. Das in geringen Mengen enthaltene Muscarin ist bei einer Vergiftung nur von nebensächlicher Bedeutung.

Nach einer kurzen Latenzzeit von einer halben bis zu zwei Stunden treten psychische Veränderungen auf, die sich in Bewusstseinsstörungen, Halluzinationen und Rauschzuständen äußern können. Bei einer starken Vergiftung kann eine Bewusstlosigkeit mit eventuellem Atemstillstand und Kreislaufkollaps eintreten. In der Regel klingt die Vergiftung jedoch nach einem tiefen Schlaf in zehn bis 15 Stunden ab.

Eine Vergiftung durch den Pantherpilz, der die gleichen Giftstoffe enthält, ruft wesentlich stärkere Symptome hervor.

Psilocybin und Psilocin
Vergiftung durch „Drogenpilze".

Einige Pilzarten enthalten Substanzen, die vor allem auf das Nervensystem wirken und Halluzinationen hervorrufen. Da diese Arten unauffällig klein und für den Sammler, der Pilze zu Speisezwecken erntet, uninteressant sind, kommen unbeabsichtigte Vergiftungen kaum vor. In der europäischen Drogenszene spielen diese Pilze außer in England durch einen schwankenden, häufig sogar sehr geringen Giftstoffgehalt nur eine Nebenrolle. In den USA finden sie aufgrund höherer Giftstoffkonzentrationen als Droge wesentlich mehr Verwendung. Die halluzinogenen Substanzen sind hauptsächlich Psilocybin und Psilocin. Ihre Wirkung ist am ehesten mit LSD vergleichbar, das ursprünglich aus einer solchen Pilzart isoliert wurde und nun künstlich hergestellt wird.

Erste Symptome äußern sich eine Viertelstunde bis zu zwei Stunden nach dem Verzehr. Der Trip dauert einige Stunden und wird glücklicherweise nicht selten als beängstigend empfunden, so dass der erste Konsum von „Drogenpilzen" oft zugleich der letzte ist.

Spitzkegeliger Kahlkopf *(Psilocybe semilanceata)*

Grauer Falten-Tintling *(Coprinus atramentarius)*

Der auf Wiesen wachsende Spitzkegelige Kahlkopf *(Psilocybe semilanceata)* ist ein Beispiel für einen bei uns vorkommenden „Drogenpilz".

Coprin

Vergiftung durch den Grauen Falten-Tintling *(Coprinus atramentarius)* zusammen mit Alkoholgenuss.

Der Graue Falten-Tintling enthält eine Substanz namens Coprin, die den Alkoholabbau im menschlichen Körper blockiert. Dieser vorzüglich schmeckende Pilz kann nur gegessen werden, wenn ein bis zwei Tage vor und nach sowie während der Mahlzeit kein Tropfen Alkohol getrunken wird. Werden diese Maßnahmen nicht befolgt, tritt eine heftige Kreislaufreaktion ein, die einen bedrohlich wirkenden Verlauf bis hin zu Kollaps und Herzrhythmusstörungen nehmen kann. Ähnliche Vergiftungserscheinungen können der Netzstielige Hexen-Röhrling *(Boletus luridus)* und der Keulenfüßige Trichterling *(Clitocybe clavipes)* verursachen.

Antikörperreaktion

Vergiftung durch wiederholten Genuss des Kahlen Kremplings *(Paxillus involutus)*.

Seit Jahren ist bekannt, dass der Kahle Krempling nach wiederholtem Genuss, meist erst nach Jahren, sehr schwere Vergiftungen hervorrufen kann. Ein noch unbekannter Wirkstoff verursacht eine plötzlich einsetzende Abwehrreaktion, die ein leukämieähnliches Krankheitsbild verursacht und bei der es zu einem Zerfall der roten Blutkörperchen kommt. Nicht selten kann diese ernste Vergiftung tödlich verlaufen.

Muskelschwäche

Vergiftung durch den Gelbfleischigen Grünling *(Tricholoma equestre)*.

Nach mindestens drei aufeinanderfolgenden Mahlzeiten innerhalb von zwei bis drei Tagen treten nach einer Latenzzeit von 24 bis 72 Stunden die ersten Vergiftungssymptome auf. Diese sind Müdigkeit, Muskelschwäche und Muskelschmerzen besonders in den Oberschenkeln. Die Schmerzen nehmen innerhalb drei bis vier Tagen zu und es treten Beinsteifheit, Gesichtsrötung, leichte

Kahler Krempling *(Paxillus involutus)*

Pilzgifte – Giftpilze

Gelbfleischiger Grünling (*Tricholoma equestre*)

Übelkeit (ohne Erbrechen), Dunkelfärbung des Urins sowie vermehrtes Schwitzen ohne Fieber auf. Dabei wurden in einer Studie in den Jahren 1992–2000 Muskelstrukturveränderungen (Rhabdomyolyse) beobachtet. Bei akuten Fällen treten Herzrhythmusstörungen und Herzkreislaufkollaps auf, die zum Tode führen können.

Unter Rhabdomyolyse versteht man die Auflösung quergestreifter Muskelfasern. Dazu gehören die Skelett- sowie Herzmuskulatur und das Zwerchfell.

Acromelalga-Syndrom

Vergiftung durch den Wohlriechenden Trichterling *(Clitocybe amoenolens)*, auch „Parfümierter Trichterling" genannt, und den japanischen Bambus-Trichterling *(Clitocybe acromelalga)*.

Nach einer Latenzzeit von ein bis zwei, auch bis zu sieben Tagen zeigen sich die ersten Symptome. Extrem lang andauernde Schmerzen, Brennen, Kribbeln sowie Hautrötungen an Händen und Füßen sind die Folgen. Die Beschwerden können Tage bis Wochen andauern. Gegen die starken Schmerzen und die dadurch verursachten Nebenwirkungen wie Erschöpfung, Depression und Schlaflosigkeit werden hohe Dosen von Schmerzmitteln verordnet.

In Japan sind Vergiftungen durch den Bambus-Trichterling schon seit 1918 bekannt. Bei uns in Europa wurde der Wohlriechende Trichterling in Marokko, Frankreich und Norditalien gefunden. Er riecht erst nach Jasmin oder reifen Birnen, später widerlich. Erste Vergiftungen traten 1979 in Frankreich auf. Er ist dem Fuchsigen Rötelritterling *(Lepista inversa)* sehr ähnlich.

Was tun bei Pilzvergiftungen und Vergiftungsverdacht?

Bei den ersten Anzeichen einer Pilzvergiftung sollte unverzüglich ein Arzt, Krankenhaus oder eine Giftnotrufzentrale benachrichtigt werden.

- Sofort Brechreiz auslösen und Magen entleeren!
- Pilzreste und Erbrochenes sicherstellen, um eine Artbestimmung zu ermöglichen und eine entsprechende Therapie einleiten zu können.

Bei gefährlichen Vergiftungen ist die Zeit bis zum Auftreten der ersten Krankheitszeichen häufig länger als bei leichten. Eine kurze Latenzzeit schließt jedoch eine Doppelvergiftung mit einem zweiten, gefährlicheren Giftpilz nicht aus!

Bei Symptomen, die mehr als vier Stunden nach dem Verzehr eintreten, besteht ein Verdacht auf eine Vergiftung mit dem tödlich giftigen Grünen Knollenblätterpilz *(Amanita phalloides)*. Hier ist sofort die Krankenhauseinweisung aller am Essen beteiligten Personen einzuleiten.

Pilzarten im Porträt

Strubbelkopf-Röhrling
Strobilomyces strobilaceus (S. floccopus)

Hut 5–10 cm, Oberfläche mit pyramidenförmigen, abstehenden, braunschwarzen Schuppen bedeckt, dazwischen graubräunlich bis fast weiß. Jung halbkugelig, dann gewölbt. Rand unregelmäßig fransig, die Röhren überragend, jung mit hellgrauen Velumresten behangen.
Röhren Mündungen jung weiß, später graubraun, auf Druck bräunend. Rundlich bis eckig. Röhren weißlich bis grau.
Stiel Grobflockig, längsfaserig, mit vergänglicher, watteartiger Ringzone. Zylindrisch, gegen die Spitze etwas erweitert, voll.
Fleisch Weißlich, im Schnitt erst bräunlich rosa, später schwärzlich verfärbend, schwammig, im Stiel holzig, zäh. Geschmack mild, Geruch etwas erdig.
Sporen Sporenpulver schwärzlich.
Speisewert Kein Speisepilz, schmeckt oft bitter.
Vorkommen Juli bis Oktober. Im Nadel- und Laubwald, meist einzeln.
Wissenswertes Der überwiegend hell- bis dunkelgrau gefärbte Strubbelkopf-Röhrling lässt sich mit keinem anderen Röhrling verwechseln. Seine grobschuppige Hutoberfläche ähnelt der des Habichtspilzes (*Sarcodon imbricatus*, s. S. 319) bei feuchter Witterung.

| J | F | M | A | M | J | J | A | S | O | N | D |

Porphyr-Röhrling
Porphyrellus porphyrosporus

Hut 5–12 cm, Oberfläche fein samtig, graubraun bis schwärzlich braun, bisweilen mit helleren Flecken. Jung halbkugelig, dann gewölbt. Rand bei jungen Exemplaren eingebogen, dann scharf abgegrenzt und überstehend.
Röhren Mündungen jung grau, dann graubraun, auf Druck erst grünend, dann rötend oder schwärzend. Röhren gleichfarbig wie Hut oder heller.
Stiel Hutfarben, zylindrisch bis bauchig, an der Spitze eher etwas schlanker. Oberfläche fein samtig bis längsfaserig. Basis oft weißfilzig.
Fleisch Weiß oder weißgrau, verfärbt sich manchmal rötlich oder blaugrün. Geschmack mild, etwas erdig, Geruch unangenehm muffig.
Sporen Sporenpulver rotbraun.
Speisewert Kein Speisepilz. Nicht giftig, schmeckt aber oft etwas bitter. Schonenswert.
Vorkommen Juni bis Oktober. Im Laub- und Nadelwald, eher selten.
Wissenswertes Der Porphyr-Röhrling ist in Europa die einzige Art der Gattung *Porphyrellus*. Man kann ihn wegen seiner dunklen, düsteren Farbe nicht mit einem anderen frischen Röhrling verwechseln. Nur beim flüchtigen Hinschauen sieht er wie ein alter, vergammelter Pilz aus.

| J | F | M | A | M | J | J | A | S | O | N | D |

Hasen-Röhrling
Gyroporus castaneus

Hut 4–10 cm, Oberfläche feinfilzig, dann glatt, erst kastanienbraun, dann zimtbraun, ausblassend. Jung halbkugelig, dann gewölbt und verflacht, im Alter bisweilen niedergedrückt, dickfleischig. Rand scharf.
Röhren Mündungen jung weiß, dann schwach zitronengelb. Röhren gleichfarbig.
Stiel Hutfarben, gebrechlich, zylindrisch, vom Hut leicht abtrennbar. Jung voll, dann gekammert hohl, berindet. Oberfläche erst filzig, dann glatt. Basis oft bauchig.
Fleisch Weiß, im Schnitt unveränderlich weiß bleibend, brüchig. Geruch und Geschmack mild.
Sporen Sporenpulver gelblich.
Speisewert Essbar, aber unbedingt schonenswert. Kann für manche Personen individuell unverträglich sein.
Vorkommen Juli bis Oktober. Im Laubwald, oft bei Eichen, seltener im Nadelwald auf sauren, sandigen Böden, selten.
Wissenswertes Er ist auch unter dem Namen Zimt-Röhrling bekannt. Sein Stiel ist im Querschnitt oft weniger stark gekammert, als der seines nächsten Verwandten, des Kornblumen-Röhrlings (*G. cyanescens*, s. S. 103). Dieser ist mancherorts streng geschützt. Beide Pilzarten sind sehr selten.

J	F	M	A	M	J	J	A	S	O	N	D

Kornblumen-Röhrling
Gyroporus cyanescens

Hut 4–10 cm, Oberfläche haarig bis filzig, strohgelb bis ockerlich. Jung halbkugelig, dann gewölbt und abgeflacht. Rand lange eingebogen und überstehend.
Röhren Mündungen jung weiß, später hellgelb, bei Druck kornblumenblau anlaufend.
Stiel Strohgelb, bauchig bis keulig, berindet. Oberfläche filzig bis glatt, mehrfach gekammert, alt wattig ausgestopft.
Fleisch Im Schnitt sofort kornblumenblau verfärbend und schmutzig grauweiß ausblassend. Geruch schwach, Geschmack mild.
Sporen Sporenpulver ockergelb.
Speisewert Essbar, aber schonenswert.

Vorkommen Juli bis Oktober. Im Nadel- und Laubwald, liebt warme, windgeschützte Orte, selten.
Wissenswertes Er ist kaum zu verwechseln, obwohl seine bescheiden aussehenden, blass strohgelblichen Hüte oft anderere Pilze vermuten lassen. Typisch sind der deutlich gekammerte Stiel und das sofort blau verfärbende Fleisch. Der Kornblumen-Röhrling und der Hasen-Röhrling (*G. castaneus*, s. S. 102) sind die einzigen bekannten Arten Europas aus der Gattung *(Gyroporus)*. In Amerika und Neuseeland ist *G. purpurinus* als weitere seltene Art bei Kiefern bekannt.

| J | F | M | A | M | J | J | A | S | O | N | D |

Hohlfuß-Röhrling
Boletinus cavipes

Hut 6–12 cm, Oberfläche anfangs filzig und bald in Schüppchen aufgerissen, gelb-, gold-, dunkel- bis rotbraun. Jung gewölbt bis stumpfkegelig, bald abgeflacht und niedergedrückt. Rand scharf und mit Velumresten behangen.
Röhren Mündungen gelb bis olivgrün, mit länglicher, rechteckartig gezackter Form, gegen den Hutrand engmaschiger. Röhren olivgrün.
Stiel Mit einem mehr oder weniger ausgeprägten, hellen, faserhäutigen Ring, darüber gelblich, unter dem Ring gelbbräunlich gefärbt und etwas zugespitzt, zylindrisch, schon jung hohl, gegen die Basis verdickt.
Fleisch Gelblich, schwammig, keinerlei Verfärbungen. Geruch angenehm pilzartig, Geschmack mild.
Sporen Sporenpulver olivocker.
Speisewert Essbar, aber schonenswert.
Vorkommen August bis Oktober. Nur bei Lärche.
Wissenswertes Er ist der einzige Röhrling mit deutlich verschiedenfarbigen Hüten. Dieses Phänomen kennt man sonst vor allem bei den Täublingen. Mit den vielen eindeutigen Merkmalen wie Mykorrhizapilz der Lärche, der schuppigen Hutoberfläche, dem hohlen Stiel und dem Ring ist er nicht mit einem anderen Pilz zu verwechseln.

| J | F | M | A | M | J | J | A | S | O | N | D |

Goldgelber Lärchen-Röhrling
Suillus grevillei

Hut 4–10 cm, Oberfläche glatt, trocken klebrig, feucht stark schmierig, fuchsig gelb, orangebraun, gelb. Jung halbkugelig, dann gewölbt bis abgeflacht.
Röhren Mündungen gelb, im Alter zimtfarbig, auf Druck zimtfarbig verfärbend.
Stiel Mit einem gelbweißlichen, häutigen, vergänglichen Ring, unterhalb des Rings auf gelbem Grund orangerot netzig, über dem Ring gelblich. Form meist zylindrisch, fleischig, voll, gegen die Basis bisweilen etwas verdickt.
Fleisch Weißlich, hellgelb bis goldgelb, jung fest, bald schwammig. Geruch und Geschmack steinpilzartig.

Sporen Sporenpulver gelblich braun.
Speisewert Essbar, Huthaut abziehen.
Vorkommen Juli bis Oktober. Nur bei Lärche.

Wissenswertes Seine sehr schöne und auffällige Erscheinung verdankt er seiner goldgelben Farbe, die sich in Hut, Stiel und Röhren ausprägt. Bei oberflächlicher Betrachtung kann er mit dem Rostroten Lärchen-Röhrling (*S. tridentinus*, s. S. 107) und mit dem Körnchen-Röhrling (*S. granulatus*, s. S. 109), der nur unter zweinadligen Kiefernarten wächst, verwechselt werden. Auch diese beiden Arten sind essbar.

J	F	M	A	M	J	J	A	S	O	N	D
						J	A	S	O		

Grauer Lärchen-Röhrling
Suillus viscidus (S. aeruginascens)

Hut 4–10 cm, Oberfläche feucht schmierig, weißgrau bis graubraun. Jung halbkugelig, bald gewölbt und später abgeflacht. Rand oft mit weißen Velumresten behangen.

Röhren Mündungen jung weißlich, später graubraun auf Druck etwas nachdunkelnd. Röhren gleichfarbig.

Stiel An der Spitze mit häutigem, vergänglichem Ring, der jung weißlich und alt bräunlich gefärbt ist, darüber weißlich bis gelblich, glatt, darunter grauweiß bis rotbräunlich. Faserig bis schuppig. Form eher zylindrisch.

Fleisch Weiß oder blass graugelblich, besonders im Röhrenboden und im Stiel etwas gelb, seltener blassbläulich oder grünlich verfärbend. Geruch obstartig, Geschmack mild.

Sporen Sporenpulver grünlich braun.

Speisewert Essbar.

Vorkommen Juli bis Oktober. Nur bei Lärche.

Wissenswertes Durch seine, in allen Teilen grauen Farbtönen ist er ein unauffälliger Pilz und wird oft übersehen. Als Mykorrhizapilz der Lärche ist er eng an diese gebunden und kommt oft in größeren Ansammlungen vor, ist jedoch nicht jedes Jahr häufig. Betrachtet man die grauen Röhrenmündungen und den Standort bei Lärchen, so ist es kaum möglich, ihn zu verwechseln.

| J | F | M | A | M | J | **J** | **A** | **S** | **O** | N | D |

Rostroter Lärchen-Röhrling
Suillus tridentinus

Hut 5–10 cm, Oberfläche jung schmierig, bald faserschuppig, ockerbräunlich bis orangerötlich. Halbkugelig, dann gewölbt, schließlich abgeflacht. Rand jung mit weißen, häutigen Velumresten behangen, später scharf.
Röhren Mündungen eckig, jung kräftig orange, dann bräunlich orange, gegen den Stiel hin größer werdend. Röhren grünlich gelb.
Stiel Mit einem rasch vergänglichen, weißlichen Ring, oberhalb davon glatt und orange gefärbt, gegen die Basis schwach faserig und mit etwas dunkleren Farbtönen, Form eher zylindrisch, verbogen.
Fleisch Zitronengelb, im Schnitt langsam rötlich bis bräunlich verfärbend, fest, später schwammig. Geruch schwach fruchtartig, Geschmack mild.
Sporen Sporenpulver goldbraun.
Speisewert Essbar, aber schonenswert.
Vorkommen Juli bis Oktober. Nur bei Lärche, auf kalkhaltigen Böden.
Wissenswertes Seine unauffällige, ockerbräunliche Hutoberfläche lässt kaum vermuten, dass sich darunter auffällig orange gefärbte Mündungen der Röhrenschicht verbergen, die ins Auge stechen. Ähnlich ist der Goldgelbe Lärchen-Röhrling (*S. grevillei*, s. S. 105), dessen Röhrenmündungen jedoch gelb sind.

| J | F | M | A | M | J | J | A | S | O | N | D |

Elfenbein-Röhrling
Suillus placidus

Hut 3–8 cm, Oberfläche feucht etwas schmierig, trocken klebrig, jung elfenbeinweiß, dann gelb bis etwas bräunlich. Form jung halbkugelig, dann gewölbt, später abgeflacht mit stumpfem Buckel.

Röhren Mündungen jung weißlich, später gelb bis orangegelb, mit milchigen Guttationströpfchen. Röhren mit denselben Farben.

Stiel Weißer Grund, auf der ganzen Länge mit rotbraunen Drüsenpunkten besetzt, die im Alter allmählich nachdunkeln. Form zylindrisch, Basis etwas verjüngt.

Fleisch Weiß, weich, im Alter schwammig. Geruch angenehm, Geschmack mild.

Sporen Sporenpulver gelboliv.

Speisewert Essbar, aber schonenswert.

Vorkommen Juni bis Oktober. Unter Arven und Weymouths-Kiefern.

Wissenswertes Ein weiterer, weiß gefärbter Röhrling ist der Moor-Birkenpilz *(Leccinum scabrum* var. *niveum)*, der nur bei Birken vorkommt. Als komplett weiß gefärbte Röhrlinge sind nur diese zwei Arten bekannt. Der Elfenbein-Röhrling wächst nur bei fünfnadligen Kiefernarten. Meist findet man ihn als Mykorrhizapartner der Arve in den Alpen. Aber auch bei angepflanzten nordamerikanischen Weymouths-Kiefern tritt er vereinzelt auf.

| J | F | M | A | M | J | J | A | S | O | N | D |

Körnchen-Röhrling
Suillus granulatus

Hut 2–9 cm, gelb, ocker oder lederbraun. Halbkugelig, später gewölbt, im Alter ausgebreitet, jung mit einer dicken, später verschwindenden Schleimschicht überzogen.
Röhren Mündungen rundlich bis eckig, hellgelb. Sondern vor allem jung milchweiße Guttationstropfen ab, die haften bleiben und eintrocknen.
Stiel Blassgelblich, sondert an der Spitze ebenfalls Guttationstropfen ab. Zylindrisch, voll, fest. Basis etwas zugespitzt.
Fleisch Weiß bis hellgelb, jung zart und fest, bald aber schwammig. Geruch angenehm würzig, Geschmack schwach säuerlich.

Sporen Sporenpulver orangeocker.
Speisewert Essbar, Huthaut abziehen.
Vorkommen Juni bis Oktober. Bei Kiefern, gerne auf Weiden.
Wissenswertes Eine Verwechslung mit dem Butterpilz (*S. luteus*, s. S. 111) ist möglich. Dieser aber ist meist etwas größer und kräftiger gebaut. Er besitzt eine vergängliche Manschette sowie eine dunklere Huthaut. Der seltene Ringlose Butterpilz (*S. fluryi*, s. S. 110) ist noch ähnlicher, trägt aber keinen Ring und besitzt eine rosafarbene Stielbasis. Alle drei Arten sind Mykorrhizapartner von zweinadligen Kiefernarten.

J	F	M	A	M	J	J	A	S	O	N	D

Ringloser Butterpilz
Suillus fluryi (S. collinitus)

Hut 8–11 cm, Oberfläche feucht schmierig bis klebrig, trocken seidig matt, feinfaserig, rotbraun, kastanienbraun. Jung halbkugelig, später gewölbt, dann abgeflacht. Rand lange eingerollt.

Röhren Mündungen jung gelb, später olivgelb, auf Druck bräunend. Röhren mit denselben Farben.

Stiel Spitze zitronengelb, darunter bräunlich, voll. Oberfläche nicht klebrig, trocken. Basisteil rosafarben und mit rosafarbenem Mycelfilz.

Fleisch Blassgelb, in der Stielbasis schwach rotbraun gefärbt. Geruch säuerlich, Geschmack mild.

Sporen Sporenpulver orangeocker.

Speisewert Essbar, aber schonenswert.

Vorkommen August bis November. Unter zweinadligen Kiefernarten, auf kalkhaltigen Böden, selten.

Wissenswertes Der seltene Ringlose Butterpilz unterscheidet sich vom Butterpilz (*S. luteus*, s. S. 111) durch den fehlenden Ring und vom Körnchen-Röhrling (*S. granulatus*, s. S. 109) durch den dunkleren Hut und seine rosafarbene Stielbasis. Er fruchtet bevorzugt in warmen Spätherbsten. Alle drei Arten kommen ausschließlich bei zweinadligen Kiefernarten als Mykorrhizapartner vor.

J	F	M	A	M	J	J	A	S	O	N	D

Butterpilz
Suillus luteus

Hut 5–10 cm, Oberfläche feucht klebrig und schmierig, trocken seidig und matt, mit eingewachsenen braunen Fasern, dunkelbraun, seltener gelbbraun. Form jung halbkugelig, später gewölbt, im Alter flach, dickfleischig. Rand scharf und die Röhren überragend.
Röhren Mündungen jung zitronengelb, später nachdunkelnd. Röhren ebenfalls zitronengelb.
Stiel Mit häutigem, schwarzviolettem, aufsteigendem Ring, darüber blassgelb mit bräunlichen Drüsenpunkten, darunter etwas heller weißlich mit denselben Punkten. Form zylindrisch, gegen die Basis etwas verdickt.

Fleisch Weißgelblich, jung zart, alt schwammig. Geruch schwach obstartig, Geschmack mild.
Sporen Sporenpulver braun bis ockerlich.
Speisewert Essbar, Huthaut entfernen.
Vorkommen Juni bis Oktober. Im Nadelwald, hauptsächlich bei Kiefern, seltener bei Fichten oder Lärchen.
Wissenswertes Sehr ähnlich aber ohne Ring ist der Ringlose Butterpilz (*S. fluryi*, s. S. 110) mit rosafarbener Stielbasis. Eine Ähnlichkeit besteht zum schmächtigeren Körnchen-Röhrling (*S. granulatus*, s. S. 109), der meist dieselben Standortansprüche stellt.

| J | F | M | A | M | J | J | A | S | O | N | D |

Kuh-Röhrling
Suillus bovinus

Hut 4–12 cm, Oberfläche glatt, feucht schmierig, trocken klebrig, dunkelgelblich bis orangebraun. Jung gewölbt, dann abgeflacht. Rand scharf, mehr oder weniger verbogen.

Röhren Mündungen weißlich, gelbgrünlich, dann braunoliv, groß, etwas längsgezogen. Röhren kurz, vom Hutfleisch nicht abtrennbar, gelblich, dann ockerlich mit grünem Beiton.

Stiel Hutfarben, zylindrisch, meist verbogen, elastisch. Basis meist mit rosafarbenem Mycel.

Fleisch Weißlich, cremefarben, mit schwach rötlichen Beitönen. Geruch unbedeutend, Geschmack bitterlich.

Sporen Sporenpulver oliv.

Speisewert Essbar, am besten als Mischpilz verwenden.

Vorkommen Juli bis Oktober. Unter zweinadligen Kiefernarten.

Wissenswertes Er ist der einzige unter den Röhrlingen, der büschelig auftritt. Oft überzieht er größere Flächen mit seinen Fruchtkörpern. In seiner Gesellschaft trifft man meistens auf den Rosa Schmierling (*Gomphidius roseus*, s. S. 304). Verwechslungen sind mit den ebenfalls essbaren Arten wie Körnchen-Röhrling (*S. granulatus*, s. S. 109) und Sand-Röhrling (*S. variegatus*) möglich.

| J | F | M | A | M | J | J | A | S | O | N | D |

Ziegenlippe
Xerocomus subtomentosus

Hut 3–12 cm, Oberfläche feinfilzig, matt, olivgelb, gelbockerlich bis graubräunlich. Jung halbkugelig, dann gewölbt.
Röhren Mündungen goldgelb, relativ groß und eckig. Röhren ebenfalls goldgelb, meist ausgebuchtet angewachsen.
Stiel Gelbocker, besonders an der Spitze rostbraun, bräunlich oder rotbräunlich längspunktiert. Zylindrisch, meist etwas verbogen und gegen die Basis hin etwas verdickt.
Fleisch Weißgelblich, im Stiel deutlich gelb, im Schnitt kaum blauend. Geruch schwach, Geschmack mild.
Sporen Sporenpulver olivlich.

Speisewert Essbar, guter Speisepilz.
Vorkommen Juli bis Oktober. Im Nadel- und Laubwald, oft einzeln.
Wissenswertes Ähnlich ist der seltene Braune Filzröhrling *(X. spadiceus)*, der bei Eichen oder Buchen vorkommt. Gelegentlich weist die Ziegenlippe braunrosafarbene Hüte auf. Dann kann sie mit dem Rotfuß-Röhrling *(X. chrysenteron*, s. S. 114) und dem Falschen Rotfuß-Röhrling *(X. truncatus)*, der häufig bei Eichen auf sandigen Böden fruchtet, verwechselt werden. Alle diese Arten sind jedoch essbar. Filzröhrlinge zeichnen sich durch eine feinfilzige Hutoberfläche aus.

J	F	M	A	M	J	J	A	S	O	N	D

Rotfuß-Röhrling
Xerocomus chrysenteron

Hut 3–10 cm, Oberfläche feinfilzig bis samtig, bei Trockenheit oft typisch feldrig aufreißend, gelb- bis dunkelbraun gefärbt, mit olivfarbenen oder manchmal auch roten Beitönen, an Fraß- oder Rissstellen rötlich gefärbt. Jung halbkugelig, dann gewölbt und später abgeflacht.
Röhren Mündungen jung blassgelb, später olivgelb, relativ groß und eckig, auf Druck fast immer etwas blauend. Röhren hellgelb, am Stiel meist strichförmig herablaufend.
Stiel Gelblich, mit unterschiedlich starken Rottönen überhaucht, selten auch ohne Rottöne. Zylindrisch, bisweilen etwas verbogen, längsfaserig. Basis meist etwas verdickt.

Fleisch Gelbweißlich, unter der Huthaut rot, schwach blauend. Geruch schwach, Geschmack mild.
Sporen Sporenpulver olivbraun.
Speisewert Essbar, begehrter Speisepilz.
Vorkommen Juli bis November. Im Nadel- und Laubwald, sehr häufig.
Wissenswertes Zum Verwechseln ähnlich ist der Falsche Rotfuß-Röhrling *(X. truncatus)*, der bei Eichen vorkommt. Andere ähnliche Arten sind der Blutrote Röhrling *(X. rubellus)*, die Ziegenlippe *(X. subtomentosus, s. S. 113)* und der Braune Filzröhrling *(X. spadiceus)*. Alle diese Arten sind essbar.

J	F	M	A	M	J	J	A	S	O	N	D

In der kälteren Jahreszeit weisen die Fruchtkörper des Rotfuß-Röhrlings oft nicht mehr den typisch rot überhauchten Stiel und die hellbraune Hutoberfläche auf (Foto oben). Der Stiel hat dann vorwiegend nur noch gelbe und der Hut dunkelbraune Farbtöne. Das Fleisch dieser Exemplare ist in der Regel kaum von Insektenlarven befallen und weniger schwammig.
Öfters sieht man zudem verschimmelte Rotfuß-Röhrlinge (Foto rechts). Auch gepflückte Pilzfruchtkörper können besonders an warmen Tagen innerhalb kurzer Zeit an den Röhrenmündungen schimmelig werden.

Maronen-Röhrling
Xerocomus badius

Hut 3–15 cm, Oberfläche trocken filzig-samtig, feucht etwas schmierig, jung oft dunkelbraun bis fast schwarz und halbkugelig, später kastanienbraun, dunkelbraun. Gewölbt, dann abgeflacht, schließlich ausgebreitet.
Röhren Mündungen jung blassgelb, dann grüngelb, auf Druck dunkelblau verfärbend. Röhren mit denselben Farben, am Stiel angewachsen und teilweise strichförmig herablaufend.
Stiel Hellgelber Grund, mit dunkleren, ockerbräunlichen, feinen Längsfasern bedeckt, marmoriert, zylindrisch. Basis oft zugespitzt.
Fleisch Weißlich, stellenweise gelblich, blauend, jung fest, später weich. Geruch schwach obstartig, Geschmack mild.
Sporen Sporenpulver olivbraun.
Speisewert Essbar, guter Speisepilz.
Vorkommen Juni bis November. Im Nadel- und Mischwald, häufig.
Wissenswertes Da er in manchen Gegenden durch den Reaktorunfall in Tschernobyl (1986) mit radioaktivem Cäsium angereichert ist, sollte er nicht in großen Mengen gesammelt werden. Er ist ein typischer Mykorrhizapilz der Fichte. Durch den ungenetzten Stiel und das blauende Fleisch ist er kaum mit anderen Röhrlingen zu verwechseln.

J	F	M	A	M	J	J	A	S	O	N	D

Schwarzblauender Röhrling
Boletus pulverulentus

Hut 4–10 cm, Oberfläche glatt, fein samtig, rötlich braun oder grauoliv, auf Druck blauend bis schwärzend. Halbkugelig, dann gewölbt, später abgeflacht, schließlich ausgebreitet.
Röhren Mündungen jung zitronengelb, dann olivgelb, gegen Druck sofort schwarzblauend.
Stiel Spitze zitronengelb, gegen die Basis braunrötlich bis purpurrot, Druckstellen ebenfalls schwarzblauend. Zylindrisch. Basis schwach zugespitzt.
Fleisch Gelb, an der Luft sofort schwarzblauend. Ohne besonderen Geruch, Geschmack mild.
Sporen Sporenpulver oliv.

Speisewert Essbar.
Vorkommen Juli bis Oktober. Im Nadel- und Laubwald, auf sandigen Böden.
Wissenswertes Obwohl die Hutoberfläche farblich sehr variiert, gibt sich dieser Pilz durch die leuchtend gelben Röhrenmündungen und die sofortige, in allen Teilen schwarzblaue Verfärbung des Fruchtkörpers gut zu erkennen. Lediglich mit dem seltenen Ochsen-Röhrling *(Boletus torosus)* könnte er ausnahmsweise verwechselt werden. Dieser ist zusammen mit Alkohol genossen giftig, hat ein bleiklumpenähnliches Gewicht und kommt auf kalkreichen Böden in Buchenwäldern vor.

J	F	M	A	M	J	J	A	S	O	N	D

Gemeiner Gallen-Röhrling
Tylopilus felleus

Hut 5–12 cm, Oberfläche matt, filzig, bei feuchtem Wetter schwach schmierig, honiggelb, mehr oder weniger hellbraun mit grauen Tönen. Jung halbkugelig, dann gewölbt, später ausgebreitet.
Röhren Mündungen jung weiß, dann schwach- bis braunrosa, auf Druck bräunlich. Röhren mit denselben Farben, relativ lang, am Stiel ausgebuchtet angewachsen.
Stiel Bis auf die hellere Spitze hutfarben, mit mehr oder weniger deutlichem, meist grobem, braungelbem Netz. Form zylindrisch bis keulig.
Fleisch Weiß, im Schnitt kaum verfärbend. Geruch angenehm, Geschmack sehr bitter.

Sporen Sporenpulver rosabraun.
Speisewert Giftig.
Vorkommen Juli bis Oktober. Im Nadelwald, auf kalkarmen Böden.
Wissenswertes Unerfahrene Sammler verwechseln ihn gerne mit dem Steinpilz (*Boletus edulis*, s. S. 120). Der Gallen-Röhrling aber hat einen bitteren Geschmack. In größeren Mengen genossen kann er heftige Magen-Darm-Beschwerden verursachen. Achtung, bei lang anhaltender trockener Witterung sehen Gallen-Röhrlinge oft fast gleich aus wie die essbaren Gemeinen Birkenpilze (*Leccinum scabrum*, s. S. 131)!

J	F	M	A	M	J	J	A	S	O	N	D
					J	J	A	S	O		

Sommer-Steinpilz
Boletus reticulatus (B. aestivalis)

Hut 8–25 cm, Oberfläche feinfilzig, bei Trockenheit und im Alter reißt die Huthaut oft feinschuppig auf, jung dunkelbraun, dann hell milchkaffeebraun. Erst halbkugelig, dann gewölbt, schließlich abgeflacht polsterförmig, dickfleischig.
Röhren Mündungen jung weiß bis grauweiß, dann grüngelb, schließlich olivgrün. Röhren gleichfarbig.
Stiel Hellbraun, graubraun, mit weißem bis bräunlichem Netz, das bis zur Basis reicht. Jung bauchig, dann keulig bis zylindrisch.
Fleisch Weißlich bis creme, unter der Huthaut hellbräunlich, weich, schwammig. Geruch angenehm, Geschmack mild, nussartig.
Sporen Sporenpulver oliv.
Speisewert Essbar, guter Speisepilz.
Vorkommen Mai bis September. Im Laubwald, auf kalkhaltigen Böden, meist bei Buchen oder Eichen.

Wissenswertes Er ist einer der ersten Röhrlinge im Jahr und dann oft stark von Maden befallen. Vom ebenfalls essbaren Steinpilz (*B. edulis*, s. S. 120) unterscheidet er sich durch die matte, manchmal feinschuppig aufgerissene Huthaut und den dunkleren Stiel mit deutlicher Netzzeichnung. Bei milder Witterung kommt er auch im Spätherbst vor.

J	F	M	A	M	J	J	A	S	O	N	D
				M	J	J	A	S	O		

Fichten-Steinpilz
Boletus edulis

Hut 6–20 cm, Oberfläche glatt, auch runzelig, feucht schwach schmierig, jung weißlich, dann hellbraun bis dunkelbraun ohne Rottöne. Erst halbkugelig, dann gewölbt, im Alter auch polsterförmig ausgebreitet.

Röhren Mündungen jung weißlich, dann gelb bis olivgrün. Röhren mit denselben Farben, leicht vom Hut abtrennbar, ausgebuchtet angewachsen.

Stiel Weiß bis hellbräunlich, im oberen Teil mit einem deutlichen weißen, feinmaschigen Netz. Jung meist bauchig, dann keulig, alt eher zylindrisch.

Fleisch Jung weiß und fest, im Alter unter der Huthaut bräunlich und schwammig. Geruch angenehm, Geschmack nussartig.

Sporen Sporenpulver olivbraun.

Speisewert Essbar, ausgezeichneter Speisepilz.

Vorkommen Juli bis November. In Nadel- und Laubwäldern, auf Lichtungen und an Waldrändern.

Wissenswertes Ganz junge Exemplare (Embryonen, Foto oben links) sind oft mit dem Stiel tief im Boden eingesenkt, so dass nur der weiße oder bräunliche Hut herausragt. Ausgereifte Exemplare sind durch die gelben bis olivgrünen Röhrenmündungen

| J | F | M | A | M | J | J | A | S | O | N | D |

und den gestreckten Stiel gekennzeichnet (Foto oben rechts). Es gibt noch mehrere „Steinpilzarten", denen das mehr oder weniger ausgeprägte Stielnetz und das nicht verfärbende Fleisch gemeinsam ist: der Kiefern-Steinpilz (*B. pinophilus*) mit rotbraunen Hut- und Stielfarben, der Sommer-Steinpilz (*B. reticulatus*, s. S. 119) mit einer filzigen, meist schuppig aufgerissenen Huthaut und deutlichem Netz sowie der Schwarze Steinpilz (*B. aereus*) mit einem auffallend dunklen, schwärzlichen Hut. Alle diese „Steinpilze" gehören zu den besten und bekanntesten wildwachsenden Speisepilzen.

Satans-Röhrling
Boletus satanas

Hut 8–25 cm, Oberfläche glatt, seidenmatt bis etwas glänzend, kahl, weiß bis silbrig, im Alter mit olivbraunen Flecken, Fraßstellen zuerst gelblich, dann rötlich. Jung halbkugelig, dann gewölbt, fleischig. Rand scharf.
Röhren Mündungen klein, rundlich, jung gelb, dann karminrot, auf Druck blauend. Röhren lang, Röhrenboden gelb.
Stiel Spitze goldgelb, zur Basis mit karminrotem bis rotviolettem, feinem Netz, auf Druck blauend. Bauchig bis knollig.
Fleisch Hellgelb, im Schnitt blauend, kompakt. Geruch unangenehm, reife Fruchtkörper aasartig, Geschmack mild.

Sporen Sporenpulver olivbraun.
Speisewert Giftig.
Vorkommen Juni bis September. Im Laubwald, auf kalkreichen Böden, bei Buchen, relativ selten, gesellig.
Wissenswertes Nur unaufmerksame Sammler können ihn mit dem Fichten-Steinpilz (*B. edulis*, s. S. 120) verwechseln, von dem er sich durch die helle, matte Hutoberfläche, die gelben bis karminroten Röhrenmündungen und den rotvioletten Stiel deutlich unterscheidet. Ausschlaggebend für Vergiftungen mit diesem Pilz scheint das mild schmeckende Fleisch zu sein.

| J | F | M | A | M | J | J | A | S | O | N | D |

Wurzelnder Bitter-Röhrling
Boletus radicans

Hut 8–20 cm, blass grauweiß, alt schmutzig gelbbraun, Druckstellen erst grünblau, später bräunlich. Jung halbkugelig, dann gewölbt, später abgeflacht.
Röhren Mündungen zitronengelb, später oliv, bei geringster Berührung blauend.
Stiel Jung hellgelb mit gelblichem Netz, im Alter in bräunliches Gelb übergehend, bisweilen – meist in der Mitte – schwach rot gegürtelt, auf Druck blauend. Form jung knollig, später bauchig, dann keulig.
Fleisch Weiß bis hellgelb, im Schnitt sofort blauend, später ausblassend. Geruch säuerlich, Geschmack bitter.

Sporen Sporenpulver olivbraun.
Speisewert Kein Speisepilz.
Vorkommen Juli bis September. Auf kalkreichen Böden im Laubwald, hauptsächlich bei Buchen.
Wissenswertes Der ähnliche Schönfuß-Röhrling (*Boletus calopus*, s. S. 128) unterscheidet sich durch den deutlich roten, stark genetzten Stiel und den Standort auf sauren Böden in Laub- und Nadelwäldern. Sein Fleisch blaut nur schwach und schmeckt ebenfalls bitter. Der Wurzelnde Bitter-Röhrling ist nicht giftig, doch wegen seiner Bitterkeit, die in der Intensität schwanken kann, ungenießbar.

| J | F | M | A | M | J | J | A | S | O | N | D |

Silber-Röhrling
Sommer-Röhrling, *Boletus fechtneri*

Hut 5–15 cm, Oberfläche feinfilzig, nicht schmierig, silbergrau, später graubräunlich, auf Druck nach einiger Zeit rotbräunlich fleckend. Jung halbkugelig, später gewölbt bis etwas abgeflacht. Rand die Röhren überragend.
Röhren Mündungen jung zitronengelb, dann rostbräunlich überhaucht, auf Druck blauend.
Stiel Sattgelb, mit feinem, gelbem Netz, von der Mitte bis zur Basis stellenweise karminrötlich überhaucht. Bauchig, später zylindrisch. Basis keulig.
Fleisch Hut im Schnitt himmelblau, Stielbasis rosa, sonst gelblich, fest und hart. Geruch angenehm, Geschmack mild.

Sporen Sporenpulver olivbraun.
Speisewert Essbar, aber schonenswert.
Vorkommen Juli bis September. Im Laubwald, besonders unter Buchen und Eichen, kalk- und wärmeliebend, selten.
Wissenswertes Ähnlich sind der Satans-Röhrling (*B. satanas*, s. S.122) und der Wurzelnde Bitter-Röhrling (*B. radicans*, s. S. 123), die auch im Laubwald vorkommen. Dem Silber-Röhrling am ähnlichsten ist der Königs-Röhrling (*B. reguis*), der sich lediglich durch die rote Hutoberfläche unterscheidet. Er steht in manchen Ländern unter Artenschutz.

J	F	M	A	M	J	J	A	S	O	N	D

Netzstieliger Hexen-Röhrling
Boletus luridus

Hut 6–20 cm, Oberfläche feinfilzig wie Wildleder, von Oliv über Orange- bis Dunkelbraun, auch rötlich, Schneckenfraßstellen rötlich. Halbkugelig, dann polsterförmig gewölbt.
Röhren Mündungen orangerot, dann orangegelblich, auf Druck stark blauend. Röhren gelb, dann olivgrün. Röhrenboden orangerot.
Stiel Hellgelb bis orangegelb, fast gänzlich von einem deutlichen, lang gestreckten, roten Adernetz überzogen, an der Spitze lebhaft rot bereift, jung auf Druck stark blauend, nach kurzer Zeit fast in Schwarzblau übergehend. Bauchig.
Fleisch Blassgelblich, in der Basis weinrötlich, blauend. Geruch säuerlich pilzartig, Geschmack mild.
Sporen Sporenpulver olivbräunlich.
Speisewert Giftig.
Vorkommen Juni bis Oktober. Im Laubwald, kalkliebend, gerne am Waldrand.
Wissenswertes Der Netzstielige Hexen-Röhrling kommt bei Laubbäumen auf Kalk vor. Er ist als giftig zu betrachten, da er bei einigen Personen das Coprinus-Syndrom auslösen kann. Sehr ähnlich ist der Flockenstielige Hexen-Röhrling (*B. luridiformis*, s. S. 126), dessen ungenetzter Stiel rotflockig ist und der bei Fichten auf sauren Böden vorkommt.

J	F	M	A	M	J	J	A	S	O	N	D

Flockenstieliger Hexen-Röhrling
Boletus luridiformis (B. erythropus)

Hut 5–15 cm, meist dunkelbraun, bisweilen auch dunkel ziegelrot. Jung halbkugelig, dann polsterförmig, alt auch flach, kräftige und fleischige Erscheinung. Haut feinfilzig.
Röhren Mündungen jung gelblich oliv, bald orange bis blutrot werdend, Mündungen und Röhren sofort blauend. Röhrenboden gelb.
Stiel Gelber Grund, flockenartig in Rot, fein punktiert, nie netzig, sehr empfindlich auf Druck und sofort blauend. Meistens bauchig oder auch leicht keulig, seltener zylindrisch.
Fleisch Gelb, im Schnitt sofort blauend, äußerst kompakt und hart. Geruch unbedeutend, Geschmack mild.

Sporen Sporenpulver olivbräunlich.
Speisewert Nur gut gekocht und erhitzt essbar.
Vorkommen Mai bis November. Im Nadelwald, auf kalkfreien, sauren Böden.
Wissenswertes Er ist auch als Schusterpilz bekannt und kaum von Maden befallen. Deshalb gilt er als ergiebiger Speisepilz. Sein sehr kompaktes Fleisch eignet sich für viele Gerichte, muss jedoch gut erhitzt und lange genug gekocht werden. Sehr ähnlich ist der giftige Netzstielige Hexen-Röhrling (*B. luridus*, s. S. 125), der aber einen netzigen Stiel aufweist.

| J | F | M | A | M | J | J | A | S | O | N | D |

Weinroter Purpur-Röhrling
Boletus rhodopurpureus

Hut 6–15 cm, Oberfläche matt, feinfilzig, meist etwas runzelig, jung rosabraun, später purpurfarben bis weinrot, frische Fraßstellen auffallend hell weinrot, später aber gelb verfärbend. Jung halbkugelig, dann gewölbt bis abgeflacht.
Röhren Mündungen schon jung auffallend blutrot, auf Druck schmutzigblau verfärbend. Röhren gelb, im Schnitt blauend.
Stiel Gelblicher Grund, mit sehr feinem, purpurrotem Netz. Basis kaum netzig oder flockig und stark dunkelrot flächig gefärbt. Form zylindrisch bis schwach keulig.
Fleisch Gelb, unter der Huthaut rötlich, im Schnitt rasch, aber eher schwach blauend. Geruch säuerlich, Geschmack mild.
Sporen Sporenpulver gelbbraun.
Speisewert Kein Speisepilz, schonenswert.
Vorkommen Mai bis August. Im Laubwald, auf kalkhaltigen Böden und in warmen Lagen.
Wissenswertes Dieser farbenprächtige, seltene Pilz ist nicht immer eindeutig zu bestimmen, er hat doch Ähnlichkeiten mit den verschiedenen Hexen-Röhrlingen. Er weist jedoch schon jung rote Röhrenmündungen auf. Die frühe Erscheinungszeit im Jahr trägt sicherlich zu seiner Seltenheit bei. Als Speisepilz kann er nicht empfohlen werden.

J	F	M	A	M	J	J	A	S	O	N	D

Schönfuß-Röhrling
Boletus calopus

Hut 6–15 cm, Oberfläche meist etwas unregelmäßig wellig, matt, samtig, blass hellbraun, graubraun bis olivlich. Jung halbkugelig, dann gewölbt und etwas abgeflacht.
Röhren Mündungen stets gelb, bei Berührung blaugrün verfärbend. Röhren gelb, ausgebuchtet angewachsen.
Stiel Spitze gelblich, darunter bis hin zur Basis purpurrot mit feinem, länglichem Netz. Form keulig bis bauchig, fest und kräftig. An der Basis ist das weiße Mycel zu sehen.
Fleisch Weißlich, blass graugelblich, im Schnitt grünbläulich. Geruch unbedeutend, Geschmack bitter.

Sporen Sporenpulver braunoliv.
Speisewert Giftig.
Vorkommen Juli bis Oktober. In Berg-Nadelwäldern, selten in Laubwäldern.
Wissenswertes Dieser Pilz wird gerne mit dem giftigen Satans-Röhrling (*B. satanas*, s. S. 122) verwechselt. Dieser hat aber Hüte von 8–25 cm Durchmesser, die Röhrenmündungen sind rot gefärbt und er kommt bei Buchen vor. Ebenfalls ähnlich ist der Wurzelnde Bitter-Röhrling (*B. radicans*, s. S. 123), der mit dem Schönfuß-Röhrling am nächsten verwandt ist, jedoch bei Laubbäumen wächst. Beide bevorzugen kalkreiche Böden.

| J | F | M | A | M | J | J | A | S | O | N | D |

Pfeffer-Röhrling
Chalciporus piperatus (Boletus piperatus)

Hut 2–8 cm, Oberfläche trocken matt, feucht etwas schmierig, fuchsig, ocker. Jung halbkugelig, dann gewölbt, schon bald ausgebreitet.
Röhren Mündungen rostrot, dunkler als der Hut, relativ groß und eckig. Röhren gleichfarbig.
Stiel Gelb, fuchsig, an der Basis mit gelbem Mycel. Form zylindrisch, dünn. Basis etwas zugespitzt.
Fleisch Im Stiel lebhaft zitronengelb, im Hut fleischrot bis weinrot, jung fest, später etwas schwammig. Geruch unbedeutend, Geschmack pfefferartig.
Sporen Sporenpulver rötlich braun.

Speisewert Essbar, aber nur in kleinen Mengen.
Vorkommen Juni bis Oktober. Im Nadelwald, auf Weiden, meist unter Fichten oder Kiefern.
Wissenswertes Wegen seiner brennenden Schärfe ist er für den Verzehr weniger geeignet. Frisch und auch getrocknet kann er als Würzpilz verwendet werden, wobei der scharfe Geschmack beim Kochen weitgehend verschwindet. Seinen Standort teilt er oft mit Steinpilz und Fliegenpilz. Der nicht essbare Zwergröhrling *(B. amarellus)* ist ähnlich, jedoch etwas blasser gefärbt, meist kleiner und besitzt zartrosafarbene Röhrenmündungen.

J	F	M	A	M	J	J	A	S	O	N	D
					J	J	A	S	O		

Espen-Rotkappe
Leccinum rufum (L. aurantiacum)

Hut 6–20 cm, Oberfläche glatt, feinfilzig, orangerot, fuchsig. Jung kugelig, dann halbkugelig, später gewölbt, im Alter ausgebreitet, dickfleischig. Rand scharf.

Röhren Mündungen jung weiß, dann olivgrau, später olivgelblich. Röhren sehr lang, weißlich.

Stiel Weiß, jung mit weißlichen, dann mit orangefarbenen bis braunroten Schüppchen. Zylindrisch, sehr lang. Basis etwas verdickt und bisweilen schwach gekniet.

Fleisch Weißlich, im Stiel – hauptsächlich in der Basis – holzig, im Schnitt schwarz verfärbend. Geruch angenehm, Geschmack mild.

Sporen Sporenpulver bräunlich ocker.
Speisewert Essbar, guter Speisepilz.
Vorkommen Juli bis November. Bei Zitter-Pappeln (Espen).

Wissenswertes Die Espen-Rotkappe ist wohl die bekannteste Rotkappe. Verwechslungen sind mit der Föhren-Rotkappe *(L. vulpinum)*, dem Eichen-Raufuß *(L. quercinum)* und der Birken-Rotkappe oder Heide-Rotkappe *(L. versipelle)* möglich. Diese Arten sind ebenfalls alle essbar. Mancherorts sind die Rotkappen geschützt. Nur ein Schutz der Begleitbäume (Biotopschutz) kann langfristig die Pilze schützen.

J	F	M	A	M	J	J	A	S	O	N	D
						•	•	•	•		

Gemeiner Birkenpilz
Leccinum scabrum

Hut 5–12 cm, Oberfläche glatt, trocken matt, feucht schwach schmierig, gelbbraun, graubraun. Jung halbkugelig, dann gewölbt, schließlich abgeflacht. Rand scharf, die Röhren etwas überragend.
Röhren Mündungen jung weißlich, später hellgrau, auf Druck bräunend. Röhren mit denselben Farben, ausgebuchtet angewachsen.
Stiel Grundfarbe weißlich, mit graubraunen bis schwärzlichen Schüppchen dicht besetzt. Oft schlank. Basis etwas verdickt.
Fleisch Weiß, dann grauweiß, im Schnitt nicht verfärbend, jung fest, bald schwammig. Geruch unbedeutend, Geschmack mild.
Sporen Sporenpulver olivbraun.
Speisewert Essbar, guter Speisepilz.
Vorkommen Juni bis Oktober. Unter Birken, auf trockenen Plätzen, häufig.
Wissenswertes Ähnlich sind der Schwarze Birkenpilz *(L. melaneum)*, der sehr dunkle Farbtöne aufweist, der Rötende Birkenpilz *(L. oxydabile)* mit hellerem Hut und rötlich verfärbendem Fleisch sowie der Pappel-Raufuß *(L. duriusculum)* mit unterschiedlichem Standort und grünender Stielbasis. Der Gemeine Birkenpilz kommt gerne bei Birken vor, die an Fichten angrenzen. Ältere Exemplare sind meist schwammig.

J	F	M	A	M	J	J	A	S	O	N	D

Hainbuchen-Raufuß
Leccinum griseum

Hut 4–10 cm, Oberfläche meist typisch runzelig, gelbbraun bis dunkel graubraun gefärbt. Jung halbkugelig, später polsterförmig bis abgeflacht.

Röhren Mündungen jung weiß, später graugelblich, auf Druck schwärzend. Röhren schmutzig weißlich und schwärzend.

Stiel Weißgrau, mit kleinen, grauschwarzen Schüppchen besetzt. Zylindrisch, lang.

Fleisch Weißlich, im Schnitt rötlich bis violett verfärbend, später schwärzend, nur jung fest. Geruch angenehm, Geschmack mild.

Sporen Sporenpulver dunkelbraun.

Speisewert Essbar.

Vorkommen Juni bis Oktober. Im Laubwald, meist bei Hainbuchen, wärmeliebend, nicht sehr häufig.

Wissenswertes Da die Hainbuche durch die intensive Forstwirtschaft seltener wird, gehen auch die Bestände ihres Partnerpilzes zurück. Mitunter kommt der Hainbuchen-Raufuß auch bei Hasel vor. Er kann mit dem ebenfalls essbaren Gemeinen Birkenpilz (*L. scabrum,* s. S. 131) verwechselt werden, der sich jedoch durch seinen Standort bei Birken und seine glatte Hutoberfläche deutlich unterscheidet. Sämtliche Raustiel-Röhrlinge *(Leccinum)* gelten als gute Speisepilze.

J	F	M	A	M	J	J	A	S	O	N	D

Goldblatt
Phylloporus pelletieri (P. rhodoxanthus)

Hut 4–8 cm, Oberfläche matt, feinfilzig, braunrot. Jung halbkugelig, dann ausgebreitet, in der Mitte meist etwas eingedellt, dickfleischig.
Lamellen Zitronen- bis goldgelb. Entfernt stehend und am Stiel meist weit herablaufend, mit zahlreichen Queradern verbunden.
Stiel Gelbrötlich bis braungelb. Glatt, schwach bereift, zylindrisch, meist gegen die Basis etwas verjüngt, oft verdreht und auch exzentrisch.
Fleisch Weißlich, unter der Huthaut rötlich. Fast geruchlos, Geschmack mild und schwach nussartig.

Sporen Sporenpulver ockergelb.
Speisewert Essbar, aber schonenswert.
Vorkommen Juli bis September. Im Laub- und Nadelwald, auf sandiger Erde, selten.
Wissenswertes Trotz seiner lamellenförmigen Fruchtschicht wird das Goldblatt, das eine Art Übergangsform zwischen Röhren- und Lamellenpilzen darstellt, zu den Röhrlingen gestellt. Durch die filzige Hutoberfläche kann es im ersten Moment mit der Ziegenlippe (*X. subtomentosus*, s. S. 113) oder dem Rotfuß-Röhrling (*X. chrysenteron*, s. S.114) verwechselt werden. Nur selten gibt es Jahre, in denen dieser Pilz häufiger auffindbar ist.

| J | F | M | A | M | J | J | A | S | O | N | D |

Goldzahn-Schneckling
Hygrophorus chrysodon

Hut 3–7 cm, Oberfläche stark schleimig, jung weißlich, später gelblich. Erst gewölbt, dann abgeflacht. Rand mit lebhaft goldgelben, überhängenden Flocken gezähnelt.

Lamellen Schneiden bisweilen weiß, oft aber gelbflockig. Lamellen weiß bis cremefarben, etwas entfernt stehend, dicklich, am Stiel angewachsen bis herablaufend.

Stiel Weiß, an der Stielspitze mit gelblichen Flocken und Tropfen besetzt, schleimig, zylindrisch, voll bis wattig ausgestopft.

Fleisch Weiß, weich. Geruch angenehm, Geschmack mild.

Sporen Sporenpulver weiß.

Speisewert Essbar.

Vorkommen August bis November. Im Laub- und Nadelwald.

Wissenswertes Junge, frische Exemplare sind besonders schön mit ihrem goldigen Hutrand und der goldig überzogenen Stielspitze. Der Goldzahn-Schneckling kann mit dem Verfärbenden Schneckling *(H. discoxanthus)* verwechselt werden, der aber eher größere, jung weiße, dann gilbende Fruchtkörper bildet, nach Essig riecht und besonders bei Buchen vorkommt. Der Verfärbende Schneckling kann wegen seines ausgeprägten Geschmacks nicht als Speisepilz empfohlen werden.

J	F	M	A	M	J	J	A	S	O	N	D

Elfenbein-Schneckling
Hygrophorus eburneus

Hut 3–8 cm. Oberfläche stark schleimig, trocken fühlbar fettig bis klebrig, jung weiß, später schwach elfenbeinweiß. Halbkugelig bis kegelförmig, alt wellig verbogen, dünnfleischig.
Lamellen Weiß. Breit, entfernt stehend und herablaufend, mit glatten Schneiden.
Stiel Weiß, an der Spitze etwas kleiig und trocken, sonst schleimig.
Fleisch Weiß. Geruch schwach, eher dumpf, Geschmack mild.
Sporen Sporenpulver weiß.
Speisewert Essbar.
Vorkommen August bis November. In Laubwäldern, hauptsächlich unter Buchen, häufig.

Wissenswertes In kalkhaltigen Buchenwäldern ist er ein Massenpilz. Der ebenfalls essbare Fichten-Schneckling *(H. piceae)* weist vergleichsweise einen eher weniger schleimigen Stiel auf. Außerdem ist dieser ein Fichtenbegleiter. Auch eine Verwechslung mit dem ungenießbaren Verfärbenden Schneckling *(H. discoxanthus)* ist nicht auszuschließen. Dessen Fruchtkörper verfärben sich im Alter gelblich. Beim Sammeln von weißen Pilzen ist immer Vorsicht geboten. Eine Verwechslung mit dem Spitzhütigen Knollenblätterpilz *(Amanita virosa,* s. S. 234) könnte fatale Folgen haben.

J	F	M	A	M	J	J	A	S	O	N	D
							A	S	O	N	

Rasiger Purpur-Schneckling
Hygrophorus erubescens

Hut 4–8 cm. weißlicher bis blass rosafarbener Grund, mit rötlichen bis purpurrosafarbenen Fasern besetzt, gegen den Rand eher weißlich bleibend. Jung fast halbkugelig, dann gewölbt bis flach, alt auch niedergedrückt.
Lamellen Weiß, rosa oder rotfleckig, bisweilen auch gilbend. Entfernt stehend, am Stiel angewachsen, kaum herablaufend.
Stiel Hutfarbener Grund, fast auf der ganzen Länge mit rosafarbenen Punkten und Fasern besetzt. Zylindrisch, bisweilen verbogen und gilbend.
Fleisch Weißlich, gilbend. Geruch angenehm, Geschmack bitter.

Sporen Sporenpulver weiß.
Speisewert Giftig.
Vorkommen August bis Oktober. Bei Fichten, auf kalkhaltigen Böden.
Wissenswertes Wie es der Name schon sagt, kommt er oft in großen (rasenbildend) Gruppen mit vielen Fruchtkörpern vor. Sehr ähnlich ist der Geflecktblättrige Purpur-Schneckling *(H. russula)*, der aber im Laubwald, besonders bei Eichen, vorkommt. Im Gegensatz zum Rasigen Purpur-Schneckling gilbt sein Fleisch nicht. Diese beiden rötlichen Schnecklinge *(Hygrophorus)* haben schon leichte Vergiftungen verursacht.

J	F	M	A	M	J	J	A	S	O	N	D
							A	S	O		

Orange-Schneckling
Hygrophorus pudorinus

Hut 5–15 (20) cm, zart cremeorange, gegen die Mitte gelborange. Jung halbkugelig, dann gewölbt bis abgeflacht mit stumpfem Buckel, glatt, kaum schmierig, trocken etwas klebrig. Rand lange eingerollt, dann bisweilen schwach gekerbt.
Lamellen Weißlich, besonders gegen den Rand mit lachsrosafarbenem Reflex. Entfernt stehend, weich, am Stiel angewachsen bis etwas herablaufend.
Stiel Weiß, bisweilen mit gelblichem bis orangefarbenem Ton. Zylindrisch, feucht leicht schleimig, trocken gegen Spitze mehlig bis schuppig. Basis verjüngt.
Fleisch Weiß, unter der Huthaut typisch orange. Geruch nach Terpentin, Geschmack mild, unangenehm harzig.
Sporen Sporenpulver weiß.
Speisewert Kein Speisepilz.
Vorkommen August bis November. Bei Tannen, auf kalkhaltigen Böden.
Wissenswertes Seine zartorange Färbung und die stattliche Größe machen ihn zu einem sehr schönen Pilz. Der Standort bei Tannen und der unangenehme, jedoch nicht immer gleich stark ausgeprägte Geruch lassen ihn kaum mit einem anderen Pilz verwechseln. Trotzdem wird er mancherorts gegessen.

J	F	M	A	M	J	J	A	S	O	N	D

Frost-Schneckling
Hygrophorus hypothejus

Hut 3–5 cm, Oberfläche stark mit einem dicken Schleim überzogen, olivbraun, gegen die Mitte meist etwas dunkler. Jung gewölbt, später abgeflacht, in der Mitte etwas vertieft und meist stumpf gebuckelt, dickfleischig. Rand lange eingebogen.
Lamellen Jung weiß, später gelblich. Breit, entfernt stehend, weich, herablaufend.
Stiel Jung weiß, später gelblich. Dünn, zylindrisch, durch Velumreste schmierig und schleimig, etwas faserflockig. Basis bisweilen verjüngt.
Fleisch Weiß, unter der Huthaut gelb. Geruchlos, Geschmack mild.
Sporen Sporenpulver weiß.
Speisewert Essbar.
Vorkommen November bis Februar, oft erst nach den ersten Frösten. Unter zweinadligen Kiefernarten, gesellig.
Wissenswertes Da der Frost-Schneckling erst nach den ersten Frösten im Spätherbst bei Kiefern erscheint, ist er wohl kaum mit einem anderen Pilz zu verwechseln. In manchen Jahren kann er sehr zahlreich erscheinen. Zur selben Jahreszeit treten auch verschiedene Saftlinge *(Hygrocybe)* auf Magerwiesen auf. Die Gattung der Schnecklinge *(Hygrophorus)* umfasst nahezu 50 Arten.

J	F	M	A	M	J	J	A	S	O	N	D

Natternstieliger Schneckling
Hygrophorus olivaceoalbus

Hut 2–5 cm, Oberfläche feucht stark schleimig, trocken glänzend, graubraun mit Olivton, Mitte dunkler. Jung halbkugelig bis glockig, dann gewölbt bis ausgebreitet mit stumpfem Buckel. Rand lange eingerollt.
Lamellen Weiß bis cremeweiß. Breit, entfernt stehend, am Stiel herablaufend.
Stiel Weißlicher Grund, graubraun bis olivlich genattert. Schlank und lang, zylindrisch, feucht schleimig bis schmierig. Basis verjüngt oder verdickt.
Fleisch Weißlich, weich. Geruch schwach, Geschmack mild.
Sporen Sporenpulver weiß.

Speisewert Essbar, guter Speisepilz.
Vorkommen September bis November. In sauren Nadelwäldern, hauptsächlich unter Fichten, auf sandigen, kalkfreien Böden.
Wissenswertes Der genatterte Stiel ist charakteristisch für diese Art. Oft kommt der Natternstielige Schneckling einzeln oder in kleinen Gruppen vor. Dieselben Standortansprüche stellt der gern gesammelte Maronen-Röhrling (*Xerocomus badius*, s. S. 116), ein beliebter Speisepilz. Ein weiterer beliebter, essbarer Schneckling ist der große, grauhütige März-Schneckling *(H. marzuolus)*, der bereits im Frühling vorkommt.

| J | F | M | A | M | J | J | A | S | O | N | D |

Wohlriechender Schneckling
Hygrophorus agathosmus

Hut 4–8 cm, Oberfläche feucht schleimig, trocken klebrig, glatt, grau, olivgrau, gelblich grau, sehr selten auch weiß. Jung halbkugelig, später gewölbt bis flach, mit stumpfem Buckel. Rand lange eingebogen.
Lamellen Weiß bis cremefarben. Breit, dicklich, weich, am Stiel herablaufend.
Stiel Weißlich oder blassbraun. Zylindrisch, voll, kleiig bis flockig. Basis etwas verdickt.
Fleisch Weiß, zart. Geruch nach Marzipan, Geschmack mild.
Sporen Sporenpulver weiß.
Speisewert Essbar.
Vorkommen September bis Oktober. In Nadelwäldern und auf Waldwiesen, hauptsächlich bei Fichten.
Wissenswertes Dieser Pilz besitzt einen solch ausgeprägten, charakteristischen Geruch nach Marzipan, dass er wohl mit keinem anderen Pilz verwechselt werden kann. Nur selten findet man geruchsneutrale Exemplare. Er ist essbar, aber sein Geruch tritt auch in einem Gericht auf und ist deshalb nicht jedermanns Sache. Schnecklinge *(Hygrophorus)* werden auch als Wachsblättler bezeichnet, da ihre weitgestellten Lamellen von einer auffallend wachsartigen Konsistenz sind.

| J | F | M | A | M | J | J | A | S | O | N | D |

Glasigweißer Ellerling
Camarophyllus virgineus (C. niveus)

Hut 1,5–4 cm, elfenbeinweiß, bisweilen mit gelblichem Hauch, schwach hygrophan, alt oft glasig. Halbkugelig oder glockig, bald flach oder vertieft. Rand durchscheinend gerieft.
Lamellen Wässerig-weißlich. Entfernt stehend, am Stiel weit herablaufend.
Stiel Weiß, schlank, zylindrisch, voll, später hohl. Basis bisweilen rosa.
Fleisch Wässerig-weiß. Geruch unbedeutend, Geschmack mild.
Sporen Glatt, Sporenpulver weiß.
Speisewert Essbar, aber schonenswert.
Vorkommen Oktober bis November. Hauptsächlich auf Wiesen und Weiden.

Wissenswertes Dieser kleine, einfarbige Pilz kommt nicht selten sogar in milden Wintermonaten vor. Sehr ähnlich ist der Juchten-Ellerling *(C. russocoriaceus)*, der allerdings nach Juchtenleder (Schuhleder) riecht und deswegen als Speisepilz nicht zu empfehlen ist. Ellerlinge *(Camarophyllus)* wachsen auf Wiesen und Weiden, die kaum oder gar nicht gedüngt sind. Sie leben vermutlich mit Gräsern und Kräutern in einer Symbiose. Unter den über zehn bekannten Arten befinden sich wohl keine Giftpilze. Die gleichen Standortansprüche haben viele Arten der Saftlinge *(Hygrocybe)*.

J	F	M	A	M	J	J	A	S	O	N	D

Orangefarbener Wiesen-Ellerling
Camarophyllus pratensis

Hut 2–6 cm, Oberfläche glatt, fuchsig, orange, auch gelb bis ocker, alt verblassend. Gewölbt, dann abgeflacht, bisweilen niedergedrückt, in der Mitte dickfleischig, gegen den Rand dünn.
Lamellen Cremeweiß bis orange. Breit und entfernt stehend, queraderig miteinander verbunden, am Stiel herablaufend.
Stiel Jung cremefarben, später eher in Orange übergehend. Zylindrisch, trocken und glatt, längsfaserig. Basis etwas verjüngt.
Fleisch Weißlich bis blass cremeorange, fest, brüchig, aber dennoch ziemlich faserig. Mit angenehmem Geruch und mildem Geschmack.

Sporen Sporenpulver weiß.
Speisewert Essbar, aber schonenswert.
Vorkommen September bis November. Auf Wiesen und Weiden.
Wissenswertes Er ist ein gut proportionierter Pilz und kommt oft erst im November vor. Nicht selten trifft man am selben Standort auch den Glasigweißen Ellerling (*C. virgineus*, s. S. 141) an. Der Orangefarbene Wiesen-Ellerling ähnelt durch seine Färbung dem ebenfalls essbaren und sehr beliebten Echten Pfifferling (*Cantharellus cibarius*, s. S. 306), der aber als Partnerpilz von Bäumen nicht auf baumlosen Wiesen vorkommt.

| J | F | M | A | M | J | J | A | S | O | N | D |

Papageien-Saftling
Hygrocybe psittacina

Hut 1,5–4 cm, Oberfläche stark schmierig, jung grün, später gelbgrün, grünorange, orange, im Alter durch die herbstliche Witterung gelblich bis weißlich ausblassend. Jung glockig, dann gewölbt bis ausgebreitet und stumpf gebuckelt, dünnfleischig.
Lamellen Gelblich, gegen die Hutoberfläche grünlich, meist mit Mischfarben. Breit und bauchig, am Stiel angewachsen, Schneiden gelblich.
Stiel Erst grün, dann gelb bis orange verfärbend. Zylindrisch, äußerst gebrechlich, hohl und schleimig.
Fleisch Weiß mit grünlichen, gelblichen und orangenen Farbtönen. Geruchlos, Geschmack mild.
Sporen Sporenpulver weiß.
Speisewert Kein Speisepilz, schonenswert.
Vorkommen September bis November. Auf Wiesen und Weiden.
Wissenswertes Er ist ein wunderschöner Pilz, dessen bunte Färbung an das Gefieder von Papageien erinnert. Jung fällt er durch seine grasgrüne Farbe zwischen den Gräsern kaum auf. Seine älteren, auffällig orange oder gelblich gefärbten Exemplare hingegen verraten sein Vorkommen. Wie fast alle Saftlinge ist auch dieser auf Magerwiesen angewiesen.

| J | F | M | A | M | J | J | A | S | O | N | D |

Schwärzender Saftling
Hygrocybe conica (H. nigrescens)

Hut 1,5–5 cm, jung gelb, dann gelb- bis rotorange, schließlich schwarz, besonders bei Berührung und im Alter schwärzend. Erst spitz- bis stumpfkegelig, später gewölbt und im Alter oft abgeflacht, radialfaserig.
Lamellen Weißlich bis gelblich, bei Berührung und im Alter schwärzend. Breit und bauchig, am Stiel fast frei.
Stiel Jung gelb, dann orangerot, im Alter zunehmend mit schwärzlichen Fasern durchzogen. Drehwüchsig, zylindrisch, hohl.
Fleisch Weißlich bis gelblich, im Schnitt schwärzlich verfärbend. Fast geruchlos, Geschmack mild.

Sporen Sporenpulver weiß.
Speisewert Giftig.
Vorkommen August bis Oktober. Auf Wiesen und Weiden, relativ häufig.
Wissenswertes Er ist durch sein schwärzendes Fleisch gut von anderen Saftlingen abgrenzbar und gilt als leicht giftig. Manchmal findet man diese Art auch in lichten Wäldern. Die Gattung der Saftlinge *(Hygrocybe)* umfasst ca. 55 Arten. Ihre Fruchtkörper sind oft einfarbig, grell gefärbt, klein und zerbrechlich. Die meisten Arten kommen auf ungedüngten Magerwiesen vor. Alle Saftlinge sind unbedingt zu schonen.

| J | F | M | A | M | J | J | A | S | O | N | D |

Kirschroter Saftling
Hygrocybe coccinea

Hut 2–6 cm, Oberfläche glatt, feucht glänzend, leuchtend kirschrot, im Alter witterungsbedingt ausblassend, dann ockerlich bis strohgelblich. Jung halbkugelig, später stumpfkegelig, dünnfleischig.
Lamellen Rotorange, später gelborange. Am Stiel breit angewachsen und bisweilen etwas herablaufend.
Stiel Kirschrot bis orangerot. Zylindrisch, Oberfläche glatt, brüchig und längsfaserig.
Fleisch Rot bis orange, wässerig. Fast geruchlos, Geschmack mild.
Sporen Sporenpulver weiß.
Speisewert Kein Speisepilz, schonenswert.

Vorkommen September bis November. Auf mageren Wiesen und Weiden, an Waldrändern und auf Waldlichtungen, selten.
Wissenswertes Jung kann dieser seltene Pilz durch seine sattroten Farbtöne fast nicht übersehen werden. Regen, Sonne und Kälte lassen sein prächtiges Rot schon bald ausblassen, so dass er, strohgelblich gefärbt, plötzlich unauffällig erscheint. Nur noch einzelne rote Flecken am Rand zeugen von seiner ehemaligen Farbenpracht. Besonders ähnlich ist der Größte Saftling *(Hygrocybe punicea)*, der aber größere Fruchtkörper hervorbringt und bei dem das Fleisch weißlich gefärbt ist.

| J | F | M | A | M | J | J | A | S | O | N | D |

Blaublättriger Weiß-Täubling
Russula delica

Hut 5–15 cm, weißlich, oft zart ocker- bis braunfleckig. Jung fast kugelig mit eingerolltem Rand, später niedergedrückt bis trichterförmig. Trocken und matt, faserig, breitet sich schon im Boden aus, so dass auf der Oberfläche Erdpartikel haften.
Lamellen Weißlich bis cremefarben, meist mit zarten bläulichen oder grünlichen Tönen. Entfernt stehend und breit, ungleich lang, angewachsen bis kurz herablaufend.
Stiel Weißlich, etwas bräunend, Spitze bisweilen mit bläulich schimmerndem Ring. Zylindrisch und kurz, voll, fest.
Fleisch Weiß, besonders hart und spröd.
Geruch obstartig, alt heringsartig, Geschmack mild, Lamellen scharf.
Sporen Sporenpulver blass cremefarben.
Speisewert Essbar, geringwertig.
Vorkommen Juli bis Oktober. Im Laub- und Nadelwald, auf kalkhaltigen Böden.
Wissenswertes Dieser Pilz hebt im Wachstum die über ihm liegende Erdschicht an, daher wird er auch Erdschieber genannt. Als Speisepilz ist er nicht besonders geeignet. Er sieht dem Wolligen Milchling (*Lactarius vellereus*, s. S. 160) auf den ersten Blick sehr ähnlich. Dieser milcht jedoch weiß und schmeckt scharf.

| J | F | M | A | M | J | J | A | S | O | N | D |

Dickblättriger Schwärz-Täubling
Russula nigricans

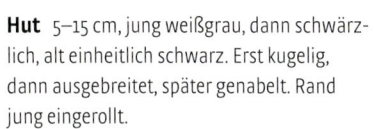

Hut 5–15 cm, jung weißgrau, dann schwärzlich, alt einheitlich schwarz. Erst kugelig, dann ausgebreitet, später genabelt. Rand jung eingerollt.

Lamellen Elfenbeinfarben bis schwach gelblich, bei Berührung rötend, dann schwärzend. Besonders dick und sehr entfernt stehend, ausgebuchtet angewachsen.

Stiel Weiß, bei Berührung nach einiger Zeit rötend, später schwärzend. Zylindrisch, kurz und dick, fleischig.

Fleisch Weiß, im Schnitt nach wenigen Minuten lachsrot anlaufend. Geruchlos, milder Geschmack.

Sporen Sporenpulver weiß.

Speisewert Kein Speisepilz.

Vorkommen Juli bis Oktober. Im Laub- und Nadelwald.

Wissenswertes Er ist durch seine äußerst dicken, entfernt stehenden Lamellen leicht zu erkennen. Sein Fleisch verfärbt sich im Schnitt erst nach Minuten lachsfarben. Seine im Alter völlig schwarzen Fruchtkörper überdauern meist den Winter und sind nicht selten als ausgetrocknete Skelette am Anfang des darauf folgenden Jahres noch auffindbar. Das Fleisch von Täublingen und Milchlingen bricht wie Apfelfleisch, da ihre Zellen rund sind.

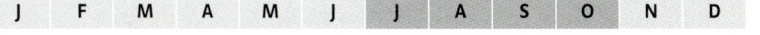

| J | F | M | A | M | J | J | A | S | O | N | D |

Stink-Täubling
Russula foetens

Hut 5–15 cm, gelbocker, Mitte etwas dunkler. Jung kugelig und stark schleimig, dann polsterförmig, alt flach. Rand auffallend stark kammartig gerieft.
Lamellen Schmutzig weiß bis blass cremefarben, jung mit farblosen Tröpfchen besetzt, die beim Eintrocknen bräunen und Flecken hinterlassen. Gedrängt stehend.
Stiel Weiß, bei Berührung bräunend. Kräftig, mehr oder weniger hohl, gekammert.
Fleisch Weiß bis blassgelb, spröde und brüchig. Geruch unangenehm und aufdringlich, leicht alkalisch stinkend, Geschmack ekelhaft, bitter bis scharf.

Sporen Sporenpulver weiß.
Speisewert Giftig.
Vorkommen Juli bis September. Im Laub- und Nadelwald.
Wissenswertes Junge, sehr kräftige Exemplare können im ersten Moment von unerfahrenen Sammlern für junge Steinpilze (*Boletus edulis*, s. S. 120) gehalten werden. Beim näheren Hinschauen hingegen fallen die schleimige Huthaut junger Exemplare und der auffällige, unangenehme Geruch sofort auf. Dreht man den Pilz dann um, kommen Lamellen zum Vorschein. So ist eine Verwechslung mit dem Steinpilz nicht mehr gegeben.

J	F	M	A	M	J	J	A	S	O	N	D
						J	A	S			

Ockerweißer Täubling
Russula ochroleuca

Hut 4–8 cm, Oberfläche glänzend, zitronengelb bis ockerlich. Jung gewölbt, dann ausgebreitet, später niedergedrückt, Haut abziehbar.
Lamellen Weiß. Gedrängt stehend und leicht brechend, gegen den Hutrand oft gegabelt, ausgebuchtet angewachsen.
Stiel Weiß, alt etwas grauend. Zylindrisch, alt schwammig, an der Basis leicht verdickt.
Fleisch Weiß. Geruch schwach obstartig, Geschmack bisweilen mild, meist aber scharf.
Sporen Sporenpulver weiß.
Speisewert Kein Speisepilz.
Vorkommen Juni bis Oktober. Im Laub-, besonders aber im Nadelwald sehr häufig.

Wissenswertes Der Ockerweiße Täubling tritt oft in Massen auf und wird in manchen Gegenden gegessen, kann aber nicht empfohlen werden. Er kann durchaus mit dem giftigen Gallen-Täubling (*R. fellea*, s. S.150) verwechselt werden. Dieser aber ist in allen Teilen wie Hut, Lamellen und Stiel Ton in Ton blassgelb gefärbt. Zudem hat er einen deutlich schärferen Geschmack. Der essbare Gelbe Graustiel-Täubling (*R. claroflava*) unterscheidet sich durch einen goldgelben Hut, einen gräulichen Stiel und mildes Fleisch. Dieser Pilz wächst auf sauren Böden, oft in Mooren unter Birken.

| J | F | M | A | M | J | J | A | S | O | N | D |

Gallen-Täubling
Russula fellea

Hut 4–6 cm, Oberfläche matt, bei feuchter Witterung leicht klebrig, strohgelb bis ockergelb, gegen die Mitte dunkler. Jung halbkugelig, bald gewölbt und ausgebreitet, bisweilen mit flachem Buckel.

Lamellen Jung blass cremefarben, später strohgelb. Gedrängt stehend und schmal, am Stiel angewachsen.

Stiel Erst weißlich, dann blassocker. Zylindrisch bis keulig, voll, fest bis gekammert hohl.

Fleisch Weiß, im Schnitt nach langer Zeit gelblich. Geruch süßlich bis obstartig, Geschmack brennend scharf.

Sporen Sporenpulver weißlich.

Speisewert Giftig.

Vorkommen Juli bis September. Hauptsächlich im Laubwald bei Rot-Buchen, seltener im Nadelwald.

Wissenswertes Diese Art ist weniger häufig als der Ockerweiße-Täubling (*R. ochroleuca*, s. S. 149), bei dem milde Exemplare gegessen werden können. Gallen-Täublinge haben einen besonders scharfen Geschmack und sind deshalb als giftig einzustufen. Ähnlich, aber viel seltener und etwas kleiner, ist der scharfe Sonnen-Täubling *(R. solaris)*. Gallen-Täublinge sind in Hut, Lamellen und Stiel Ton in Ton cremefarben bis blass strohgelb.

J	F	M	A	M	J	J	A	S	O	N	D

Orangeroter Graustiel-Täubling
Russula decolorans

Hut 5–12 cm, orangerot, aber auch blass ziegelrot, rotbraun. Jung kugelig, dann gewölbt bis ausgebreitet, bisweilen leicht genabelt. Haut bei feuchter Witterung etwas schmierig, sonst trocken und matt, halb abziehbar.
Lamellen Erst weißlich, dann cremegelb, grauend. Fast gedrängt stehend, brüchig, ausgebuchtet angewachsen, fast frei.
Stiel Weißlich, im Alter grau bis schwärzlich werdend. Fleischig und kräftig, im Alter schwammig. Basis etwas verdickt.
Fleisch Weiß, an Bruch- und Schnittstellen grauend, bisweilen zuerst etwas rötend. Fast geruchlos, Geschmack eher mild.

Sporen Sporenpulver hellocker.
Speisewert Essbar, guter Speisepilz.
Vorkommen Juli bis Oktober. Im Nadelwald, meist bei Heidelbeeren.
Wissenswertes Dieser gute Speisepilz bevorzugt saure Böden und kommt gerne bei Nadelbäumen in Moorwäldern vor. Am häufigsten findet man ihn im Gebirge. An denselben Standorten trifft man auch auf den auffällig rot gefärbten, giftigen Kirschroten Spei-Täubling *(R. emetica,* s. S. 158). Ebenfalls in Moorwäldern kann man den gelbhütigen Gelben Graustiel-Täubling *(Russula claroflava)* finden.

| J | F | M | A | M | J | J | A | S | O | N | D |

Roter Herings-Täubling
Russula xerampelina (R. erythropoda)

Hut 5–10 cm, kräftig blutrot bis dunkel weinrot, Mitte fast schwarz. Halbkugelig, dann gewölbt, schließlich ausgebreitet. Rand glänzend, restliche Oberfläche matt, eher feinkörnig.

Lamellen Blassweißlich, dann cremefarben. Gedrängt bis entfernt stehend, ausgebuchtet angewachsen.

Stiel Heller, weißlicher Grund, ganz oder teilweise purpurrot überhaucht, bräunend. Stark längsaderig, Spitze etwas verjüngt, dick und kräftig, runzelig.

Fleisch Weiß, verfärbt sich an der Luft blassbraun. Geruch allmählich nach Hering, Geschmack mild.

Sporen Sporenpulver ockergelb.
Speisewert Essbar.
Vorkommen Juli bis November. Im Nadelwald.

Wissenswertes Der Geruch dieses Speisepilzes nach Hering ist konstant und als Merkmal verlässlich. Eine Verwechslung mit dem giftigen Zedernholz-Täubling *(R. badia)* ist durchaus möglich. Dieser hat jedoch im Gegensatz zum Roten Herings-Täubling einen äußerst scharfen Geschmack und riecht unangenehm stark nach Zedernholz. Die meisten Menschen kennen diesen Geruch, der vor allem beim Spitzen eines Bleistifts auftritt.

J	F	M	A	M	J	J	A	S	O	N	D
						■	■	■	■	■	

Rotstieliger Leder-Täubling
Russula olivacea

Hut 4–20 cm, Oberfläche glatt und matt, sehr verschiedenfarbig: olivgrün, bräunlich, karminrot, weinrot. Jung fast halbkugelig, dann ausgebreitet bis niedergedrückt, festfleischig.
Lamellen Weiß bis strohfarben. Gedrängt stehend, im Stielbereich gabelig geteilt und mit Querverbindungen, ausgebuchtet angewachsen.
Stiel Weiß oder rosa, hellrosa oder karminrot angelaufen. Zylindrisch, fest und hart, alt wattig ausgestopft.
Fleisch Weiß bis gelblich, besonders hart und fest. Geruch schwach obstartig, Geschmack nussartig mild.

Sporen Sporenpulver ockergelb.
Speisewert Essbar, mindestens 20 Minuten kochen, ist in seltenen Fällen unverträglich.
Vorkommen Juli bis November. Im Laub- und Nadelwald, gebietsweise nicht selten.
Wissenswertes Wegen seiner verschiedenfarbigen Hüte ist dieser stattliche Pilz nicht immer sofort eindeutig erkennbar. Doch verraten ihn sein mit einem Hauch von Karminrot überzogener Stiel und sein festes Fleisch. Er ist kein guter Speisepilz. In Europa gibt es schätzungsweise 160–170 Täublingsarten, weltweit ca. 270, darunter sind mild, bitter oder brennend scharf schmeckende Arten.

| J | F | M | A | M | J | J | A | S | O | N | D |

Brauner Leder-Täubling
Russula integra

Hut 6–12 cm, sehr wechselfarbig: weinrot, rotbraun, olivgelbbraun, schokoladenbraun, oft ockerfleckig. Halbkugelig, dann gewölbt, schließlich tellerförmig ausgebreitet, in der Mitte mehr oder weniger niedergedrückt. Haut glänzend. Rand nicht deutlich gerieft.
Lamellen Erst weißlich, dann blassgelblich, im Alter satt ockergelb. Gedrängt stehend, bauchig, bisweilen gegabelt mit wenigen Zwischenlamellen, am Stiel fast frei.
Stiel Reinweiß, erst im Alter braungelblich. Oft längsaderig, zylindrisch, fest und voll.
Fleisch Weiß, alt weiß bis gelblich, besonders hart und fest. Fast geruchlos, Geschmack mild.

Sporen Sporenpulver gelb.
Speisewert Essbar, guter Speisepilz.
Vorkommen August bis Oktober. Im Nadelwald, auf Kalkböden, häufig.
Wissenswertes Die Vielfarbigkeit seines Huts macht eine Bestimmung nicht immer einfach. Zudem gibt es ähnliche, scharf schmeckende Arten, wie hauptsächlich den Zedernholz-Täubling *(R. badia)* und den Scharfen Glanz-Täubling *(R. firmula)*. Beide kommen bei der Fichte vor und sind als Speisepilze nicht geeignet. Auch der essbare Wiesel-Täubling *(R. mustelina)* sieht ähnlich wie dieser Pilz aus.

| J | F | M | A | M | J | J | A | S | O | N | D |

Fleischroter Speise-Täubling
Russula vesca

Hut 5–10 cm, fleischrot bis lilabraun, oft mit rostbraunen Flecken. Jung kugelig, dann gewölbt und schließlich ausgebreitet. Haut ca. 1 mm vom Rand zurückgezogen, zur Hälfte abziehbar. Rand alt kammartig gerieft.
Lamellen Weiß oder blassocker, an der Schneide oft rostfleckig. Gedrängt stehend, durchgehend und nur wenig gegabelt, ausgebuchtet angewachsen bis fast herablaufend.
Stiel Weiß, meist rostfleckig, schwach netzig gerunzelt. Zylindrisch, Basis etwas zugespitzt.
Fleisch Weißlich, oft rostfleckig, relativ fest. Geruchlos, Geschmack mild, nussartig.
Sporen Sporenpulver weiß.

Speisewert Essbar.
Vorkommen Mai bis September. Im Laub- und Nadelwald, häufig.
Wissenswertes Eine Verwechslung mit dem ebenfalls essbaren Violettgrünen Frauen-Täubling (*R. cyanoxantha*, s. S. 156), dessen Hutfarbe immer einen Hauch von Violett aufweist, ist denkbar. Die Hutfarbe des Fleischroten Speise-Täublings besteht aus mehr Rottönen und seine Lamellen sind am Hutrand etwas überstehend. Täublinge sind Mykorrhizapilze. Sie leben mit bestimmten Bäumen oder Pflanzen in Symbiose, vor allem mit Fichte, Birke, Buche, Eiche und anderen.

| J | F | M | A | M | J | J | A | S | O | N | D |

Violettgrüner Frauen-Täubling
Russula cyanoxantha

Hut 4–15 cm, farblich sehr variabel: meist schwarz-, aber auch hell-, grau- oder grünviolett, mit ockerlichen und auch blauen Tönen. Jung halbkugelig, dann gewölbt, alt niedergedrückt bis trichterig. Haut abziehbar, glatt, schwach klebrig.
Lamellen Weiß. Nicht brüchig wie bei den übrigen Täublingen *(Russula),* sondern geschmeidig. Gedrängt stehend, oft gegabelt, ausgebuchtet angewachsen bis kurz herablaufend.
Stiel Reinweiß, selten etwas lila. Kräftig, zylindrisch bis etwas bauchig, Basis etwas zugespitzt.

Fleisch Weiß, fest, geruchlos, mit nussartigem Geschmack.
Sporen Sporenpulver weiß.
Speisewert Essbar, guter Speisepilz.
Vorkommen Juli bis Oktober. Im Laub- und Nadelwald, häufig bei Buchen.
Wissenswertes Durch seine variable Färbung kann er sehr unterschiedlich erscheinen. Obwohl bisweilen nur grüne oder blaue Töne vorherrschend sein können, ist doch immer irgendwo ein Hauch Violett zu sehen. Ähnlich sind der Grasgrüne Täubling *(R. aeruginea),* der nicht immer vertragen wird, sowie der essbare Grauviolette Täubling *(R. grisea).*

| J | F | M | A | M | J | J | A | S | O | N | D |

Pfirsich-Täubling
Russula violeipes

Hut 4–8 cm, gelbgrün, olivgelblich, mitunter lilapurpurfarben oder weinfarben überlaufen, matt. Jung kugelig, dann gewölbt bis ausgebreitet, schließlich niedergedrückt. Haut jung etwas wachsig anfühlend, nicht abziehbar. Rand mehr oder weniger furchig.
Lamellen Weiß, später strohgelb, fühlen sich etwas wachsig bis speckig an. Gedrängt stehend, leicht herablaufend.
Stiel Jung weiß, später violett oder purpurweinfarben überhaucht. Zylindrisch. Basis etwas verjüngt.
Fleisch Weiß. Geruch fein nach Pfirsich, Geschmack mild.
Sporen Sporenpulver blass cremefarben.
Speisewert Essbar, guter Speisepilz.
Vorkommen Juli bis September. Im Laub- und Nadelwald.
Wissenswertes Er ist auch unter dem Namen Violettstieliger Brätlings-Täubling bekannt. Gebraten gilt er als sehr guter Speisepilz. Diese Art ist wärmeliebend. Junge Exemplare haben zitronengelbe Hüte und gänzlich weiße Stiele, wobei die wachsige Hutoberfläche ausgebildet ist. Der nicht essbare Ockerweiße Täubling (*R. ochroleuca*, s. S. 151) unterscheidet sich durch einen nicht violett gefärbten Stiel und nahezu geruchlosem Fleisch.

| J | F | M | A | M | J | J | A | S | O | N | D |

Kirschroter Spei-Täubling
Russula emetica

Hut 5–11 cm, lebhaft blut- oder kirschrot, im Alter etwas ausblassend und heller rosafarben, meist mit weißen Fraßstellen. Jung fast kugelig, dann gewölbt bis ausgebreitet, schließlich niedergedrückt. Haut schmierig und glänzend. Rand alt kammartig gerieft.
Lamellen Weiß oder gelblich getönt. Entfernt stehend, bauchig, ausgebuchtet angewachsen bis frei.
Stiel Weiß. Brüchig, zylindrisch, jung voll, dann wattig ausgestopft und schwammig.
Fleisch Weiß, unter der Huthaut rosarot, brüchig. Geruch angenehm obstartig, Geschmack sehr scharf.

Sporen Sporenpulver weißlich.
Speisewert Giftig.
Vorkommen Juli bis Oktober. Im Laub- und Nadelwald.
Wissenswertes Mit seinem satten Rot ist er der auffälligste unter den scharf schmeckenden Täublingen *(Russula)*. Er bevorzugt moosreiche, sumpfige Böden bei Nadelbäumen. Mit dem essbaren, milden Gold-Täubling *(R. aurea)* kann er verwechselt werden, der auffallend goldgelbe Lamellen hat. Es werden mehrere Varietäten beschrieben wie der Buchen-Spei-Täubling (var. *mairei*) und der Kiefern-Spei-Täubling (var. *silvestris*).

| J | F | M | A | M | J | J | A | S | O | N | D |

Stachelbeer-Täubling
Russula queletii

Hut 5–7 cm, dunkel weinrot, violettlich, braunpurpurfarben, aber auch mit grünlichen Tönen vermischt, im Alter ausblassend. Gewölbt bis ausgebreitet mit leicht niedergedrückter Mitte. Haut bis zur Hälfte abziehbar, glänzend. Rand etwas eingebogen.
Lamellen Weiß, bei Reife cremefarben. Gerade angewachsen bis kurz herablaufend.
Stiel Fein karminrötlich, ausblassend. Zylindrisch, Spitze etwas verjüngt, voll, aber schon früh wattig ausgestopft und wässerig.
Fleisch Weiß, unter der Huthaut hutfarben, wässerig und brüchig. Geruch nach Stachelbeerkompott, Geschmack brennend scharf.

Sporen Sporenpulver cremefarben.
Speisewert Giftig.
Vorkommen Juli bis Oktober. In feuchten Nadelwäldern, meist bei Fichten.
Wissenswertes Der Stachelbeer-Täubling ist einer der häufigsten Täublinge *(Russula)*. Sein Geschmack ist brennend scharf und bei Verzehr verursacht er Magen-Darm-Beschwerden. Der schwache, aber einmalige Geruch nach Stachelbeerkompott ist sehr typisch für ihn. Gerne kommt er an feuchten Stellen entlang von Waldwegen vor. Ähnlich ist der ebenfalls scharfe Zitronenblättrige Täubling *(R. sardonia)*.

| J | F | M | A | M | J | J | A | S | O | N | D |

Wolliger Milchling
Lactarius vellereus

Hut 10–20 cm, Oberfläche feinfilzig, wollig, flaumig, meist mit anhaftender Erde, Laub und Nadeln, weiß, im Alter oft ockerfleckig. Jung gewölbt, dann in der Mitte niedergedrückt, später stark trichterig bis schüsselförmig. Rand lange eingerollt.
Lamellen Weiß, dann ockergelblich. Entfernt stehend, oft gegabelt und dick, gerade angewachsen bis kurz herablaufend.
Stiel Weiß bis schwach gelblich, Druckstellen hellockerlich. kurz und dick, feinfilzig.
Fleisch Weiß, cremegelblich verfärbend, fest. Geruch angenehm, Geschmack scharf.
Milch Weiß, nicht reichlich, scharf.

Sporen Sporenpulver weiß.
Speisewert Kein Speisepilz.
Vorkommen Juli bis November. Im Laub- und Nadelwald.
Wissenswertes Mit seinen bis zu 20 cm großen Fruchtkörpern ist er der größte Milchling *(Lactarius)*. In hauchdünnen Scheiben gebraten wird er in manchen Gegenden verzehrt. Sehr ähnlich ist der Blaublättrige Weiß-Täubling *(Russula delica*, s. S. 146), der jedoch keine Milch absondert. Der Langstielige Pfeffer-Milchling *(L. piperatus)* ist in Farbe, Statur und Schärfe des Fleisches ähnlich. Seine Hutoberfläche jedoch ist nicht filzig.

| J | F | M | A | M | J | J | A | S | O | N | D |

Langstieliger Pfeffer-Milchling
Lactarius piperatus

Hut 5–14 cm, Oberfläche fast kahl, glatt, trocken, weiß, cremeweiß, im Alter bräunlich gefleckt. Jung gewölbt, dann flach trichterförmig. Rand lange eingerollt.
Lamellen Weiß bis cremefarben, verletzt braungelblich fleckend, jung bisweilen mit Wassertropfen besetzt. Gedrängt stehend, gegabelt, am Stiel herablaufend.
Stiel Weiß. Relativ lang und schlank, glatt, gegen die Basis pfahlartig verschmälert.
Fleisch Weiß, fest, Geschmack scharf.
Milch Weiß, beim Eintrocknen gilbend, reichlich, brennend scharf.
Sporen Sporenpulver weiß.

Speisewert Kein Speisepilz.
Vorkommen Juli bis Oktober. Im Laubwald, besonders bei Buchen und Eichen.
Wissenswertes Pfeffer-Milchlinge sind durch eine brennend scharfe Milch gekennzeichnet. Ähnlich ist der Grünende Pfeffer-Milchling *(L. glaucescens)*, der noch größere Fruchtkörper hervorbringt und dessen Milch sich beim Eintrocknen deutlich blaugrün verfärbt. Der Wollige Milchling (*L. vellereus*, s. S. 160) unterscheidet sich durch seine flaumige Hutoberfläche. Den Langstieligen Pfeffer-Milchling kann man in dünne Scheiben geschnitten zusammen mit Speck braten.

J	F	M	A	M	J	J	A	S	O	N	D

Olivbrauner Milchling
Lactarius turpis (L. necator)

Hut 7–15 cm, Oberfläche schmierig, klebrig, Farben von dunkel Olivgrün über dunkel Grüngelb nach Schwärzlich, fleckig. Jung gewölbt, dann ausgebreitet mit vertiefter Mitte.
Lamellen Schmutzig gelblich, deutlich braunfleckig, untermischt. Am Stiel gerade angewachsen bis kurz herablaufend.
Stiel Fade grünlich, heller als der Hut, mit dunkleren, punktartigen Stellen besetzt. Hart, alt hohl.
Fleisch Weiß, an der Luft etwas bräunend. Geruchlos, Geschmack brennend scharf.
Milch Zuerst weiß, später grauend, reichlich, brennend scharf.

Sporen Sporenpulver cremefarben.
Speisewert Kein Speisepilz.
Vorkommen Juli bis Oktober. Im Laub- und Nadelwald, bei Birken und Fichten.
Wissenswertes Mit der düsteren Färbung und der weißen Milch ist er unverwechselbar. Der Artname *necator* (= Mörder) beruht vermutlich auf früheren Verwechslungen mit dem Grünen Knollenblätterpilz (*Amanita phalloides*, s. S. 232). Das Fleisch der Milchlinge ist mit Saftzellen durchzogen, die bei Verletzung eine milchige Flüssigkeit absondern. Die Milchlinge leben als Mykorrhizapartner in einer Symbiose mit Laub- oder Nadelbäumen.

J	F	M	A	M	J	J	A	S	O	N	D
						J	A	S	O		

Braunfleckender Milchling
Lactarius fluens

Hut 5–10 cm, Oberfläche mit feiner Aderung, erst gewölbt, dann mit vertiefter Mitte, olivbraun, grünlich braun, mit dunklen, konzentrischen Zonen. Rand eingeschlagen.
Lamellen Cremefarben, bei Verletzung bräunend. Mäßig gedrängt stehend, gerade angewachsen bis kurz herablaufend.
Stiel Blass, weißlich, Basis meist etwas gelblich bis rostig, Verletzungen braun. Zylindrisch, glatt. Basis etwas verjüngt.
Fleisch Weißlich. Geruchlos, Geschmack brennend scharf.
Milch Weiß, beim Eintrocknen bräunend, brennend scharf.

Sporen Sporenpulver dunkel cremefarben.
Speisewert Kein Speisepilz.
Vorkommen Juli bis Oktober. Im Laubwald, besonders bei Buchen und Hainbuchen, kalk- und lehmliebend.
Wissenswertes Sehr ähnlich ist der ebenfalls scharfe Graugrüne Milchling *(L. blennius)* mit einem mehr graugrünen Hut. Besonders scharf ist der Beißende Milchling *(L. pyrogalus)*, der oft bei Haseln fruchtet. Das aus kugeligen Zellen bestehende Fleisch von Milchlingen und Täublingen lässt sich wie Apfelfleisch brechen und ist deshalb ein wichtiges Unterscheidungsmerkmal zu anderen Pilzarten.

| J | F | M | A | M | J | J | A | S | O | N | D |

Mohrenkopf-Milchling
Lactarius lignyotus

Hut 2–6 cm, dunkel schwarzbraun, bisweilen mäusegrau ausblassend. Gewölbt bis leicht niedergedrückt, deutlich gebuckelt, samtig und trocken, matt, meist runzelig.
Lamellen Weißlich, hellocker. Beim Stielansatz wenige Millimeter in den Stiel übergehend, fast gedrängt stehend, dünn, untermischt, gerade angewachsen bis herablaufend.
Stiel Hutfarben, schwarzsamtig. Basis meist weißlich, relativ lang, schlank, runzelig, oft etwas verbogen, alt wattig ausgestopft.
Fleisch Weißlich, Schnittstellen allmählich blassrosa anlaufend. Geruch unbedeutend, Geschmack mild bis bitterlich.
Milch Weiß, etwas wässerig, rötlich braun verfärbend, reichlich, leicht bitter.
Sporen Sporenpulver hellocker.
Speisewert Essbar.
Vorkommen Juli bis Oktober. Im Nadelwald, besonders bei Fichten, meist in höheren Lagen.
Wissenswertes Er kann mit dem scharfen Pechschwarzen Milchling (*L. picinus*, s. S. 165) verwechselt werden, dessen Stiel jedoch heller ist. Der Mohrenkopf-Milchling ist ein faszinierendes Pilzchen und gilt als guter Speisepilz. Charakteristisch sind seine weißen Lamellen, die in den dunklen Stiel übergehen.

J	F	M	A	M	J	J	A	S	O	N	D

Pechschwarzer Milchling
Lactarius picinus

Hut 4–9 cm, Oberfläche samtig, pechschwarz, dann schwarzgrau ausblassend. Flach gewölbt, schwach eingedellt, eher unregelmäßig. Rand lange eingebogen.
Lamellen Hellgelblich bis hellockerlich, bei Berührung braunrot fleckend. Mit zahlreichen Zwischenlamellen, gerade angewachsen bis kurz herablaufend.
Stiel Meist durchgehend sepia- bis ockerbraun, bisweilen auch mit weißlichen, blassen Stellen, bei Verletzung fuchsig fleckend. Voll und fest, im Alter wattig ausgestopft bis hohl.
Fleisch Weißlich, an der Luft rosa anlaufend. Fast geruchlos, Geschmack scharf.

Milch Weiß, reichlich, scharf.
Sporen Sporenpulver cremefarben.
Speisewert Kein Speisepilz.
Vorkommen Juli bis Oktober. Im Nadelwald, besonders in höheren Lagen.
Wissenswertes Durch seinen äußerst dunklen Hut kann er im ersten Augenblick für den mild schmeckenden, essbaren Mohrenkopf-Milchling (*L. lignyotus*, s. S. 164) gehalten werden, dessen Stiel jedoch dunkler gefärbt ist. Der Pechschwarze Milchling hingegen ist kräftiger in der Statur als der Mohrenkopf-Milchling. Beide Arten haben mehr oder weniger dieselben Standortansprüche.

J	F	M	A	M	J	J	A	S	O	N	D

Zottiger Birken-Milchling
Lactarius torminosus

Hut 5–14 cm, Oberfläche dichtfilzig, haarig, blass lachsfarben bis blassrosa. Zuerst gewölbt, dann abgeflacht, niedergedrückt bis trichterig, mehr oder weniger deutlich konzentrisch gezont. Rand jung stark eingerollt.
Lamellen Blass fleischfarben. Gedrängt stehend, mit vielen Zwischenlamellen.
Stiel Weißlich bis blass fleischfarben. Zylindrisch, flaumig bereift.
Fleisch Weiß, hart und fest. Geruch angenehm obstartig, Geschmack scharf.
Milch Weiß, auffallend reichlich, brennend scharf und beißend.
Sporen Sporenpulver cremefarben.

Speisewert Giftig.
Vorkommen August bis Oktober. Immer bei Birken.
Wissenswertes Dieser Milchling ist ein Mykorrhizapilz der Birke. Bei Verzehr verursacht er nach einer Latenzzeit von einer halben bis drei Stunden schwere Koliken. Die Vergiftung wird durch scharfharzige Substanzen hervorgerufen, die übrigens in vielen Milchlingen enthalten sind. Ein ähnlich filziger bis zottiger Pilz derselben Gattung ist der Grubige Milchling (*L. scrobiculatus*, s. S. 167). Er unterscheidet sich durch gelbe Farbtöne, gelbe Milch und ist ebenso giftig.

J	F	M	A	M	J	J	A	S	O	N	D

Grubiger Milchling
Lactarius scrobiculatus

Hut 6–20 cm, zitronen- oder goldgelb, mit gelbbraunen Flecken, oft etwas undeutlich gezont. Gewölbt, bald niedergedrückt mit eingeschlagenem, zottigem bis filzigem Rand, kräftig, haarig bis filzig und meist klebrig.
Lamellen Blass cremefarben, verletzt braunrötlich. Gedrängt stehend, mit vielen Zwischenlamellen, am Stiel herablaufend.
Stiel Weißer Grund, mit dichten, ockerfuchsigfarbenen, unregelmäßigen Gruben besetzt. Zylindrisch, dick und relativ kurz, frühzeitig hohl.
Fleisch Blassgelb und fest. Geruch angenehm obstartig, Geschmack scharf.

Milch Weiß, an der Luft zusehends schwefelgelb verfärbend, reichlich, brennend scharf.
Sporen Sporenpulver cremefarben.
Speisewert Giftig.
Vorkommen Juli bis Oktober. Im Nadelwald, hauptsächlich bei Fichten, auf Kalkböden, häufig.
Wissenswertes Mancherorts ist er ein Massenpilz. Neuerdings wird die sehr ähnliche Art, der Löwengelbe Milchling *(L. leonis)*, unterschieden, der lediglich einen ungezonten Hut aufweist. Nur mikroskopisch sind beide eindeutig voneinander unterscheidbar. Beide Arten schmecken scharf.

J	F	M	A	M	J	J	A	S	O	N	D

Fichten-Reizker
Lactarius deterrimus

Hut 3–10 cm, orangerot, mit oft undeutlicher, grünlicher Zonierung, im Alter stark grünfleckig. Gewölbt, bald vertieft und trichterig. Rand lange eingerollt.
Lamellen Orange, alt graugrün fleckend. Mäßig gedrängt, brüchig, gerade angewachsen bis kurz herablaufend.
Stiel Orangerot, ohne Gruben oder Flecken. Kurz, zylindrisch und kräftig, hohl.
Fleisch Gelblich blass. Geruch schwach obstartig, Geschmack mild bis bitter.
Milch Mennigorange, nach ca. 15 Minuten weinrot, erst mild, dann bitter.
Sporen Sporenpulver blassocker.

Speisewert Essbar, Bratpilz.
Vorkommen August bis November. Im Nadelwald, bei Fichten, oft massenhaft in jungen Fichtenkulturen.
Wissenswertes Ähnlich sind der Lachs-Reizker (*L. salmonicolor*, s. S. 169), ein Tannenbegleiter. Weitere ähnliche Arten unter den Kiefernbegleiter sind der seltene Edel-Reizker (*L deliciosus*, s. S. 170), der Spangrüne Kiefern-Reizker (*L. semisanguifluus*, s. S. 171) und der Weinrote Kiefern-Reizker *(L. sanguifluus)*. All diese Arten sind orangerot bis weinrot milchend. Sämtliche Arten der Milchlinge mit orange- bis weinroter Milch sind essbar.

J	F	M	A	M	J	J	A	S	O	N	D
							A	S	O	N	

Lachs-Reizker
Lactarius salmonicolor

Hut 4–12 cm, blass- bis lebhaft orange, schwach und sehr eng, regelmäßig orangefarben zoniert. Gewölbt, bald vertieft und trichterig. Rand lange eingerollt.

Lamellen Blassocker, untermischt. Nicht gedrängt stehend, am Stiel bisweilen gegabelt, gerade angewachsen bis kurz herablaufend.

Stiel Orangegelb, mit wenigen flachen, dunkleren Gruben besetzt. Zylindrisch, hohl.

Fleisch Ockerblass. Geruch schwach obstartig, Geschmack leicht bitter.

Milch Orangerot, später eher mennigrötlich, nach 60–90 Minuten orangebraun bis weinrot, etwas bitter.

Sporen Sporenpulver blassocker.

Speisewert Essbar, Bratpilz.

Vorkommen August bis November. Bei Tannen, auf kalkreichen Böden.

Wissenswertes Im Gegensatz zum ebenfalls essbaren und orange milchenden Fichten-Reizker (*L. deterrimus*, s. S. 168) verfärbt sich der Lachs-Reizker kaum grünlich. Außerdem ist er nur bei Tannen zu finden. In manchen Jahren ist er ein absoluter Massenpilz in kalkreichen Weiß-Tannenwäldern. Reizker sind besonders schmackhaft, wenn sie beidseitig gebraten und mit Pfeffer und Salz abgeschmeckt werden.

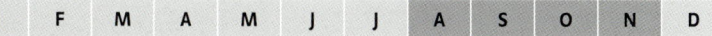

| J | F | M | A | M | J | J | A | S | O | N | D |

Edel-Reizker
Lactarius deliciosus

Hut 4–12 cm, hell orangeocker, fast cremefarben, dunkler ringartig gezont, alt bisweilen etwas grünfleckig. Gewölbt, bald niedergedrückt, alt trichterig. Rand lange eingerollt.
Lamellen Blassorange, untermischt. Mäßig gedrängt stehend, gerade angewachsen bis kurz herablaufend.
Stiel Blass orangefarbener Grund, mit deutlichen orangefarbenen, flachen Gruben. Zylindrisch, kurz, bald hohl. Basis verjüngt.
Fleisch Blassorange, fest, im Alter brüchig. Geruch süßlich obstartig, Geschmack mild.
Milch Karottenrot, später graugrün, mild.
Sporen Sporenpulver cremefarben.

Speisewert Essbar, Bratpilz.
Vorkommen Juli bis Oktober. Bei Kiefern, hauptsächlich auf kalkhaltigen Böden, nicht überall häufig.
Wissenswertes Andere bei Kiefern vorkommende Reizker sind der Weinrote Kiefern-Reizker *(L. sanguifluus)* und der stark grünende Spangrüne Kiefern-Reizker (*L. semisanguifluus*, s. S. 171), dessen Milch nach wenigen Minuten weinrot wird. Reizker sind vorzüglich als Bratpilze geeignet, wobei der Edel-Reizker der beste unter ihnen ist. In einem Mischgericht gedünstet schmecken die Reizker vor und werden dabei oft etwas bitter.

J	F	M	A	M	J	J	A	S	O	N	D

Spangrüner Kiefern-Reizker
Lactarius semisanguifluus

Hut 3–8 cm, fleisch- bis orangerötlich, fein zoniert, schon jung mit deutlich grünen Verfärbungen. Gewölbt, bald niedergedrückt, alt trichterig. Rand lange eingerollt.
Lamellen Blassorange, stellenweise grünspanfarbig, untermischt. Mäßig gedrängt, gerade angewachsen bis kurz herablaufend.
Stiel Wie der Hut gefärbt, grubig gefleckt. Zylindrisch, kurz, bald hohl. Basis verjüngt.
Fleisch Im Schnitt weinrot verfärbend. Geruch angenehm nach Karotten, Geschmack schwach bitterlich.
Milch Rotorange, nach wenigen Minuten weinrot, am nächsten Tag grün, mild.

Sporen Sporenpulver cremefarben.
Speisewert Essbar, Bratpilz.
Vorkommen August bis November. Streng an die Kiefer gebunden, auf kalkhaltigen Böden, nicht überall häufig.
Wissenswertes Die deutliche Verfärbung des Milchsafts und die blaugrünen Farbtöne unterscheiden den Spangrünen Kiefern-Reizker gut von seinen übrigen Artgenossen. Geschmacklich ist er dem Edel-Reizker ebenbürtig, doch kommt er wesentlich seltener vor und ist deshalb schützenswert. Reizker haben sich als Mykorrhizapartner auf Nadelbäume spezialisiert.

J	F	M	A	M	J	J	A	S	O	N	D

Lärchen-Milchling
Lactarius porninsis

Hut 3–7 cm, Oberfläche feucht schmierig-schleimig, glänzend, sonst trocken, glatt, orangerot, fuchsig, schwach gezont oder ungezont. Gewölbt, bald verflacht bis niedergedrückt, bisweilen leicht genabelt. Rand deutlich eingerollt.
Lamellen Jung blassgelblich, dann ockergelb. Gedrängt stehend, gerade angewachsen bis kurz herablaufend.
Stiel Blasser als der Hut, blassorange, Spitze weißlich bereift. Zylindrisch, erst markig ausgestopft, dann hohl.
Fleisch Im Hut weißlich, im Stiel blassorange. Geschmack leicht bitter, Geruch fruchtig.
Milch Weiß, mild bis bitter.
Sporen Sporenpulver blassocker.
Speisewert Kein Speisepilz.
Vorkommen Juli bis Oktober. Nur bei Lärchen und deswegen nicht häufig, gesellig.
Wissenswertes Auf den ersten Blick kann diese Art wegen ihrer Hutfarbe und ihres Erscheinungsbilds für einen essbaren, orangemilchenden Reizker gehalten werden. Doch der Schein trügt. Spätestens wenn man erkennt, dass dieser Pilz weiß milchend ist, kann es sich nicht um einen essbaren Reizker handeln. Seine Milch ist bitter, sein Geruch apfelähnlich und er kommt nur bei Lärchen vor.

| J | F | M | A | M | J | J | A | S | O | N | D |

Maggipilz
Bruch-Reizker, *Lactarius helvus*

Hut 4–15 cm, Oberfläche filzig bis schuppig, gelbrötlich bis graurosa. Flach gewölbt, dann meist nur schwach niedergedrückt. Rand dünn und flatterig.
Lamellen Blassgelblich. Gedrängt bis entfernt stehend, mit vielen Zwischenlamellen, gerade angewachsen bis kurz herablaufend.
Stiel Fleischfarben, graugelblich, meist heller als der Hut, Spitze weißlich. Nicht besonders dick, kurz. Basis weißfilzig.
Fleisch Hellocker, blass fleischfarben, sehr brüchig. Geruch besonders beim Austrocknen nach Maggiwürze.
Milch Wässerig, klar, spärlich und mild.

Sporen Sporenpulver gelblich.
Speisewert Kein Speisepilz.
Vorkommen Juli bis Oktober. Im feuchten, moosreichen Nadelwald.
Wissenswertes Ausgebleichte Fruchtkörper des scharf schmeckenden Rotbraunen Milchlings (*L. rufus*, s. S. 174) können unter Umständen ähnlich sein. Der typische starke Geruch nach Maggiwürze, das brüchige Fleisch sowie seine stattliche Größe lassen den Maggipilz aber kaum verwechseln. Der dunkelorange bis rotbraune Kampfer-Milchling (*L. camphoratus*) ist schmächtiger. Er hat jedoch denselben Geruch nach Maggi.

| J | F | M | A | M | J | J | A | S | O | N | D |

Rotbrauner Milchling
Lactarius rufus

Hut 3–8 cm, rotbraun, purpurrotbraun, mit weißlich bereiftem Überzug. Rand heller, flach gewölbt, dann trichterig, meist mit spitzem Buckel.
Lamellen Fleischfarben, im Alter von den Sporen weiß bestäubt. Mäßig gedrängt stehend, untermischt, gerade angewachsen bis kurz herablaufend.
Stiel Etwas heller als der Hut. Zylindrisch, alt hohl. Basis weißfilzig.
Fleisch Weißlich, dann blassrötlich, starr. Geruch ausgeprägt harzig.
Milch Weiß, reichlich, brennend scharf.
Sporen Sporenpulver weiß.
Speisewert Kein Speisepilz.
Vorkommen Juni bis Oktober. Im Nadelwald, besonders bei Kiefern und Arven.
Wissenswertes Verwechslungen mit dem milden, essbaren Brätling (*L. volemus*, s. S. 175), Kampfer-Milchling (*L. camphoratus*) sowie den vielen anderen rotbraun gefärbten Milchlingen *(Lactarius)* sind möglich. Essbare Milchlinge jedoch zeichnen sich durch mild schmeckende Milch aus, so dass man sie durch eine Geschmacksprobe leicht von ungenießbaren und giftigen Arten unterscheiden kann. Weiter gibt es noch mehr ähnliche Arten wie den Milden Milchling (*L. mitissimus*).

| J | F | M | A | M | J | J | A | S | O | N | D |

Brätling
Lactarius volemus

Hut 5–15 cm, orangefuchsig. Erst gewölbt, dann flach und niedergedrückt, matt, feinsamtig, im Alter oft rissig aufgebrochen, jung mit eingerolltem Rand.
Lamellen Blassgelb, durch die eintrocknende Milch rostbraun verfärbend. Ziemlich gedrängt, bauchig, ungleich lang und gegen den Rand oft gegabelt, gerade angewachsen bis kurz herablaufend.
Stiel Hutfarben, oft blasser. Zylindrisch, glatt, an der Spitze schwach längsrillig.
Fleisch Weißlich, dann bräunlich, im Hut fest. Geruch nach Hering oder Krebsfleisch, Geschmack mild.

Milch Weiß, auffallend reichlich, beim Eintrocknen bräunlich, mit mildem Geschmack.
Sporen Sporenpulver weiß.
Speisewert Essbar.
Vorkommen Juni bis Oktober. Im Nadel- und Laubwald, auf Kalk- und Lehmböden, besonders im Gebirge, nicht häufig.
Wissenswertes Diesen stattlichen, mild schmeckenden Milchling *(Lactarius)* erkennt man sofort am reichlichen Milchfluss und an dem aufdringlich heringsartigen Geruch, der sich beim Braten verliert. Er ist ein sehr schöner Pilz mit seinem regelmäßig geformten, matten bis feinsamtigen Hut.

| J | F | M | A | M | J | J | A | S | O | N | D |

Kaffeebrauner Scheintrichterling

Kaffeebrauner Gabeltrichterling, *Pseudoclitocybe cyathiformis*

Hut 3–8 cm, gelbfuchsig bis dunkelbraun, auch mit fast schwärzlichem Ton, hygrophan. Jung bereits schon ausgebreitet, mit vertiefter Mitte und mit eingerolltem Rand, später tief trichterförmig, genabelt, dünnfleischig.

Lamellen Aschgrau. Gedrängt stehend, dünn, gabelig, am Stielansatz oft miteinander verbunden, herablaufend.

Stiel Bräunlich, teilweise weißlich netzig überfasert, wässerig. Relativ dünn, zylindrisch. Basis weißfilzig.

Fleisch Grau, wässerig und schwammig, bisweilen brüchig. Geruch unbedeutend, Geschmack mild.

Sporen Sporenpulver weiß.

Speisewert Essbar.

Vorkommen Oktober bis November. In Wäldern, an Waldrändern, auf Wiesen, Holzlagerstellen, Erde und morschem Holz.

Wissenswertes Der Kaffeebraune Scheintrichterling ist ein später Herbstpilz, der bis zu den ersten Frösten vorkommt. An seinem tief trichterförmigen Hut und den meist gegabelten Lamellen kann er gut erkannt werden. Dieser Saprobiont besiedelt vorzugsweise Laubwald-, Weg- und Straßenränder unter Baumbeständen auf grasig-krautigen Böden, Ruderalstellen und Holzlagerplätzen.

| J | F | M | A | M | J | J | A | S | O | N | D |

Violetter Lacktrichterling
Laccaria amethystea (L. amethystina)

Hut 2–5 cm, lebhaft violett, im Alter stark ausblassend. Jung geschlossen mit eingerolltem Rand, später ausgebreitet und meist etwas genabelt, im Alter unregelmäßig verbogen, dünnfleischig.

Lamellen Lebhaft violett, später durch die Sporen weiß bestäubt. Dicklich und bauchig, gerade angewachsen bis kurz herablaufend.

Stiel Hutfarben, weißlich längsfaserig. Dünn und lang, zylindrisch.

Fleisch Violett, etwas gummiartig bis zäh. Ohne besonderen Geruch und Geschmack.

Sporen Sporenpulver weiß.

Speisewert Essbar.

Vorkommen Juni bis November. Im Laub- und Nadelwald, weit verbreitet.

Wissenswertes Junge Fruchtkörper fallen mit ihrer typischen sattvioletten Färbung besonders auf und sind kaum zu verwechseln. Alte, verblasste Exemplare können am ehesten mit dem giftigen Gemeinen Rettich-Helmling (*Mycena pura*, s. S. 215) verwechselt werden, der sich aber durch einen ausgeprägt rettichartigen Geruch unterscheidet. Der Violette Lacktrichterling verfärbt sich beim Kochen nicht und bringt deswegen Farbe in ein Mischgericht. Ein naher Verwandter ist der Rötliche Lacktrichterling (*Laccaria laccata*, s. S. 178).

| J | F | M | A | M | J | J | A | S | O | N | D |

Rötlicher Lacktrichterling
Laccaria laccata

Hut 2–5 cm, Oberfläche feinschuppig, matt, lederbraun bis ziegelrot, fleischrot. Gewölbt und etwas genabelt. Rand eingerollt, eingebogen, später verbogen und unregelmäßig.
Lamellen Rosa, fleischrot, bei Reife durch die Sporen weiß bestäubt. Sehr entfernt stehend, gerade angewachsen bis kurz herablaufend.
Stiel Hutfarben. Dünn und lang, zylindrisch, bisweilen verbogen, zäh und längsfaserig.
Fleisch Fleischrot oder blasser. Mit würzigem Geruch und mildem Geschmack.
Sporen Sporenpulver weißlich.
Speisewert Essbar.

Vorkommen Juni bis November. Im Laub- und Nadelwald, an feuchten Stellen.
Wissenswertes Im Habitus ist er ein Abbild des viel häufiger vorkommenden Violetten Lacktrichterlings (*L. amethystea*, s. S. 177), der aber in allen Teilen violett gefärbt ist. Andere rötlich gefärbte Lacktrichterlinge sind der Zweifarbige Lacktrichterling *(L. bicolor)* mit lilagetönter Stielbasis und ebenso gefärbten Lamellen, der Zwerg-Lacktrichterling *(L. tortilis)* mit den größten Sporen und der Braunrote Lacktrichterling *(L. proxima)*. Verwechslungen mit diesen verwandten Arten sind gefahrlos, da sie alle essbar sind.

| J | F | M | A | M | J | J | A | S | O | N | D |

Grüner Anis-Trichterling
Clitocybe odora

Hut 3–7 cm, blaugrün, graublau, grünlich grau, bisweilen stark ausblassend, dann fast weißlich. Anfangs gewölbt, dann ausgebreitet, schließlich flach trichterförmig. Rand eingebogen, im Alter flatterig.

Lamellen Meist hutfarben, aber auch blasser. Entfernt stehend, untermischt, am Stiel kurz herablaufend.

Stiel Etwas blasser als der Hut. Relativ kurz, zylindrisch. Basis stark weißfilzig.

Fleisch Blassgrün, weißlich. Mit starkem Anisgeruch, Geschmack mild.

Sporen Sporenpulver weiß.

Speisewert Essbar.

Vorkommen August bis November. Im Laub- und Nadelwald, besonders in Nadelstreu von Fichten.

Wissenswertes Da er noch nach dem Kochen den starken Anisgeruch beibehält, ist er nicht jedermanns Sache. Ausgeblasste Exemplare können mit dem ebenfalls in Nadelstreu vorkommenden Streuliebenden Trichterling *(C. phyllophila,* s. S. 182) sowie mit dem ebenfalls nach Anis riechenden Weißen Anis-Trichterling *(C. fragrans)* verwechselt werden. Diese beiden Arten jedoch sind äußerst giftig und enthalten das Nervengift Muscarin.

| J | F | M | A | M | J | J | A | S | O | N | D |

Keulenfüßiger Trichterling
Clitocybe clavipes

Hut 4–6 cm, braungrau, olivbraun, gegen den Rand hin deutlich heller. Zuerst flach gewölbt, dann ausgebreitet, schwach trichterig und stumpf gebuckelt. Rand leicht gerippt.
Lamellen Elfenbeinweiß, untermischt und teilweise gegabelt. Entfernt stehend, am Stiel stark herablaufend.
Stiel Blasser als der Hut, gegen die Basis weißfilzig, Spitze verjüngt, weich und schwammig. Basis stark angeschwollen.
Fleisch Weiß oder weißlich, im Alter schwammig. Geruch deutlich süßlich mandelartig, Geschmack mild.
Sporen Sporenpulver weiß.

Speisewert Kein Speisepilz.
Vorkommen Juli bis November. Im Laub- und Nadelwald, gesellig, in Gruppen, Reihen und Ringen wachsend.
Wissenswertes Der Keulenfüßige Trichterling ist ein weit verbreiteter, geselliger Pilz. Zusammen mit Alkohol genossen können Vergiftungen auftreten, die Gesichtsrötung, Herzklopfen und Unwohlsein hervorrufen. Exemplare mit schlanken Stielen können mit der Nebelkappe (*C. nebularis*, s. S. 184) verwechselt werden. Seine aufgeblasene Stielbasis und sein süßlich mandelartiger Geruch unterscheiden ihn jedoch.

| J | F | M | A | M | J | J | A | S | O | N | D |

Mönchskopf-Trichterling
Clitocybe geotropa

Hut 5–20 cm, blass lederfarben, im Alter heller, weißlich werdend, matt. Jung schon tellerartig ausgebreitet, schließlich trichterig, immer mit kleinem Buckel. Rand kammartig gerieft und lange eingerollt.

Lamellen Weiß, elfenbeinfarben. Für seine Hutgröße relativ gedrängt stehend, weich, stark herablaufend.

Stiel Hutfarben. Längsfaserig, kräftig und voll, im Alter zäh und wässerig, gegen die Basis etwas keulig verdickt und stark weißfilzig.

Fleisch Weiß bis cremefarben, fest, jung knackig, im Alter – besonders im Stiel – oft zäh. Geruch süßlich, Geschmack mild.

Sporen Sporenpulver weiß.

Speisewert Essbar, guter Speisepilz.

Vorkommen September bis November. Im Laub- und Nadelwald, besonders in lichten Wäldern, auf kalkhaltigen Böden.

Wissenswertes Er bildet Hexenringe, die nicht selten einen Durchmesser von über 10 m aufweisen. Dadurch ist er oft ein sehr ergiebiger Speisepilz. Junge Exemplare eignen sich zum frischen Verzehr oder zum Einfrieren, ältere gut zum Dörren. Sehr nah verwandt ist der ebenfalls essbare Riesen-Trichterling *(C. maxima)*, dessen Hüte nur undeutlich gebuckelt sind.

J	F	M	A	M	J	J	A	S	O	N	D

Streuliebender Trichterling

Bleiweißer Trichterling, *Clitocybe phyllophila (C. cerussata)*

Hut 2–6 cm, mit weißem Firnis überzogen, darunter blassrötlich braun, dies wird erst bei Verletzung, durch Reiben oder im Alter sichtbar, seidenmatt glänzend. Gewölbt, bald abgeflacht und etwas vertieft, dünnfleischig.
Lamellen Jung weißlich, dann cremefarben, untermischt. Am Stiel schwach herablaufend.
Stiel Weißlich, später blass braunrötlich. Zylindrisch, etwas verdreht, längsfaserig. Basis bisweilen keulig und immer stark weißfilzig.
Fleisch Weiß, fest. Geruch aromatisch pilzartig, Geschmack mild.
Sporen Sporenpulver cremefarben.

Speisewert Sehr giftig.
Vorkommen Juli bis Oktober. Im Laub- und Nadelwald, besonders bei Fichten auf Nadelstreu, aber auch auf Blättern der Buche.
Wissenswertes Weitere ähnliche, weiße, besonders giftige Trichterlinge geben Anlass zu Verwechslungen mit weißhütigen Speisepilzen wie Maipilz (*Calocybe gambosa*, s. S. 183), Großem Mehl-Räsling (*Clitopilus prunulus*, s. S. 228), Elfenbein-Schneckling (*Hygrophorus eburneus*, s. S. 195) und Seidigem Ritterling *(Tricholoma columbetta)*. Viele weiße Trichterlinge enthalten Muscarin und zählen deshalb zu den sehr giftigen Pilzen.

| J | F | M | A | M | J | J | A | S | O | N | D |

Maipilz
Mairitterling, Georgsritterling, *Calocybe gambosa*

Hut 5–10 cm, weiß, cremefarben, bisweilen ockergelblich, matt. Jung halbkugelig, dann gewölbt und lange mit eingerolltem Rand so bleibend, schließlich ausgebreitet und unregelmäßig verbogen, auffallend dickfleischig.
Lamellen Weißlich blass. Gedrängt stehend, dünn, ausgebuchtet angewachsen oder mit Zahn herablaufend.
Stiel Weißlich. Zylindrisch, kräftig, oft kurz, voll und fest. Basis leicht verjüngt.
Fleisch Weiß, fest. Geruch und Geschmack kräftig mehlartig.
Sporen Sporenpulver weißlich.
Speisewert Essbar, guter Speisepilz.

Vorkommen April bis Juni. In Laub- und Nadelwäldern, hauptsächlich an Waldrändern und auf Wiesen.
Wissenswertes Es gibt auch eine seltene cremefarbene Varietät *flavida*. Zur gleichen Zeit und häufig an denselben oder ähnlichen Standorten kommt der sehr giftige Ziegelrote Risspilz (*Inocybe erubescens*, s. S. 280) vor. Aufgrund seiner oft ebenfalls weißlich gefärbten Fruchtkörper kann es im Frühling, wenn das Pilzangebot noch nicht sehr groß ist und die Pilzsammler nicht mit giftigen Arten rechnen, zu gefährlichen Verwechslungen kommen.

J	F	M	A	M	J	J	A	S	O	N	D

Nebelkappe
Nebelgrauer Trichterling, *Clitocybe nebularis (Lepista nebularis)*

Hut 6–15 cm, dunkel graubraun bis hell aschgrau. Jung stark gewölbt, dann abgeflacht und schließlich niedergedrückt, feinfilzig bis bereift. Rand lange heruntergebogen.
Lamellen Schmutzig cremefarben. Gedrängt stehend, leicht vom Hutfleisch ablösbar, am Stiel kurz herablaufend.
Stiel Blass graubraun, bisweilen braunrötlich fleckend. Dick und kräftig, jung voll, dann wattig ausgestopft, längsfaserig. Basis keulig bis knollig.
Fleisch Weiß. Geruch charakteristisch süßlich, Geschmack säuerlich.
Sporen Sporenpulver cremegelblich.

Speisewert Essbar, aber abbrühen (s. S. 80), wird nicht von jedermann vertragen.
Vorkommen September bis November. Im Laub- und Nadelwald, erscheint im Spätherbst oft in Massen.
Wissenswertes Dieser Pilz ist auch unter dem Namen Nebelgrauer Trichterling bekannt. Wenn er erscheint, zieht der Herbst ins Land. Die Nebelkappe kommt oft in Ringen oder Reihen vor. Eine Verwechslung mit dem giftigen Riesen-Rötling (*Entoloma sinuatum*, s. S. 222) ist äußerst gefährlich. Dieser riecht jedoch angenehm und hat entfernter stehende Lamellen, die jung gelblich, im Alter rosa sind.

J	F	M	A	M	J	J	A	S	O	N	D
								S	O	N	

Fuchsiger Rötelritterling
Lepista inversa

Hut 4–10 cm, Oberfläche glatt, schwach glänzend, gelblich, fuchsig, blass gelbbraun. Zuerst gewölbt, dann flach bis undeutlich trichterig. Rand lange eingebogen, im Alter unregelmäßig flatterig.
Lamellen Cremefarben. Gedrängt stehend, oft gegabelt, am Stiel weit herablaufend.
Stiel Meist hutfarben oder etwas blasser. Zylindrisch, dünn. Basis weißfilzig, mit Laub und Nadeln verwachsen.
Fleisch Blassgelblich, zäh. Mit aromatischem Geruch und leicht herbem Geschmack.
Sporen Sporenpulver cremegelblich.
Speisewert Kein Speisepilz.

Vorkommen August bis Oktober. Im Laub- und Nadelwald, häufig, bildet oft Ringe.
Wissenswertes Manche Kollektionen haben eine wasserfleckige Hutoberfläche. Diese wurden früher als Wasserfleckige Rötelritterlinge *(C. gilva)* angesehen, können aus heutiger Sicht aber allenfalls als Form betrachtet werden. Im Mittelmeerraum kommt der ähnliche, giftige Parfümierte Trichterling *(C. amoenolens)* vor. Da der Fuchsige Trichterling schon leichte Vergiftungen verursacht hat und Verwechslungsgefahr mit dem Parfümierten Trichterling besteht, ist er als Speisepilz ungeeignet.

| J | F | M | A | M | J | J | A | S | O | N | D |

Violetter Rötelritterling
Nackter Ritterling, *Lepista nuda*

Hut 5–15 cm, Oberfläche glatt, matt, jung lebhaft violett, bald mit braunlilafarbener Mitte, alt bräunlich lila. Gewölbt bis ausgebreitet, bisweilen etwas vertieft. Rand lange eingerollt.
Lamellen Lilafarben bis graulila. Mäßig gedrängt, am Stiel ausgebuchtet angewachsen.
Stiel Grundfarbe violett, Oberfläche weiß überfasert. Zylindrisch bis keulig. Basis mit dem Substrat stark verwachsen.
Fleisch Jung violett, sonst blasser. Geruch angenehm fruchtig-parfümiert, Geschmack mild.
Sporen Sporenpulver rosa.

Speisewert Essbar, guter Speisepilz.
Vorkommen September bis November. Im Laub- und Nadelwald, in Laub- und Nadelstreu, aber auch in Gärten auf pflanzlichen Abfällen, erster Schub bereits im Mai.
Wissenswertes Dieser Pilz lässt sich kultivieren. Man hüte sich vor Verwechslungen mit giftigen, blauvioletten Schleierlingen, bei denen jung die Lamellen von einem fädigen Schleier (Cortina) bedeckt sind. Der Blassblaue Rötelritterling (*L. glaucocana*, s. S. 187) hat blassere lila-grauliche Farben und riecht erdig. Der Maskierte Rötelritterling (*L. personata*) steht dem Violetten Rötelritterling sehr nahe.

J	F	M	A	**M**	J	J	A	S	O	N	D

Blassblauer Rötelritterling
Lepista glaucocana

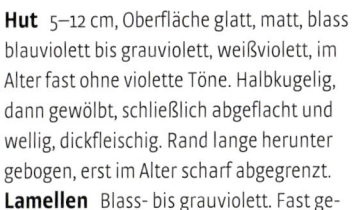

Hut 5–12 cm, Oberfläche glatt, matt, blass blauviolett bis grauviolett, weißviolett, im Alter fast ohne violette Töne. Halbkugelig, dann gewölbt, schließlich abgeflacht und wellig, dickfleischig. Rand lange herunter gebogen, erst im Alter scharf abgegrenzt.
Lamellen Blass- bis grauviolett. Fast gedrängt stehend, untermischt, am Stiel ausgebuchtet angewachsen.
Stiel Grundfarbe blassviolett, Oberfläche weiß überfasert. Eher kurz und voll, keulig.
Fleisch Weißlich bis blasslila. Geruch erdig, Geschmack mild mit schärflichem Nachgeschmack.

Sporen Sporenpulver beigerosa.
Speisewert Kein Speisepilz, schmeckt gekocht unangenehm erdig.
Vorkommen September bis Oktober. Im Laub- und Nadelwald, an Wegrändern, aber auch auf Wiesen.
Wissenswertes Sehr ähnlich sind der Veilchen-Rötelritterling (*L. irina*, s. S. 188) mit vorwiegend cremebräunlichen Farben und der Violette Rötelritterling (*L. nuda*, s. S.186) mit violetten und bräunlichen Farbtönen. Beide sind essbar. Der Blassblaue Rötelritterling hat schon leichte Vergiftungen hervorgerufen und schmeckt nicht besonders gut.

| J | F | M | A | M | J | J | A | S | O | N | D |

Veilchen-Rötelritterling
Lepista irina

Hut 5–12 cm, wildlederfarben, weißlich, blassbräunlich. Gewölbt mit eingebogenem, unregelmäßigem Rand, später ausgebreitet und flattrig werdend.

Lamellen Jung cremefarben, dann graurosa. Mäßig gedrängt stehend, untermischt, schmal angewachsen bis etwas ausgebuchtet.

Stiel Meist hutfarben oder etwas blasser. Zylindrisch, kräftig, jung voll, später hohl.

Fleisch Schmutzig weißlich, wässerig. Geruch aromatisch, angenehm nach Veilchenwurz, Geschmack mild.

Sporen Sporenpulver cremegelb.

Speisewert Essbar.

Vorkommen September bis Oktober. Im Laub- und Nadelwald, auf grasigen Stellen, an Waldrändern.

Wissenswertes Er wächst häufig in großen Gruppen und nicht selten in Ringen. Sein charakteristischer Geruch nach Veilchenwurz ist ein gutes Bestimmungsmerkmal. Ähnlich in Geruch und Aussehen ist der Würzige Tellerling *(Rhodocybe gemina)*, der aber herablaufende Lamellen hat. Dieser ist ebenfalls essbar. Alte Exemplare des Veilchen-Rötelritterlings könnten mit dem Streuliebenden Trichterling *(Clitocybe phyllophila*, s. S. 182*)* verwechselt werden. Hier ist Vorsicht geboten.

J	F	M	A	M	J	J	A	S	O	N	D
								S	O		

Rötlicher Holzritterling
Tricholomopsis rutilans

Hut 5–15 cm, auf gelbem Grund gänzlich mit kleinen, weinroten bis purpurfarbenen, filzigen Schuppen bedeckt. Jung stumpfkegelig, dann gewölbt, schließlich ausgebreitet. Rand lange eingerollt.
Lamellen Leuchtend gelb, untermischt. Am Stiel ausgebuchtet bis breit angewachsen.
Stiel Hutfarben, zylindrisch bis keulig, meist kräftig voll, im Alter auch hohl, filzig.
Fleisch Hellgelb, bisweilen wässerig, weich. Geruch säuerlich, Geschmack mild.
Sporen Sporenpulver weiß.
Speisewert Essbar, aber zuvor abbrühen (s. S. 80), nur in kleinen Mengen.

Vorkommen Juli bis September. Im Nadelwald, auf oder neben modernden Nadelholzstrünken.
Wissenswertes Mit seiner Farbenpracht stellt dieser Pilz etwas ganz Besonderes dar. Bei alten Exemplaren kann die filzige, violette Hutoberfläche durch Witterungseinflüsse abgetragen sein, so dass dann die gelbe Farbe zum Vorschein kommt. Da er sehr muffig schmeckt, ist er nur in kleinen Mengen in einem Mischgericht zu verwenden. Ähnlich ist der Olivgelbe Holzritterling *(T. decora)*, der ebenfalls auf Nadelholzstrünken fruchtet, aber weitaus seltener ist.

J	F	M	A	M	J	J	A	S	O	N	D

Gelbfleischiger Grünling
Tricholoma equestre (T. flavovirens)

Hut 5–10 cm, grüngelber Grund, fein braunfuchsig geschuppt, Rand heller, Mitte jung gänzlich braun. Jung halbkugelig bis glockig, dann ausgebreitet mit stumpfem Buckel, schließlich etwas niedergedrückt.
Lamellen Gelb, untermischt. Gedrängt stehend, am Stiel ausgebuchtet angewachsen.
Stiel Hellgelb, grüngelb. Zylindrisch bis etwas keulig, voll, glatt.
Fleisch Weißlich, unter der Huthaut gelblich. Geruch mehlartig, Geschmack mild.
Sporen Sporenpulver weiß.
Speisewert Giftig.
Vorkommen September bis November. Auf Wiesen, am Waldrand, bisweilen in Gemeinschaft von Espen und Fichten, selten.
Wissenswertes Der Gelbfleischige Grünling ist ein eher seltener Pilz mit rückgängiger Tendenz. Vor Jahren war er noch ein Marktpilz. Heute ist bekannt, dass er nach innerhalb von wenigen Tagen aufeinander folgenden Pilzmahlzeiten Rhabdomyolyse auslöst, wobei sich die Muskelzellen auflösen und zerfallen. Dies kann tödliche Folgen haben. Im Tierversuch (Maus) konnten diese Anzeichen bestätigt werden. Ähnlich ist der Schwefel-Ritterling (*T. sulphureum*, s. S. 191), der aber unangenehm nach Leuchtgas riecht.

J	F	M	A	M	J	J	A	S	O	N	D
								S	O	N	

Schwefel-Ritterling
Tricholoma sulphureum

Hut 3–7 cm, Oberfläche glatt und matt, schwefelgelb bis rotbraun, bisweilen in der Mitte purpurflockig. Jung halbkugelig, dann gewölbt, schließlich abgeflacht. Rand scharf.
Lamellen Schwefelgelb. Breit, sehr entfernt stehend, ausgebuchtet angewachsen.
Stiel Schwefelgelb, mit feinen, purpurrötlichen Längsfasern. Zylindrisch, voll, mit weißem Basalfilz.
Fleisch Schwefelgelb, grünlich gelb, fest. Geruch widerlich, aufdringlich leuchtgasartig, Geschmack mild, aber unangenehm.
Sporen Sporenpulver weiß.
Speisewert Giftig.

Vorkommen Juli bis Oktober. Im Nadel- und Laubwald, weit verbreitet.
Wissenswertes Sehr ähnlich gefärbt ist der erst seit wenigen Jahren als giftig bekannte Gelbfleischige Grünling (*T. equestre*, s. S. 190), der aber angenehm mehlartig riecht. Der ebenfalls giftige leuchtgasartig riechende Purpurbraune Schwefel-Ritterling *(T. bufonium)* hat einen bräunlich gefärbten Hut, enger gestellte Lamellen und kommt in Berg-Nadelwäldern vor. Beide Arten der Schwefel-Ritterlinge haben einen aufdringlichen, leuchtgas-schwefligen Geruch, der sie von anderen Arten gut unterscheidet.

| J | F | M | A | M | J | J | A | S | O | N | D |

Seifen-Ritterling
Tricholoma saponaceum

Hut 4–8 cm, oliv, graubraun, graugrün, schwärzlich und selbst weiß. Jung halbkugelig, dann gewölbt, schließlich abgeflacht mit heruntergebogenem Rand, unregelmäßig gelappt. Rand heller, Mitte dunkler.
Lamellen Cremefarben bis grüngelblich, wachsig. Entfernt stehend, dicklich, am Stiel ausgebuchtet angewachsen.
Stiel Grundfarbe creme, Oberfläche längsfaserig graubraun geschuppt, Basis meist orangerötlich. Zylindrisch oder bauchig.
Fleisch Weißlich, bisweilen rötlich anlaufend. Geruch nach unparfümierter Seife, Geschmack mild bis bitterlich.
Sporen Sporenpulver weiß.
Speisewert Giftig.
Vorkommen September bis November. Im Nadel- und Laubwald, gesellig.
Wissenswertes Er ist farblich ein äußerst veränderlicher Pilz und täuscht dadurch manchen Sammler. Sein schwach rötendes Fleisch ist jedoch ein gutes, konstantes Erkennungsmerkmal. Der Geruch nach Kernseife ist alters- und witterungsbedingt und dadurch nicht immer deutlich wahrnehmbar. In größeren Mengen genossen erzeugt er Übelkeit und Erbrechen. Der rohe Pilz enthält blutzersetzende Stoffe.

| J | F | M | A | M | J | J | A | S | O | N | D |

Strohblasser Ritterling
Tricholoma album

Hut 4–10 cm, weiß, oft mit etwas gelbbräunlicher Mitte. Halbkugelig, dann gewölbt, schließlich ausgebreitet. Oberfläche trocken matt, feucht glänzend, Rand gerippt.
Lamellen Weißlich. Relativ gedrängt stehend, dünn, ausgebuchtet angewachsen.
Stiel Schneeweiß. Zylindrisch. dünn, Spitze bereift. Basis etwas verbogen.
Fleisch Blass cremefarben, fest. Geruch herb und unangenehm, Geschmack scharf.
Sporen Sporenpulver weiß.
Speisewert Kein Speisepilz.
Vorkommen September bis Oktober. Im Laubwald, bei Birken, gesellig.

Wissenswertes Dem Strohblassen Ritterling ähnlich ist der ebenfalls weiß gefärbte Seidige Ritterling *(T. columbetta)*. Dieser kommt auf kalkarmen Böden vor, hat mildes Fleisch und ist essbar. Der Lästige Ritterling *(T. inamoenum,* s. S. 200), der im Nadelwald vorkommt, und der Unverschämte Ritterling *(T. lascivum),* der bei Eichen und Buchen seine Fruchtkörper hervorbringt, sind auch weiß gefärbt, riechen jedoch unangenehm leuchtgasartig und sind giftig. Die Ritterlinge sind eine Gattung typischer Großpilze mit relativ fleischigen Fruchtkörpern und weißem Sporenpulver.

J	F	M	A	M	J	J	A	S	O	N	D

Tiger-Ritterling
Tricholoma pardalotum (T. pardinum)

Hut 4–12 cm, weißer Grund, mit grauen, silbergrauen, grauschwarzen, feinen Schuppen besetzt, oft mit lila Hauch. Kräftiger Habitus, jung halbkugelig, später gewölbt, dann ausgebreitet, oft unregelmäßig wellig verbogen. Rand lange eingerollt.
Lamellen Jung weißlich, dann cremefarben, auch olivlich. Breit, nicht besonders gedrängt stehend, stark ausgebuchtet angewachsen bis fast frei, Schneiden oft tränend.
Stiel Weißlich, bräunlich längsfaserig bis leicht schuppig, Spitze oft von wässerigen Tröpfchen besetzt. Basis meist etwas keulig und bisweilen rostfleckig.
Fleisch Weißlich. Geruch mehlartig, Geschmack mild.
Sporen Sporenpulver weiß.
Speisewert Giftig.
Vorkommen August bis Oktober. Im Nadel- und Laubwald, kalkliebend, nicht jedes Jahr häufig, tritt in Süddeutschland, in Tirol (Österreich) und in der Schweiz auf.
Wissenswertes Das Foto oben zeigt junge bis ausgebreitete Exemplare mit maus- bis schiefergrauen Hüten. Die Stielspitze des liegenden Pilzes ist mit glasigen Wassertröpfchen besetzt. Diese Tröpfchen sind nicht bei jeder Witterung zu sehen. Wenn sie vorhan-

| J | F | M | A | M | J | J | A | S | O | N | D |

den sind, bilden sie jedoch ein wichtiges Bestimmungsmerkmal. Auf der Abbildung oben sieht man im Vordergrund ein Exemplar mit Tröpfchen auf der Stielspitze und solchen auf dem linken Hutrand. Weiter kann man auf diesem Pilz sogar drei Tröpfchen auf dem Hut erkennen.

Der Tiger-Ritterling erzeugt lang anhaltende, heftige Darmstörungen und darf auf keinen Fall unterschätzt werden. Sogar vereinzelte Todesfälle sind schon bekannt geworden. Er ist der giftigste Vertreter der Ritterlinge *(Tricholoma)*. Folgende Pilze aus derselben Gattung können mit ihm verwechselt werden: der essbare Erd-Ritterling *(T. terreum,* s. S. 201) mit einer grauen und filzigen Hutoberfläche, typisch blass aschgrauen Lamellen und einem viel schmächtigeren Habitus, der essbare Schwarzschuppige Ritterling *(T. atrosquamosum,* s. S. 196) mit einem dunklen Hut, der Rosafüßige Ritterling *(T. basirubens)* mit einer rötlichen Stielbasis sowie der Schärfliche Ritterling *(T. sciodes)* mit im Alter schwarzflockigen Lamellenschneiden. Die soeben aufgezählten Arten haben alle keine gelblichen Lamellen und können hauptsächlich dadurch vom Tiger-Ritterling unterschieden werden.

Schwarzschuppiger Ritterling
Tricholoma atrosquamosum

Hut 4–8 cm, weißer bis gräulicher Grund, mit schwarzen, filzigen Schüppchen bedeckt. Jung halbkugelig, dann gewölbt, schließlich abgeflacht mit schwachem Buckel.
Lamellen Weißlich, oft mit schwarzpunktierten Schneiden. Gedrängt stehend, am Stiel ausgebuchtet angewachsen.
Stiel Weißlich, graublass, teilweise schwärzlich fein geschuppt. Zylindrisch, kräftig. Basis bisweilen etwas keulig.
Fleisch Weißlich bis blassgrau. Geruch aromatisch, Geschmack mehlartig.
Sporen Sporenpulver weiß.
Speisewert Essbar.

Vorkommen September bis November. Im Nadel- und Laubwald, vor allem bei Buchen auf kalkreichen Böden, eher selten, mit deutlich rückläufiger Tendenz.
Wissenswertes Sehr ähnlich ist der Tiger-Ritterling (*T. pardalotum*, s. S. 194), der giftigste unter den Ritterlingen. Er verursacht schwere Brechdurchfälle. Seine Hutschuppen sind jedoch größer und heller gefärbt. Seine Lamellen unterscheiden sich durch einen grünlichen Ton und tränen jung. Die Herkunft des deutschen Names „Ritterling" ist einer Legende zufolge die Bezeichnung von Pilzen, die den Rittersleuten vorbehalten waren.

| J | F | M | A | M | J | J | A | S | O | N | D |

Schwarzfasriger Ritterling
Rußkopf, *Tricholoma portentosum*

Hut 4–10 cm, Oberfläche durch schwarze Fasern radial gestreift, feucht schmierig bis klebrig, dunkel- bis hellgrau. Jung halbkugelig, dann gewölbt, schließlich ausgebreitet.
Lamellen Weiß, bald mit gelbgrünlichem Schein. Gedrängt und untermischt, am Stiel ausgebuchtet angewachsen.
Stiel Weiß, im Alter gelbgrünlich, faserig.
Fleisch Weiß bis graugelb, fest. Geruch und Geschmack mehlartig.
Sporen Sporenpulver weiß.
Speisewert Essbar.
Vorkommen September bis Dezember. Im Nadel- und Laubwald, auf Kalkböden.

Wissenswertes Er kommt manchmal am selben Standort vor wie der giftige Gelbfleischige Grünling (*Tricholoma equestre*, s. S. 190), bisweilen in Gemeinschaft von Espen, Fichten, Kiefern und Birken. Wegen seiner dunklen Erscheinung wird er auch als Rußkopf bezeichnet. Nach den ersten Frösten kommt er vielfach immer noch vor, deshalb wird er auch Schnee-Ritterling genannt. Das Sammeln ist wegen Verwechslungsgefahr mit giftigen Arten nur für Kenner zu empfehlen. Sämtliche Ritterlinge sind Mykorrhizapilze und gehen mit verschiedenen Bäumen eine Symbiose ein.

| J | F | M | A | M | J | J | A | S | O | N | D |

Orangeroter Ritterling
Tricholoma aurantium

Hut 4–10 cm, Oberfläche feinschuppig, lebhaft orangerot, orangebraun. Jung stumpfkegelig, später abgeflacht mit stumpfem Buckel, dickfleischig. Rand erst eingerollt und auf der Oberfläche bisweilen deutlich gekerbt.
Lamellen Jung weiß, später cremefarben, rostbraun fleckend. Gedrängt stehend, am Stiel ausgebuchtet angewachsen.
Stiel Weißlicher Grund, mit dichten, kleinen, orangeroten Schuppen genattert, Spitze jung mit orangefarbenen Tröpfchen besetzt. Zylindrisch, voll. Basis meist etwas gebogen.
Fleisch Weiß. Geruch mehlartig, Geschmack bitter.

Sporen Sporenpulver weiß.
Speisewert Kein Speisepilz, schonenswert.
Vorkommen August bis November. Im Nadel-, selten Laubwald, kalkliebend, eher selten.

Wissenswertes Durch seine prächtige, orangerote Färbung ist er einer der schönsten Ritterlinge *(Tricholoma)* überhaupt. Dieser eher seltene Pilz ist kaum mit einem anderen zu verwechseln. Sein deutlich mehlartiger Geruch ist sehr auffallend. Aufgrund seines bitteren Geschmacks eignet er sich nicht als Speisepilz. Er kommt vor allem bei der Fichte und auf kalkhaltigen Böden vor.

J	F	M	A	M	J	J	A	S	O	N	D
							A	S	O	N	

Bärtiger Ritterling
Wolliger Ritterling, *Tricholoma vaccinum*

Hut 3–7 cm, hell ockerfarbener Grund, mit braunen bis braunroten, stark faserigen Schuppen besetzt. Jung halbkugelig, später abgeflacht mit stumpfem Buckel. Rand filzig, faserig bis zottig.
Lamellen Jung weiß bis cremefarben, dann braunrot fleckend, zuletzt gänzlich bräunlich, untermischt. Ausgebuchtet angewachsen und mit Zahn herablaufend.
Stiel Blassrotbraun, Spitze weißlich. Zylindrisch, hohl, faserig. Basis etwas verdickt.
Fleisch Weiß, stellenweise rötlich. Geruch erdig, Geschmack bitter.
Sporen Sporenpulver weiß.

Speisewert Kein Speisepilz.
Vorkommen Juli bis Oktober. Im Nadelwald, meist unter Fichten, häufig.
Wissenswertes Durch seine stark faserige bis bärtige Hutoberfläche ist der Bärtige Ritterling gut von anderen Ritterlingen *(Tricholoma)* abgrenzbar. Ausnahmsweise kann man ihm schon im Juli als einem der ersten Ritterlinge im Jahr begegnen. Wegen seines bitteren Geschmacks ist er als Speisepilz ungeeignet. Die Gattung der Ritterlinge umfasst essbare wie stark giftige, insgesamt über 65 Arten. Man findet unter ihnen nur Mykorrhizapilze. Ritterlinge sind typische Herbstpilze.

J	F	M	A	M	J	J	A	S	O	N	D

Lästiger Ritterling
Tricholoma inamoenum

Hut 4–6 cm, Oberfläche glatt und matt, weißlich, ockerlich oder blass lederfarben Jung halbkugelig, dann gewölbt, schließlich ausgebreitet mit schwach gebuckelter Mitte. Rand scharf.
Lamellen Weißlich, mit blassgelblichen Tönen. Auffallend breit und entfernt stehend, untermischt, am Stiel ausgebuchtet.
Stiel Weißlich bis gelblich, Spitze weiß, Basis oft schmutzig braun und bisweilen wurzelnd. Selten zylindrisch, oft bauchig und spindelig.
Fleisch Weißlich. Geruch unangenehm, aufdringlich leuchtgasartig, Geschmack eher mild, an Kohl erinnernd.

Sporen Sporenpulver weiß.
Speisewert Giftig.
Vorkommen September bis Oktober. Im Berg-Nadelwald, besonders bei Fichten, auf kalkhaltigen Böden.
Wissenswertes Der Lästige Ritterling kommt in Nadelwäldern der Gebirge vor, wo er in vielzähligen Gruppen oder sogar büschelig wachsen kann. Fast denselben unangenehmen Geruch, jedoch etwas dezenter hat der sehr ähnliche, fast gleich gefärbte, jedoch schmächtigere Unverschämte Ritterling *(T. lascivum)*. Diese giftige Art kommt aber im Laubwald bei Eichen und Buchen vor.

| J | F | M | A | M | J | J | A | S | O | N | D |

Gemeiner Erd-Ritterling
Tricholoma terreum

Hut 3–8 cm, Oberfläche matt, feinfilzig, hell bis dunkel mausgrau. Jung gewölbt, dann ausgebreitet, oft mit stumpfem Buckel, sehr dünnfleischig. Rand scharf und stets etwas heruntergebogen.
Lamellen Anfangs weiß, dann typisch blass aschgrau. Ausgebuchtet angewachsen und mit Zahn herablaufend.
Stiel Weiß bis grauweiß. Zylindrisch, jung voll, später hohl, glatt, Basis etwas keulig.
Fleisch Weiß, brüchig. Fast geruchlos, Geschmack mild.
Sporen Sporenpulver weiß.
Speisewert Essbar.

Vorkommen August bis November. Im Nadelwald, besonders bei Kiefern, auf kalkhaltigen Böden.
Wissenswertes Man hüte sich vor Verwechslungen mit dem Tiger-Ritterling (*T. pardalotum*, s. S. 194). Dieser Giftpilz hat im Gegensatz zum Erd-Ritterling einen kräftigeren Habitus, seine Hutschuppen sind größer und seine Lamellen haben einen grünlich gelben Ton. Im Weiteren sind dessen Lamellenschneiden oft tränend und die Stielspitze ist mit wässerigen Tröpfchen besetzt. Dem Erd-Ritterling ähnlich ist der ebenfalls giftige Brennende Ritterling *(T. virgatum)* mit buckligem Hut.

| J | F | M | A | M | J | J | A | S | O | N | D |

Weißer Rasling
Lyophyllum connatum

Hut 3–6 cm, weiß, feucht mit blassgrauem Ton. Jung gewölbt, dann ausgebreitet, oft unregelmäßig verbogen, flatterig, bisweilen schwach trichterig, matt bis seidig glänzend. Rand lange eingebogen.

Lamellen Jung weiß, später deutlich cremefarben. Sehr gedrängt stehend, am Stiel etwas herablaufend.

Stiel Weiß bis blassgrau, Spitze weiß bereift. Zylindrisch bis etwas aufgeblasen, verbogen, jung voll, später hohl. Meistens sind mehrere Stiele an der Basis miteinander verwachsen.

Fleisch Weiß, etwas glasig. Geruch parfümiert, Geschmack mild.

Sporen Sporenpulver weiß.

Speisewert Giftig.

Vorkommen August bis Oktober. Im Nadel- und Laubwald, an grasigen Waldwegrändern, büschelig wachsend und häufig.

Wissenswertes Er galt früher als essbar. Inzwischen ist ein mutagen (das Erbgut schädigender) wirkender Stoff (Lyophyllin) bei Tierversuchen entdeckt worden, der durch Erhitzen nicht zerstört wird. Sehr ähnlich sieht der äußerst giftige Streuliebende Trichterling (*Clitocybe phyllophila*, s. S. 182) aus, der aber nicht so markant riecht und nicht büschelig auftritt.

| J | F | M | A | M | J | J | A | S | O | N | D |

Büscheliger Rasling
Lyophyllum decastes

Hut 3–10 cm, Oberfläche glatt, olivbraun bis kastanienbraun. Halbkugelig, dann gewölbt, schließlich ausgebreitet, stumpf gebuckelt bis etwas niedergedrückt, biegsam. Rand jung eingebogen.
Lamellen Weiß, später grauweißlich. Gedrängt stehend, zäh, am Stiel breit bis etwas ausgebuchtet angewachsen, bisweilen mit Zahn herablaufend.
Stiel Weißlich bis hellbräunlich. Zylindrisch, meist verbogen, auch verdreht und bisweilen aufgeblasen, auffallend elastisch, Stiele oft an der Basis miteinander verwachsen.
Fleisch Weiß, knorpelig, elastisch. Geruch unbedeutend, Geschmack mild bis bitterlich.
Sporen Sporenpulver weiß.
Speisewert Essbar, guter Speisepilz.
Vorkommen August bis Oktober. Meist bei Laubbäumen, in Wäldern, entlang von Wegen, häufig, büschelig.
Wissenswertes Ähnliche Raslinge *(Lyophyllum)* mit bräunlichen Hüten und elastischem Fleisch werden teils als Varietäten von dieser Art beschrieben. Diese unterscheiden sich lediglich durch Habitus, Hutfarbe und Konsistenz. Mikroskopisch können keine wesentlichen Unterschiede festgestellt werden. Alle diese Varianten sind essbar.

J	F	M	A	M	J	J	A	S	O	N	D

Frühlings-Weichritterling
Melanoleuca cognata

Hut 4–10 cm, sattocker bis gelblich ocker, feucht dunkler, bräunlich, Mitte dunkler. Gewölbt, dann ausgebreitet mit deutlich stumpfem Buckel.
Lamellen Weißlich. Gedrängt stehend, ausgebuchtet angewachsen und mit Zahn herablaufend.
Stiel Hutfarben. Zylindrisch, fest, später weich, voll, Oberfläche längsfaserig. Basis oft verdickt und weißfilzig.
Fleisch Gelblich, weich, schwammig. Geruch mehlig, Geschmack süßlich.
Sporen Sporenpulver weiß.
Speisewert Essbar.

Vorkommen Hauptsächlich April bis Juli, aber auch September bis Oktober. Gerne in Nadelwäldern auf Reisighaufen, an Wegrändern und auf Waldwiesen.
Wissenswertes Dieser Pilz erscheint meist zur „Morchel-Zeit" und gerne entlang von Wegrändern und grasigen Plätzen im Fichtenwald. Erkennt man die Gattung, so ist eine Verwechslung mit giftigen Pilzen kaum wahrscheinlich. Die meisten Weichritterlinge *(Melanoleuca)* sind allerdings typische Herbstpilze und kommen von September bis Oktober vor. Die Gattung umfasst etwa 35 Arten, die oft schwer bestimmbar sind.

| J | F | M | A | M | J | J | A | S | O | N | D |

Horngrauer Rübling
Collybia butyracea var. *asema*

Hut 2–5 cm, Oberfläche glatt, fettig und glänzend, horngrau, ockerbraun, ausblassend, mit dunklerer Mitte. Jung gewölbt, bald ausgebreitet und flach, Mitte stets stumpf gebuckelt, dünnfleischig. Rand scharf und fein durchscheinend gerieft.
Lamellen Reinweiß. Gedrängt stehend, ausgebuchtet angewachsen, Schneiden gekerbt.
Stiel Rotbraun. Zylindrisch, röhrig, glatt, an der Basis aufgeblasen und weißfilzig.
Fleisch Weißlich, wässerig. Geruch angenehm obstartig, Geschmack mild.
Sporen Sporenpulver weiß.
Speisewert Essbar, als Mischpilz.

Vorkommen Juli bis Dezember. Im Nadel- und Laubwald, sehr häufig.
Wissenswertes Man findet ihn gesellig auf Laub- oder Nadelstreu. Mit seinen helleren, grauen, ausblassenden Hutfarben gilt er als Varietät und ist trotzdem häufiger als seine Hauptform. Als Hauptform bezeichnet man den Kastanienroten Rübling oder Butter-Rübling *(C. butyracea)*. Dieser hat jedoch durchwegs kastanienrote Farbtöne im Hut und ist oft etwas kräftiger gebaut. Charakteristisch für beide essbaren Pilze ist die fettige Hutoberfläche, auf die sich der Name Butter-Rübling bezieht.

| J | F | M | A | M | J | J | A | S | O | N | D |

Gefleckter Rübling
Collybia maculata

Hut 4–10 cm, Oberfläche matt und glatt, reinweißer Grund, unregelmäßig rostbraun gefleckt. Jung halbkugelig, dann gewölbt, erst im Alter flach und flatterig.
Lamellen Weiß, später rotbraun fleckend. Sehr gedrängt stehend, gerade bis ausgebuchtet angewachsen, Schneiden schwach gekerbt.
Stiel Weiß mit rostbraunen Flecken. Zylindrisch, bisweilen drehwüchsig, kräftig, zähfleischig, bald hohl, längsfaserig bis rillig.
Fleisch Weiß, fest, zäh. Geruch holzartig, Geschmack bitter.
Sporen Sporenpulver cremefarben bis blassrosa.

Speisewert Kein Speisepilz.
Vorkommen Juli bis November. Im Nadel- und Laubwald, auf moderndem, vergrabenem Holz, gesellig und oft in Ringen wachsend.
Wissenswertes Aus der Gattung der Rüblinge sind etwa 40 Arten bekannt. Sie zeichnen sich durch die knorpelige oder elastische Konsistenz der Fruchtkörper und die längsfaserigen Stiele aus. Man erkennt den Gefleckten Rübling gut am weißen Hut und Stiel, die bald rostig flecken. Zieht man seinen bitteren Geschmack noch zur Bestimmung heran, so ist eine Verwechslung mit ähnlichen Pilzen ausgeschlossen.

| J | F | M | A | M | J | **J** | **A** | **S** | **O** | N | D |

Brennender Rübling
Collybia peronata

Hut 3–6 cm, kastanienrötlich, rotbraun, mit gelblichem bis ockerlichem Ton. Gewölbt, dann flach mit kleinem Buckel, bisweilen auch niedergedrückt. Rand lange heruntergebogen und bisweilen schwach gekerbt.
Lamellen Schmutzig gelb bis ockergelblich. Breit, entfernt stehend, oft queraderig verbunden, gerade bis ausgebuchtet angewachsen.
Stiel Gelbbräunlich. Zylindrisch, schlank, besonders an der Basis weiß- bis gelbfilzig, haarig.
Fleisch Weißlich, zäh. Geruch angenehm, Geschmack zuerst mild, dann scharf.
Sporen Sporenpulver cremefarben.

Speisewert Giftig.
Vorkommen Juli bis November. Im Nadel- und Laubwald, auf Blättern und Nadeln, oft massenhaft.
Wissenswertes Sein charakteristisch brennend scharfer Geschmack und sein filziger Stiel geben ihn zu erkennen. Ältere Exemplare hingegen trocknen typischerweise völlig aus. Das macht das Erkennen dieses Pilzes dann etwas schwieriger, doch der scharfe Geschmack bleibt erhalten. Rüblinge *(Collybia)* erkennt man im Allgemeinen an ihren längsfaserigen, oft verdrehten Stielen und den ausgebuchtet angewachsenen Lamellen.

J	F	M	A	M	J	J	A	S	O	N	D

Knopfstieliger Rübling
Collybia confluens

Hut 2–4 cm, fleischbräunlich, lederfarben, ausblassend, dann fast weißlich. Jung glockenförmig, dann abgeflacht mit stumpfem, undeutlichem Buckel, dünnfleischig, häutig, alt flatterig. Rand im Alter bisweilen eingerissen.
Lamellen Weiß, dann blass cremegelb. Gedrängt stehend, bisweilen queraderig verbunden, ausgebuchtet angewachsen.
Stiel Jung weißlich, später auch bräunlich. Zylindrisch, schlank, röhrig, glatt bis längsrillig, bisweilen verdreht, zäh und knorpelig.
Fleisch Weißlich, zäh. Geruch angenehm, Geschmack mild.
Sporen Sporenpulver weiß.
Speisewert Kein Speisepilz.
Vorkommen Juni bis Oktober. Im Nadel- und Laubwald, auf Blättern oder Nadelstreu, häufig.
Wissenswertes Er wächst sehr büschelig. Nicht selten bilden sich dabei Reihen oder sogar ganze, geschlossene Ringe. Der Hut sitzt auf einem sehr dünnen, dennoch stabilen, äußerst biegsamen Stielchen. Entfernt man bei einem ausgewachsenen Exemplar den Hut vom Stiel, so bleibt eine knopfartige Stielspitze zurück (Name!). Sein Speisewert ist umstritten, empfohlen werden kann er jedoch nicht.

J	F	M	A	M	J	J	A	S	O	N	D
					J	J					

Breitblättriger Rübling
Megacollybia platyphylla (Oudemansiella platyphylla)

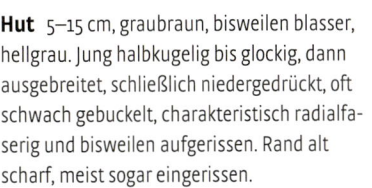

Hut 5–15 cm, graubraun, bisweilen blasser, hellgrau. Jung halbkugelig bis glockig, dann ausgebreitet, schließlich niedergedrückt, oft schwach gebuckelt, charakteristisch radialfaserig und bisweilen aufgerissen. Rand alt scharf, meist sogar eingerissen.
Lamellen Jung weiß, dann cremefarben. Auffallend breit, entfernt stehend, ausgebuchtet angewachsen, Schneiden gekerbt.
Stiel Weiß bis gräulich. Sehr formenreich: zylindrisch, keulig, bauchig, kurz oder lang, bisweilen verdreht; längsrillig. Basis mit langen, weißen Mycelsträngen.
Fleisch Weißlich, im Stiel faserig. Geruch erdig, moderig, Geschmack mild bis bitter.
Sporen Sporenpulver weiß.
Speisewert Kein Speisepilz.
Vorkommen Mai bis Oktober. Im Nadel- und Laubwald, an morschen Strünken und vergrabenem Holz, häufig.
Wissenswertes Der Breitblättrige Rübling kann bitter schmecken, ist aber nicht giftig. In Anbetracht dessen, dass es viel wertvollere Speisepilze gibt, kann man diesen Pilz getrost stehen lassen. Er ähnelt dem Rehbraunen Dachpilz (*Pluteus cervinus*, s. S. 224) und verschiedenen Rötlingen *(Entoloma)*. Diese aber haben rosa getönte Lamellen.

| J | F | M | A | M | J | J | A | S | O | N | D |

Grubiger Wurzelrübling
Xerula radicata (Oudemansiella radicata)

Hut 3–8 cm, Oberfläche feucht schleimig und glänzend, trocken matt, charakteristisch runzelig, grubig, ockerbraun, hellbraun, bisweilen ausblassend. Jung glockig bis kegeligglockig, dann gewölbt, schließlich abgeflacht, bisweilen mit ausgeprägtem Buckel, dünnfleischig, häutig.
Lamellen Weiß. Entfernt stehend, dicklich, gerade bis ausgebuchtet angewachsen.
Stiel Spitze weiß, darunter zunehmend bräunlich. Oft drehwüchsig, voll, zäh, längsfaserig. Basis mit weißer, spindeliger Wurzel.
Fleisch Weiß. Geruch unbedeutend, Geschmack mild bis bitter.

Sporen Sporenpulver weiß.
Speisewert Essbar, nicht empfehlenswert.
Vorkommen Juli bis Oktober. Im Laubwald, an morschen Strünken und vergrabenem Holz, gerne bei Buchen, einzeln.
Wissenswertes Nicht immer gelingt es, diesen Pilz mit unversehrter Wurzel aus den modrigen Strünken zu ziehen, denn seine Wurzel ist besonders lang und oft stark eingekeilt. Außer dem wurzelnden Stiel trägt auch der schleimige, grubige Hut zur Erkennung dieser Art bei. Seltener findet man mehrere Exemplare zusammen, meist erscheint dieser Rübling als einzelnes Exemplar.

J	F	M	A	M	J	J	A	S	O	N	D

Fichten-Zapfenrübling
Strobilurus esculentus

Hut Bis zu 2,5 cm, ockerbraun bis rötlich braun, aber auch mit grauen Tönen. Jung gewölbt, dann abgeflacht, meist mit schwachem Buckel. Rand feucht oft durchscheinend gerieft.
Lamellen Weiß. Gedrängt stehend, breit, dünn, am Stiel angeheftet bis fast frei.
Stiel Ockerlich, hellocker, gelbbraun. Zylindrisch, schlank, elastisch, hohl, glatt. Basis filzig.
Fleisch Weiß, weich. Geruch schwach würzig, Geschmack mild.
Sporen Sporenpulver weiß.
Speisewert Essbar.
Vorkommen Dezember bis April. Auf vergrabenen, seltener auf freiliegenden Fichtenzapfen, aber nie auf Kiefernzapfen, häufig.
Wissenswertes Den Fichten-Zapfenrübling kann man als einen der ersten Pilze im Frühjahr schon nach der Schneeschmelze entdecken. Nur die Hüte sind für ein Pilzgericht geeignet. Wegen ihrer geringen Größe ist das Sammeln jedoch ein aufwendiges Unterfangen. Ähnlich ist der ebenfalls im Frühjahr vorkommende, essbare Milde Kiefern-Zapfenrübling *(S. stephanocystis)*, der ausnahmsweise auch auf Fichtenzapfen vorkommen kann. Weiter wird der Bittere Kiefern-Zapfenrübling *(S. tenacellus)* unterschieden.

J	F	M	A	M	J	J	A	S	O	N	D
											D

Samtfußrübling
Winterrübling, *Flammulina velutipes*

Hut 3–5 cm, Oberfläche glatt, schmierig, honigfarben, orangegelb, rotgelblich. Jung gewölbt, dann abgeflacht, alt flatterig. Rand heller und deutlich durchscheinend gerieft.
Lamellen Weiß, ockerlich, alt lachsfarben. Auffallend bauchig und entfernt stehend, gerade bis fast ausgebuchtet angewachsen.
Stiel Spitze gelblich, gegen die Basis zunehmend dunkler braun bis schwärzlich. Zylindrisch, Spitze oft etwas erweitert, voll, alt hohl, Oberfläche gänzlich feinsamtig.
Fleisch Cremefarben. Geruch angenehm, Geschmack mild.
Sporen Sporenpulver weiß.

Speisewert Essbar.
Vorkommen Oktober bis April. An totem Laubholz von Eschen, Weiden, Erlen und Buchen, oft büschelig.
Wissenswertes In der japanischen Küche besitzt der Samtfußrübling eine besondere Rolle, ist er doch dort nach dem Shii-Take der meistangebaute Speisepilz. In Japan nennt man ihn *Enokitake*. Dort werden jährlich etwa 100 000 Tonnen dieses Pilzes produziert. Somit steht der Samtfußrübling weltweit an sechster Stelle in der Rangfolge der meistangebauten Speisepilze. Er ist einer der wenigen essbaren Pilze, die im Winter vorkommen.

J	F	M	A	M	J	J	A	S	O	N	D

Nelken-Schwindling
Marasmius oreades

Hut 2–5 cm, Oberfläche glatt, feucht orangeocker bis rotbräunlich, trocken cremefarben bis hell lederfarben, hygrophan. Jung halbkugelig bis glockig, dann flach, oft stumpf gebuckelt, dünnfleischig. Rand auf der Oberfläche gekerbt.
Lamellen Schmutzig weißlich bis cremefarben. Entfernt stehend, auffallend breit, ausgebuchtet angewachsen, Schneiden glatt.
Stiel Cremefarben bis lederfarben. Zylindrisch, elastisch, voll, zäh.
Fleisch Weißlich. Geruch angenehm aromatisch, Geschmack mild.
Sporen Sporenpulver weiß.

Speisewert Essbar, nur Hüte verwenden.
Vorkommen Mai bis November. Auf Wiesen und Weiden, in Gärten, im Rasen, oft in Ringen.
Wissenswertes Man hüte sich vor Verwechslungen mit giftigen weißen Trichterlingen *(Clitocybe)* oder weißen Risspilzen *(Inocybe)*. Das Mycel des Nelken-Schwindlings breitet sich in Form eines Kreises aus, in dem die Pilze dann ringförmig angeordnet sind. Jedes Jahr wird die Fläche und somit der Kreis größer. Im Wachstumsbereich der Pilze setzt das Mycel Stickstoff frei, der das Gras im Ringbereich düngt und es dort auffallend dicht, saftig und dunkelgrün erscheinen lässt.

| J | F | M | A | M | J | J | A | S | O | N | D |

Gurkenschnitzling
Macrocystidia cucumis

Hut 2–6 cm, Oberfläche samtig, dunkelbraun, aber auch rotbraun, Rand ausgeblasst gelblich bis rosa-fleischfarben. Jung kegelig bis glockig, dann abgeflacht und schwach gebuckelt. Rand durchscheinend gerieft.
Lamellen Jung weißlich, dann lachsfarben. Mäßig gedrängt stehend, etwas bauchig, ausgebuchtet angewachsen.
Stiel Dunkel rotbraun bis schwarzbraun, Spitze heller, auf der ganzen Länge fein weiß bereift. Zylindrisch, schlank, oft hohl, samtig. Basis etwas knorpelig.
Fleisch Dunkelbraun. Geruch erst angenehm gurkenartig, bei Verletzung unangenehm und aufdringlich gurken- bis heringsartig, Geschmack mild.
Sporen Sporenpulver blassocker.
Speisewert Kein Speisepilz.
Vorkommen Juli bis Oktober. Im Nadel- und Laubwald, an Wegrändern, auf Holzlagerplätzen, bei Gräsern und Kräutern, feuchtigkeitsliebend, nicht besonders häufig.
Wissenswertes Man erkennt ihn leicht wegen seines intensiven, gurkenartigen Geruchs. Bei feuchtem Herbstwetter kommt er oft an Wegrändern und Holzplätzen in kleineren bis größeren Ansammlungen vor. In Mitteleuropa ist er die einzige Art seiner Gattung.

Gemeiner Rettich-Helmling
Mycena pura

Hut 2–5 cm, Oberfläche glatt, feucht glänzend, trocken matt, blasslila, violett, bis weißlich. Jung glockig, dann flach mit schwachem Buckel, im Alter verbogen. Rand bis zu einem Drittel des Hutes durchscheinend gerieft.
Lamellen Weißlich, grauweiß. Breit, queraderig verbunden, mäßig entfernt stehend, am Stiel ausgebuchtet angewachsen.
Stiel Grauviolett, weißlich. Zylindrisch, schlank, hohl, auffallend gebrechlich, Oberfläche glatt.
Fleisch Graulila, wässerig. Geruch und Geschmack charakteristisch rettichartig.
Sporen Sporenpulver weiß.

Speisewert Giftig.
Vorkommen Juli bis Oktober. Im Nadel- und Laubwald, auf Nadel- und Laubstreu, häufig.
Wissenswertes Aus dieser artenreichen Gattung sind insgesamt weit über 300 Arten bekannt. Rettich-Helmlinge enthalten das Nervengift Muscarin. In alten Büchern wurden sie fälschlicherweise als essbar geführt. Der Gemeine Rettich-Helmling ist hauptsächlich farblich, aber auch in seiner Erscheinungsform sehr variabel. Aus diesem Grund sind verschiedene Varietäten und Formen beschrieben worden. Allen gemeinsam ist aber der ausgeprägte, charakteristische Rettichgeruch.

J	F	M	A	M	J	J	A	S	O	N	D

Rosa Rettich-Helmling
Mycena rosea

Hut 2–7 cm, Oberfläche glatt, feucht glänzend, trocken matt, rosafarben, rosarot. Jung glockig, dann flach mit schwachem Buckel, im Alter verbogen. Rand bis zu einem Drittel des Hutes durchscheinend gerieft.
Lamellen Weißlich, bald mit rosa Ton. Breit, queraderig verbunden, mäßig entfernt stehend, am Stiel ausgebuchtet angewachsen.
Stiel Weiß, blassrosa. Zylindrisch, schlank, hohl, auffallend gebrechlich, Oberfläche glatt.
Fleisch Weißlich, wässerig. Geruch und Geschmack charakteristisch rettichartig.
Sporen Sporenpulver weiß.
Speisewert Giftig.

Vorkommen Juli bis Oktober. Im Misch- und Laubwald, auf Kalkböden, wärmeliebend, häufig.
Wissenswertes Unter den verschiedenen Rettich-Helmlingen mit rettichartigem Geruch weist der Rosa Rettich-Helmling den höchsten Gehalt an giftigem Muscarin auf. Ein ebenfalls rosafarbener Helmling ist der Rosaschneidige Helmling *(Mycena rosella)*, der im Spätherbst im Fichtenwald den Boden mit seinen Pilzhüten teppichartig überziehen kann. Er unterscheidet sich aber deutlich durch seine geringe Größe, Hüte von nur 0,5–1,5 cm Durchmesser und ist ohne bedeutenden Geruch.

| J | F | M | A | M | J | J | A | S | O | N | D |

Gelbstieliger Nitrat-Helmling
Mycena renati

Hut 1–2 cm, rosabräunlich bis cremefarben, ausblassend. Erst glockig, dann kegelförmig aufschirmend, Oberfläche radialfaserig, matt, mit␣gerieftem Rand.
Lamellen Jung weiß, im Alter oft rosa getönt. Ausgebuchtet angewachsen und mit Zahn herablaufend.
Stiel Schmutziggelb bis orangegelb. Zylindrisch, schlank, röhrig, brüchig. Oberfläche glatt. Basis weißfilzig.
Fleisch Weißlich. Geruch im frischen Zustand aufdringlich chlorartig-nitrös, später rettichartig, Geschmack eher mild.
Sporen Sporenpulver weiß.

Speisewert Kein Speisepilz.
Vorkommen April bis Juli. Büschelig an Holz von Laubbäumen, hauptsächlich Buchen.
Wissenswertes Die ersten Fruchtkörper dieses Pilzes erscheinen im Frühling zur „Morchel-Zeit". Man erkennt ihn am gelben Stiel und aufdringlich chlorartig-nitrösen Geruch. Andere ähnliche Helmlinge *(Mycena)* kommen erst im Herbst vor. In dieser Gattung, die mehr als 100 Arten umfasst, gibt es keine Speisepilze. Es sind meist kleine, zarte Pilzchen mit glockigem Hut und dünnen Stielen. Einige wenige milchen bei Verletzung weiß, rot oder orange.

J	F	M	A	M	J	J	A	S	O	N	D

Großer Mehl-Räsling
Clitopilus prunulus

Hut 3–12 cm, Oberfläche glatt, matt, weiß, blass cremefarben. Jung gewölbt mit stark eingerolltem Rand, dann trichterförmig. Rand unregelmäßig, flatterig.
Lamellen Weiß bis creme, später rosa. Gedrängt stehend, am Stiel herablaufend.
Stiel Weiß. Zylindrisch, nicht selten exzentrisch. Basis oft keulig, aber auch verjüngt, immer weißfilzig.
Fleisch Weiß, weich und brüchig. Geruch und Geschmack mehlig.
Sporen Sporenpulver rosa.
Speisewert Essbar.
Vorkommen Juli bis Oktober. Im Nadel- und Laubwald, auf Waldwiesen, in Parks, unter Laubbäumen.
Wissenswertes Die Lamellen diese Pilzes sind lange weißlich und erst später rosa getönt. Dies kann zu Verwechslungen mit giftigen weißen Trichterlingen *(Clitocybe)* führen. Ähnlich ist z. B. der giftige Streuliebende Trichterling *(Clitocybe phyllophila*, s. S. 182). Kennzeichnend für den Großen Mehl-Räsling ist jedoch immer das eher brüchige, niemals elastische Fleisch. Zudem lassen sich die Lamellen durch starken Druck mit dem Fingernagel gänzlich vom Hutfleisch trennen. Dabei entsteht eine glatte Fläche ohne Zähne von Lamellenresten.

J	F	M	A	M	J	J	A	S	O	N	D

Shii-Take
Lentinula edodes

Hut 5–10 cm, rotbraun bis milchschokoladebraun, bisweilen mit gräulichen Tönen, besonders am Rand mit weißen Schuppen überzogen. Jung fast kugelig, bald aber gewölbt und abgeflacht. Rand lange eingerollt.
Lamellen Weiß, untermischt. Gedrängt stehend, breit, gerade bis ausgebuchtet angewachsen.
Stiel Weiß bis hellbraun, mit weißlichen Schuppen, im Alter bräunend. Oft gekniet, bisweilen exzentrisch, voll und zäh bis elastisch.
Fleisch Weißlich, elastisch und weich, im Stiel zäh, alt holzig und zäh. Geruch stark aromatisch lauchartig, Geschmack mild.

Sporen Sporenpulver weiß.
Speisewert Essbar, guter Speisepilz.
Vorkommen Ganzjährig. Nicht heimisch, als Zuchtpilz auf verschiedenen Laubholzarten.
Wissenswertes Der Shii-Take ist einer der ältesten Zuchtpilze der Welt. Er ist in China und Japan beheimatet, kommt dort oft noch wildwachsend vor und wird als Nahrungsmittel und Medizin sehr geschätzt. Bei uns kann er auf Holz kultiviert werden. Entsprechende Pilzbruten werden im Handel angeboten. Frische Shii-Take bewirken eine Senkung des Cholesterinspiegels im Blut.

J	F	M	A	M	J	J	A	S	O	N	D

Harziger Sägeblättling
Lentinus adhaerens

Hut 5–10 cm, Oberfläche klebrig, filzig, hellbeige bis ockerbräunlich. Gewölbt, alt ausgebreitet und flatterig, verbogen.
Lamellen Weißlich bis cremefarben, untermischt. Herablaufend, Schneiden gekerbt, gesägt, im Alter bräunend.
Stiel Ockerbräunlich. Zentral bis exzentrisch, elastisch und zäh. Oberfläche feinfilzig, kleiig, klebrig.
Fleisch Beige, zäh. Geruch angenehm, Geschmack nach längerem Kauen bitter und kratzend.
Sporen Sporenpulver hell cremefarben.
Speisewert Kein Speisepilz.

Vorkommen November bis März. An totem, moderigem Nadelholz, hauptsächlich von Fichten und Tannen, gesellig bis büschelig.
Wissenswertes Durch die klebrige, harzige Hutoberfläche und die gesägten Lamellenschneiden kann man den auf totem Nadelholz wachsenden Harzigen Sägeblättling gut erkennen. Er ist zusammen mit dem Samtfußrübling (*Flammulina velutipes*, s. S. 212) einer der wenigen Blätterpilze in unserer Gegend, die im Winterhalbjahr vorkommen und große Kälte überstehen können. Durch sein Vorkommen in der Winterzeit und seine unauffällige Erscheinung wird er oft übersehen.

J	F	M	A	M	J	J	A	S	O	N	D

Alkalischer Rötling
Entoloma rhodopolium f. nidorosum

Hut 3–6 cm, nass graubraun, trocken ausblassend. Jung gewölbt, dann abgeflacht, schließlich auch niedergedrückt. Oberfläche glatt und vom Rand her bis zu zwei Drittel gegen die Mitte durchscheinend gerieft. Rand im Alter oft verbogen und eingerissen.
Lamellen Weißlich, durch die reifen Sporen rosa. Etwas entfernt stehend, am Stiel ausgebuchtet angewachsen bis herablaufend.
Stiel Weißlich, etwas grau, an der Spitze deutlich weißlich gerieft. Zylindrisch, voll, alt hohl, längsfaserig.
Fleisch Weißlich, zerbrechlich. Geruch stark alkalisch, Geschmack unangenehm.
Sporen Sporenpulver rosa.
Speisewert Giftig.
Vorkommen August bis Oktober. Im Laubwald, gerne bei Espen, Haselnusssträuchern und Hainbuchen, häufig.
Wissenswertes Er zeichnet sich durch den Geruch und die reif rosa getönten Lamellen aus. Sehr ähnlich, aber ohne charakteristischen Geruch ist der ebenfalls bei Laubbäumen vorkommende, giftige Niedergedrückte Rötling *(E. rhodopolium)*. Da viele Arten der Gattung äußerst schwierig auseinanderzuhalten sind, ist dringend vom Genuss aller Rötlinge abzuraten, obwohl wenige essbar wären.

J	F	M	A	M	J	J	A	S	O	N	D
							A	S	O		

Riesen-Rötling
Entoloma sinuatum

Hut 6–15 cm, farblich variabel: schmutzig weißlich, hellocker, blassfuchsig, graubräunlich. Mit feinen, eingewachsenen, radialen, grauockerlichen Fasern bedeckt. Jung halbkugelig, dann gewölbt, schließlich flach mit schwach niedergedrückter Mitte, fleischig. Rand lange eingebogen, später wellig.
Lamellen Gelblich, dann fleischrosa. Mäßig gedrängt stehend, bauchig, ausgebuchtet angewachsen bis fast frei.
Stiel Weißlich bis gelblich. Oft dickbauchig oder keulig, kräftig, fest, voll.
Fleisch Weiß. Geruch mehlartig, drogenartig, Geschmack mild.
Sporen Sporenpulver schmutzigrosa.
Speisewert Giftig.
Vorkommen Juni bis September. Bei Laubbäumen, auf kalkhaltigen oder lehmigen Böden, an trockenen, warmen Standorten.
Wissenswertes Unter den Rötlingen ist er als Giftpilz besonders gefürchtet. Der fleischige Pilz kann bei flüchtiger Betrachtung mit der an denselben Standorten vorkommenden, essbaren Nebelkappe (*Clitocybe nebularis*, s. S. 184) verwechselt werden. Die Nebelkappe hat cremefarbene Lamellen, während der Riesen-Rötling erst gelbe, dann bei Sporenreife rosa Lamellen aufweist.

| J | F | M | A | M | J | J | A | S | O | N | D |

Stahlblauer Rötling
Entoloma nitidum

Hut 2–5 cm, dunkelblau, blauviolett, längsfaserig; ausblassend kommen die weißlichen Fasern erst richtig zur Geltung, die ihm meist durch ihr Schimmern eine stahlblaue Färbung verleihen. Jung glockig, dann gewölbt, mit stumpfem Buckel, dünnfleischig.
Lamellen Weißlich, durch die reifen Sporen fleischfarben bis rosa gefärbt. Etwas entfernt stehend, bauchig bis breit, am Stiel fast frei.
Stiel Hutfarben, gegen die Basis weißlich. Zylindrisch, mit verjüngter Spitze, hohl bis wattig ausgestopft, längsfaserig, gebrechlich.
Fleisch Weiß, im Stiel faserig. Geruch leicht unangenehm, Geschmack mild.

Sporen Sporenpulver rosa.
Speisewert Kein Speisepilz.
Vorkommen August bis Oktober. Im moosigen Nadelwald, hauptsächlich bei Fichten.
Wissenswertes Durch seine stahlblaue Farbe ist er ein attraktiver, unverwechselbarer Pilz. Der essbare Violette Lacktrichterling (*Laccaria amethystea*, s. S. 177) ist in Hut, Stiel und Lamellen violett. Rötlinge sind oft sehr schwer voneinander zu unterscheiden und die wenigen essbaren Arten sollten nur von Kennern gesammelt werden. Die Gattung der Rötlinge umfasst über 150 Arten von kleinen bis großen Pilzen.

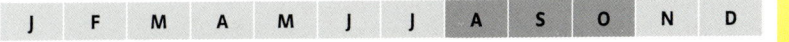

J	F	M	A	M	J	J	A	S	O	N	D

Rehbrauner Dachpilz
Pluteus cervinus (P. atricapillus)

Hut 4–12 cm, Oberfläche faserig eingewachsen, jung dunkelbraun, schwarzbraun, dann blasser, braun bis gelbbraun. Jung glockig, dann gewölbt bis abgeflacht. Rand scharf.
Lamellen Jung weiß, dann rosa. Bauchig, am Stiel frei.
Stiel Weißlich, bräunlich längsfaserig. Zylindrisch, voll.
Fleisch Weiß, auffallend weich. Geruch leicht rettichartig, Geschmack mild.
Sporen Sporenpulver rosa.
Speisewert Essbar.
Vorkommen Mai bis November. Auf stark vermoderten Strünken, oft einzeln, häufig.

Wissenswertes Junge Fruchtkörper haben weiße Lamellen, so dass man fälschlicherweise auf einen Pilz mit weißem Sporenpulver schließen kann. Später, bei Sporenreife, sind Verwechslungen mit Rötlingen *(Entoloma)* nahe liegend, die rosafarbene Lamellen haben. Dachpilze *(Pluteus)* haben jedoch freie, Rötlinge hingegen am Stiel ausgebuchtet angewachsene Lamellen. Ähnlich ist der Schwarzschneidige Dachpilz *(P. atromarginatus)* mit auffallend schwarzbraun gefärbten Lamellenschneiden. Als Speisepilze sind die Dachpilze nicht empfehlenswert, da der erdige Geschmack oft vorschmeckt.

J	F	M	A	**M**	**J**	**J**	**A**	**S**	**O**	**N**	D

Gold-Mistpilz
Bolbitius vitellinus

Hut 2–5 cm, Oberfläche glänzend, feinfaserig, goldgelb, zitronengelb, chromgelb, dann graubraun ausblassend. Jung eiförmig, kegelig-glockig, dann gewölbt, schließlich ausgebreitet, dünnfleischig, häutig. Rand jung durchscheinend gerieft, dann gefurcht bis gefaltet.
Lamellen Jung gelblich, dann ockerfarben, schließlich rostgelb, am Stiel frei.
Stiel Weißlich, an der Spitze gelblich. Zylindrisch, schlank, hohl, auffallend gebrechlich. Oberfläche mehlig bis kleiig.
Fleisch Gelblich, zart. Geruch und Geschmack unbedeutend.
Sporen Sporenpulver rostbraun.
Speisewert Kein Speisepilz.
Vorkommen Mai bis Oktober. Auf gedüngten Böden, Holzabfällen, Mist und Kot.
Wissenswertes Die intensive gold- bis zitronengelbe Färbung der jungen, geschlossenen Hüte ist beeindruckend. Solche grellen Farbtöne sind sonst nur von Saftlingen *(Hygrocybe)* bekannt. In kurzer Zeit aber verblasst die ganze Farbenpracht in ein schlichtes Graubraun. Die Gattung der Mistpilze *(Bolbitius)* umfasst nur ca. fünf Arten. Es sind kleine, zarte Pilzchen, die auf Mist oder Holz wachsen. Sie haben alle rostbraunes Sporenpulver.

J	F	M	A	M	J	J	A	S	O	N	D

Riesen-Scheidenstreifling
Amanita ceciliae (A. inaurata)

Hut 7–15 cm, Oberfläche schwach klebrig und glänzend, rötlich gelbbraun, mit gräulichen Farbtönen, fleckenartig mit gräulichen Resten des Velums bedeckt. Jung halbkugelig, glockig gewölbt, schließlich ausgebreitet. Rand meist blasser und stark gerieft.
Lamellen Weiß. Gedrängt stehend, abgerundet, bauchig, am Stiel frei.
Stiel Blassgrau bis bräunlich, grau bis rotbraun genattert, Basis in einer grauen Scheide, darüber erkennt man oft eine ringartige Zone. Zylindrisch, Spitze etwas verjüngt.
Fleisch Weißlich bis grau, zart und brüchig. Geruch schwach, Geschmack mild.

Sporen Sporenpulver weiß.
Speisewert Essbar, gut erhitzen.
Vorkommen Juni bis September. Im Nadel- und Laubwald, auf kalkhaltigen oder lehmigen Böden.
Wissenswertes Er ist der Stattlichste unter den Scheidenstreiflingen und kommt auf kalkhaltigen Böden vor. Kennzeichnend neben seiner Größe sind die doppelt bescheidete Basis und die gräulichen, großen, fleckenartigen Velumreste, die die Hutoberfläche bedecken und die ihn von anderen Scheidenstreiflingen unterscheiden. Scheidenstreiflinge haben nie einen beringten Stiel.

| J | F | M | A | M | J | J | A | S | O | N | D |

Grauer Scheidenstreifling
Amanita vaginata

Hut 3–8 cm, Oberfläche glatt, feucht glänzend, graubraun, grau. Jung glockig, dann gewölbt, schließlich ausgebreitet mit kleinem Buckel. Rand stark gerieft.
Lamellen Weiß. Frei, gedrängt stehend und bauchig.
Stiel Weißlich. Zylindrisch, gegen die Spitze allmählich verjüngt, im Alter hohl, fast glatt. Basis von einer weißen, graufleckigen Scheide umgeben.
Fleisch Weiß, zart, brüchig. Geruch unbedeutend, Geschmack mild.
Sporen Sporenpulver weiß.
Speisewert Essbar, gut erhitzen.

Vorkommen Juni bis September. Im Nadel- und Laubwald, weit verbreitet, einzeln oder in kleinen Gruppen.
Wissenswertes Der tödlich giftige Kegelhütige Knollenblätterpilz (*A. virosa*, s. S. 234) und der Grüne Knollenblätterpilz (*A. phalloides*, s. S. 232) gehören zur selben Gattung wie die Scheidenstreiflinge. Diese beiden Giftpilze sind ähnlich in Größe und Form. Scheidenstreiflinge haben jedoch im Gegensatz keine knollige Stielbasis, sondern eine lappige Scheide, einen gerieften Hutrand und tragen am Stiel keine Manschette. Der Graue Scheidenstreifling ist ein häufiger Pilz der Streiflinge.

J	F	M	A	M	J	J	A	S	O	N	D
					J	J	A	S			

Rotbrauner Scheidenstreifling
Amanita fulva

Hut 4–9 cm, Oberfläche glatt, feucht glänzend, orangegelb, rotbraun. Jung glockig, dann gewölbt, schließlich ausgebreitet mit unauffälligem, kleinem Buckel. Rand stark gerieft.
Lamellen Weiß. Frei, gedrängt stehend und bauchig.
Stiel Weißlich, auch braunrötlich, aber nie genattert. Zylindrisch, gegen die Spitze allmählich verjüngt, im Alter hohl. Basis von einer weißen, braunfleckigen Scheide umgeben.
Fleisch Weiß, zart, brüchig. Geruch unbedeutend, Geschmack mild.
Sporen Sporenpulver weiß.
Speisewert Essbar, gut erhitzen.

Vorkommen Juni bis September. Im Nadel- und Laubwald, bei Fichten und bei Laubbäumen, auf moorigen, moosigen Böden.
Wissenswertes Sehr ähnlich ist der größere und kräftigere Orangegelbe Scheidenstreifling *(A. crocea)*. Dieser kommt oft bei Birken vor, hat einen orangefarbenen Hut und einen orange genatterten Stiel. Von den Scheidenstreiflingen sind über zehn Arten bekannt. Diese sind allesamt nach ausreichendem Erhitzen essbar, roh hingegen sind sie giftig. Scheidenstreiflinge sind sehr zart und brüchig, so dass sie den Transport im Körbchen selten unbeschadet überstehen.

| J | F | M | A | M | J | J | A | S | O | N | D |

Silbergrauer Scheidenstreifling
Amanita mairei

Hut 4–10 cm, Oberfläche glänzend, meist kahl, silbergrau, Mitte oft etwas dunkler. Erst glockig, dann ausgebreitet und im Alter schwach niedergedrückt, bisweilen mit schwachem, stumpfem Buckel. Rand stark gerieft.
Lamellen Weiß. Frei, gedrängt stehend.
Stiel Weiß, fein silbrig genattert, Spitze verjüngt. Basis mit dauerhafter, weißer Scheide.
Fleisch Weiß, zart, im Hut brüchig. Geruch unbedeutend, Geschmack mild.
Sporen Sporenpulver weiß.
Speisewert Essbar, gut erhitzen.
Vorkommen Juni bis September. Im Laubwald, auf Weiden, an Waldrändern, selten.

Wissenswertes Der Silbergraue Scheidenstreifling ist nicht häufig, jedoch mit seinem silbergrauen, makellosen Hut einer der schönsten unter ihnen. Sehr ähnlich ist der ebenfalls essbare Graue Scheidenstreifling (*A. vaginata*, s. S. 227), der aber mehr graue Farbtöne aufweist und kleinere Fruchtkörper hat. Eine Verwechslung mit den nah verwandten giftigen Knollenblätterpilzen kann man ausschließen, wenn man die charakteristische Riefung am Hutrand, das zarte Fleisch, die schlanke Erscheinung und die langen Stiele ohne Ring oder Manschette beachtet.

| J | F | M | A | M | J | J | A | S | O | N | D |

Fliegenpilz
Amanita muscaria

Hut 5–15 cm, lebhaft rot bis orange, mit weißen, meist pyramidenförmigen, leicht abwischbaren, gleichmäßig angeordneten Velumflocken besetzt, die bei starken Regenfällen oft weggespült werden. Jung kugelig, dann gewölbt, schließlich ausgebreitet. Haut glänzend und abziehbar. Rand im Alter gerieft.
Lamellen Weiß, weich. Bauchig, gedrängt stehend, am Stiel frei.
Stiel Weiß. Walzenförmig, etwas flockig, mit einer kugeligen bis eiförmigen, durch mehrere Warzengürtel abgesetzten weißen Knolle. Manschette groß, weiß, schlaff hängend, ungerieft, am Rand weiß oder gelblich gezähnt.
Fleisch Weiß, unter der Huthaut gelb. Geruch unauffällig, Geschmack nussartig.
Sporen Sporenpulver weiß.
Speisewert Giftig.
Vorkommen Juli bis November. Im Nadel- und Laubwald, bei Fichten oder Birken.
Wissenswertes Er kann mit dem südlich der Alpen, bei uns nur in milden Lagen vorkommenden, essbaren Kaiserling *(A. caesarea)* verwechselt werden. Dieser besitzt aber gelbe Lamellen, einen gelben Stiel und eine gerifte Manschette. Der Fliegenpilz enthält auf das Nervensystem wirkende Stoffe wie hauptsächlich Ibotensäure und Muscimol.

| J | F | M | A | M | J | J | A | S | O | N | D |

Pantherpilz
Amanita pantherina

Hut 5–10 cm, braunocker, braunoliv, Mitte meist dunkler, mit zahlreichen weißen, warzigen Velumflocken bedeckt, die bei feuchter Witterung leicht verschwinden. Jung fast kugelig, dann gewölbt, schließlich ausgebreitet. Haut glänzend. Rand oft gerieft, aber auch ungerieft, kahl.
Lamellen Weiß. Gedrängt stehend, am Stiel abgerundet, frei.
Stiel Weiß. Spitze verjüngt, ausgestopft, später hohl. Basis kräftig. Stiel in Knolle eingepfropft, darüber mit ein bis zwei weißen, häutigen Gürtelzonen. Manschette herabhängend, ungerieft und relativ tief sitzend.
Fleisch Weiß, weich. Geruch unbedeutend, alt unangenehm, Geschmack mild.
Sporen Sporenpulver weiß.
Speisewert Giftig.
Vorkommen Juli bis Oktober. Meist im Laub-, aber auch im Nadelwald, bei Eiche oder Fichte, gewisse Jahre häufig.
Wissenswertes Der Graue Wulstling (*A. excelsa*, s. S. 239) und der Perlpilz (*A. rubescens*, s. S. 241) sind manchmal besonders ähnlich, haben aber immer eine gerieften Manschette. Der Pantherpilz ist deutlich giftiger als der Fliegenpilz. Pantherpilze bei Fichten werden als var. *abietina* bezeichnet.

| J | F | M | A | M | J | J | A | S | O | N | D |

Grüner Knollenblätterpilz
Amanita phalloides

Hut 4–12 cm, olivgrün, gelbgrün, weiß, selten mit weißen Velumresten, bisweilen Rand heller gefärbt. Jung halbkugelig oder eiförmig, dann gewölbt, schließlich ausgebreitet, fein radialfaserig eingewachsen, trocken matt, feucht schwach glänzend. Rand ungerieft.
Lamellen Weiß. Bauchig, gedrängt, frei.
Stiel Weißlich, oft olivgrün, blassgrünlich, graugrün genattert. Zylindrisch, Spitze etwas verjüngt, voll, dann wattig ausgestopft. Basis knollig, von einer zum Teil abstehenden, häutigen, oft gelappten oder ganzen, weißlichen Scheide umgeben. Manschette weißlich, häutig, am Stiel herabhängend und gerieft.

Fleisch Weiß, unter der Huthaut gelbgrünlich, zart. Geruch honigartig, älter stärker, widerlich, Geschmack mild (auf keinen Fall Geschmacksprobe nehmen!).
Sporen Sporenpulver weiß.
Speisewert Tödlich giftig.
Vorkommen Juli bis Oktober. Hauptsächlich im Laubwald, häufig bei Eichen und Buchen, seltener bei Nadelbäumen.
Wissenswertes Er enthält verschiedene tödlich wirkende Giftstoffe (s. S.92). Durch die stark variierenden Hutfarben (vgl. Bild oben rechts) von Gelblichgrün über Oliv bis hin zu Weiß können nicht selten tödliche Verwechs-

lungen entstehen. Grünliche Exemplare sehen den grünen Täublingen *Russula aeruginea* und *R. heterophylla* ähnlich, weiße Exemplare verschiedenen Champignons *(Agaricus)* oder dem Seidigen Ritterling *(Tricholoma columbetta)*. Die typische, knollige Stielbasis mit der häutigen Scheide unterscheidet den tödlich giftigen Grünen Knollenblätterpilz jedoch von allen aufgeführten ähnlichen Arten. Junge Fruchtkörper verschiedener Wulstlinge der Gattung *Amanita* mit intakter Gesamthülle sind kaum voneinander zu unterscheiden. Diese „Embryonen" deshalb nie sammeln!

Spitzhütiger Knollenblätterpilz
Amanita virosa

Hut 3–9 cm, Oberfläche glatt, feucht etwas schleimig bis klebrig, trocken glänzend, reinweiß, im Alter in der Mitte bisweilen gilbend. Jung eiförmig, dann kugelig bis kegelig, schließlich gewölbt mit stumpfem Buckel, aber nie ganz ausgebreitet. Rand jung eingebogen und nie gerieft.
Lamellen Reinweiß. Gedrängt stehend, am Stiel frei.
Stiel Reinweiß. Schlank, Spitze verjüngt, auffallend filzig, schuppig bis faserig. Knollige Basis mit einer den Stiel umschließenden weißen, häutigen Scheide. Manschette weißlich, schwach ausgebildet, sehr vergänglich.
Fleisch Weiß, zart. Geruch dumpf mit Honigkomponente, Geschmack mild (auf keinen Fall Geschmacksprobe nehmen!).
Sporen Sporenpulver weiß.
Speisewert Tödlich giftig.
Vorkommen Juni bis September. Im Nadel-, seltener Laubwald, auf sauren Böden, oft bei Heidelbeeren und Fichten.
Wissenswertes Wenn Champignons *(Agaricus)* jung als kugel- bis eiförmige Gebilde gesammelt werden, ist eine Verwechslung mit ebenfalls jungen, weißen, giftigen Knollenblätterpilzen durchaus nicht auszuschließen. Pilze sammelt man deshalb erst, wenn

| J | F | M | A | M | J | J | A | S | O | N | D |

die Entwicklung so weit fortgeschritten ist, dass die wichtigen Bestimmungsmerkmale ausgebildet sind. Im Gegensatz zu den giftigen Knollenblätterpilzen haben die verschiedenen Champignonarten erst blassgräulich, dann rosa, schließlich schwärzlich getönte Lamellen. Zu den weiß gefärbten Knollenblätterpilzen gehört auch der tödlich giftige Frühlings-Knollenblätterpilz *(A. verna)*, der im Frühling fruchtet. Seine Hüte sind weniger kegelig als die des Spitzhütigen Knollenblätterpilzes. Schnecken bevorzugen zarte Pilze, weshalb sie auch diese für uns tödlich giftigen Knollenblätterpilze fressen.

Narzissengelber Wulstling
Amanita gemmata

Hut 3–8 cm, blassgelb, gelbocker, mit schneeweißen, flachen und oft unregelmäßigen Velumflocken besetzt. Jung gewölbt, dann flach. Haut schmierig. Rand heller als die Mitte und kammartig gerieft.
Lamellen Weiß. Bauchig, gedrängt stehend, am Stiel frei. Schneide flockig.
Stiel Weiß. Zylindrisch, gebrechlich, voll, dann wattig ausgestopft, gegen die Basis oft etwas verdickt. Basis schwach knollig. Manschette weißlich, gebrechlich, hängend.
Fleisch Weiß, unter der Huthaut gelb, zart. Fast geruchlos, Geschmack mild.
Sporen Sporenpulver weiß.

Speisewert Giftig.
Vorkommen Juni bis Oktober. Im Nadel- und Laubwald, oft auf sandigen, sauren Böden, meist einzeln bei Fichten, nicht häufig.
Wissenswertes Er kann mit dem Gelben Knollenblätterpilz (*A. citrina*, s. S. 237) verwechselt werden. Ältere, durch Regen kahle Fruchtkörper sehen den ebenfalls am Hutrand gerieften Scheidenstreiflingen sehr ähnlich. Dann ist der Narzissengelbe Wulstling nur durch die flüchtige, gebrechliche Manschette zu unterscheiden. Dunklere Exemplare sind dem sehr giftigen Pantherpilz (*A. pantherina*, s. S. 231) sehr ähnlich.

| J | F | M | A | M | J | J | A | S | O | N | D |

Gelber Knollenblätterpilz
Amanita citrina

Hut 4–10 cm, zitronengelb, blassgelb, seltener weiß, bisweilen mit grünlichem Schein, die klebrige Haut ist mit bleibenden, weißen Velumresten bedeckt, die sich später bräunlich verfärben. Jung halbkugelig, dann gewölbt, schließlich ausgebreitet.
Lamellen Weiß bis blassgelb. Bauchig, gedrängt stehend, am Stiel frei.
Stiel Weißlich, fein blassgelb genattert. Zylindrisch, Spitze etwas verjüngt, voll, später hohl. Basis mit einer großen, runden, typisch watteartigen, deutlich vom Stiel abgesetzt umrandeten Knolle. Manschette weiß, hängend und gerieft.

Fleisch Weiß, weich. Geruch nach rohen Kartoffeln, Geschmack eher unangenehm.
Sporen Sporenpulver weiß.
Speisewert Schwach giftig.
Vorkommen Juli bis Oktober. Im Nadel- und Laubwald, auf sauren Böden.
Wissenswertes Er enthält das Gift Bufotenin, das beim Kochen größtenteils zerstört wird. Er sollte jedoch aufgrund der hohen Verwechslungsgefahr und des minderwertigen Geschmacks auf keinen Fall für die Küche gesammelt werden. Sehr ähnlich sind die tödlich giftigen Knollenblätterpilze *A. phalloides* und *A. virosa* (s. S. 232 und S. 234).

| J | F | M | A | M | J | J | A | S | O | N | D |

Porphyrbrauner Wulstling
Amanita porphyria

Hut 4–8 cm, grauviolett, schwarzbraun (porphyrbraun), Mitte meist dunkler, selten mit gräulichen, häutigen Velumflecken bedeckt. Jung gewölbt, dann ausgebreitet.
Lamellen Weiß. Sehr gedrängt, am Stiel frei.
Stiel Weißlich, grauviolettlich, bisweilen fein genattert. Zylindrisch, Spitze etwas verjüngt, voll, später hohl. Basis mit einer großen, runden, watteartigen, deutlich vom Stiel abgesetzten umrandeten Knolle. Manschette hängend, vergänglich, häutig, oft blass hutfarben.
Fleisch Weiß, weich. Geruch nach rohen Kartoffeln, ähnlich dem des Gelben Knollenblätterpilzes, Geschmack eher unangenehm.

Sporen Sporenpulver weiß.
Speisewert Schwach giftig.
Vorkommen Juli bis Oktober. Im Nadelwald, auf sauren Böden bei Fichten.
Wissenswertes Der Porphyrbraune Wulstling ist, abgesehen von der Farbe, dem Gelben Knollenblätterpilz (*A. citrina*, s. S. 237) sehr ähnlich. Form, Geruch und Giftigkeit sind bei beiden Pilzen fast gleich. Er enthält ebenfalls das Krötengift Bufotenin. Im Gegensatz zum Gelben Knollenblätterpilz wächst der Porphyrbraune Wulstling jedoch oft einzeln und kommt nur auf sauren, kalkfreien Böden vor.

J	F	M	A	M	J	J	A	S	O	N	D

Grauer Wulstling
Amanita excelsa (A. spissa)

Hut 5–12 cm, grau bis graubraun, mit weißgrauen Velumflocken bedeckt. Jung halbkugelig, dann gewölbt bis flach. Rand glatt.
Lamellen Weiß. Gedrängt stehend, breit, frei.
Stiel Weißlich. Spitze verjüngt, dick und kräftig, voll, feinschuppig. Basis ungerandet, knollig, darüber oft feinwarzig gegürtelt. Manschette deutlich gerieft, weißlich.
Fleisch Weißlich, fest. Geschmack und Geruch rübenartig.
Sporen Sporenpulver weiß.
Speisewert Kein Speisepilz.
Vorkommen Juli bis Oktober. Hauptsächlich im Nadel-, aber auch im Laubwald.

Wissenswertes Da sich der im Grunde genommen essbare Graue Wulstling vom giftigen Pantherpilz (*A. pantherina*, s. S. 231) nur durch die gerlefte Manschette, durch den glatten Hutrand, die grauen Velumflocken und die gegürtelte, nicht eingepfropfte Basis unterscheidet, lässt man ihn besser stehen. Außerdem schmeckt er nicht besonders gut. Der Graue Wulstling kommt auf sauren sowie kalkhaltigen Böden vor. Ihm ähnlich ist auch der als guter Speisepilz bekannte Perlpilz (*A. rubescens*, s. S. 241), der sich aber durch sein rötendes Fleisch von den beiden Arten unterscheidet.

J	F	M	A	M	J	J	A	S	O	N	D

Rauer Wulstling
Amanita franchetii

Hut 3–7 cm, blass strohgelb, milchkaffeebraun, dicht mit weißen bis gelben, schuppenartigen Velumflocken bedeckt. Jung halbkugelig, dann gewölbt bis abgeflacht.
Lamellen Weiß. Gedrängt stehend, frei.
Stiel Weißlich. Oberhalb der Manschette verjüngt und fein gerieft, unterhalb mit kleiiger bis rauer Oberfläche, im unteren Drittel mit gelblichen Gürteln besetzt. Ring abstehend gebogen. Oberseite gerieft und mit weißen und gelben Farben zinnenartig gerandet, gegen die Basis etwas verdickt, nicht knollig.
Fleisch Weißlich, fest. Geruch und Geschmack eher unangenehm.

Sporen Sporenpulver weiß.
Speisewert Giftig.
Vorkommen August bis September. Im Nadel- und Laubwald, bei Buchen, gesellig, selten.
Wissenswertes Vom Rauen Wulstling gibt es Varietäten, die sich lediglich farblich voneinander unterscheiden. Ähnlich ist der essbare Perlpilz (*A. rubescens*, s. S. 241), der sich durch größere Fruchtkörper, graue Hüllreste und rötendes Fleisch unterscheidet. Der Narzissengelbe Wulstling (*A. gemmata*, s. S. 236) ist ebenfalls sehr ähnlich, kommt aber bei Fichten vor. Der Raue Wulstling ist recht selten.

| J | F | M | A | M | J | J | A | S | O | N | D |

Perlpilz
Amanita rubescens

Hut 5–15 cm, blassbräunlich bis braunrot, mit blassgrauen oder graurötlichen Velumflocken bedeckt, Schneckenfraßstellen rötend. Jung halbkugelig, dann gewölbt bis abgeflacht. Haut leicht abziehbar, Rand glatt.
Lamellen Weiß, im Alter rötlich gefleckt. Gedrängt stehend, breit, frei.
Stiel Weißlich, bisweilen fuchsig, oft rötlich, feinschuppig. Spitze verjüngt, dick oder schlank, voll, dann wattig ausgestopft. Basis keulig bis knollig, oft feinwarzig gegürtelt. Mit deutlich geriefter, weißlicher Manschette.
Fleisch Weiß, rötend. Geruch unbedeutend, Geschmack herb, kratzend.
Sporen Sporenpulver weiß.
Speisewert Essbar, gut erhitzen, guter Speisepilz.
Vorkommen Juni bis Oktober. Im Nadel- und im Laubwald, häufig.
Wissenswertes Verwechslungen mit dem Pantherpilz (*A. pantherina*, s. S. 231) sind äußerst gefährlich. Dieser hat jedoch kein rötendes Fleisch und keine geriefte Manschette. Weiterhin besitzt der giftige Pantherpilz weiße Velumflocken und nicht graue wie der Perlpilz. Die Stielbasis beim Pantherpilz ist zudem in die Knolle eingepfropft und zeigt darüberhinaus mehrere Gürtelzonen.

| J | F | M | A | M | J | J | A | S | O | N | D |

Fransiger Wulstling
Amanita strobiliformis

Hut 5–20 cm, weißlich, mit weißlichen oder gräulichen, wolligen Velumflocken übersät. Jung kugelig, dann gewölbt bis abgeflacht. Haut glänzend, abziehbar. Rand von Velumresten charakteristisch fransig behangen.
Lamellen Weiß. Gedrängt stehend, frei.
Stiel Weiß, stark weißschuppig. Kräftig, dick, voll, fransig. Basis knollig, tief im Boden steckend und wurzelnd. Manschette flockig und sehr vergänglich.
Fleisch Schneeweiß, fest, zart. Geruch schwach rübenartig, dumpf, Geschmack angenehm.
Sporen Sporenpulver weiß.

Speisewert Essbar, aber schonenswert.
Vorkommen Juli bis Oktober. Meist im Laub-, aber auch im Nadelwald, in Parks, in Gärten, meist einzeln, selten.
Wissenswertes Er ist auch als Einsiedler-Wulstling bekannt. Mit seinen weißen Fruchtkörpern und seiner kräftigen Statur ist er einer der größten Wulstlinge *(Amanita)*. Ähnlich ist der essbare, noch seltenere Eier-Wulstling *(A. ovoidea)*, der eine gelbliche Stielbasis aufweist. Ähnlich wie dieser, jedoch mit orangefarbener Stielbasis, ist der giftige Ockerscheidige Eier-Wulstling *(A. proxima)*, der zu starken Vergiftungen führt.

| J | F | M | A | M | J | J | A | S | O | N | D |

Stadt-Egerling

Stadt-Champignon, Scheiden-Egerling, *Agaricus bitorquis*

Hut 3–15 cm, weiß bis schmutziggelb, mit feinen, dunkelbräunlichen Schuppen. Erst gewölbt, dann abgeflacht mit eingerolltem Rand, schließlich ausgebreitet mit scharfem Rand, kompakt, besonders kräftig, dickfleischig.
Lamellen Fleischrosa bis schokoladenbraun. Schmal und gedrängt stehend, am Stiel frei, Schneiden weißlich.
Stiel Weiß. Zylindrisch, sehr kräftig und dick, gegen die Basis verjüngt, mit doppeltem, häutigem Ring: der obere hängend, der untere aufsteigend und dünn.
Fleisch Weiß, leicht rosa. Geruch und Geschmack angenehm nach Nüssen.

Sporen Sporenpulver purpurbraun.
Speisewert Essbar, guter Speisepilz.
Vorkommen Mai bis Oktober. An grasigen Stellen, auf Schotterwegen, an Straßenrändern, auf nackter Erde, in Parks.
Wissenswertes Gelegentlich bricht der Stadt-Egerling sogar aus dem Asphalt von Straßenrändern oder Bürgersteigen hervor, was ihm auch den Namen Trottoir-Champignon einbrachte. Er muss eine unglaubliche Kraft entwickeln, um den Asphalt zu heben und sich dann gänzlich zu entfalten. Seine kräftige, gedrungene Gestalt und sein doppelter Ring sind gute Erkennungsmerkmale.

| J | F | M | A | M | J | J | A | S | O | N | D |

Kleiner Blut-Egerling

Kleiner Blut-Champignon, *Agaricus silvaticus*

Hut 5–10 cm, beigefarbener Grund, fein bräunlich geschuppt, Mitte satter gefärbt. Jung halbkugelig bis glockig, dann gewölbt, schließlich flach mit stumpfem Buckel.
Lamellen Blassgräulich, dann rötlich, später schokoladenbraun. Gedrängt stehend, frei.
Stiel Weißlich oder mit graurosa Ton. Schlank, Spitze verjüngt. Oberfläche fein geschuppt. Basis bisweilen etwas verdickt und von weißem Mycel überzogen. Ring hängend, weiß, unterseits schuppig.
Fleisch Weiß, auf Druck und im Schnitt karminrot anlaufend, zart. Geruch schwach, Geschmack mild.

Sporen Sporenpulver purpurbraun.
Speisewert Essbar, guter Speisepilz.
Vorkommen Juli bis Oktober. Im Nadelwald, oft bei Fichten in Nadelstreu, häufig.
Wissenswertes Der braungeschuppte Hut und das stark rötende Fleisch sind charakteristisch für diesen Egerling. Der auch im Wald vorkommende, giftige Perlhuhn-Champignon *(A. placomyces)* verfärbt sich besonders in der Basis gelb. Der essbare Große Wald-Egerling *(A. langei)* ist kräftiger und sein Fleisch rötet weniger stark. Sehr ähnlich, aber bedeutend größer ist der essbare Braunschuppige Riesen-Egerling *(A. augustus)*.

J	F	M	A	M	J	J	A	S	O	N	D
						●	●	●	●		

Wiesen-Egerling
Wiesen-Champignon, *Agaricus campestris*

Hut 3–10 cm, Oberfläche fein geschuppt, selten glatt, weiß, im Alter rötlich oder bräunlich. Jung halbkugelig, dann gewölbt, erst im Alter ausgebreitet.
Lamellen Jung kräftigrosa, dann braunrot, schließlich schwarz. Gedrängt stehend, bauchig, am Stiel frei.
Stiel Weiß. Zylindrisch, schlank. Basis bisweilen gelbfleckig, mit dünnem, verkümmertem, meist vergänglichem Ring.
Fleisch Weiß, zart, im Schnitt schwach rötend. Geruch und Geschmack angenehm.
Sporen Sporenpulver purpurbraun.
Speisewert Essbar, guter Speisepilz.

Vorkommen Mai bis Juni, August bis Oktober. Auf gedüngten Böden, auf Wiesen, Weiden, gesellig, besonders reichlich nach trockenen Sommern.
Wissenswertes Er reichert Blei und Quecksilber an, deshalb nicht auf mit Klärschlamm gedüngten Wiesen sammeln. Nicht selten trifft man unmittelbar neben dem Wiesen-Egerling auf ganze Gruppen von giftigen Karbol-Egerlingen (*A. xanthoderma*, s. S.248). Diese unterscheiden sich durch eine intensive, nicht dauerhafte Gelbfärbung bei Verletzung der Hutoberfläche und das Fleisch der Stielbasis verfärbt sich ebenfalls gelb.

| J | F | M | A | M | J | J | A | S | O | N | D |

Schiefknolliger Anis-Egerling

Schiefknolliger Anis-Champignon, *Agaricus essettei (A. abruptibulbus)*

Hut 8–12 cm, reinweiß, bei Berührung zitronengelb verfärbend, gegen den Rand hin fein weißlich geschuppt. Jung eiförmig bis glockig, dann gewölbt, schließlich ausgebreitet mit stumpfem Buckel.

Lamellen Jung blassgräulich, dann mit schwachen roten Tönen, alt braun bis schwärzlich Gedrängt stehend, frei.

Stiel Weiß. Zylindrisch, oft gekniet, schlank, hohl. Basis mit meist deutlich abgesetzter Knolle. Ring dünnhäutig, hängend, unregelmäßig und weiß gefärbt.

Fleisch Weiß, im Schnitt leicht gilbend, zart. Geruch und Geschmack angenehm anisartig.

Sporen Sporenpulver purpurbraun.
Speisewert Essbar.
Vorkommen Juni bis Oktober. Im Nadelwald, oft bei Fichten in Nadelstreu.

Wissenswertes Sehr ähnlich ist der Dünnfleischige Anis-Egerling *(A. silvicola)*, der aber einen eher cremefarbenen Hut und schlankere Fruchtkörper aufweist. Beide Arten kommen im Wald bei Fichten vor, wo auch der sehr ähnliche, tödlich giftige Kegelhütige Knollenblätterpilz (*Amanita virosa*, s. S. 234) mit bleibend weißen Lamellen heimisch ist (klassische Vergiftung). Gilbende und nach Anis riechende Egerlinge sind mit Cadmium angereichert.

J	F	M	A	M	J	J	A	S	O	N	D

Weißer Anis-Egerling
Schaf-Champignon, *Agaricus arvensis*

Hut 3–10 cm, Oberfläche fein geschuppt, selten glatt, weiß, auf Druck gilbend. Jung halbkugelig, dann gewölbt, erst im Alter ausgebreitet, dickfleischig.
Lamellen Jung blassgrau, dann graurötlich, schließlich braun bis schwarz, aber nie rosa. Gedrängt stehend, am Stiel frei.
Stiel Weiß. Zylindrisch, schlank, aber kräftig. Basis leicht knollig und oft geschuppt. Ring doppelt, häutig, oberseits gräulich und unterseits weißlich getönt.
Fleisch Weiß, fest, bisweilen etwas gilbend. Geruch charakteristisch anisartig, Geschmack nussartig.
Sporen Sporenpulver purpurbraun.
Speisewert Essbar, guter Speisepilz.
Vorkommen Juni bis Oktober. Auf gedüngten Böden, auf Wiesen, Weiden, Feldern, an Waldrändern.
Wissenswertes Im Gegensatz zum Schiefknolligen Anis-Egerling (*A. essettei*, s. S. 246) ist der Weiße Anis-Egerling weitaus kräftiger und sein Hut feiner geschuppt. Zudem kommt er nicht im Wald vor, sondern auf Wiesen. Es besteht eine Verwechslungsgefahr mit dem tödlich giftigen Grünen Knollenblätterpilz (*Amanita phalloides*, s. S. 232), der aber weiße Lamellen aufweist.

| J | F | M | A | M | J | J | A | S | O | N | D |

Karbol-Egerling
Karbol-Champignon, *Agaricus xanthoderma*

Hut 6–14 cm, kalkweiß, grauweißlich, bei Verletzung gilbend, verfärbt sich nach kurzer Zeit wieder grauweißlich, glatt und kahl. Halbkugelig, dann gewölbt bis ausgebreitet, oberer Teil abgeflacht.
Lamellen Fleischrosa, dann braun bis schwarz. Frei, schmal und gedrängt stehend.
Stiel Weiß, bei Berührung sofort gelb anlaufend, dann wieder in Weiß übergehend. Schlank, zylindrisch, oft röhrig, kahl. Basis knollig. Manschette gezähnt, nach oben abziehbar.
Fleisch Weißlich, im Schnitt hauptsächlich in der Stielbasis gelb. Geruch alt nach Karbolsäure oder Tinte, beim Kochen stärker, unangenehm und sehr aufdringlich.
Sporen Sporenpulver violettschwarz.
Speisewert Giftig.
Vorkommen Juli bis Oktober. Auf Wiesen und in Parks, aber auch im Wald, gesellig.
Wissenswertes Es ist erstaunlich, dass dieser giftige Pilz oft in der Nähe von essbaren Wiesen-Egerlingen (*A. campestris*, s. S. 245) vorkommt. Wiesen-Egerlinge gilben aber nicht und riechen nicht nach Tinte oder Karbol. Es gibt Einzelfälle, in denen diese Pilze schadlos verzehrt wurden, was auf unterschiedlichen Giftgehalt hindeutet.

Großsporiger Riesen-Egerling
Großsporiger Riesen-Champignon, *Agaricus macrosporus*

Hut Bis zu 25 (35) cm, weiß, seidig bis glatt, leicht faserig, im Alter hellbräunlich geschuppt, gilbend. Jung halbkugelig, dann gewölbt, später ausgebreitet, dickfleischig.
Lamellen Jung blass, dann rosagrau, schließlich dunkelbraun. Gedrängt stehend, am Stiel frei.
Stiel Weißlich bis cremefarben. Kräftig, gedrungen, kurz, Oberfläche flockig, mit dickem, gezähntem Ring.
Fleisch Weiß, fest, bisweilen etwas rötend. Geruch und Geschmack anisartig oder nach Bittermandeln.
Sporen Sporenpulver purpurbraun.

Speisewert Essbar, guter Speisepilz.
Vorkommen Erster Schub Mai bis Juni, zweiter Schub Juli bis Oktober. Auf Wiesen.
Wissenswertes Einer der größten Hutpilze überhaupt. Das abgebildete Exemplar weist den erstaunlichen Hutdurchmesser von 36 cm und einen Stieldurchmesser von 8 cm auf. Bedingt durch seine enorme Größe ist er als Speisepilz sehr ergiebig. Dennoch sollte er nur in kleineren Mengen und nicht häufig genossen werden, da er in hohem Maße Cadmium speichert. Zum Glück ist der menschliche Körper nur teilweise in der Lage, das stark an das Pilzeiweiß gebundene Cadmium aufzunehmen.

| J | F | M | A | M | J | J | A | S | O | N | D |

Spitzschuppiger Stachelschirmling
Echinoderma asperum (Lepiota aspera)

Hut 4–15 cm, hellerer Grund, mit dunkelbraunen, spitzkegeligen Schuppen besetzt, die oft witterungsbedingt abfallen. Jung kugelig, dann gewölbt, schließlich abgeflacht. Rand bisweilen von Velumresten behangen.
Lamellen Weiß. Besonders gedrängt stehend, gegabelt, am Stiel deutlich frei, Schneiden unregelmäßig gekerbt.
Stiel Weißlich bis hutfarben. Kurz, voll, bald hohl. Basis knollig. Ring weit, hängend.
Fleisch Weiß, weich. Geruch und Geschmack widerlich.
Sporen Sporenpulver weiß.
Speisewert Giftig.

Vorkommen September bis Oktober. Im Nadel- und Laubwald, an Wegrändern, in Parks, häufig.
Wissenswertes Die spitzen Hutschuppen und der nicht verschiebbare Ring lassen ihn gut erkennen und unterscheiden ihn von verschiedenen essbaren Riesenschirmpilzen *(Macrolepiota)*. Auch der unangenehme starke Geruch hält vom Sammeln dieses leicht giftigen Pilzes ab. Wenn das Substrat üppig vorhanden ist, kann er die Größe eines Riesenschirmlings erreichen. Er erscheint gerne in kleinen Gruppen auf pflanzlichen Abfällen und an Waldwegen.

J	F	M	A	M	J	J	A	S	O	N	D

Riesenschirmpilz
Parasolpilz, Riesen-Schirmling, *Macrolepiota procera*

Hut 10–25 cm, hellbraun. Jung paukenschlegelförmig, dann gewölbt, später flach ausgebreitet und gebuckelt, in grobe, faserig-fransige Schuppen aufgebrochen.
Lamellen Weiß. Gedrängt stehend, bauchig, am Stiel frei.
Stiel Weißlich, fein bräunlich geschuppt oder genattert. Zylindrisch, auffallend lang, schlank. Basis knollig. Ring doppelt, dickhäutig, verschiebbar.
Fleisch Weiß, zart, Stielfleisch holzig, faserig. Geruch und Geschmack haselnussartig.
Sporen Sporenpulver weiß.
Speisewert Essbar, nur Hüte verwenden.

Vorkommen Juli bis Oktober. Im Laubwald bei Buchen, seltener auch im Nadelwald.
Wissenswertes Wie ein Schnitzel gebraten gilt er als Delikatesse. Von ähnlicher Größe und Statur ist der Safran-Riesenschirmpilz (*M. rachodes*, s. S. 252), der sich bei Verletzung safranrot verfärbt. Der Zitzen-Riesenschirmpilz (*M. mastoidea*, s. S. 253) ist schmächtiger, hat einen eng anliegenden, freien, kaum verschiebbaren Ring und ist spitz gebuckelt. Alle Riesen-Schirmlinge bilden große Fruchtkörper mit schirmartigen Hüten von bis zu 30 cm Durchmesser und dünnen, bis zu 40 cm langen Stielen.

| J | F | M | A | M | J | J | A | S | O | N | D |

Safran-Riesenschirmpilz
Macrolepiota rachodes (M. rhacodes)

Hut 10–15 cm, Oberfläche mit großen, sparrigen Schuppen dachziegelartig bedeckt, bräunlich. Jung stumpfkegelig, dann gewölbt, später flach ausgebreitet, ohne Buckel.
Lamellen Weiß, bei Berührung rot anlaufend, dann bräunend. Bauchig, am Stiel frei.
Stiel Weißlich, dann bräunlich, nicht genattert. Zylindrisch, nicht besonders lang, schlank. Basis verdickt bis knollig. Ring häutig, weiß bis grau, verschiebbar.
Fleisch Weiß, im Schnitt oder bei Verletzung schnell safranrot verfärbend, später bräunlich, zart, Stielfleisch holzig, faserig. Geruch und Geschmack aromatisch.

Sporen Sporenpulver weiß.
Speisewert Essbar.
Vorkommen Juli bis Oktober. Häufig im Nadelwald in der Nadelstreu, aber auch im Laubwald und in Parkanlagen.
Wissenswertes Exemplare, die in Gärten wachsen, sind oft deutlich kräftiger und haben eine gröber geschuppte Hutoberfläche. Ihre Stielbasis ist bräunlich und das Fleisch verfärbt sich orangebraun. Diese Varietät des Safran-Riesenschirmpilzes (var. *hortensis*) und der ähnliche Anlaufende Egerlingsschirmpilz *(Leucoagaricus bahamii)* verursachen oftmals Vergiftungen.

J	F	M	A	M	J	J	A	S	O	N	D

Zitzen-Riesenschirmpilz

Macrolepiota mastoidea

Hut 8–12 cm, weißlich bis cremefarben, in der Mitte mit braunockerfarbener und geschlossener Huthaut, dann gegen den Rand in feine Schüppchen aufgerissen. Jung halbkugelig, dann gewölbt, später flach ausgebreitet und spitz gebuckelt, dünnfleischig.
Lamellen Weiß. Gedrängt stehend, bauchig, am Stiel frei.
Stiel Weißlich, fein bräunlich geschuppt oder genattert. Zylindrisch, auffallend lang. Basis knollig. Ring einfach, trichterförmig, am Stiel eng anliegend, kaum verschiebbar.
Fleisch Weiß, zart, im Stiel holzig, faserig. Geruch und Geschmack schwach nussartig.

Sporen Sporenpulver weiß.
Speisewert Essbar, nur Hüte verwenden.
Vorkommen September bis November. Hauptsächlich am Waldrand, auf Wiesen und Weiden, aber auch in Wäldern.
Wissenswertes Der Zitzen-Riesenschirmpilz ist nicht häufig. Große Exemplare können für den Riesenschirmpilz (*M. procera*, s. S. 251) gehalten werden. Durch den spitzen Buckel und den kaum verschiebbaren Ring hebt er sich jedoch von seinen größeren Verwandten ab. Weiterhin gibt es sehr ähnliche Arten von Riesenschirmpilzen, die schwer voneinander abzugrenzen sind.

| J | F | M | A | M | J | J | A | S | O | N | D |

Rosablättriger Egerlingsschirmpilz
Leucoagaricus leucothites

Hut 4–8 cm, schneeweiß, kahl. Jung halbkugelig, dann gewölbt, später ausgebreitet, eher dickfleischig.
Lamellen Weiß, im Alter leicht rosa. Gedrängt stehend, bauchig und dünn, ausgebuchtet angewachsen bis fast frei.
Stiel Weiß. Zylindrisch, fast kahl. Basis knollig, Ring weiß, verschiebbar, aufsteigend.
Fleisch Weiß. Geruch und Geschmack schwach, angenehm.
Sporen Sporenpulver weiß.
Speisewert Essbar.
Vorkommen Juni bis Oktober. Auf Wiesen und Weiden, in Gärten, manche Jahre häufig.

Wissenswertes Im ersten Moment kann der Rosablättrige Egerlingsschirmpilz für einen Wiesen-Egerling (*Agaricus campestris*, s. S. 245) gehalten werden. Beachtet man aber die weißlichen Lamellen, so ist dies unmöglich. Naheliegender ist die Gefahr einer Verwechslung mit den beiden tödlich giftigen Weißen Knollenblätterpilzen (*Amanita verna, A. virosa*, s. S. 234) oder einem weißen Grünen Knollenblätterpilz (*Amanita phalloides*, s. S. 232). Dieser Pilz sollte deshalb nur von Kennern gesammelt werden. Alle Arten dieser Gattung sind selten bis sehr selten und wachsen vorwiegend in wärmeren Regionen.

J	F	M	A	M	J	J	A	S	O	N	D
					J	J	A	S	O		

Amiant-Körnchenschirmling
Cystoderma amiantinum

Hut 1,5–4 cm, Oberfläche feinkörnig punktiert, im Alter oft runzelig, ocker, mit dunklerer Mitte. Jung kegelig, dann gewölbt bis abgeflacht, gebuckelt.
Lamellen Weiß bis cremefarben. Nicht sehr gedrängt stehend, ungleich lang, gerade angewachsen und leicht mit Zahn herablaufend.
Stiel Schmutzig ockergelb, mit aufsteigendem, schuppigem, oft undeutlichem Ring, von der Basis bis zum Ring weißlich, schuppig, mehlig bis körnig. Form schlank, zylindrisch.
Fleisch Gelblich. Geruch und Geschmack erdig.
Sporen Sporenpulver weiß.

Speisewert Kein Speisepilz.
Vorkommen September bis November. Auf Wiesen und Weiden sowie in Nadelwäldern, liebt nährstoffarme Böden.
Wissenswertes Über zehn Arten gehören der Gattung der Körnchenschirmlinge an. Es sind alles kleine, saprophag lebende Pilze, die als Speisepilze nicht in Frage kommen. Trotzdem lohnt es sich, auf diese Pilzchen zu achten und sie aus der Nähe zu betrachten. Der Amiant- und der Starkriechende Körnchenschirmling *(C. carcharias)* sind häufig. Sie lassen sich gut bestimmen. Für eine sichere Bestimmung weiterer Arten wird ein Mikroskop benötigt.

J	F	M	A	M	J	J	A	S	O	N	D
								S	O	N	D

Glimmerschüppling
Phaeolepiota aurea

Hut 6–20 cm, Oberfläche fein glimmerig, mehlig, trocken, matt, goldgelb, löwengelb. Jung fast kugelig, lange durch eine derbe Außenhülle (Velum) umschlossen, dann gewölbt, schließlich fast niedergedrückt, dickfleischig.
Lamellen Blass, dann rostgelb. Schmal, gedrängt stehend, am Stiel ausgebuchtet angewachsen.
Stiel Über dem Ring weißlich, darunter deutlich ockerlich. Fast zylindrisch, kräftig, voll. Ring häutig, aufsteigend, lange mit dem Hutrand verbunden.
Fleisch Blassgelblich. Geruch mehlig, ähnlich dem des Mönchskopfs (*Clitocybe geotropa*, s. S. 181), Geschmack mild.
Sporen Sporenpulver rostbraun.
Speisewert Kein Speisepilz.
Vorkommen September bis November. Im Nadel- und Laubwald, in Parks und Gärten, an Wegrändern, bei Brennnesseln, auf stickstoffreichen Böden, nicht häufig, aber gesellig.
Wissenswertes Dieser prächtige Pilz sieht aus wie eine Riesenform des Amiant-Körnchenschirmlings (*Cystoderma amiantinum*, s. S. 255). Er wird in vielen älteren Büchern als Speisepilz eingestuft. Es sind jedoch Spuren von giftiger Blausäure gefunden worden.

J	F	M	A	M	J	J	A	S	O	N	D
								S	O	N	

Voreilender Ackerling
Agrocybe praecox

Hut 3–7 cm, Oberfläche glatt, fast kahl, trocken fast weißlich, cremefarben, feucht hellbraun, Mitte gelblich, schwach hygrophan. Jung halbkugelig, dann gewölbt, schließlich abgeflacht.
Lamellen Erst blass, dann hellgraubraun. Gedrängt stehend, am Stiel ausgebuchtet angewachsen.
Stiel Weißlich bis gräulich. Zylindrisch, schlank, bisweilen verbogen, hohl, längsfaserig. Basis verdickt. Ring häutig.
Fleisch Weißlich, zart. Mit mehlartigem Geruch und mildem Geschmack.
Sporen Sporenpulver graubraun.

Speisewert Essbar.
Vorkommen Mai bis Juli. In lichten Wäldern, in Parks, entlang von Wegen, gesellig.
Wissenswertes Der Voreilende Ackerling erscheint schon im Frühling, ganz selten auch im Herbst, und ist nicht in jedem Jahr häufig. In besonders üppigen Populationen kommt er in Gärten, auf Holzlagerplätzen, in Rindenmulchrabatten oder dickem Laubhumus vor. Sehr ähnlich ist der etwas schmächtigere, ebenfalls essbare Weiße Ackerling *(A. dura)*, der außerhalb des Waldes auf Wiesen, in Parks und in Gärten vorkommt. Beide Arten gelten aber als nicht besonders gute Speisepilze.

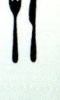

Rotbrauner Riesen-Träuschling
Stropharia rugosoannulata

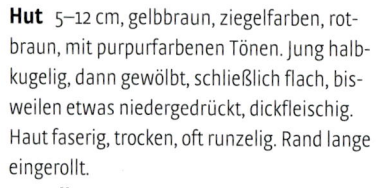

Hut 5–12 cm, gelbbraun, ziegelfarben, rotbraun, mit purpurfarbenen Tönen. Jung halbkugelig, dann gewölbt, schließlich flach, bisweilen etwas niedergedrückt, dickfleischig. Haut faserig, trocken, oft runzelig. Rand lange eingerollt.
Lamellen Jung hellgrau, dann grauviolett, Schneiden weiß. Mäßig gedrängt stehend, frei.
Stiel Weiß, dann weißbräunlich. Zylindrisch, kräftig, mit einem häutigen, weißen, oberseits gerieften Ring, der nicht immer typisch ausgebildet ist.
Fleisch Weißlich. Geruch rettichartig, mit mildem Geschmack.

Sporen Sporenpulver grau-purpurfarben.
Speisewert Essbar, wird aber nicht von jedermann gut vertragen.
Vorkommen August bis Oktober. Auf pflanzlichen Abfällen, auf Äckern, Feldern und in Gärten, gesellig.
Wissenswertes Er ist der stattlichste aus der Gattung der Träuschlinge *(Stropharia)*. Mit geringem Aufwand kann man ihn auf Stroh züchten. Entsprechende Pilzbrut wird im Handel als „Braunkappe" angeboten. Helle Exemplare sind den Egerlingen *(Agaricus)* ähnlich. Im Freien ist der Pilz recht selten, kommt aber manchmal in Maisfeldern oder Gärten vor.

| J | F | M | A | M | J | J | A | S | O | N | D |

Grünspan-Träuschling
Stropharia aeruginosa

Hut 3–8 cm, blaugrün, smaragdgrün, im Alter gelblich ausblassend, Oberfläche hauptsächlich jung mit weißen Schüppchen bedeckt. Jung glockig, dann gewölbt, schließlich flach mit leicht gebuckelter Mitte. Haut schleimig, glatt, glänzend.
Lamellen Jung weißlich, dann grauviolett, mit weißen Schneiden, frei.
Stiel Oberhalb des Rings weiß, darunter blaugrünlicher Grund, mit weißen Schuppen oder Flocken besetzt. Zylindrisch, schleimig, mit häutigem, sparrigem, aufsteigendem Ring, oberseits durch abfallende Sporen schwarzbräunlich.
Fleisch Weißlich, weich. Geruch schwach rettichartig.
Sporen Sporenpulver grau-purpurfarben.
Speisewert Kein Speisepilz.
Vorkommen August bis November. In Nadel- und Laubwald, auf dem Boden in Laub- und Nadelstreu, auf vermoderten Holzabfällen.
Wissenswertes Sehr ähnlich, aber mit blassem Hut und braunen Lamellenschneiden sowie vergänglicher Ringzone ist der oft bei Brennnesseln wachsende, ebenfalls ungenießbare Blaue Träuschling *(S. caerulea)*. Grünspan-Träuschling und Blauer Träuschling sind Naturschönheiten zum Betrachten.

| J | F | M | A | M | J | J | A | S | O | N | D |

Beringter Buchen-Schleimrübling
Oudemansiella mucida

Hut 2–7 cm, reinweiß, elfenbeinweiß, Mitte bisweilen ockerlich. Jung halbkugelig, dann gewölbt, schließlich flach. Oberfläche feucht stark schleimig, trocken seidenmatt, dünnfleischig und durchscheinend.
Lamellen Weiß. Entfernt stehend, bauchig, gerade bis ausgebuchtet angewachsen.
Stiel Weißlich, mit becherartigem Ring. Zylindrisch, schlank, voll, längsfaserig. Basis keulig bis knollig verdickt dem Holz aufsitzend.
Fleisch Weiß, weich. Geruch unbedeutend, Geschmack mild.
Sporen Sporenpulver weiß.
Speisewert Kein Speisepilz.

Vorkommen August bis November. An totem Holz von Buchen, an liegenden und stehenden Stämmen, an Ästen, büschelig.
Wissenswertes Mit den reinweißen Fruchtkörpern, dem schleimigen Hut, dem beringten Stiel und dem Standort ist eine Verwechslung mit einem anderen Pilz ausgeschlossen. Aus diesem Pilz wird Mucidin, ein antibiotischer Stoff mit stark schimmelhemmender Wirkung, gewonnen. Es soll angeblich in verschiedenen Ländern unter dem Namen Mucidermin hergestellt werden und dient der wirksamen Behandlung von Pilzerkrankungen beim Menschen.

J	F	M	A	M	J	J	A	S	O	N	D
							A	S	O	N	

Reifpilz
Zigeuner, *Rozites caperatus*

Hut 6–12 cm, lederbraun bis gelbbraun. Jung glockig, dann kegelig gewölbt, schließlich ausgebreitet und gebuckelt. Jung mit einem mehlig silbrig weißen Velum bedeckt, radialrunzelig, matt. Rand im Alter radialrissig.
Lamellen Zimtbraun. Gedrängt stehend, gerade angewachsen und leicht mit Zahn herablaufend, Schneiden gekerbt.
Stiel Weißlich, schmutzig weißlich, über dem Ring bereift, darunter fein längsfaserig, seidig. Zylindrisch, kräftig, voll. Ring häutig, oft fetzig.
Fleisch Weißlich. Geruch angenehm, Geschmack mild.

Sporen Sporenpulver rostbraun.
Speisewert Essbar, guter Speisepilz.
Vorkommen Juli bis Oktober. Besonders im Nadelwald, selten im Laubwald, häufig im Gebirge, mancherorts selten.
Wissenswertes Da der Reifpilz stark mit Cadmium und nach Tschernobyl zudem mit radioaktiven Substanzen belastet ist, sollten keine größeren Mengen gegessen werden. Der radialrissige Hutrand verleitet zu Verwechslungen mit Risspilzen *(Inocybe)*. Auch Verwechslungen mit giftigen Schleierlingen *(Cortinarius)* sind denkbar. Weder Risspilze noch Schleierlinge haben aber einen deutlichen Ring.

| J | F | M | A | M | J | J | A | S | O | N | D |

Dunkler Hallimasch
Armillaria ostoyae

Hut 5–12 cm, hell fleischfarben, mit dunklen, vergänglichen Schüppchen bedeckt. Jung halbkugelig, geschlossen, dann gewölbt bis ausgebreitet, oft stumpf gebuckelt.
Lamellen Weißlich bis blass rotbraun oder bräunlich. Gerade angewachsen und mit Zahn herablaufend.
Stiel Weißlich bis braun. Zylindrisch oder mit verdickter Basis. Ring fleischig, oft stark ausgeprägt, unterseits braunschuppig.
Fleisch Weißlich, blass, fest, im Stiel zäh. Strenger Geruch, Geschmack herb kratzend, zusammenziehend. Achtung, roh sehr giftig!
Sporen Sporenpulver weiß.

Speisewert Nur Pilze, die auf Nadelholz wachsen, gelten nach Abbrühen als essbar. Exemplare auf Laubholz, wie z. B. der Honiggelbe Hallimasch (*A. mellea*, s. Foto unten rechts), mit gelblichen bis grünlichen Hüten verursachen nach Abbrühen oft immer noch Magen-Darm-Beschwerden.
Vorkommen August bis Oktober. Auf Nadelholz, als Parasit und Saprobiont, sehr häufig.
Wissenswertes Die Abbildung oben rechts zeigt junge Fruchtkörper. Dieser Pilz bildet dicke, kräftige, braunschwarze Mycelstränge, die sogenannten Rhizomorphen. Bei Prairie City im US-Bundesstaat Oregon wurde 2000

| J | F | M | A | M | J | J | A | S | O | N | D |

ein vermutlich etwa 2400 Jahre alter Dunkler Hallimasch *(A. ostoyae)* entdeckt, dessen unterirdisches Fadengeflecht sich über eine Fläche von 880 Hektar erstreckt. Der Pilz gilt als größter und zugleich massereichster bekannter Organismus der Erde. Ähnliche Pilze sind der tödlich giftige Gift-Häubling (*Galerina marginata*, s. S. 264), der schmächtiger gebaut ist und einen gerieften Hutrand hat, und der giftige Grünblättrige Schwefelkopf (*Hypholoma fasciculare*, s. S. 275) mit grünlichen Lamellen und schwefelgelbem Fleisch. Ähnlich ist auch das essbare, beringte Stockschwämmchen (*Kuehneromyces mutabilis*, s. S. 265).

Gift-Häubling

Nadelholz-Häubling, *Galerina marginata*

Hut 1,5–4 cm, ocker bis gelbbraun, oft hygrophan, schwach klebrig, fettig. Jung glockig-kegelig, dann gewölbt, schließlich flach ausgebreitet. Rand feucht durchscheinend gerieft, trocken eher glatt.
Lamellen Zimtbraun. Gedrängt stehend, gerade angewachsen bis herablaufend.
Stiel Über dem Ring bräunlich, glatt, Spitze bereift, unter dem Ring auf bräunlichem Grund weißlich längsfaserig bereift und ungeschuppt, im Alter von der Basis her schwarzbraun verfärbend. Hohl, zylindrisch, mit feinem, häutigem, vergänglichem Ring.
Fleisch Bräunlich, Geruch und Geschmack mehlartig (Keine Geschmacksprobe nehmen!).
Sporen Sporenpulver hellbraun.
Speisewert Tödlich giftig.
Vorkommen Juli bis November. Im Nadelwald auf totem Holz, höchst selten auf Laubholz, oft büschelig.
Wissenswertes Er enthält dieselben Giftstoffe wie die tödlich giftigen Knollenblätterpilze. Das ähnliche, aber essbare Stockschwämmchen (*Kuehneromyces mutabilis*, s. S. 265) ist deshalb nur von Kennern zu sammeln. Es kann sogar vorkommen, dass Stockschwämmchen und Gift-Häublinge auf demselben Baumstrunk vorkommen.

| J | F | M | A | M | J | J | A | S | O | N | D |

Gemeines Stockschwämmchen
Kuehneromyces mutabilis (Pholiota mutabilis)

Hut 3–6 cm, zimtbraun, gelbbraun, ockerbraun, hygrophan, deshalb mit hellen und dunklen Zonen. Gewölbt, dann fast ausgebreitet, kahl. Rand jung mit vergänglichen bräunlichen Schüppchen, kaum gerieft.
Lamellen Zimtfarben. Gedrängt stehend, angewachsen und etwas am Stiel herablaufend.
Stiel Über dem Ring blassbraun, glatt, vom Ring bis zur Basis dunkel rostbraun sparrigschuppig, mit hochsitzendem, aufsteigendem, oft vergänglichem Ring.
Fleisch Weißlich, im Stiel faserig. Geruch angenehm, Geschmack mild.
Sporen Sporenpulver rostbraun.

Speisewert Essbar, nur Hüte verwenden.
Vorkommen April bis Dezember. Im Nadel- und Laubwald, hauptsächlich auf totem Laubholz, seltener Nadelholz, büschelig.
Wissenswertes Sehr ähnliche Fruchtkörper bildet der tödlich giftige Gift-Häubling (*Galerina marginata*, s. S. 264), der hauptsächlich auf totem Nadelholz und selten auf Laubholz vorkommt. Er unterscheidet sich lediglich durch den weißlich bereiften, ungeschuppten Stiel und den gerieften Hutrand. Gemeine Stockschwämmchen sollten nur Kenner sammeln und stets bei einer Pilzberatungsstelle kontrollieren lassen.

J	F	M	A	M	J	J	A	S	O	N	D

Grauer Falten-Tintling
Coprinus atramentarius

Hut 2,5–6 cm hoch, 3–6 cm breit, grauweiß oder graubräunlich, Scheitel mit braunen Schüppchen. Jung eiförmig, dann glockig aufgeschirmt. Rand charakteristisch faltig.

Lamellen Weiß, dann schwarz. Gedrängt stehend, bauchig, am Stiel frei, von der Schneide her zerfließend.

Stiel Weiß. Zylindrisch, zartfaserig, seidig glänzend. Basis mit ringartigem Wulst.

Fleisch Jung weißlich. Ohne besonderen Geruch, Geschmack mild.

Sporen Sporenpulver schwarz.

Speisewert Kein Speisepilz.

Vorkommen Mai bis Juni, September bis November. Auf Wiesen, in Gärten, Parks, an Rändern von Waldwegen, häufig.

Wissenswertes Der Graue Falten-Tintling enthält Coprin, das in Verbindung mit Alkohol zu heftigen, unangenehmen Vergiftungserscheinungen führt. Er darf nur gegessen werden, wenn drei Tage vor und nach der Mahlzeit kein Tropfen Alkohol konsumiert wird. Außerdem sind nur junge Exemplare mit noch weißen Lamellen als Speisepilze geeignet. Am besten meidet man diesen Pilz jedoch. Bei Reife der Fruchtkörper tritt eine Selbstauflösung (Autolyse) ein. Dabei zerfließt der Pilz zu schwarzer Tinte.

J	F	M	A	M	J	J	A	S	O	N	D
				M	J			S	O	N	

Schopf-Tintling
Coprinus comatus

Hut 6–12 cm hoch, 3–6 cm breit, weiß, mit abstehenden, breitfaserigen Schuppen bedeckt, die weiß, später bräunlich verfärben, Scheitel glatt, bisweilen hellockerlich. Jung eiförmig, bald walzenförmig, mit eng am Stiel anliegendem Hutrand, schließlich langglockig geöffnet, nie ausgebreitet, vom Rand her zuerst rosa, dann schwarz verfärbend und schließlich tintenartig zerfließend.
Lamellen Weiß, dann rosa, schließlich schwarz und tintenartig zerfließend.
Stiel Weiß. Zylindrisch, schlank, röhrig, zartfaserig, mit schmalem, beweglichem, flüchtigem Ring.

Fleisch Weiß, alt rosa. Ohne besonderen Geruch und Geschmack.
Sporen Sporenpulver schwarz.
Speisewert Essbar, aber nur im jungen Zustand mit völlig weißen Lamellen ein guter Speisepilz.
Vorkommen Mai bis November. Entlang von Waldwegen, auf Fettwiesen, im Rasen, in Gärten, oft in Gruppen.
Wissenswertes Der ähnliche Graue Falten-Tintling (*C. atramentarius*, s. S. 266) hat einen grauen Hut und wirkt zusammen mit Alkohol giftig. Schopf-Tintlinge verderben außerordentlich schnell, deshalb sofort verwerten.

| J | F | M | A | M | J | J | A | S | O | N | D |

Specht-Tintling
Elstern-Tintling, *Coprinus picaceus*

Hut 5–8 cm hoch, 2–5 cm breit, graubraun, braunschwarz, dicht besetzt mit weißen bis gräulichen Hüllresten, ähnlich einem Spechtgefieder, Oberfläche glatt, klebrig. Jung eiförmig, dann glockig, nie ausgebreitet.
Lamellen Grauschwarz bis schwarz. Gedrängt stehend, am Stiel frei, zerfließend.
Stiel Weiß, fein weißlich genattert. Schlank, röhrig, gebrechlich. Basis fast knollig.
Fleisch Weiß, brüchig, zerfließend. Geruch und Geschmack unangenehm.
Sporen Sporenpulver schwarz.
Speisewert Kein Speisepilz.
Vorkommen Juni bis Oktober. In krautreichen, lichten Buchenwäldern, auf Kalkböden, nicht häufig.
Wissenswertes Im Habitus gleicht er dem Schopf-Tintling (*C. comatus*, s. S. 267). Die einzigartige Färbung des Hutes, die an ein Elstern- oder Spechtgefieder erinnert, macht den Specht-Tintling zu einem der schönsten Tintlinge. Er ist deshalb auch sehr einfach zu bestimmen. Allerdings braucht man etwas Glück, um diesen eher seltenen Pilz in der Laubstreu zu entdecken. Der Pilz bevorzugt neutrale und kalkhaltige Böden unter Buchen, vor allem in humusreichen Laubwäldern. Auf sauren Böden ist er seltener anzutreffen.

J	F	M	A	M	J	J	A	S	O	N	D
					J	J	A	S	O		

Glimmer-Tintling
Coprinus micaceus

Hut 2–4 cm, ockerbraun, gelbbraun, jung mit zahlreichen weißen, glimmerigen Körnchen besetzt, Oberfläche bis zum Scheitel faltig gefurcht bis gerieft. Jung eiförmig, dann glockig.
Lamellen Jung weiß, dann graubraun, schließlich schwarz und mit dem Hutrand zerfließend, Schneiden bisweilen weiß. Jung gedrängt stehend, ausgebuchtet angewachsen.
Stiel Weiß, seidig glänzend. Zylindrisch, schlank, hohl, kahl.
Fleisch Weißlich, zart. Geruchs- und geschmacksneutral.
Sporen Sporenpulver braunschwarz.
Speisewert Kein Speisepilz.

Vorkommen Mai bis November. Auf vermoderten Laubholzstrünken und vergrabenem Holz, oft in großen Büscheln, häufig.
Wissenswertes Jung erkennt man ihn an seinen mit glimmerigen Körnchen besetzten Hüten. Frische, junge Exemplare könnten gegessen werden. Da er aber zusammen mit Alkoholgenuss Vergiftungen hervorruft und wegen seiner geringen Größe eher unergiebig ist, lässt man ihn besser stehen. Besonders ähnlich ist der Haus-Tintling *(C. domesticus)*, dessen Velumflocken nicht nur aus rundlichen, sondern zusätzlich noch aus länglichen Elementen bestehen.

J	F	M	A	M	J	J	A	S	O	N	D

Gesäter Tintling
Coprinus disseminatus

Hut 0,5–1,5 cm, hellocker, grau gelb, dann hellgrau. Vom Rand bis zum dunkleren Scheitel faltig gefurcht, jung glockig, dann eher kegelig, häutig, nicht zerfließend.
Lamellen Weiß, dann grauviolett, schließlich fast schwarz. Entfernt stehend, breit und bauchig, nicht zerfließend.
Stiel Weiß, durchsichtig. Zylindrisch, gegen die Basis hin oft gebogen, röhrig, glatt.
Fleisch Weißlich. Ohne besonderen Geruch und Geschmack.
Sporen Sporenpulver braunschwarz.
Speisewert Kein Speisepilz.
Vorkommen Mai bis Oktober. Zu Hunderten an der Basis von Laubholzstämmen oder auf vermoderten Strünken.
Wissenswertes Dieses Heer glockiger, dicht aneinandergedrängter Hüte lässt einen immer wieder von neuem staunen. Somit ist sein Name völlig gerechtfertigt und treffend. Der Gesäte Tintling nimmt unter den Tintlingen *(Coprinus)* eine Sonderstellung ein, da er als Einziger nicht tintenartig zerfließt. Mit zunehmendem Alter wird er lediglich schwarz. Die Gattung der Tintlinge umfasst über 90 Arten. Alle leben ausschließlich saprophag und nur der Schopf-Tintling (*C. comatus*, s. S. 267) ist essbar.

J	F	M	A	M	J	J	A	S	O	N	D

Glocken-Düngerling
Panaeolus papilionaceus (P. sphinctrinus)

Hut 1,5–3 cm, Oberfläche glatt, oft runzelig, seidig glänzend, grau bis graubraun, trocken blass aschgrau. Charakteristisch glockig, häutig. Rand von Velumresten deutlich weiß gefranst oder gekerbt.
Lamellen Erst grauschwarz, dann schwarz marmoriert, mit weißlichen Schneiden. Gedrängt stehend, ausgebuchtet angewachsen.
Stiel Dunkelbrauner Grund, dicht fein weißlich bereift. Zylindrisch, schlank, gebrechlich, hohl.
Fleisch Grau. Geruch- und geschmacklos.
Sporen Sporenpulver schwarz.
Speisewert Giftig.

Vorkommen Mai bis Oktober. An gedüngten Plätzen, auf Wiesen und Weiden, oft auf Pferdedung.
Wissenswertes Dieser Pilz enthält keine psychoaktiv wirksamen Substanzen. Bei Verzehr kann er Unwohlsein hervorrufen. Bei trockener Witterung ist der Hut des Glocken-Düngerlings auffallend seidig glänzend. Im Gegensatz zu den Fruchtkörpern der Tintlinge *(Coprinus)* zerfließen die der Düngerlinge bei Sporenreife nicht. Die Gattung der Düngerlinge *(Panaeolus)* ist mit über zehn Arten vertreten, wobei einige Arten psychoaktive Substanzen wie Psilocybin und Psilocin enthalten.

J	F	M	A	M	J	J	A	S	O	N	D

Behangener Faserling
Psathyrella candolleana

Hut 3–6 cm, Oberfläche matt und längsfaserig, jung bereift, weißlich bis tongelblich, mit ockerfarbener Mitte. Jung glockig, dann gewölbt, schließlich flach. Rand jung mit häutigen, weißen Velumresten behangen.
Lamellen Jung weißlich, dann braunlila. Gedrängt stehend, am Stiel schmal angewachsen.
Stiel Weiß. Zylindrisch und schlank, brüchig, hohl, zartfaserig.
Fleisch Weiß, zart. Ohne besonderen Geruch und Geschmack.
Sporen Sporenpulver braun-purpurfarben.
Speisewert Essbar.

Vorkommen Mai bis Oktober. In Wäldern, Gärten und Parks, gesellig, häufig.
Wissenswertes Man erkennt den Behangenen Faserling leicht an den weißen Hüten, den braun-lilafarbenen Lamellen und den gebrechlichen Fruchtkörpern. Da er sehr dünnfleischig ist, ist er als Speisepilz nicht besonders gut geeignet. Oft findet man ihn massenweise im Mai entlang von Waldwegen oder fast büschelig neben alten Laubholzstrünken und Ästen. Ähnlich ist der nicht essbare Wässerige Saumpilz *(P. piluliformis)*, der sich jedoch durch eine dunklere Färbung unterscheidet und im Herbst vorkommt.

J	F	M	A	M	J	J	A	S	O	N	D

Rauchblättriger Schwefelkopf
Hypholoma capnoides

Hut 2–6 cm, Oberfläche jung vom Velum seidig überzogen, später glatt, gelb bis braungelb, mit orangebrauner Mitte. Jung halbkugelig, dann gewölbt, schließlich abgeflacht. Rand erst mit weißlichen, später dunkelbraunen, häutigen Velumresten behangen.
Lamellen Rauchgrau, dann grauviolett. Mäßig gedrängt stehend, am Stiel angewachsen.
Stiel Spitze weißlich, seidig, gegen die Basis rostbraun. Oft gebogen, schlank, hohl, feinfaserig.
Fleisch Weißlich, im Stiel bräunlich und zähfaserig. Fast geruchlos, Geschmack mild.
Sporen Sporenpulver braun-purpurfarben.

Speisewert Essbar.
Vorkommen Erster Schub Mai bis Juni, dann September bis Dezember. Auf totem Nadelholz, auf Strünken, hauptsächlich von Fichten, büschelig.
Wissenswertes Unter den Schwefelköpfen (*Hypholoma*) ist dieser Pilz der einzige gute Speisepilz. Nicht immer ist er einfach vom giftigen Grünblättrigen Schwefelkopf (*H. fasciculare*, s. S. 275) zu unterscheiden. Deshalb ist er nur von Kennern zu sammeln. Ein ähnlicher, aber kleinerer Pilz aus derselben Gattung ist der Natternstielige Schwefelkopf (*H. marginatum*). Er gilt als ungenießbar.

| J | F | M | A | M | J | J | A | S | O | N | D |

Ziegelroter Schwefelkopf
Hypholoma sublateritium

Hut 4–12 cm, jung mit blassrötlich gelben, zerfetzten Velumresten besetzt, Mitte ziegelrötlich, gegen den Rand blasser. Jung glockig, dann gewölbt bis ausgebreitet. Rand jung oft mit häutigen Velumresten behangen.
Lamellen Blassgelb, dann grauviolett. Ausgebuchtet angewachsen.
Stiel Gelblich, gegen die Basis ziegelrot faserig. Oft gekrümmt, schlank.
Fleisch Blassgelb, im Stiel rotbräunlich. Geruch unangenehm muffig, Geschmack etwas bitter.
Sporen Sporenpulver braun-purpurfarben.
Speisewert Schwach giftig.

Vorkommen April bis Dezember. Auf totem Laubholz, auf Strünken, hauptsächlich von Buchen und Eichen.
Wissenswertes Er unterscheidet sich von den übrigen Schwefelköpfen *(Hypholoma)* durch die größeren Fruchtkörper und die ziegelrote Hutfarbe, die jedoch nicht immer typisch ausgeprägt ist. Ebenfalls graue Lamellen, aber weißliches Fleisch hat der essbare Rauchblättrige Schwefelkopf (*H. capnoides*, s. S. 273) mit oft etwas kleineren, schmächtigeren Fruchtkörpern. Der giftige Grünblättrige Schwefelkopf (*H. fasciculare*, s. S. 275) hat grünliche Lamellen und gelbes Stielfleisch.

| J | F | M | A | M | J | J | A | S | O | N | D |

Grünblättriger Schwefelkopf
Hypholoma fasciculare

Hut 2–7 cm, Oberfläche glatt, matt, schwefelgelb, oft mit rostig brauner Mitte. Jung glockig, dann ausgebreitet. Rand jung oft mit gelben, häutigen Velumresten behangen.
Lamellen Schwefelgelb, dann deutlich grünlich, schließlich grünlich braun. Gedrängt stehend, gerade bis ausgebuchtet angewachsen.
Stiel Schwefelgelb, durch Schleierreste im unteren Teil rostig braun, feinfaserig. Zylindrisch, gebogen, gebrechlich.
Fleisch Schwefelgelb. Geruch unangenehm, Geschmack sehr bitter.
Sporen Sporenpulver braun-purpurfarben.
Speisewert Giftig.

Vorkommen April bis Dezember. Hauptsächlich auf totem Laubholz, seltener auf Nadelholz, auf vermoderten Holzschnitzeln.
Wissenswertes Sehr ähnlich ist der essbare, mild schmeckende Rauchblättrige Schwefelkopf (*H. capnoides*, s. S. 273), der aber weißliches Fleisch und graue Lamellen besitzt. Der äußerst bitter schmeckende, viel häufiger vorkommende Grünblättrige Schwefelkopf ruft Übelkeit und Erbrechen hervor und soll auch schon ernsthafte Vergiftungen verursacht haben. Er ist von April bis Dezember aktiv und somit ein sehr häufig auffindbarer Pilz, der immer auf totem Holz vorkommt.

| J | F | M | A | M | J | J | A | S | O | N | D |

Sparriger Schüppling
Pholiota squarrosa

Hut 5–10 cm, blass strohgelb, mit rostbraunen, sparrig abstehenden Schuppen bedeckt. Jung kugelig bis halbkugelig, dann gewölbt, schließlich abgeflacht und stumpf gebuckelt. Rand jung eingerollt.
Lamellen Erst blassgelb, dann gelbbraun. Gedrängt stehend, am Stiel angewachsen.
Stiel Oberhalb des Rings blass gelb, glatt, unterhalb rostbraun, sparrig geschuppt. Zylindrisch, mit verjüngter, rotbrauner Basis. Ring sparrig, schuppig.
Fleisch Blassgelb, hart, in der Stielbasis dunkler und zäh. Geruch und Geschmack rettichartig.

Sporen Sporenpulver rostbraun.
Speisewert Kein Speisepilz.
Vorkommen September bis November. Am Grunde von lebenden Laubbäumen, selten Nadelbäumen, büschelig.
Wissenswertes Verwechslungen mit dem Honiggelben Hallimasch (*Armillaria mellea*, s. S. 262) sind möglich. Dieser aber hat einen nicht so stark geschuppten Hut und meist einen ausgeprägten Ring. Weitere ähnliche Arten aus der Gattung der Schüpplinge sind der Goldfell-Schüppling *(P. cerifera)*, der Pinsel-Schüppling *(P. jahnii)* sowie der Schleimige Schüppling *(P. adiposa)*.

J	F	M	A	M	J	J	A	S	O	N	D
								S	O	N	

Feuer-Schüppling
Pholiota flammans

Hut 3–7 cm, lebhaft schwefel- bis zitronengelb, Oberfläche mit hellgelben, abstehenden, sparrigen Schuppen besetzt, leicht schmierig. Jung halbkugelig, dann gewölbt, schließlich ausgebreitet. Rand lange eingerollt.
Lamellen Erst gelb, dann rostbraun. Gedrängt, ausgebuchtet angewachsen.
Stiel Spitze lebhaft gelb und glatt, Ring schuppig, darunter sattgelber Grund, dicht mit dunkelgelben, abstehenden, sparrigen Schuppen bedeckt. Zylindrisch, kräftig, erst voll, dann hohl.
Fleisch Gelb, rotbräunlich anlaufend. Geruch schwach rettichartig, Geschmack bitter.

Sporen Sporenpulver rostbraun.
Speisewert Kein Speisepilz.
Vorkommen Juli bis Oktober. Auf morschen Strünken und liegenden Stämmen von Nadelbäumen.
Wissenswertes Die lebhaften Farben machen den Feuer-Schüppling zu einem sehr auffälligen Pilz. Abgesehen von der Farbe ist er durch den schuppigen Hut und Stiel leicht zu erkennen. Man findet ihn immer auf morschem, vermodertem Holz von Nadelbäumen. Ähnlich, aber nicht so auffällig gefärbt ist der Goldfell-Schüppling (*P. cerifera*, s. S. 278), der auf Laubbäumen vorkommt.

Goldfell-Schüppling
Pholiota cerifera (P. aurivella)

Hut 5–12 cm, gelb, rostgelb, mit rostroten, relativ weit auseinanderliegenden, vergänglichen Schuppen bedeckt. Jung halbkugelig, dann gewölbt, schließlich ausgebreitet. Rand vom Velum behangen und lange eingerollt.

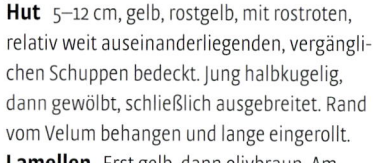

Lamellen Erst gelb, dann olivbraun. Am Stiel ausgebuchtet angewachsen.

Stiel Gelb, gegen die Basis braunschuppig, von Velumresten schwach gegürtelt. Spitze glatt, schlank, zäh, voll.

Fleisch Gelblich weiß, im Stiel dunkler und faserig, zäh. Geruch unbedeutend, Geschmack herb.

Sporen Sporenpulver rostbraun.

Speisewert Kein Speisepilz.

Vorkommen Oktober bis November. Oft büschelig, auf lebenden Laubbäumen, auf abgestorbenen Teilen bei Stammwunden, Astlöchern, meist in mehreren Metern Höhe, bevorzugt Buchen und Weiden.

Wissenswertes Wegen seines Vorkommens wird er auch Hochthronender Schüppling genannt. Zu derselben Gattung gehört auch das essbare Japanische Stockschwämmchen *(P. nameko)*, das bei uns nur als Zuchtpilz vorkommt. Sämtliche anderen Schüpplinge sind nicht als Speisepilze geeignet, einige sind eventuell leicht giftig.

J	F	M	A	M	J	J	A	S	O	N	D

Kegeliger Risspilz
Inocybe rimosa (I. fastigiata)

Hut 2–6 cm, Oberfläche stark radialrissig, faserig, trocken und matt, strohgelb bis dunkler braun. Jung spitzkegelig, dann kegelig geöffnet, schließlich abgeflacht, stets mit spitzem Buckel, dünnfleischig. Rand bei ausgebreiteten Hüten aufgebogen und eingerissen.
Lamellen Blassgelblich, dann oliv bis braun, mit weißen Schneiden. Gedrängt stehend, gerade bis ausgebuchtet angewachsen.
Stiel Weißlich, ockerfarben, im Alter bräunlich, Spitze weißflockig. Zylindrisch, voll, fest, längsfaserig.
Fleisch Weiß, faserig. Mit typisch spermatischem Geruch, Geschmack unangenehm.
Sporen Sporenpulver braun.
Speisewert Giftig.
Vorkommen Juni bis Oktober. In Wäldern, Parks, entlang von Wegen, häufig.
Wissenswertes Er enthält in starkem Maße das Nervengift Muscarin. Eine Vergiftung macht sich durch Schweißausbrüche, schwere Bauchkoliken, Speichelfluss, usw. bemerkbar. Die meisten Risspilze *(Inocybe)* enthalten höhere Konzentrationen von diesem Giftstoff und es gibt keine einzigen Speisepilze in dieser Gattung. Der Kegelige Risspilz gehört zu den am häufigsten vorkommenden dieser Gattung.

J	F	M	A	M	J	J	A	S	O	N	D

Ziegelroter Risspilz
Inocybe erubescens (I. patouillardii)

Hut 3–8 cm, jung weiß, dann strohfarben, verletzte Stellen ziegelrot anlaufend. Jung glockig-kegelig, bald unregelmäßig ausgebreitet, mit spitzem Buckel, radialfaserig. Rand im Alter radial eingerissen.
Lamellen Erst weiß mit rötlichem Schein, dann rostbraun, mit weißen Schneiden. Gedrängt stehend, breit, am Stiel ausgebuchtet angewachsen.
Stiel Jung weiß, im Bereich der Spitze weiß bleibend, darunter allmählich gelblich und im Alter oder bei Verletzung rötend. Zylindrisch, kräftig, voll. Basis bisweilen knollig.
Fleisch Weiß, im Stiel schwach rötend. Geruch süßlich, fruchtartig, Geschmack mild.
Sporen Sporenpulver ockerbraun.
Speisewert Sehr giftig.
Vorkommen Mai bis Juli. Bei Laubbäumen in Wäldern und in Parks, gern unter alten Bäumen, kalkliebend.
Wissenswertes Er wird auch Mai-Risspilz genannt. Zur selben Zeit erscheint der essbare Maipilz (*Calocybe gambosa*, s. S.183). Verwechslungen führten schon zum Tode. Der Maipilz ist aber weiß bis gelblich, nicht rötend, nicht radial rissig und er hat einen ausgesprochenen Mehlgeruch. Ähnlich ist der seltene, giftige Weiße Risspilz *(I. fibrosa)*.

J	F	M	A	M	J	J	A	S	O	N	D

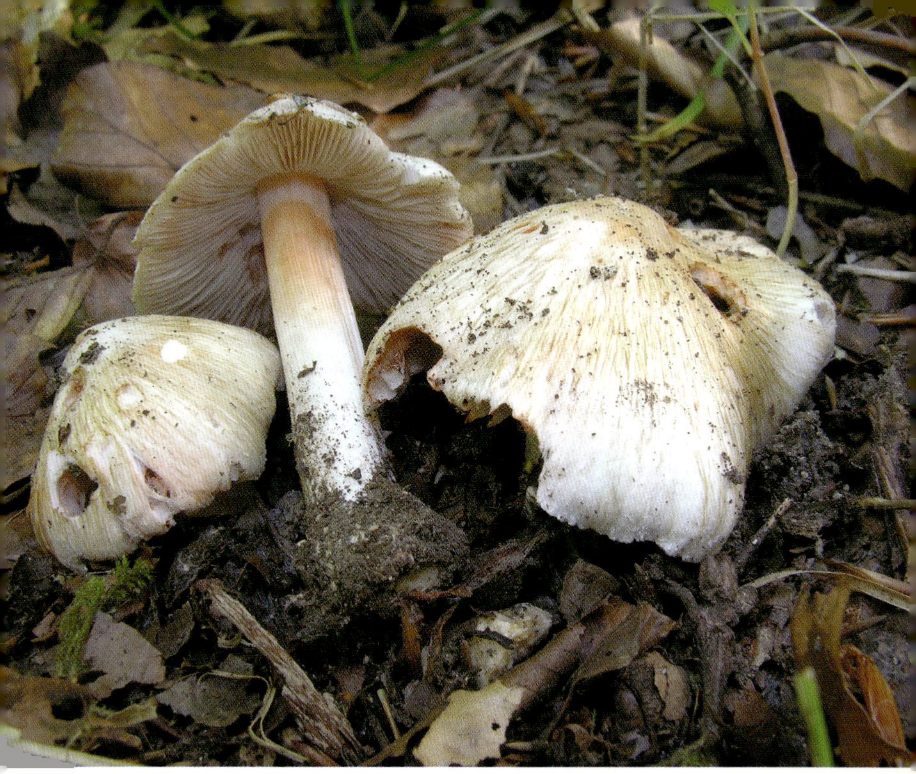

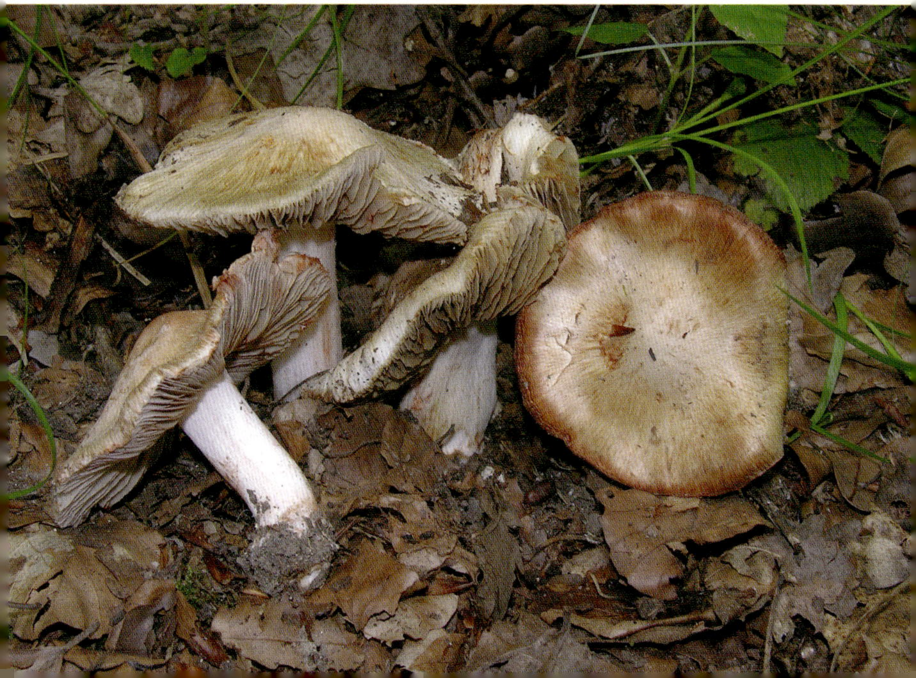

Erdblättriger Risspilz
Seidiger Risspilz, *Inocybe geophylla*

Hut 1–4 cm, Oberfläche jung seidig, dann radialfaserig, matt, weiß, cremefarben. Jung kegelig, dann aufgeschirmt und gebuckelt, schließlich ausgebreitet und niedergedrückt, dünnfleischig. Rand erst im Alter eingerissen.
Lamellen Erst weißlich, dann blassgrau, schließlich braunocker, mit weißen Schneiden. Gedrängt stehend, am Stiel ausgebuchtet angewachsen.
Stiel Weißlich, mit bereifter Spitze, sonst seidig glänzend. Zylindrisch, schlank und gebrechlich, oft gebogen.
Fleisch Weiß oder leicht gelb, zart. Geruch typisch spermatisch, Geschmack schärflich.

Sporen Sporenpulver ockerbraun.
Speisewert Giftig.
Vorkommen Juli bis November. In Laub- und Nadelwäldern, an grasigen, feuchten Stellen, entlang von Wegen.
Wissenswertes Ähnlich ist der giftige Weiße Risspilz (*I. fibrosa*), der ebenfalls weiße Fruchtkörper hat, aber größer und kräftiger ist. Wie der Ziegelrote Risspilz (*I. erubescens*, s. S. 280) enthält auch der Erdblättrige Risspilz in hoher Konzentration das giftige Muscarin. Schwere Vergiftungen mit diesem Nervengift können durch Lungen- oder Herzversagen tödlich enden.

J	F	M	A	M	J	J	A	S	O	N	D

Vom Erdblättrigen Risspilz werden mehrere farblich verschiedene Varietäten unterschieden. Am häufigsten kommen die Varietät *violacea* mit violetten Fruchtkörpern (Foto oben rechts) und die Varietät *lateritia* mit rötlichen Fruchtkörpern vor. Diese wachsen meist in unmittelbarer Nähe der weißen Hauptform. Die Gattung der Risspilze *(Inocybe)* gehört zur Familie Cortinariaceae. Risspilze zeichnen sich durch mittelgroße, zentralgestielte, kegelhütige Fruchtkörper aus. Die Lamellen sind am Stiel gerade bis ausgebuchtet angewachsen. Oft sind sie erst weißlich und färben sich bei Reife durch die Sporen braun.

Das Sporenpulver ist meist braun bis ockerbraun gefärbt. Die meist radialfaserigen Hüte reißen beim Aufschirmen und im Alter charakteristisch am Rand ein. Daher rührt ihr Name „Risspilze" oder auch „Wirrköpfe". Bei jungen Exemplaren kann man die fädigen Reste der Teilhülle (Velum partiale) am Stiel erkennen. Die meisten Risspilzarten sind Mykorrhizabildner, die anderen Saprobionten. Es sind keine Speisepilze unter ihnen bekannt. Einige Arten sind äußerst giftig. Die Gattung umfasst über 150 Arten, die in die Untergattungen *Inocibium* mit glattwandigen Sporen und *Inocybe* mit höckerig-eckigen Sporen eingeteilt sind.

J	F	M	A	M	J	J	A	S	O	N	D

Birnen-Risspilz
Inocybe fraudans (I. pyriodora)

Hut 3–7 cm, Oberfläche besonders gegen die Mitte dunkel feinschuppig, faserig, strohfarben, blass ockerbraun, fuchsigbraun, mit rötlichen Tönen. Jung glockig, dann gewölbt, schließlich ausgebreitet, stets mit stumpfem Buckel. Rand schon früh eingerissen.
Lamellen Erst grauweiß, dann graurosa, schließlich bräunlich, mit weißen Schneiden. Breit, am Stiel ausgebuchtet angewachsen.
Stiel Weißlich, dann bräunlich, Spitze immer weiß bleibend. Zylindrisch, kräftig, voll, längsfaserig. Basis oft etwas verdickt.
Fleisch Weiß, verfärbt sich an der Luft braunrötlich. Geruch fruchtig, Geschmack mild.
Sporen Sporenpulver ockerbraun.
Speisewert Giftig.
Vorkommen Juni bis Oktober. In Laub- und Nadelwäldern, entlang von Wegen.
Wissenswertes Dieser Pilz duftet nach überreifen Birnen. Die meisten Risspilze *(Inocybe)* sind schwer zu bestimmen. In der Regel muss man ein Mikroskop zu Hilfe nehmen, um z. B. die Sporen vergleichen zu können. Risspilze enthalten das giftige Muscarin. Es existiert jedoch ein sehr wirksames Gegengift, das Tollkirschengift Atropin. Rechtzeitig verabreicht, verschwinden die Vergiftungserscheinungen in Minutenschnelle.

| J | F | M | A | M | J | J | A | S | O | N | D |

Großer Rettich-Fälbling
Hebeloma sinapizans

Hut 4–12 cm, Oberfläche glatt, etwas schmierig, cremegelblich, lederbraun, rostgelb. Gewölbt bis ausgebreitet, oft unregelmäßig. Rand hell, jung eingerollt, im Alter aufgebogen, wellig.
Lamellen Erst blass, dann zimtbraun, mit hellen Schneiden. Fast gedrängt stehend, am Stiel ausgebuchtet angewachsen.
Stiel Erst weiß, dann bräunend, gezont bis genattert. Zylindrisch, hohl. Basis oft verdickt.
Fleisch Blass, fest. Mit starkem Rettichgeruch, Geschmack bitter.
Sporen Sporenpulver rostbraun.
Speisewert Giftig.

Vorkommen August bis Oktober. In feuchten Laub- oder Nadelwäldern, hauptsächlich auf Kalkböden, häufig.
Wissenswertes Der Große Rettich-Fälbling ist weit verbreitet und bildet oft Ringe oder Teilringe. Er riecht charakteristisch rettichartig wie viele Fälblinge *(Hebeloma)*. Am ähnlichsten ist ihm der ebenfalls giftige Tongraue Fälbling *(H. crustuliniforme)*, der aber schmächtiger ist. Fälblinge zeichnen sich durch meist schmierige Hüte sowie durch ausgebuchtet angewachsene, nie herablaufende Lamellen aus. Über 50 Arten sind bekannt. Alle Arten gelten als ungenießbar, einige sogar als giftig.

J	F	M	A	M	J	J	A	S	O	N	D

Blutroter Hautkopf
Cortinarius (Dermocybe) sanguineus

Hut 1–4 cm, Oberfläche matt, feinfilzig bis schuppig, blutrot bis braunrot. Erst glockig, dann gewölbt bis ausgebreitet, bisweilen mit gebuckelter Mitte. Rand jung mit blutroten Velumfasern.

Lamellen Dunkel blutrot bis braunrot, mit flüchtiger, blutroter Cortina. Am Stiel ausgebuchtet angewachsen.

Stiel Dunkel blutrot bis braunrot. Zylindrisch, schlank. Basis heller und etwas verdickt.

Fleisch Blutrot, im Stiel orange. Schwacher Rettichgeruch, Geschmack mild bis bitterlich.

Sporen Sporenpulver rostbraun.

Speisewert Giftig.

Vorkommen August bis Oktober. In Mooren und feuchten Nadelwäldern.

Wissenswertes Ähnliche Arten sind der Zimt-Hautkopf *(C. (Dermocybe) cinnamomeus)*, der Orangerandige Hautkopf *(C. (Dermocybe) malicorius)*, der Blutblättrige Hautkopf *(C. (Dermocybe) semisanguineus)* und der in allen Teilen gleich gefärbte, jedoch größere Zinnoberrote Hautkopf *(C. (Dermocybe) cinnabarinus)*. Hautköpfe eignen sich besonders, um Wolle zu färben. Mit Pilzen lassen sich Farben herstellen, die sonst sehr schwierig oder gar nicht mit Pflanzenfarben erreicht werden können, wie z. B. Blau, Violett und Rot.

J	F	M	A	M	J	J	A	S	O	N	D

Grüner Raukopf
Cortinarius (Leprocybe) venetus

Hut 2–6 cm, olivgrün, gelbgrün, olivocker, alt mit mehr braunen Tönen. Gewölbt bis ausgebreitet, stumpf gebuckelt. Oberfläche matt, jung samtig, feinschuppig.
Lamellen Erst gelblich, dann olivgrün, schließlich bräunlich. Am Stiel ausgebuchtet angewachsen, Schneiden schwach gekerbt.
Stiel Hutfarben, bisweilen etwas blasser, längsfaserig gestreift, Schleier gelblich. Zylindrisch, erst wattig ausgestopft, dann hohl.
Fleisch Jung blassgrün, safranfarben anlaufend, alt olivgelblich. Mit leichtem Rettichgeruch und mildem Geschmack.
Sporen Sporenpulver rostbraun.

Speisewert Kein Speisepilz.
Vorkommen August bis Oktober. Im Nadelwald, in höheren Lagen.
Wissenswertes Von diesem Pilz werden zwei Varietäten beschrieben, die sich hauptsächlich durch verschiedene Standorte voneinander abgrenzen. Die Abbildung zeigt die Varietät *C. venetus* var. *montana*, die im Nadelwald vorkommt. *C. venetus* var. *venetus* hat einen fast dunkelgrünen Hut und kommt im Buchenwald vor. Rauköpfe (Untergattung *Leprocybe*) zeichnen sich durch feingeschuppte Hüte aus. Unter den Rauköpfen sind tödlich giftige Arten bekannt.

| J | F | M | A | M | J | J | A | S | O | N | D |

Spitzgebuckelter Raukopf
Cortinarius (Leprocybe) rubellus (C. speciosissimus)

Hut 3–8 cm, Oberfläche feinschuppig, matt, orangerot, rotbräunlich, rostbräunlich. Jung spitzkegelig, dann schwach gewölbt, immer mit spitzem Buckel. Rand lange eingerollt, jung vom gelblichen Velum behangen.
Lamellen Rotbraun. Dick, entfernt stehend, am Stiel ausgebuchtet angewachsen.
Stiel Hutfarben. Zylindrisch, kräftig, voll, längsfaserig. Basis etwas verdickt, meist durch gelbliche Velumreste mehrmals gegürtelt.
Fleisch Blass rotbraun. Mit schwachem Rettichgeruch.
Sporen Feinwarzig, Sporenpulver rostbraun.
Speisewert Tödlich giftig.

Vorkommen Juli bis September. In feuchten und sauren Fichtenwäldern, im Voralpengebiet, in höheren Lagen, häufig.
Wissenswertes Er ist einer der giftigsten Pilze, die in Mitteleuropa vorkommen. Sein naher Verwandter, der Orangefuchsige Raukopf (*C. (Leprocybe) orellanus*), ist ebenfalls tödlich giftig. Dieser aber kommt meist nur in wärmeren Gegenden in Laubwäldern auf kalkfreien Böden vor und ist relativ selten. Beide enthalten in großen Mengen das Gift Orellanin, das zu einer besonders langsamen und qualvollen Vergiftung mit dem typischen Orellanus-Syndrom führt.

| J | F | M | A | M | J | J | A | S | O | N | D |

Blauer Klumpfuß
Cortinarius (Phlegmacium) coerulescens

Hut 5–8 cm, dunkelblau, blauviolett, im Alter besonders am Scheitel ocker oder hellbräunlich ausblassend. Erst kugelig, dann gewölbt und schließlich abgeflacht. Feucht schleimig, von Velumresten weißlich seidig bis feinfaserig überzogen. Rand lange eingerollt.
Lamellen Erst blauviolett, dann rostbraun. Eher entfernt stehend, ausgebuchtet angewachsen.
Stiel Etwas heller als der Hut, alt mit ockerlichen Stellen, jung bauchig und mit der weißbläulichen Cortina überzogen, dann gestreckt. Kräftig, mit dicker, gerandeter Knolle.
Fleisch Blauviolett, ausblassend, im Stiel ockerlich. Mit schimmelartigem, muffigem Geruch, eher geschmacklos.
Sporen Sporenpulver rostbraun.
Speisewert Kein Speisepilz.
Vorkommen September bis November. Im Laubwald bei Buchen, auf lehmigen, kalkhaltigen Böden, eher selten.
Wissenswertes Durch die blaue Färbung ist er ein auffälliger Pilz. Seine Lamellen werden durch die reifen Sporen ocker- bis rostbraun gefärbt. Ähnlich ist der etwas größere Dunkelviolette Schleierling (*C. violaceus*, s. S. 292), der aber durchgehend stark dunkelviolett ist und einen feinschuppigen Hut hat.

Schleiereule
Blaugestiefelter Schleimkopf, *Cortinarius (Phlegmacium) praestans*

Hut Bis zu 25 cm, braunviolett, schokoladenbraun. Erst kugelig, dann gewölbt, alt flach. Jung hauptsächlich gegen den Rand hin mit weißvioletten Velumflocken besetzt, glatt, schmierig. Rand im Alter oft runzelig.
Lamellen Erst gelblich grau, dann bräunlich. Gedrängt stehend, bauchig, gerade angewachsen, mit gekerbten Schneiden.
Stiel Weißlich, mit häutigen, seidigen, weißvioletten Velumresten bedeckt, oft mit ringartiger Zone, die von Sporen bräunlich gefärbt ist. Bauchig bis knollig, dick, kräftig, voll.
Fleisch Weißlich lila, fest. Fast geruchlos, mit mildem Geschmack.

Sporen Sporenpulver rostbraun.
Speisewert Essbar, aber schonenswert.
Vorkommen August bis November. Im Laubwald, seltener bei Nadelbäumen, auf tonigen Kalkböden, vielerorts selten.
Wissenswertes Die Abbildungen rechts zeigen junge Exemplare, an denen der Schleier noch sichtbar ist. Die Schleiereule gilt als der beste und größte Schleierling *(Cortinarius)*, sollte aber nur bei massenhaftem Auftreten gesammelt werden. Die Untergattung Schleimkopf, Klumpfuß *(Phlegmacium)* zeichnet sich durch mittlere bis sehr große Arten aus.

| J | F | M | A | M | J | J | A | S | O | N | D |

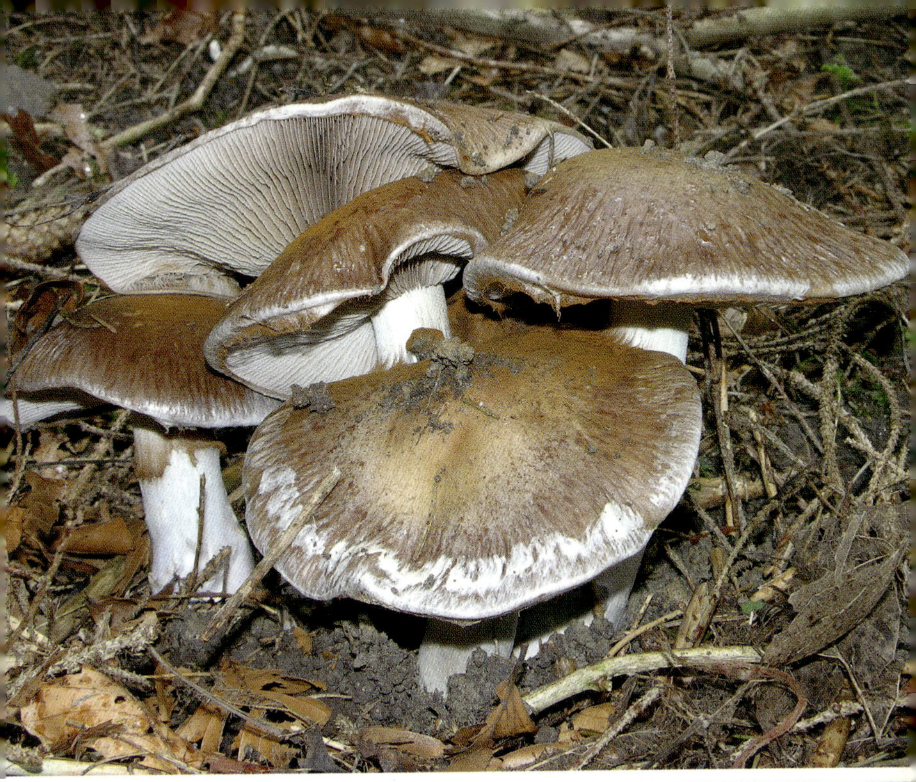
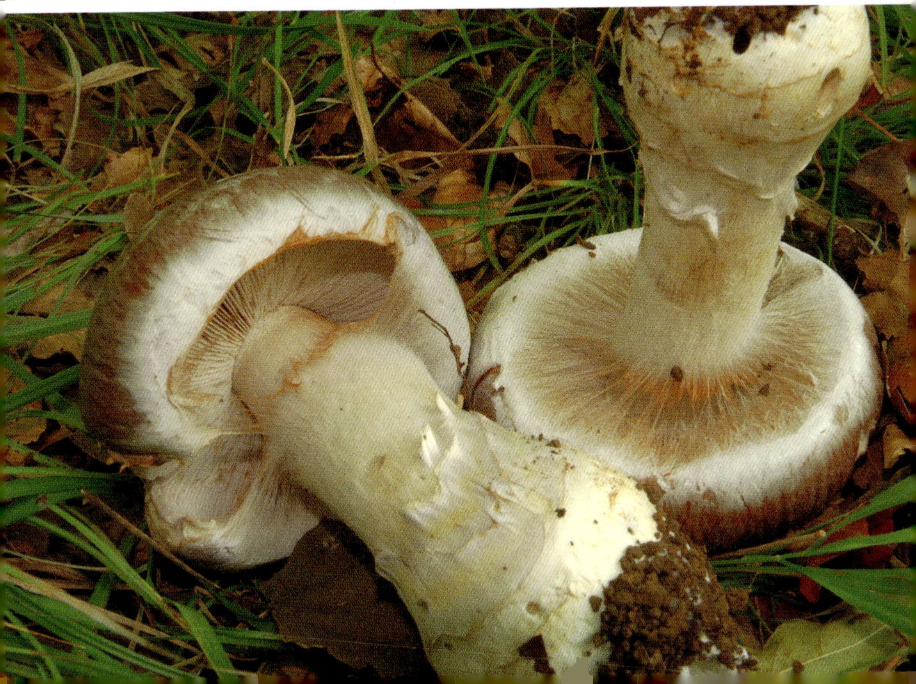

Dunkelvioletter Schleierling
Mitternachtspilz, *Cortinarius (Cortinarius) violaceus*

Hut 4–15 cm, dunkelviolett, alt fast schwarzbraun, Oberfläche trocken, feinfilzig bis schuppig. Rand lange eingebogen.
Lamellen Violett mit flockiger Schneide, später vom Sporenstaub rostbraun überzogen. Am Stiel ausgebuchtet angewachsen.
Stiel Dunkelviolett, trocken, vom Schleier oft rostbraun genattert. Basis besonders jung keulig bis dickbauchig.
Fleisch In Hut und Stiel violett, fest, marmoriert, dick. Geruch schwach nach Zedernholz, Geschmack mild.
Sporen Sporenpulver rostbraun.
Speisewert Essbar.

Vorkommen August bis Oktober. Im Laub- und Nadelwald, auch in Mooren, in Europa weit verbreitet, aber selten.
Wissenswertes Er kommt weltweit vor, so wurden Funde in Japan, Mitteleuropa, Australien, Neuseeland sowie Nordamerika beschrieben. Die prächtige Farbe und der Zedernholzduft machen den Dunkelvioletten Schleierling zu einem auffälligen Pilz. Die tiefblauviolett gefärbten Fruchtkörper haben oft einen typisch keulig angeschwollenen Stiel. Häufig kann man Hüte mit rostbraun überpudertem Sporenpulver entdecken, das von benachbarten ausgewachsenen Exemplaren herrührt.

J	F	M	A	M	J	J	A	S	O	N	D

Ziegelgelber Schleimkopf
Cortinarius (Phlegmacium) varius

Hut 3–10 cm, fuchsig, braungelb, mit hellerem Rand, schmierig, glatt. Jung halbkugelig, dann abgeflacht ausgebreitet. Rand scharf, dünn.
Lamellen Erst lila, fliederfarben, dann ocker bis zimtbraun. Gedrängt stehend, am Stiel ausgebuchtet angewachsen.
Stiel Weißlich, Spitze blasslila, mit ringartiger, weißer Cortina, die sich durch die reifen Sporen braun verfärbt. Keulig, relativ kurz, kräftig. Basis knollig und ungerandet.
Fleisch Weiß, im Stiel gelblich. Ohne besonderen Geruch, Geschmack mild.
Sporen Sporenpulver rostbraun.
Speisewert Essbar.
Vorkommen Juli bis Oktober. Im Nadelwald, hauptsächlich bei Fichten, kalkhold.
Wissenswertes Dieser Schleierling ist durch den fuchsigen Hut, die lilafarbenen Lamellen und das weißliche Fleisch erkennbar. Er ist nur von Kennern zu sammeln, da er mit ähnlichen Schleierlingen verwechselt werden könnte. Von vielen Schleierlingen weiß man bis heute noch nicht, ob sie giftig oder essbar sind. Der Name Schleierlinge rührt davon, dass junge Exemplare ihre Lamellen in Form eines mikrofeinen Haargespinsts schützen, das wie ein Schleier aussieht.

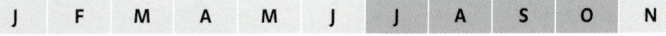

J	F	M	A	M	J	J	A	S	O	N	D

Schöngelber Klumpfuß
Cortinarius (Phlegmacium) splendens

Hut 4–9 cm, Oberfläche glatt, feucht schleimig, besonders in der Mitte dunkelbraun getropft oder fleckig, leuchtend schwefelgelb. Erst gewölbt, später flach ausgebreitet, oft unregelmäßig gewellt. Rand jung eingerollt, dann scharf.

Lamellen Leuchtend schwefelgelb, später rostbraun. Fast gedrängt stehend, gerade bis ausgebuchtet angewachsen, Schneiden leicht gesägt.

Stiel Schwefelgelb, mit orangefarbenen Resten der Cortina faserig überzogen. Zylindrisch, voll. Basis mit gerandeter Knolle, Mycelreste an der Basis deutlich schwefelgelb.

Fleisch Schwefelgelb, fest. Mit unbedeutendem Geruch und mildem Geschmack.

Sporen Sporenpulver rostbraun.

Speisewert Tödlich giftig.

Vorkommen September bis November. Nur bei Buchen, auf kalkhaltigen Böden.

Wissenswertes Die dunkelbraun getropfte Hutmitte, das schwefelgelbe Fleisch sowie das schwefelgelbe Mycel an der Stielbasis und der Standort sind wichtige Merkmale dieses äußerst giftigen Pilzes. Es gibt weitere gelbe Arten wie der essbare Prächtige Klumpfuß *(C. aurantioturbinatus)* und der nicht essbare Fuchsige Klumpfuß *(C. fulmineus)*.

| J | F | M | A | M | J | J | A | S | O | N | D |

Strohgelber Klumpfuß
Cortinarius (Phlegmacium) elegantior

Hut 4–12 cm, olivgelb, fuchsig, ocker, mit dunklerer Mitte. Jung halbkugelig, dann gewölbt und abgeflacht, oft faserig eingewachsen. Rand eingebogen, bisweilen rissig.
Lamellen Erst goldgelb, dann zimtfarben. Gedrängt stehend, tief ausgebuchtet angewachsen, Schneiden gekerbt.
Stiel Gelblich, mit blassen, ringartig angeordneten Schleierresten, die sich durch die reifen Sporen rostbraun färben. Zylindrisch, kräftig, fest, voll. Basis mit gerandeter Knolle, die unterseits weißlich gefärbt ist.
Fleisch Im Stiel gelblich, in der Knolle fuchsig, fest. Geruchlos, Geschmack mild.

Sporen Sporenpulver rostbraun.
Speisewert Essbar.
Vorkommen August bis Oktober. Im Nadelwald, bei Fichten, auf kalkreichen Böden, in höheren Lagen.
Wissenswertes Im Laubwald findet man sehr ähnliche Arten, die alle nicht essbar sind. Achtung, auch Verwechslungen mit dem tödlich giftigen Schöngelben Klumpfuß (*C. (Phlegmacium) splendens*, s. S. 294) sind durchaus möglich! Wenn man wirklich sicher gehen will, so eignet sich in dieser Gattung nur die Schleiereule (*C. praestans*, s. S. 290) zu Speisezwecken.

| J | F | M | A | M | J | J | A | S | O | N | D |

Anis-Klumpfuß
Cortinarius (Phlegmacium) odorifer

Hut 4–10 cm, kupferrot, rotbraun, auch mit gelben, violetten und grünen Farbtönen. Jung kugelig, dann gewölbt bis ausgebreitet, alt leicht niedergedrückt, dickfleischig. Feucht schleimig, trocken glänzend.
Lamellen Erst grüngelb, dann oliv- bis rostbraun. Gedrängt stehend, am Stiel ausgebuchtet angewachsen, Schneiden gekerbt.
Stiel Gelbgrün, jung sichtbar blass. Schleier reißt später und färbt sich durch die Sporen rostbraun. Kräftig, kurz. Basis mit deutlich gerandeter, dicker Knolle.
Fleisch Gelbgrün, kompakt. Geruch stark nach Anis, Geschmack mild.

Sporen Sporenpulver rostbraun.
Speisewert Essbar.
Vorkommen September bis Oktober. Im Nadelwald, bei Tannen und Fichten, auf kalkreichen Böden, lokal häufig.
Wissenswertes Der farblich sehr veränderliche Anis-Klumpfuß ist durch seinen aufdringlichen Anisgeruch unverwechselbar gekennzeichnet, wobei das nicht jedermanns Geschmack trifft. Vorsicht vor Verwechslungen mit dem tödlich giftigen Schöngelben Klumpfuß (*C. (Phlegmacium) splendens*, s. S. 294), der jedoch keinen besonderen Geruch aufweist.

| J | F | M | A | M | J | J | A | S | O | N | D |

Natternstieliger Schleimfuß
Cortinarius (Myxacium) trivialis

Hut 4–9 cm, Oberfläche gegen den Scheitel dunkler, stark schleimig, glänzend, ockergelblich, auch braun. Erst halbkugelig, dann gewölbt bis ausgebreitet, in der Mitte oft gebuckelt.
Lamellen Blass, meist mit blassen, rotvioletten Tönen, später zimt- bis rostbraun. Ungleich lang, am Stiel ausgebuchtet angewachsen, Schneiden schwach gesägt.
Stiel An der Spitze weißlich längsstreifig, darunter sehr schleimig, braunocker bis gelboliv, mit vielen unregelmäßigen Ringzonen geziert. Gegen die Basis verjüngt.
Fleisch Blassgelb, im Stiel bräunlich. Ohne besonderen Geruch, Geschmack mild.

Sporen Sporenpulver rostbraun.
Speisewert Kein Speisepilz.
Vorkommen August bis Oktober. Unter Laubbäumen, besonders Espen und Weiden, auf lehmigen Böden.
Wissenswertes Dieser Pilz gehört zu der Untergruppe Schleimfüße aus der Gattung Schleierlinge, die sich durch schleimige Hüte und Stiele auszeichnen. Der Natternstielige Schleimfuß kommt häufig vor und wächst oft in größeren Gruppen. Unter den Schleimfüßen gibt es keine eigentlichen Giftpilze. Mit ihrem bitteren Fleisch sind sie aber sicherlich nicht besonders bekömmlich.

| J | F | M | A | M | J | J | A | S | O | N | D |

Kahler Krempling
Paxillus involutus

Hut 5–15 cm, Oberfläche feinfilzig, feucht schmierig, trocken seidig, blass ockerbraun, gelbrötlich. Jung schon flach mit stark eingerolltem Rand, dann niedergedrückt bis trichterig. Rand deutlich gerippt.

Lamellen Cremefarben, blassgelblich, dann rostbraun, bei Berührung rostbraun fleckend. Oft gegabelt, weit herablaufend.

Stiel Schmutziggelb, braunrötlich. Zylindrisch, kurz, voll, kräftig, bisweilen mit verjüngter Basis.

Fleisch Im Schnitt gelb, dann braun, weich. Geruch und Geschmack säuerlich.

Sporen Sporenpulver rostbraun.

Speisewert Giftig.

Vorkommen Juli bis November. Im Nadel- und Laubwald, auf sauren Böden, häufig.

Wissenswertes Sehr ähnlich ist der Erlen-Krempling *(P. rubicundulus)*, der nur bei Erlen vorkommt und ebenfalls giftig ist. Der Kahle Krempling galt lange Zeit als essbarer und guter Speisepilz. Neuere Erfahrungen haben jedoch gezeigt, dass er nach wiederholtem Genuss, meist erst nach Jahren, eine komplizierte Antigen-Antikörperreaktion auslösen kann. Diese kann beim Mensch gefährliche innere Krankheiten hervorrufen, die bereits vereinzelt zum Tod geführt haben.

J	F	M	A	M	J	J	A	S	O	N	D
						•	•	•	•	•	

Samtfuß-Krempling
Paxillus atrotomentosus

Hut 5–15 cm, Oberfläche dunkelbraun filzig, im Alter fein in kleine Schuppen aufgerissen, hell- bis dunkelbraun. Jung gewölbt, bald aber trichterig, muschelförmig. Mit welligem, eingerolltem Rand.
Lamellen Ockergelb, auf Druck braun fleckend. Gedrängt stehend, queraderig miteinander verbunden, weit herablaufend.
Stiel Schwarzbraun. Kurz und kräftig, exzentrisch, charakteristisch samtig bis filzig.
Fleisch Blassgelb, weich, bei feuchter Witterung sehr wasserhaltig. Geruch säuerlich, Geschmack bitter.
Sporen Sporenpulver braun.

Speisewert Kein Speisepilz.
Vorkommen Juli bis November. Im Nadelwald, auf morschen Strünken von Nadelbäumen, häufig.
Wissenswertes An den großen Fruchtkörpern und dem samtigen Stiel ist dieser stattliche Pilz gut zu erkennen. Früher wurde er gegessen. Oft ist er aber bitter und nicht wohlschmeckend, von einem Verzehr ist daher abzuraten. Kremplinge sind vorwiegend holz- und bodenbewohnende Pilze, die saprophag leben, aber auch eine Mykorrhiza bilden können. Sie sind mit den Röhrenpilzen nahe verwandt, obwohl sie Lamellen besitzen.

J	F	M	A	M	J	J	A	S	O	N	D

Kuhmaul
Großer Gelbfuß, *Gomphidius glutinosus*

Hut 5–12 cm, jung graubraun, grauviolett, im Alter ausblassend und oft mit schwarzen Flecken. Jung halbkugelig, dann flach gewölbt mit eingerolltem Rand, schließlich ausgebreitet bis trichterig. Haut schmierig, klebrig, abziehbar, jung gänzlich von glasigem Schleim überzogen.
Lamellen Jung weiß, durch die reifenden Sporen rußig grau mit lila Ton. Entfernt stehend, gegabelt, am Stiel herablaufend.
Stiel Weißlich, dann schmutzig bräunlich, nur die Spitze bleibt weiß, von dicker Schleimschicht überzogen. Basis lebhaft gelb gefärbt.
Fleisch Weiß, grauend, in der Stielbasis gelb und holzig, sonst zart. Geruch unbedeutend, Geschmack mild.
Sporen Sporenpulver schwarz.
Speisewert Essbar, guter Speisepilz.
Vorkommen Juli bis Oktober. Im Nadelwald, hauptsächlich unter Fichten, gesellig, häufig.
Wissenswertes Er wird auch als Großer Schmierling bezeichnet. Wegen seines schleimigen Überzugs und seines im ersten Augenblick unscheinbaren Aussehens verwenden ihn nur wenige Pilzsammler. Entfernt man seine unappetitliche Huthaut, ist er ein wohlschmeckender Speisepilz. Beim Kochen wird das Fleisch schwärzlich.

| J | F | M | A | M | J | J | A | S | O | N | D |

Kupferroter Gelbfuß
Chroogomphus rutilus (Gomphidius rutilus)

Hut 3–8 cm, ockerbraun, mit kupferrotem Farbton, glatt, feucht schmierig. Jung halbkugelig, dann kegelig gewölbt, schließlich abgeflacht bis gebuckelt. Rand jung mit dem Stiel durch ein faseriges Velum verbunden.
Lamellen Graulila, später durch die reifen Sporen schwärzlich. Entfernt stehend, gegabelt, am Stiel herablaufend.
Stiel Orange, ockerlich, kupferrötlich faserig genattert, jung gegen die Spitze mit rosarötlichen, ringartigen Velumresten. Zylindrisch, kräftige Exemplare bisweilen bauchig, voll. Basis verjüngt.
Fleisch Blassorange, lachsfarben, fest. Geruch unbedeutend, Geschmack mild, nussartig.
Sporen Sporenpulver olivbraun.
Speisewert Essbar, guter Speisepilz.
Vorkommen Juni bis Oktober. Bei zweinadligen Kiefernarten.
Wissenswertes Sehr ähnlich ist der Filzige Gelbfuß (*G. helveticus*, s. S. 302), der aber einen filzigen Hut aufweist. Beim Kochen verfärbt sich der Kupferrote Gelbfuß zum Schrecken vieler Köche violett. Aufgrund seines zwar milden, aber nicht sehr ausdrucksstarken Geschmacks ist er nicht unbedingt für die Nutzung als Einzelgericht geeignet.

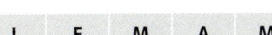

| J | F | M | A | M | J | J | A | S | O | N | D |

Filziger Gelbfuß

Chroogomphus helveticus (Gomphidius helveticus)

Hut 3–8 cm, Oberfläche matt, nur bei feuchter Witterung schmierig, bräunlich orangefarbener Grund, von einem feinen, rötlichen Faserfilz überzogen. Jung halbkugelig, dann gewölbt, schließlich abgeflacht, in der Hutmitte dickfleischig. Rand lange eingebogen.
Lamellen Orangeocker, durch die reifen Sporen schwärzlich. Gegabelt, herablaufend.
Stiel Hutfarben, bisweilen mit mehr orangefarbenen Tönen, rötlich faserfilzig. Kräftig, voll. Basis verjüngt.
Fleisch Gelborange, fest. Geruch fruchtartig, Geschmack mild.
Sporen Sporenpulver olivbraun.

Speisewert Essbar, guter Speisepilz.
Vorkommen Juli bis Oktober. Im alpinen Nadelwald, bei Fichten und bei zwei- oder fünfnadligen Kiefernarten, einzeln, selten in kleinen Gruppen.
Wissenswertes Die Hauptart kommt ausschließlich bei Fichten vor. Es werden jedoch von diesem Pilz zwei Unterarten unterschieden, die sich durch die Größe der Sporen und durch verschiedene Standorte voneinander abgrenzen. Die ssp. *tatrensis* wächst bei Fichten und Kiefern, während die ssp. *helveticus* nur bei Arven vorkommt. Beim Kochen verfärbt sich der Filzige Gelbfuß rotviolett.

| J | F | M | A | M | J | J | A | S | O | N | D |

Fleckender Schmierling
Gomphidius maculatus

Hut 5–12 cm, gräulich oder bräunlich, oft blass, bisweilen schwarzfleckig, schmierig. Jung gewölbt, dann flach, schließlich trichterig. Rand lange eingerollt.
Lamellen Weißlich, dann grau, im Alter schwärzlich, verletzt rostrot fleckend, dann schwärzend. Entfernt stehend, gegabelt, dick, am Stiel herablaufend.
Stiel Weißlicher Grund, braunrot punktiert. Zylindrisch, gegen die Basis verjüngt und schwarzfleckig. Basis lebhaft gelb.
Fleisch Weißlich, verfärbt sich an der Luft orangerot, in der Stielbasis zitronengelb, weich. Geruch unbedeutend, Geschmack mild.

Sporen Sporenpulver schwarz.
Speisewert Essbar.
Vorkommen August bis Oktober. Nur bei Lärchen.
Wissenswertes Der Fleckende Schmierling ist der kleinste Pilz der Gattung *Gomphidius* und wird wohl wegen seines unappetitlichen Aussehens oft nicht beachtet. Als Mykorrhizapartner ist er sehr eng an die Lärche gebunden und kommt deshalb entsprechend ihres Verbreitungsgebiets im Gebirge häufiger vor als in tieferen Lagen. Bei Verletzung verfärbt sich das Fleisch orangerot. Ausgewachsene Exemplare sind stark schwarzfleckig.

| J | F | M | A | M | J | J | A | S | O | N | D |

Rosa Schmierling
Gomphidius roseus

Hut 3–5 cm, Oberfläche schmierig, rosa, karminrot, alt schmutzig. Jung halbkugelig, dann flach, schließlich schwach trichterig. Rand lange eingerollt.

Lamellen Weißlich, dann aschgrau. Entfernt stehend, gegabelt, dick, herablaufend.

Stiel Weiß, mit einem Hauch Rosa. Kurz, oft verbogen. Basis verjüngt und blassrot bis gelblich.

Fleisch Weißlich, unter der Huthaut rötlich, zart, saftig. Geruch unbedeutend, Geschmack mild.

Sporen Sporenpulver dunkelbraun.

Speisewert Essbar, aber schonenswert.

Vorkommen Juli bis Oktober. Nur bei Kiefern, nicht häufig.

Wissenswertes Sein rosa gefärbter Hut und seine weißen, herablaufenden Lamellen sind charakteristisch. Er ist sehr eng mit dem Kuh-Röhrling (*Suillus bovinus*, s. S. 112) vergesellschaftet, oft wachsen beide dicht nebeneinander. Der Rosa Schmierling kommt dann einzeln oder mit wenigen Exemplaren zwischen den massenhaft, büschelig auftretenden Kuh-Röhrlingen vor. Die Familie der Gelbfüße (Gomphidiaceae) zeichnet sich durch ihre gelben bis orangen Stielbasen aus. Es sind ausschließlich Mykorrhizapilze von Nadelbäumen.

| J | F | M | A | M | J | J | A | S | O | N | D |

Falscher Pfifferling

Falscher Eierschwamm, *Hygrophoropsis aurantiaca*

Hut 2–7 cm, jung und feucht leuchtend orange, sonst gelb, ausblassend. Flach bis trichterig, jung besonders samtig, später verkahlend. Rand stark eingerollt.
Lamellen Lebhaft orange. Gegen den Hutrand gegabelt, weit herablaufend.
Stiel Orangegelb, bisweilen ausblassend. Zylindrisch, meist etwas verbogen, zentral oder exzentrisch. Basis zugespitzt.
Fleisch Gelblich bis orangegelb, zäh. Geruch und Geschmack unauffällig.
Sporen Sporenpulver blass gelblich.
Speisewert Kein Speisepilz.
Vorkommen September bis Oktober. Auf dem Boden wachsend oder auf sehr morschem Nadelholz.
Wissenswertes Durch seine auf den ersten Blick täuschende Ähnlichkeit wird der Falsche Pfifferling immer wieder mit dem essbaren Echten Pfifferling (*Cantharellus cibarius*, s. S. 306) verwechselt. Dieser aber hat Leisten statt Lamellen und festes, knackiges, nicht biegsames Fleisch. Verwechslungen führen bei anfälligen Personen zu Brechdurchfällen. Andere Personen vertragen den Pilz ohne Beschwerden. Um welche Pilzgifte es sich dabei handelt, ist noch unbekannt. Er sollte deswegen nicht gesammelt werden.

J	F	M	A	M	J	J	A	S	O	N	D

Echter Pfifferling
Eierschwamm, *Cantharellus cibarius*

Hut 2–10 cm, dottergelb, orangegelb, seltener weißlich oder fein violett geschuppt. Jung knopfförmig, dann gewölbt mit eingerolltem Rand, schließlich ausgebreitet, niedergedrückt. Rand oft noch eingebogen, wellig, glatt, matt.
Leisten Hutfarben. Gut ausgebildet, dicklich, gegabelt, weit herablaufend.
Stiel Hutfarben. Kurz, oft gebogen, voll, fest, gegen die Basis verjüngt.
Fleisch Weiß bis blassgelb, fest, knackig, im Stiel faserig, zäh. Geruch fruchtartig, Geschmack mild bis pfefferig.
Sporen Sporenpulver weiß.
Speisewert Essbar, vorzüglicher Speisepilz, in manchen Gegenden zurückgehend.
Vorkommen Juni bis November. Im Laub- und Nadelwald, in moosigen Wäldern, gesellig.
Wissenswertes Der Falsche Pfifferling (*Hygrophoropsis aurantiaca*, s. S. 305) unterscheidet sich von diesem Pilz durch seine Lamellen. Ähnlich ist der südlich der Alpen vorkommende giftige Leuchtende Ölbaumpilz (*Omphalotus olearius*). Im Fichtenwald des Flachlands kommt der Amethyst-Flockige Pfifferling var. *amethystea* (Foto unten rechts) vor. Ganz helle Exemplare aus dem Buchenwald werden als Blasser Pfifferling var. *pallens* (Foto oben rechts) bezeichnet.

| J | F | M | A | M | J | J | A | S | O | N | D |

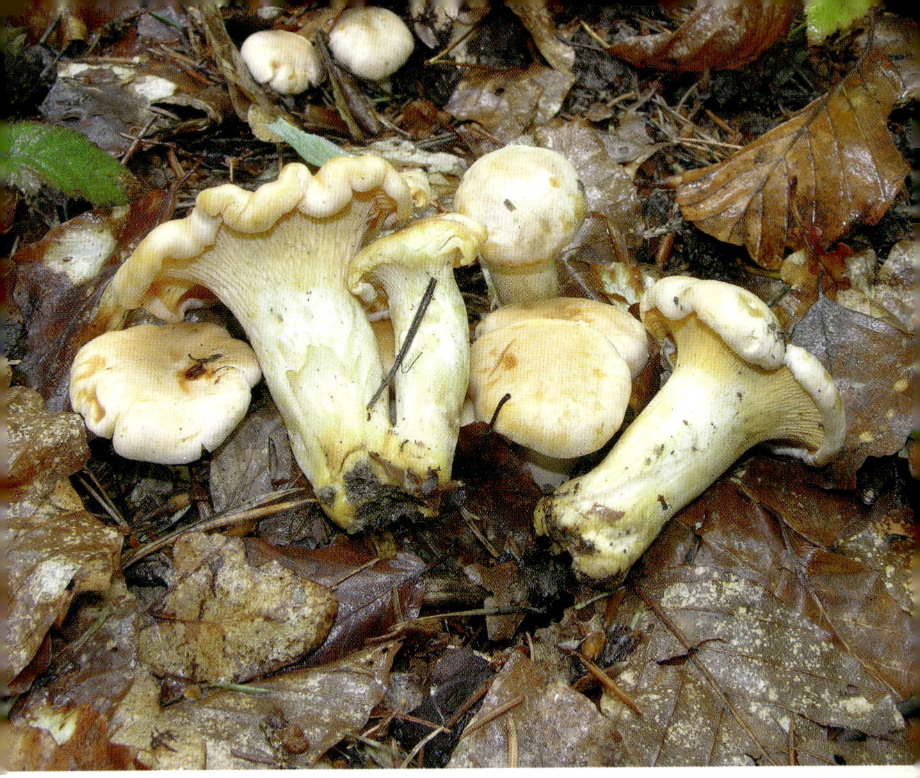
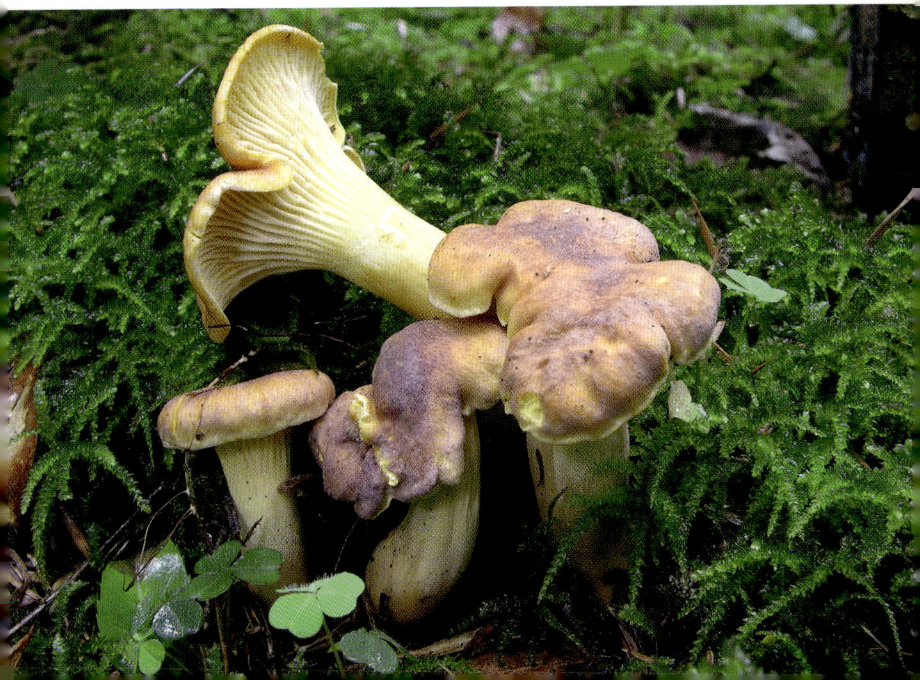

Samtiger Leistling
Cantharellus friesii

Hut 1–4 cm, lebhaft orange, orangerötlich oder orangegelb. Erst gewölbt, dann abgeflacht, schließlich trichterig. Oberfläche glatt bis feinsamtig, im Alter mit flatterigem, dünnfleischigem Rand.
Leisten Lachsfarben, gelblich, im Alter blass. Unregelmäßig gabelig, queraderig verbunden (anastomosierend), breit, weit herablaufend.
Stiel Hutfarben. Kurz, fest, jung voll, dann hohl, mit glatter bis feinfilziger Oberfläche.
Fleisch Weiß bis blassgelb, zart. Geruch fruchtig, Geschmack schärflich.
Sporen Sporenpulver weiß.
Speisewert Essbar, aber schonenswert.

Vorkommen Juli bis Oktober. In Wäldern, oft bei Buchen, auf lehmigen bis sandigen Böden.

Wissenswertes Dieser Pilz ist im Gegensatz zum Echten Pfifferling (*C. cibarius*, s. S. 306) auffallend kräftigorange gefärbt, besitzt viel kleinere Fruchtkörper und wächst selten massenweise, sondern einzeln oder in wenigen Exemplaren zusammen. Er ist normalerweise nicht häufig, in manchen Jahren sogar selten und sollte deswegen nicht gesammelt werden. Dieser wärmeliebende Pilz konnte in den letzten Jahren deutlich häufiger beobachtet werden. Liegt das am Klimawandel?

J	F	M	A	M	J	J	A	S	O	N	D

Schwärzender Pfifferling
Cantharellus melanoxeros

Hut 2–7 cm, Oberfläche flaumig, schwach behaart, radialfaserig, blassgelb, später schmutzig gelb mit schwärzlichen Tönen. Unregelmäßig trichterförmig. Rand jung stark eingebogen, im Alter scharf, flatterig und schwarz verfärbend.
Leisten Weißlich, graugelblich. Deutlich gegabelt, weit herablaufend.
Stiel Blass- bis dunkelgelb, matt. Zylindrisch, kurz, voll, im Alter hohl, glatt, runzelig, oft büschelig verwachsen.
Fleisch Blassgelblich, brüchig, im Bruch oder beim Trocknen langsam, aber deutlich schwärzend. Geruch obstartig, Geschmack mild.

Sporen Sporenpulver weiß.
Speisewert Essbar, ist aber unbedingt zu schonen.
Vorkommen Juli bis Oktober. Im Laubwald, auch im Laubmischwald, auf lehmigen Böden, sehr selten.
Wissenswertes Sicher erkennen lässt er sich erst, wenn sich das Fleisch schwarz verfärbt. Dies geschieht erst Minuten bis Stunden nach der Ernte. Wie alle anderen Leistlinge ist diese Art ein Mykorrhizapilz. Er bildet mit Laubbäumen, vor allem mit der Rot-Buche, eine Symbiose. Zudem bevorzugt er etwas wärmere Lagen auf lehmigen bis kalkhaltigen Böden.

J	F	M	A	M	J	J	A	S	O	N	D
						■	■	■	■		

Trompeten-Pfifferling
Cantharellus tubaeformis

Hut 2–6 cm, gelbbraun bis graubraun. Gewölbt, erst genabelt, dann oft trichterförmig, schließlich durchbohrt, dünnfleischig, zartflockig bis glatt. Rand erst heruntergebogen, alt aufgebogen, kraus.
Leisten Graubräunlich bis graugelb. Deutlich und dick, entfernt stehend, queraderig verbunden, weit heraplaufend und vom Stiel farblich scharf abgegrenzt.
Stiel Graugelb, gegen die Basis gelblich, weniger lebhaft gefärbt als bei der Gelben Kraterelle *(C. xanthopus)*. Grubig bis breitgedrückt, oft verbogen, röhrig.
Fleisch Gelblich weiß, faserig, häutig. Mit schwachem Geruch und mildem Geschmack.
Sporen Sporenpulver weiß.
Speisewert Essbar, begehrter Speisepilz.
Vorkommen Juli bis November. Im Nadelwald, bei Tannen, gerne bei Strünken, oft in großen Scharen.
Wissenswertes Als Speisepilz ist er ähnlich wie die Gelbe Kraterelle (*C. xanthopus*, s. S. 311), wenn auch etwas dezenter im Geschmack. Er gilt als guter Speisepilz und kann besonders gut eingefroren oder in Essig eingelegt werden. Im Vergleich zur Kraterelle hat er gut ausgebildete Leisten, die sich mit ihrem grauen Farbton farblich vom Stiel scharf abgrenzen.

J	F	M	A	M	J	J	A	S	O	N	D
						J	A	S	O	N	

Gelbe Kraterelle
Cantharellus xanthopus (C. lutescens)

Hut 2–8 cm, rauchbraun bis braunschwärzlich, gelblich durchscheinend. Erst konvex bis flach, bald tief trichterförmig bis durchbohrt, dünnfleischig. Rand kraus und gelappt.
Fruchtschicht Anfangs rosagelb, später blass orangegelb. Lange Zeit glatt, schließlich flach geädert, weit herablaufend.
Stiel Lebhaft orangegelb. Oben trichterförmig erweitert, oft breitgedrückt, bis zum Grunde hohl, durchbohrt, längskantig, furchig.
Fleisch Weißlich, nach außen gelblich. Geruch angenehm nach Früchten, in größeren Mengen sehr intensiv und eher etwas beißend, Geschmack mild.

Sporen Sporenpulver weiß.
Speisewert Essbar, begehrter Speisepilz.
Vorkommen Juli bis Oktober. Im Nadelwald, gerne bei Kiefern, kalkliebend, meist in großen Scharen.
Wissenswertes Der ebenfalls essbare Trompeten-Pfifferling (*C. tubaeformis*, s. S. 310) duftet nicht so intensiv, ist weniger orange und dessen Fruchtschicht ist vom Stiel farblich scharf abgegrenzt. Die Gelbe Kraterelle kommt bei Kiefern auf Kalk vor und ist wärmeliebend. Dieser Pilz braucht aber genügend Feuchtigkeit, sonst trocknet er aus und verkümmert. Er eignet sich besonders gut zum Dörren.

| J | F | M | A | M | J | J | A | S | O | N | D |

Herbsttrompete
Totentrompete, *Craterellus cornucopioides*

Fruchtkörper 4–12 cm hoch, 2–5 cm im Durchmesser, Oberfläche filzig bis schuppig, Innenseite schwarz, oft schwarzbraun ausblassend. Trichter- bis trompetenförmig, bis zur Stielbasis hohl, wellig, dünnfleischig. Rand nach unten gebogen. Die Außenseite ist von der grauen bis blaugrauen, glatten Fruchtschicht überzogen; wird später längsrunzelig.
Stiel Zugespitzt, hohl, zäh und runzelig.
Fleisch Graubraun, schwärzlich, zäh. Mit angenehm aromatischem Geruch und mildem Geschmack.
Sporen Sporenpulver weiß.
Speisewert Essbar, begehrter Speisepilz.

Vorkommen August bis November. Im Laubwald, vor allem bei Buchen, seltener bei Edelkastanien, büschelig.
Wissenswertes Die Herbsttrompete schmeckt etwas süßlich, ist aber wie alle Leistlinge ein vorzüglicher Speisepilz. Sie eignet sich besonders als Dörrpilz. Beim hastigen Sammeln kann sie mit dem ebenfalls essbaren Grauen Leistling (*Cantharellus cinereus*, s. S. 314) verwechselt werden, der oft in unmittelbarer Nähe vorkommt und mit ihr vergesellschaftet ist. Dreht man den Grauen Leistling um, sieht man aber sofort die wohlausgebildeten Pfifferlingsleisten.

J	F	M	A	M	J	J	A	S	O	N	D
							A	S	O	N	

Krause Kraterelle
Pseudocraterellus undulatus (P. sinuosus)

Hut 1–5 cm, rußiggrau, graubraun. Trichterförmig, nicht durchbohrt, fast dickfleischig, unregelmäßig, wellig, matt. Rand wellig, äußerst kraus, dünn, oft eingerissen und gekerbt.
Fruchtschicht Beige bis graubeige, aderig bis runzelig. Mit Queradern, ohne deutliche Leisten, weit herablaufend.
Stiel Blassgrau mit cremefarbenen Tönen. Oft breitgedrückt, verbogen, hohl, unregelmäßig gefurcht, faltig, glatt, gegen die Basis verjüngt.
Fleisch Blass braungrau, weich, zart. Geruch schwach, Geschmack mild.
Sporen Sporenpulver weiß.

Speisewert Essbar, aber schonenswert.
Vorkommen Juli bis Oktober. In Laubwäldern, Parks, hauptsächlich bei Buchen, auf Erde, selten, büschelig wachsend.
Wissenswertes Die Krause Kraterelle ist nicht bis in den Stiel durchbohrt, wie z. B. der Trompeten-Pfifferling (*Cantharellus tubaeformis*, s. S. 310), die Gelbe Kraterelle (*Cantharellus xanthopus*, s. S. 311) und die Herbsttrompete (*Craterellus cornucopioides*, s. S. 312). Der Graue Leistling (*Cantharellus cinereus*, s. S. 314) hat dunkler gefärbte Hüte und riecht nach Pflaumen. Die Krause Kraterelle ist wärmeliebend und wächst bei Buchen.

| J | F | M | A | M | J | J | A | S | O | N | D |

Grauer Leistling
Cantharellus cinereus

Hut 2–4 cm, Oberfläche feinschuppig, faserig, schwarz, graubraun ausblassend. Erst gewölbt, bald aber genabelt bis trichterig, dünnfleischig. Rand erst heruntergebogen, später aufgebogen, wellig und kraus.
Leisten Grauweißlich. Entfernt stehend, gegabelt, unregelmäßig angeordnet, weit herablaufend.
Stiel Gräulich. Zylindrisch, relativ kurz, hohl.
Fleisch Weißlich grau, elastisch. Geruch fruchtartig nach Pflaumen, Geschmack mild.
Sporen Sporenpulver weiß.
Speisewert Essbar, aber schonenswert.
Vorkommen August bis November. Im Laubwald, meist bei Buchen, auf nährstoffreichen Böden, gerne in Gesellschaft der Herbsttrompete, büschelig.
Wissenswertes Der Graue Leistling ist ein eher seltener Pilz. Seine dunklen Fruchtkörper werden gerne mit der Herbsttrompete (*Craterellus cornucopioides*, s. S. 312) verwechselt, die die gleichen Standorte beansprucht. An ähnlichen Standorten trifft man auch auf die allerdings noch seltenere Krause Kraterelle (*Pseudocraterellus undulatus*, s. S. 313), die aber rußiggraue bis blassbraune Farbtöne aufweist. Alle drei Arten sind wärmeliebend und Mykorrhizapartner der Buche.

Violettes Schweinsohr
Gomphus clavatus

Fruchtkörper 4–10 cm hoch, 2–6 cm im Durchmesser, lila bis violett, Oberseite erst im Alter schmutzig braungelb. Jung keulenförmig mit abgestutzter Spitze, dann kreiseiförmig und trichterig vertieft, mit glatter bis wellig runzeliger Oberfläche. Außenseite mit hauptsächlich längs-, aber auch queraderigen, violetten bis rosagelblichen, dicken, wulstigen Leisten überzogen, unten in einen kurzen Stiel übergehend.
Fleisch Weiß, weich, voll, keine Hohlräume, wasserfleckig. Geruch unbedeutend, Geschmack mild.
Sporen Sporenpulver gelblich.

Speisewert Essbar.
Vorkommen Juli bis Oktober. Im Nadel- und Laubwald, oft in Hexenringen, aber leider nicht häufig.
Wissenswertes Das Schweinsohr gehört wohl zu den Pilzen mit den willkürlichsten Formen und Farben. Jung kann dieser Pilz höchstens mit der Abgestutzten Keule (*Clavariadelphus truncatus*, s. S. 317) verwechselt werden. Das Schweinsohr ist der einzige Vertreter der Gattung *Gomphus*, der in Mitteleuropa vorkommt. Amerikanische Arten sind orange mit weißer Fruchtschicht (*G. bonarii* und *G. floccosus*).

J	F	M	A	M	J	J	A	S	O	N	D

Herkules-Riesenkeule
Clavariadelphus pistillaris

Fruchtkörper 7–30 cm hoch, 2–6 cm im Durchmesser, erst hellgelb, dann ocker, später oft rotbraun und dunkelfleckig. Keulenförmig, Scheitel abgerundet. Basis stielförmig verjüngt. Oberfläche erst glatt, dann längsrunzelig, matt.
Fleisch Weiß, im Schnitt bräunend, zäh, kompakt, längsfaserig. Ohne auffallenden Geruch, Geschmack leicht bitter.
Sporen Sporenpulver weißlich.
Speisewert Kein Speisepilz.
Vorkommen August bis November. Im Laubwald, vor allem bei Buchen, auf kalkhaltigen Böden, oft einzeln, aber auch in Massen.

Wissenswertes Wie es der Name verrät, kann diese Keule in Riesendimensionen vorkommen. Ähnlich ist die Zungenkeule *(C. ligula)*. Diese kommt im Nadelwald vor und ist deutlich schmächtiger. Ebenfalls eine gewisse Ähnlichkeit weist die Abgestutzte Riesenkeule *(C. truncatus,* s. S. 317) auf. Sie ist größer als die Zungen-, jedoch kleiner als die Herkules-Riesenkeule und kommt im Nadelwald oder im Nadel-Laubmischwald vor. Die Herkules-Riesenkeule hat zähes und würzig schmeckendes, oft leicht bitteres Fleisch. Sie ist höchstens als Pilzgewürz (gemahlen oder zermörsert) zum Verzehr geeignet.

J	F	M	A	M	J	J	A	S	O	N	D
							A	S	O	N	

Abgestutzte Riesenkeule
Clavariadelphus truncatus

Fruchtkörper 5–10 cm hoch, 2–5 cm im Durchmesser, gelb bis orangegelb. Keulenförmig, mit deutlich abgeflachter oder abgestutzter Spitze. Oberfläche aderig bis runzelig, im Alter mit unregelmäßig runzeligem Rand, Außenseite gegen die Basis mit ocker-orangefarbenen Tönen, Stielbasis weißlich.
Fleisch Weiß, im Schnitt bald braunrot, weich, schwammig, kompakt. Ohne auffallenden Geruch, Geschmack süßlich.
Sporen Sporenpulver blassgelb.
Speisewert Essbar, aber schonenswert.
Vorkommen August bis November. Im Nadelwald, bei Tannen, kalkmeidend.

Wissenswertes Die in Nadelwäldern vorkommende Abgestutzte Riesenkeule ist seltener und kleiner als die ebenfalls zu den Keulenpilzen *(Clavariadelphus)* gehörende Herkules-Riesenkeule (*C. pistillaris,* s. S. 316). Die beiden Arten kann man wegen ihrer Formen und der verschiedenen Standorte gut voneinander unterscheiden. Die Gattung der Keulenpilze umfasst in Europa nur etwa fünf Arten. Mit Ausnahme des Scheitels und der Stielbasis ist die Außenseite der Fruchtkörper von der Fruchtschicht überzogen, unregelmäßig gerunzelt, glatt und ockerorange gefärbt.

| J | F | M | A | M | J | J | A | S | O | N | D |

Rotbrauner Korkstacheling
Hydnellum ferrugineum

Hut 3–10 cm breit, jung weiß, mit zahlreichen blutroten Tropfen besetzt. Keulig oder kreiseiförmig, gewölbt, später rotbraun bis purpurbraun, höckerig, rillig, abgeflacht bis trichterförmig. Oberfläche feinfilzig, mit weißlichem, welligem Rand.
Stacheln Jung weiß, später rotbraun, bis zu 5 mm lang.
Stiel Rotbraun. Ziemlich dick, unregelmäßig geformt, angeschwollen, voll, sehr zäh.
Fleisch Blass rotbraun, jung schwammig weich, später korkig bis hart. Geruch schwach mehlartig, Geschmack mild.
Sporen Sporenpulver braun.

Speisewert Kein Speisepilz, schonenswert.
Vorkommen August bis Oktober. In Berg-Nadelwäldern, bei Kiefern oder Fichten, einzeln oder gesellig, selten.
Wissenswertes Dieser Korkstacheling *(Hydnellum)* verblüfft uns jung mit seinen blutroten Tropfen auf weißem Grund. In diesem Stadium ist er ein außerordentlich faszinierender Pilz. Sehr ähnlich und jung ebenfalls mit dekorativen roten Tropfen besetzt ist der Scharfe Korkstacheling *(H. peckii)*. Die Gattung der Korkstachelinge *(Hydnellum)* ist durch 16 Arten vertreten, die sich durch die korkartige Konsistenz ihres Fleisches auszeichnen.

J	F	M	A	M	J	J	A	S	O	N	D
							A	S	O		

Habichtspilz
Rehpilz, *Sarcodon imbricatus*

Hut 6–20 (30) cm, graubräunlicher, filziger Grund, mit dunklen, großen, aufstehenden Schuppen bedeckt, die konzentrisch angeordnet sind. Gewölbt bis flach, oft genabelt, im Alter trichterig mit durchbohrtem Zentrum, dickfleischig. Rand heller, lange heruntergebogen, erst im Alter scharf und bisweilen aufgerichtet.
Stacheln Erst kurz und weißlich, dann aschgrau, schließlich braun und oft über 1 cm lang.
Stiel Weißgrau, bräunlich, matt. Zylindrisch bis keulig, kurz und kräftig, voll, im Alter röhrig, samtig.
Fleisch Erst weiß, später blass graubraun, fest, Stielbasis holzig. Geruch würzig, Geschmack mild bis bitterlich.
Sporen Sporenpulver braun.
Speisewert Jung essbar, Gewürzpilz.
Vorkommen August bis November. In Berg-Nadelwäldern, bei Fichten, oft in Reihen oder Hexenringen.
Wissenswertes Neuerdings wird eine neue Art, der Kiefern-Habichtspilz *(S. squamosus)*, unterschieden. Er kommt ausschließlich bei Kiefern vor, sein Hut ist nicht oder nur leicht niedergedrückt. Ähnlich sieht auch der seltene, bittere Gallenstacheling *(S. scabrosus)* aus, der jedoch in Laubwäldern vorkommt.

J	F	M	A	M	J	J	A	S	O	N	D

Semmel-Stoppelpilz
Hydnum repandum

Hut 3–10 (15) cm, weißlich bis blass lederfarben, Oberfläche trocken, matt, schwach filzig. Gewölbt bis flach, oft auch niedergedrückt, rund bis unregelmäßig geformt, wellig, dickfleischig, oft exzentrisch gestielt. Rand erst eingebogen, später oft wellig.
Stacheln Weißlich, cremefarben bis ockerrötlich. Fein und dünn, bis zu 6 mm lang, brüchig, am Stiel oft etwas herablaufend.
Stiel Weiß bis blassgelb, heller als der Hut. Kurz, kräftig, oft exzentrisch, voll.
Fleisch Weiß, etwas brüchig, fest. Geruchlos, Geschmack erst mild, dann schwach brennend, im Alter gelblich und bitter.

Sporen Sporenpulver cremefarben.
Speisewert Essbar, guter Speisepilz.
Vorkommen Juli bis November. In Laub- und Nadelwäldern, gesellig, manchmal büschelig, oft in Ringen, häufig.
Wissenswertes Die Abbildung oben rechts zeigt den Rotgelben Semmel-Stoppelpilz, eine Varietät (var. *rufescens*) des Semmel-Stoppelpilzes. Früher wurde der Rotgelbe Semmel-Stoppelpilz als eine eigene Art angesehen. Seine Fruchtkörper sind oft kleiner, haben einen rotgelb gefärbten Hut und die Stacheln sind schon von Jugend an schwach orangegelblich gefärbt. Oft sind seine Frucht-

| J | F | M | A | M | J | J | A | S | O | N | D |

körper auffallend brüchig. Sie sind meist zentrisch gestielt und wachsen im Gegensatz zur Hauptform kaum büschelig. Er wächst meist in reinen Nadelwäldern. Diese Varietät sowie die Hauptform wachsen oft in großen Ringen. In Form und Farbe gleicht der Rotgelbe Semmel-Stoppelpilz dem Echten Pfifferling (*Cantharellus cibarius*, s. S. 306), der aber keine Stoppeln, sondern Leisten aufweist. Ähnlich gewachsene Fruchtkörper haben der Rötende Schafeulen-Porling (*Scutiger subrubescens*, s. S. 326), der Gemeine Schafeuter-Porling (*Scutiger ovinus*, s. S. 326) und der Semmel-Porling *(Scutiger confluens)*. Ihre Hüte sind weißlich, cremefarben, blassgelblich bis orangebraun. Man erkennt sie an ihrer porigen Fruchtschicht. Sie sind jung essbar, im Alter schmecken sie bitter. Der Weiße Stoppelpilz *(H. albidum)* ist in allen Teilen weiß gefärbt und in Südeuropa beheimatet. Er unterscheidet sich durch kleinere Sporen. Die Gattung *Hydnum* besteht nur aus diesen beiden erwähnten, essbaren Arten. Semmel-Stoppelpilze sind festfleischig und werden daher als Speisepilze sehr geschätzt. Alte Exemplare sind jedoch oft bitter. Sie eignen sich wegen ihres festen Fleisches nicht zum Dörren.

Anis-Zähling
Lentinellus cochleatus

Hut 2–6 cm breit, gelbbräunlich bis rötlich braun. Trichterig, bisweilen seitlich eingeschnitten, glatt oder etwas runzelig. Mit welligem, nach unten gebogenem Rand.
Lamellen Jung weiß, später blass fleischfarben, untermischt. Gedrängt stehend, weit herablaufend, mit stark gekerbten Schneiden.
Stiel Hutfarben, deutlich dunkler als die Lamellen, gegen die Basis dunkelbraun mit rötlichen Farbtönen vermischt. Exzentrisch oder zentral, voll und zäh, rippig, runzelig.
Fleisch Weißlich bis grau, ledrig, im Alter zäh, in der Stielbasis korkig. Geruch anisartig, Geschmack mild mit Aniskomponente.

Sporen Sporenpulver weiß.
Speisewert Jung als Gewürzpilz essbar.
Vorkommen Juli bis Oktober. Auf totem Laub-, seltener Nadelholz, auf moderigen Strünken und abgestorbenen Wurzeln, büschelig, häufig.
Wissenswertes Es gibt eine geruchsneutrale Varietät *(L. cochleatus* var. *inolens)*, die in Form, Farbe und Konsistenz des Fleisches völlig identisch ist. An seinem ausgeprägten Anisduft, immer an den gekerbten Lamellenschneiden und dem zähen Fleisch ist diese Art leicht zu erkennen und somit kaum zu verwechseln.

| J | F | M | A | M | J | J | A | S | O | N | D |

Gemeiner Spaltblättling
Schizophyllum commune

Fruchtkörper 1–3 cm breit, fast weiß, grauweißlich, oft mit rosa Tönen. Muschel- bis fächerförmig, dünnfleischig, am Substrat schmal angewachsen. Oberfläche striegelig bis filzig, radial wellig bis schwach gefurcht, im Alter oft mit grünem Algenbewuchs. Mit welligem, borstigem Rand. „Lamellen" rosa bis fleischfarben, breit, von der Anwachsstelle radial gegen den Rand verlaufend, „Schneiden" trocken deutlich längsgespalten, feucht wieder geschlossen.
Fleisch Ockerfarben, zäh, von elastischer Konsistenz, trocken hart und brüchig, feucht aufquellend und wieder elastisch. Geruch und Geschmack säuerlich.

Sporen Sporenpulver weiß.
Speisewert Kein Speisepilz.
Vorkommen Ganzjährig. An totem, liegendem oder stehendem Holz von Laub-, seltener Nadelbäumen, gerne an lichten, sonnigen Stellen, häufig.
Wissenswertes Die gespaltenen, früher irrtümlich als Lamellen bezeichneten Teile sind nach neueren Erkenntnissen die Außenseiten von radial aneinander gereihten, länglichen Einzelfruchtkörpern. Der saprophage Gemeine Spaltblättling ist der weltweit vermutlich am weitesten verbreitete Pilz.

| J | F | M | A | M | J | J | A | S | O | N | D |

Austern-Seitling
Pleurotus ostreatus

Fruchtkörper 5–15 cm breit, sehr variabel gefärbt: von Cremefarben über Graulila bis Violettbraun und dunkler. Jung zungenförmig, dann muschelförmig, dünnfleischig, glatt und matt. Mit scharfem, alt flatterigem Rand.

Lamellen Jung weißlich, dann gelblich. Breit, entfernt stehend, bis zum Stielansatz herablaufend.

Stiel Weiß, selten bräunlich. Meist kurz oder nur angedeutet, exzentrisch oder seitlich. Basis bisweilen striegelig, an der Basis büschelig verwachsen.

Fleisch Weiß, faserig, im Stiel oft fast korkig. Geruch porlingsartig, Geschmack mild.

Sporen Sporenpulver weiß.

Speisewert Essbar, guter Speisepilz.

Vorkommen Dezember bis März. Im Laub- und Nadelwald, auf totem Laubholz.

Wissenswertes Der Austern-Seitling wächst oft mit vielen Fruchtkörpern, ähnlich wie Austernbänke, muschelförmig übereinander. Er ist zu einem beliebten Kulturpilz geworden und wird im Handel meist unter den Namen Kalbfleischpilz, Austernpilz oder Pleurotus angeboten. In Kultur ist der Austern-Seitling in der Lage, diverse Substrate zu nutzen wie Stroh, Papier, Kaffeesatz, Weizenkörner und andere.

| J | F | M | A | M | J | J | A | S | O | N | D |

Orange-Seitling
Phyllotopsis nidulans

Fruchtkörper 2–6 cm breit, mattorange bis orangegelb, zungen- bis muschelförmig, dünnfleischig, mit filziger bis samtiger Oberfläche und weißfilzigem Rand, der lange eingerollt ist. Seitlich am Substrat angeheftet, oft stiellos, Anwachsstelle weiß, filzig.
Lamellen Orange bis rostgelb. Breit, entfernt stehend, bis zum Stielansatz herablaufend.
Fleisch Blassgelblich, zäh. Geruch intensiv und unangenehm, kohlartig, Geschmack mild.
Sporen Sporenpulver rosa.
Speisewert Kein Speisepilz.
Vorkommen August bis Dezember. Auf totem Laub- und Nadelholz, auf Stümpfen, wächst dachziegelartig übereinander, selten.
Wissenswertes Er kommt oft erst im späten Herbst vor. In Farbe und Form ist ihm der Muschel-Krempling *(Paxillus panuoides)* sehr ähnlich. Dieser unterscheidet sich jedoch durch seine gegabelten Lamellen. Zudem riecht er angenehm, während der Orange-Seitling einen unangenehmen Geruch aufweist. Der Muschel-Krempling ist für Schäden an Häusern bekannt. Bei ausreichend Feuchtigkeit befällt er Bauholz aus Fichte und zerstört dadurch die Statik. Der Orange-Seitling ist die einzige Art der Gattung *(Phyllotopsis)*.

| J | F | M | A | M | J | J | A | S | O | N | D |

Gemeiner Schafeuter-Porling
Scutiger ovinus

Hut 3–12 cm breit, weißlich, schwefel- bis grüngelb, feinfilzig, trocken oft feldrig aufgerissen. Unregelmäßig rundlich, gewölbt, dann ausgebreitet. Rand wellig und gefurcht.
Poren Weißlich, auf Druck gilbend. Klein, am Stiel etwas herablaufend.
Stiel Weißlich, gegen die Basis oft orangebraun gefleckt. Meistens exzentrisch, voll. Oberfläche feinfilzig. Basis verjüngt, oft sind mehrere Stiele an der Basis miteinander verwachsen.
Fleisch Jung weiß, Bruchstellen gelb anlaufend, brüchig. Geruch leicht säuerlich, Geschmack mild, nussartig.
Sporen Sporenpulver weiß.
Speisewert Essbar, schonenswert.
Vorkommen Juli bis Oktober. In Nadel- und Mischwäldern, in bergigen Lagen bei Fichten, meist in Gruppen, nicht in Ringen, selten.
Wissenswertes Die genaue Abgrenzung zum sehr ähnlichen Rötenden Schafeuter-Porling *(S. subrubescens)* ist schwierig und sicher nur mikroskopisch möglich. Der Rötende Schafeuter-Porling ist im Gegensatz zum Gemeinen Schafeuter-Porling in der Hutmitte stärker geschuppt und mehr violett getönt. Beide Arten sind selten bis sehr selten und in Deutschland geschützt.

Mai-Porling
Polyporus ciliatus (P. lepideus)

Hut 3–8 cm breit, graubraun, olivbraun, hellocker ausblassend. Meist kreisrund, jung schwach gewölbt, dann abgeflacht, schließlich mit schwach niedergedrückter Mitte. Oberfläche feinfilzig bis netzig-schuppig, mit lange eingerolltem Rand, später fransig, im Alter wellig und bisweilen aufgebogen.
Poren Weiß, später cremefarben. Sehr fein, fünf bis sechs Poren pro mm, am Stiel leicht herablaufend.
Stiel Bräunlich genattert, matt. Biegsam, zentral bis exzentrisch, voll, zäh, filzig. Basis heller und oft verdickt.
Fleisch Weiß, lederig bis korkig, alt hart. Geruch angenehm, Geschmack mild bis säuerlich.
Sporen Sporenpulver weiß.
Speisewert Kein Speisepilz.
Vorkommen April bis Juni. An morschem, liegendem Laubholz, gerne auf Erlen, Eschen und Linden, einjährig.
Wissenswertes Der Winter-Porling *(P. brumalis)* unterscheidet sich durch die wesentlich größeren Poren, sein Erscheinen im Winter und seinen nicht genatterten Stiel. Zentral gestielte Porlinge sehen von oben Blätterpilzen zum Verwechseln ähnlich. Der Mai-Porling ist ein weißfäuleerregender Holzbewohner.

| J | F | M | A | M | J | J | A | S | O | N | D |

Schuppiger Porling
Polyporus squamosus

Hut Bis zu 50 cm breit, gelb bis ockergelb, mit hell- bis dunkelbraunen, flach anliegenden Schuppen. Jung kreisrund mit zapfenförmigem Körper, dann fächerförmig ausgebreitet und exzentrisch gestielt.
Poren Cremefarben bis blassgelb. Groß, unregelmäßig, oval bis eckig. Röhrenschicht nicht ablösbar, am Stiel herablaufend.
Stiel Dunkelbraun bis schwarzfilzig. Kurz, 1–6 cm dick, seitlich oder exzentrisch, voll, gegen die Basis verjüngt.
Fleisch Weiß, jung weichfleischig, dann lederig, zäh. Geschmack und Geruch mehlartig.
Sporen Sporenpulver weiß.

Speisewert Junge, noch weichfleischige Exemplare sind essbar.
Vorkommen April bis Juli. An Laubhölzern, einzeln oder dachziegelartig übereinander wachsend.
Wissenswertes Im Frühling, zur Zeit der Morcheln, fällt dieser Pilz mit seinen oft übergroßen Fruchtkörpern und gelben Hüten meist schon von weitem auf. Als Schmarotzer verursacht er an den befallenen Bäumen eine starke Weißfäule und zählt daher zu den bedeutenden Schadpilzen. Er ist häufig auf Pappeln, Rosskastanien, Weiden und vor allem an allen Ahornarten.

| J | F | M | A | M | J | J | A | S | O | N | D |

Schwefel-Porling
Laetiporus sulphureus

Fruchtkörper Oft sind mehrere fächerförmige Hüte übereinander angeordnet, bisweilen miteinander verwachsen. 10–30 cm breit und 2–5 cm dick, orangegelb mit schwefelgelbem, welligem Rand, oft flatterig verbogen, samtig, matt, ungestielt am Stamm aufsitzend, im Alter ganzer Fruchtkörper weißlich.
Poren Lebhaft schwefelgelb. Drei bis fünf Poren pro mm, rundlich bis länglich. Röhrenschicht nicht ablösbar.
Fleisch Jung lebhaft gelb, weich und saftig, später zäh und korkig, im Alter trocken, spröde und kreidig. Geruch aromatisch, Geschmack säuerlich, im Alter bitter.

Sporen Sporenpulver weiß.
Speisewert Jung essbar, abbrühen (s. S. 80)!
Vorkommen Mai bis Juli. An lebenden Laubbäumen, seltener Nadelbäumen, häufig.
Wissenswertes Verwechslungen sind kaum möglich. Die frühe Erscheinungszeit und die auffällige schwefelgelbe Färbung lassen ihn gut von anderen Arten unterscheiden. Er befällt gerne Obstbäume wie Birne und Kirsche und weitere Laubbäume. Dort erzeugt er eine Braunfäule, die kaum Schadenssymptome in der Krone zeigt und den Baum erst nach Jahren zum Absterben bringt.

J	F	M	A	M	J	J	A	S	O	N	D
				M	J	J					

Riesen-Porling
Meripilus giganteus

Fruchtkörper 30–80 cm breit, mit mehreren, rosettig oder dachziegelartig angeordneten, fächer- oder halbkreisförmigen Einzelhüten, die mit kurzem Stiel aus einer gemeinsamen kräftigen Basis entspringen. Jung gelbbraun, später rußigocker bis dunkel rotbraun, filzig, körnig, mit konzentrischen Zonen, Rand im Alter schwärzlich, wellig und eingedellt.
Poren Cremefarben, blassocker, bei Berührung schwärzend. Relativ klein, rundlich.
Fleisch Weiß, schwärzend, faserig, zäh, im Alter fast lederartig. Geruch stark aromatisch, Geschmack säuerlich.
Sporen Sporenpulver weiß.

Speisewert Kein Speisepilz.
Vorkommen August bis Oktober. Oft als Saprobiont auf Strünken von Buchen und anderen Laubhölzern, seltener an Tannen, auch als Parasit am Grunde lebender Bäume auf dem Erdboden.
Wissenswertes Der Pilz lebt saprophag, befällt aber auch geschwächte Bäume als Parasit und erzeugt dann eine intensive Weißfäule. Sehr ähnlich ist der nicht schwärzende, äußerst scharf schmeckende Berg-Porling *(Bondarzewia mesenterica)*. Schmale, fächerförmige Hüte hat der Klapperschwamm *(Grifola frondosa)*.

| J | F | M | A | M | J | J | A | S | O | N | D |

Birken-Porling
Piptoporus betulinus

Fruchtkörper 5–20 cm breit, 2–5 cm dick, cremeweiß, später ockerbraun bis graubraun. Gewölbt, jung rundlich, dann nierenförmig bis fächerförmig, oft stielartig verengt am Substrat angewachsen. Oberfläche glatt, im Alter rissig. Rand dick und wulstig abgerundet.
Poren Weiß bis cremeweiß. Rundlich bis etwas eckig, klein. Röhren weiß und leicht vom Hut (Hutfleisch) ablösbar.
Fleisch Weiß, jung weich, elastisch und saftig, später zäh und korkig. Geruch unangenehm stark, Geschmack säuerlich.
Sporen Sporenpulver weiß.
Speisewert Kein Speisepilz.

Vorkommen Juni bis September. Ausschließlich auf aufrecht stehenden oder auf dem Boden liegenden Birkenstämmen, oft hoch am Stamm sitzend, häufig.
Wissenswertes Er wächst ausschließlich auf Birkenholz, auf toten, aufrecht stehenden oder auf dem Boden liegenden Stämmen als Saprobiont und verursacht dabei eine starke Braunfäule. Das befallene Holz zerfällt in große, unregelmäßige Stücke. Der als „Ötzi" bekannte Mann, eine etwa 5300 Jahre alte Gletschermumie aus der ausgehenden Jungsteinzeit, führte Birken-Porlinge vermutlich als Heilmittel mit sich.

| J | F | M | A | M | J | J | A | S | O | N | D |

Rotrandiger Baumschwamm
Fomitopsis pinicola

Fruchtkörper 5–25 cm breit, 5–10 cm tief und 3–15 cm dick, Oberseite nur jung rötlich, grau bis schwärzlich, mit einer rötlichen Randzone und einer weißen Zuwachszone, die den abgerundeten, gleichmäßigen bis welligen Rand bildet. Buckelig, matt, alt mit einer schwärzlichen Kruste überzogen, Unterseite mit cremefarbenen, im Alter bräunlichen Poren. Im Wachstum mit Guttationstropfen auf Poren und Rand. Junge Exemplare konsolen-, ältere eher hufförmig, am Substrat breit angewachsen.

Fleisch Von harter, zäher Konsistenz. Mit säuerlichem Geruch und bitterem Geschmack.

Sporen Sporenpulver weißlich.

Speisewert Kein Speisepilz.

Vorkommen Ganzjährig. Auf totem Nadel- oder Laubholz, an stehenden oder liegenden Stämmen und an Strünken, häufig.

Wissenswertes Ältere Exemplare erkennt man gut an ihrem charakteristisch rötlichen Rand. Junge Fruchtkörper hingegen sind oft weiß gerandet und weisen eine zweite, weiter innen liegende, rötlich gefärbte Zone auf. Wie andere konsolenbildende, mehrjährige Holzbewohner kann auch er seine Wuchsrichtung ändern, falls die Situation es erfordert, z. B. wenn der besiedelte Baum umgestürzt ist.

| J | F | M | A | M | J | J | A | S | O | N | D |

Kiefern-Braunporling
Phaeolus schweinitzii (P. spadiceus)

Fruchtkörper 6–20 cm breit, rostbraun, nachdunkelnd, jung mit grüngelbem, später orangefarbenem Rand, der im Alter nachdunkelt. Kreiseiförmig und oft dachziegelig. Oberfläche feinfilzig, konzentrisch gefurcht. Oft mit kräftigem, kurzem Stiel, auch ungestielt.
Poren Grüngelb, rostgelb, verfärben sich auf Druck braun, im Alter braun. Rundlich bis etwas eckig, am Stiel herablaufend.
Fleisch Braun, jung weich, saftig, elastisch und auffallend wässerig. Nach wenigen Tagen trocknet es aus, wird hart und ausgesprochen leicht. Geruch unbedeutend, Geschmack säuerlich.

Sporen Sporenpulver weiß.
Speisewert Kein Speisepilz.
Vorkommen Juni bis November. Oft als Saprobiont auf toten Strünken und Wurzeln, auch parasitisch am Fuße lebender Nadelbäume, hauptsächlich Kiefern und Lärchen, besonders in älteren Baumbeständen.
Wissenswertes Der Kiefern-Braunporling ist sehr variabel in Gestalt und Farbe. Sein Fleisch ist jung oft stark wässerig, im Alter trocknet es aus. Er verursacht eine Braunfäule. Zum Färben von Wolle ist er besonders geeignet. Dabei werden goldgelbe bis grüngelbe Farben erzielt.

| J | F | M | A | M | J | J | A | S | O | N | D |

Blauer Saftporling
Spongiporus caesius (Postia caesia)

Fruchtkörper 2–6 cm breit, jung weißlich, dann stellenweise – oft gegen den Rand hin – deutlich hellblau, graublau gefärbt, seltener neben den hellblauen Tönen ockerlich bis hellbräunlich. Konsolen- bis fächerförmig. Oberfläche feinstriegelig bis haarig, bisweilen gezont, oft etwas wellig. Rand weiß gefärbt, scharf und schmal, ungestielt am Substrat breit festsitzend.
Poren Weißlich bis graubläulich, auf Druck bläulich verfärbend. Klein, rundlich bis eckig.
Fleisch Weiß, feucht weich und wässerig, trocken brüchig. Geruch unbedeutend, Geschmack mild.
Sporen Sporenpulver hellblau.
Speisewert Kein Speisepilz.
Vorkommen Juli bis November. An totem Nadelholz, meistens Fichten-, seltener Laubholz, verbreitet, relativ häufig.
Wissenswertes Verglichen mit anderen dem Substrat stiellos aufsitzenden, porlingsartigen Pilzen ist er eher klein. Er verursacht eine Braunfäule. Man findet ihn einzeln oder gruppenweise, dann dachziegelig übereinander oder seitlich verwachsen. Seine charakteristische blaue Färbung teilt der Blaue Saftporling nur mit wenigen anderen Pilzen. Der Artname *caesius* bedeutet blaugrau.

J	F	M	A	M	J	J	A	S	O	N	D

Zinnoberrote Tramete
Pycnoporus cinnabarinus

Fruchtkörper 2–10 cm breit, 1–2 cm dick, ganzer Fruchtkörper leuchtend zinnoberrot bis orangerot, im Alter oft nachdunkelnd, Oberfläche höckerig, filzig bis glatt, nicht immer deutlich gezont. Halbrund bis fächerförmig. Rand scharf und schwach wellig, am Substrat breit angewachsen.
Poren Kräftig zinnoberrot, orangerot. Klein, eckig bis rundlich.
Fleisch Rot, nur ganz jung weich und schwammig, bald aber korkig, zäh, faserig. Ohne besonderen Geruch und Geschmack.
Sporen Sporenpulver weiß.
Speisewert Kein Speisepilz.

Vorkommen Ganzjährig. An toten Ästen und Strünken von verschiedenen Laubhölzern mit 5–10 cm Durchmesser.
Wissenswertes Durch die auffällige Färbung ist die Zinnoberrote Tramete unverwechselbar. Auch das Mycel, das das Holz durchwächst, ist orange bis rot gefärbt. Die rote Färbung wird durch den Farbstoff Cinnabarin verursacht. Die Zinnoberrote Tramete zieht sonnenexponierte Standorte vor, wo sie als Saprobiont auf verschiedenen toten Laubhölzern wie Birke, Hainbuche und Rot-Buche wächst und deren Abbau beschleunigt. Sie verursacht eine Weißfäule.

| J | F | M | A | M | J | J | A | S | O | N | D |

Schmetterlingstramete
Trametes versicolor

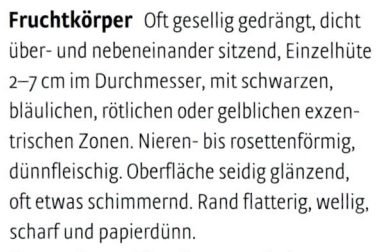

Fruchtkörper Oft gesellig gedrängt, dicht über- und nebeneinander sitzend, Einzelhüte 2–7 cm im Durchmesser, mit schwarzen, bläulichen, rötlichen oder gelblichen exzentrischen Zonen. Nieren- bis rosettenförmig, dünnfleischig. Oberfläche seidig glänzend, oft etwas schimmernd. Rand flatterig, wellig, scharf und papierdünn.
Poren Erst weiß, später cremefarben.
Fleisch Weiß, lederig, zäh. Ohne besonderen Geruch und Geschmack.
Sporen Sporenpulver cremefarben.
Speisewert Kein Speisepilz.
Vorkommen Ganzjährig. An toten, berindeten sowie unberindeten Ästen und Strünken von verschiedenen Laubhölzern, häufig.
Wissenswertes Wichtige Merkmale sind das dünne, pergamentartige Fleisch und die feinen, weißlichen Poren. Teile der Oberfläche sind manchmal durch Algen grünlich gefärbt. Die häufige Schmetterlingstramete lebt als Saprobiont und ist eine holzabbauende Art. Seltener kommt sie als Parasit an lebendem Holz vor. Die Schmetterlingstramete gilt in der Traditionellen Chinesischen Medizin (TCM) als bedeutender Heilpilz zur Unterstützung eines stabilen Immunsystems und einer gesunden Leberfunktion.

J	F	M	A	M	J	J	A	S	O	N	D

Eichhase
Polyporus umbellatus (Dendropolyporus umbellatus)

Fruchtkörper 10–30 cm breit, 10–15 cm hoch, halbkugelig, blumenkohlartig, mit zahlreichen kreisrunden, 1–4 cm breiten, oft genabelten, zentral gestielten Hütchen mit wellig gekerbtem Rand. Oberfläche radialfaserig, ocker bis graubraun, mit weißer bis cremefarbener Unterseite (Fruchtschicht). Röhrenschicht 1–2 mm dick und an den Stielen herablaufend, mit weißlichen, zentralen oder exzentrischen Stielen.
Fleisch Weiß, in den Hüten weich, sonst etwas faserig. Geruch angenehm, Geschmack mild, im Alter bitter.
Sporen Sporenpulver weiß.

Speisewert Jung essbar.
Vorkommen Juli bis September. Hauptsächlich als Saprobiont um Strünke, seltener parasitisch am Grunde von Eichen und Buchen.
Wissenswertes Dem Eichhasen ähnlich ist der Klapperschwamm *(Grifola frondosa),* der neuerdings gezüchtet wird. Jung ist der „Grifola" ein sehr guter Speisepilz. Der Eichhase bildet 5–10 cm große, knollige Überdauerungsorgane (Sklerotien), die die feinen Saugwurzeln der Bäume umschließen. Eichhases-Präparate werden medizinisch zur Entwässerung, gegen Lungenkrebs, Leukämie und Ödem eingesetzt.

| J | F | M | A | M | J | J | A | S | O | N | D |

Krause Glucke
Sparassis crispa

Fruchtkörper 10–25 (40) cm breit, 10–15 cm hoch, mit glatter Oberfläche, erst cremefarben, später ocker gefärbt, im Alter mit braunen Rändern. Form eines Badeschwamms, blumenkohlartig, mit dicht gedrängten Ästen, die jung in runden, flachgedrückten Hüten enden. Durch das Wachstum biegen sich die Hutränder nach oben, drängen sich dicht und werden deutlich gekräuselt. Der Fruchtkörper entspringt einem fleischigen Strunk, der auf den Wurzeln der befallenen Bäume sitzt.
Fleisch Weiß, wachsartig. Geruch angenehm, Geschmack mild, nussartig.
Sporen Sporenpulver weiß.

Speisewert Essbar.
Vorkommen Juli bis Oktober. Parasitisch am Fuße von Nadelbäumen, besonders von Kiefern, seltener Fichten, aber auch als Saprobiont auf und bei morschen Strünken derselben Holzarten.
Wissenswertes Sie besitzt im Gegensatz zur Breitblättrigen Glucke (*S. brevipes*, s. S. 339) runde, flachgedrückte Enden an den jungen Ästen, die sich später nach oben biegen. Sie kommt einzeln, paarweise oder in ganz kleinen Gruppen vor. Gluckenpilze umwachsen Grashalme, Nadeln und Sandkörner, die dann beim Putzen mühsam entfernt werden müssen.

J	F	M	A	M	J	J	A	S	O	N	D

Breitblättrige Glucke
Sparassis brevipes (S. laminosa)

Fruchtkörper 10–25 (40) cm breit, 10–15 cm hoch, erst weißlich, dann cremefarben, im Alter blassocker gefärbt. Form eines groben Badeschwammes, mit dicht gedrängten, welligen, blattartigen, breiten und aufrecht stehenden Ästen, die deutlich gezont und fast regelmäßig angeordnet sind. Der Fruchtkörper entspringt einem fleischigen Strunk, der auf den Wurzeln der befallenen Bäume sitzt.
Fleisch Weißlich, elastisch, zäh, oft mit eingewachsenen Ästchen, Nadeln, Sandkörnern und Gräsern. Geruch angenehm, etwas säuerlich, Geschmack mild.
Sporen Sporenpulver weiß.

Speisewert Essbar.
Vorkommen Juli bis Oktober. Parasitisch am Grunde von Laubbäumen, hauptsächlich von Eichen, Buchen, seltener von Tannen, auch als Saprobiont auf und bei morschen Strünken derselben Holzarten, einzeln.
Wissenswertes Sie ist seltener und weniger schmackhaft als die bei Kiefern vorkommende Krause Glucke (*S. crispa*, s. S. 338), unterscheidet sich zudem durch die breiteren, entfernter stehenden und nicht besonders krausen Äste. Ich finde diese Art immer bei alten Weiß-Tannen, wo sie am Grunde des Stamms oder an Strünken vorkommt.

J	F	M	A	M	J	J	A	S	O	N	D
						J	A	S	O		

Tannen-Stachelbart
Hericium flagellum (H. alpestre)

Fruchtkörper 5–30 cm breit, weiß, später fleisch-, im Alter ockerfarben. Von einem Basisstrunk ausgehend, ähnlich einer Koralle zahlreich verästelt, Äste aufgerichtet und jeweils in mehrfache Zweige mit hängenden Stacheln auslaufend, die spitz und dicht angeordnet sind. Die Äste haben im Alter einen fleischfarbenen Ton, während die Spitzen noch lange weiß bleiben.
Fleisch Weiß, weich bis zäh. Geruch unangenehm, Geschmack mild und angenehm.
Sporen Sporenpulver weiß.
Speisewert Jung essbar.
Vorkommen August bis Oktober. An toten, liegenden Stämmen von Tannen, oft stirnseitig hervorwachsend, selten.
Wissenswertes Dieser äußerst schöne Pilz wird bisweilen auch Bartkoralle genannt. Seine bis zu 30 cm großen, weißen, einmalig geformten Fruchtkörper wachsen auf toten Stämmen von Tannen. Er ist weit verbreitet, aber überall selten. Sehr ähnlich ist der Ästige Stachelbart *(H. coralloides)*. Dieser bevorzugt morsche, massige Laubholzstämme. Weiterhin kommen auf Laubholz der Dornige Stachelbart *(Creolophus cirrhatus)* und der Igel-Stachelbart *(H. erinaceum)* vor, der unter dem Namen Pom Pom als Zuchtpilz bekannt ist.

J	F	M	A	M	J	J	A	S	O	N	D

Gelbliche Koralle
Ramaria flavescens

Fruchtkörper 10–20 cm breit, 10–15 cm hoch, zahlreiche Äste entspringen einem kräftigen Strunk. Äste lachsfarben, mehrfach verzweigt, oft auch mit dornenartigen Auswüchsen, enden meist in zwei Spitzen. Spitzen jung dottergelb, schließlich aber den Ästen fast gleichfarbig. Strunk stielartig. Basis weiß, darüber cremefarben.
Fleisch Weißlich, weich, frische Fruchtkörper sind im Stiel feucht und deutlich marmoriert. Geruch angenehm, Geschmack mild.
Sporen Sporenpulver gelb.
Speisewert Jung essbar.
Vorkommen August bis Oktober. Im Laubwald, seltener im Mischwald, hauptsächlich bei Buchen.
Wissenswertes Er ist einer der häufigsten gelben Korallen in Europa. Da er von der weißen Basis über die lachsroten Äste bis hin zu den gelben Spitzen der giftigen Dreifarbigen Koralle *(R. formosa)* farblich sehr ähnelt, wird er oft mit ihr verwechselt. Diese aber hat deutlich U-förmige Astgabelungen und etwas lebhaftere Farben. Alle giftigen gelben Arten der Korallen wirken bei Verzehr abführend. Gelbe Arten können nur schwer voneinander unterschieden werden, deshalb lässt man diese schönen Pilze besser stehen.

| J | F | M | A | M | J | J | A | S | O | N | D |

Abgestutzte Koralle
Ramaria obtusissima

Fruchtkörper 10–12 cm breit und 10–15 cm hoch, mehrere Äste entspringen einem kräftigen Strunk. Äste blass fleischfarben, dick, wiederum verzweigt, enden in mehreren stumpfen, kurzen Spitzen. Spitzen jung leuchtend hellgelb und dadurch deutlich auffallend, im Alter und auf Druck bisweilen weinbräunlich anlaufend. Strunkbasis weißlich.
Fleisch Weiß, weich. Geruch unbedeutend, Geschmack bitterlich.
Sporen Sporenpulver gelb.
Speisewert Jung essbar.
Vorkommen August bis Oktober. Im Nadelwald, auf dem Erdboden.

Wissenswertes Die Abgestutzte Koralle kann nur anhand von mikroskopischen Merkmalen sicher bestimmt werden. Ihre Sporen sind glatt und nicht rau wie bei den meisten Korallen. Alle gelben Korallenarten sind schwierig unterscheidbar, eine Bestimmung ist oft ohne Herbeiziehen eines Mikroskops nicht möglich. Trotzdem sind zusätzlich noch makroskopische Beobachtungen nötig. Um keine bösen Überraschungen mit giftigen Korallen zu erleben, sollten sie besser nicht gesammelt werden. Der kleine, aber ähnliche Klebrige Hörnling (*Calocera viscosa*, s. S. 346) ist nicht mit den Korallen verwandt.

| J | F | M | A | M | J | J | A | S | O | N | D |

Bauchweh-Koralle
Blasse Koralle, *Ramaria pallida*

Fruchtkörper 4–15 cm breit, ebenso hoch, korallenförmig, zahlreiche Äste entspringen einem Strunk. Äste weißlich bis cremefarben, längsrunzelig, wiederum V-förmig verzweigt und sehr dicht stehend. Spitze mit stumpfen, kurzen Zähnchen, die blass milchkaffeefarben und bisweilen lila getönt sind. Strunk weißlich bis graugelblich, im Alter stielartig ausgebildet. Im Alter sind die Fruchtkörper dunkler und oft braunfleckig.
Fleisch Weiß, weich. Geruch nach Maggiwürze, Geschmack mild bis bitterlich.
Sporen Sporenpulver blassgelb.
Speisewert Giftig.

Vorkommen August bis Oktober. Im Laub- und Nadelwald, auf dem Erdboden.
Wissenswertes Die Bauchweh-Koralle ist nicht so giftig wie die Dreifarbige Koralle (*R. formosa*), verursacht dennoch heftige Magen-Darm-Beschwerden. Da sie blasse, milchkaffeebraune Farbtöne aufweist, hebt sie sich aber deutlich von den anderen, meist gelblich gefärbten Korallen ab und ist somit gut identifizierbar. Der seltene Hahnenkamm (*R. botrytis*) mit weinrötlichen Spitzen ist gut zu erkennen, einfach von den anderen Arten unterscheidbar, essbar, aber unbedingt zu schonen.

Kammförmige Koralle
Clavulina coralloides (C. cristata)

Fruchtkörper 2–6 cm hoch, schneeweiß, besteht oft nur aus einzelnen, seltener aus büscheligen Ästen. Äste mehrfach verzweigt, Enden mit zahlreichen weißlichen bis gelblich weißen, kleinen Spitzen oder Zähnchen besetzt.
Fleisch Weißlich, weich, etwas brüchig. Geruch unbedeutend, Geschmack mild, oft mit bitterem Nachgeschmack.
Sporen Sporenpulver weiß.
Speisewert Kein Speisepilz.
Vorkommen August bis Oktober. Im Laub- und Nadelwald, hauptsächlich in Fichtenwäldern, einzeln, gesellig, manchmal rasig.

Wissenswertes Auffallend ist manchmal das rasige Erscheinen dieses Korallenpilzes. Die Kammförmige Koralle gehört zur Gattung Korallenpilze *(Clavulina)*, während die Bauchweh-Koralle zur Gattung Korallen *(Ramaria)* gehört. Die Form der Kammförmigen Koralle ist sehr variabel in Größe, Breite und Höhe. Die Farbe kann von Weiß bis Creme oder Gräulich variieren. Deshalb werden von ihr verschiedene Formen und Varietäten beschrieben. Typisch für die Kammförmige Koralle sind die vielen Spitzen oder Zähne an den Enden der Äste. Sie wird manchmal als essbar angegeben, vom Verzehr ist eher abzuraten.

Stinkende Lederkoralle
Stinkender Warzenpilz *Thelephora palmata*

Fruchtkörper 4–7 cm breit, ebenso hoch, zahlreiche flache, aufgerichtete Äste entspringen einem strunkartigen, fächerförmigen Stiel. Die Enden sind dicht stehend und oft mehrfach gezähnelt oder gefranst. Ganzer Fruchtkörper dunkel- bis purpurbraun, junge Exemplare an den Enden der Äste weißlich.
Fleisch Braun, korkig, zäh. Geruch und Geschmack sehr unangenehm, aufdringlich, stark nach fauligem Kohl.
Sporen Sporenpulver braun.
Speisewert Kein Speisepilz.
Vorkommen Juli bis September. In feuchten Nadelwäldern oder an Waldrändern.

Wissenswertes Man erkennt diesen Pilz sofort an seinem sehr starken und unangenehmen, an fauligen Kohl erinnernden Geruch, den er verströmt. Deshalb ist eine Verwechslung mit ähnlichen Arten kaum möglich. Auffallend sind auch die fächerförmigen, am Strunk zusammengewachsenen Ästchen. Der Artname *palmata* bedeutet handförmig. Obwohl die Stinkende Lederkoralle korallenähnlich geformt ist, ist sie doch nicht zu den eigentlichen Korallen (Ramariaceae) zuzuordnen, sondern gehört zur Gattung der Erdwarzenpilze *(Thelephora)*. Ihr zähes, korkiges Fleisch grenzt sie deutlich von ihnen ab.

J	F	M	A	M	J	J	A	S	O	N	D

Klebriger Hörnling
Schönhorn, *Calocera viscosa*

Fruchtkörper 1–8 cm hoch, kräftig goldgelb, orangegelb. In kleinen Büscheln und korallenartig verzweigt, mit gabeligen Ästen, die in zwei- oder dreifach verzweigten, leicht abgerundeten Spitzen auslaufen. Spitzen glatt und durch einen gallertartigen Überzug klebrig. Äste gegen die Basis zusammenlaufend und zu mehreren gebündelt. Basis wurzelartig.
Fleisch Zäh, elastisch, biegsam, trocken hornartig. Ohne Geruch und Geschmack.
Sporen Sporenpulver ockergelb.
Speisewert Kein Speisepilz.
Vorkommen Juni bis November. Auf morschem Nadelholz, häufig.

Wissenswertes Obwohl der Klebrige Hörnling den Korallen (Ramariaceae) ähnelt, gehört er in die Gattung der Hörnlinge *(Calocera)*. Er hat im Gegensatz zu ihnen zähes, elastisches Fleisch und ist schmächtiger als die eigentlichen Korallen. Wenn man zudem beachtet, dass er als Saprobiont auf modrigem, totem Nadelholz wächst, so sind Verwechslungen mit Korallen, die Symbionten von Bäumen sind, wohl ausgeschlossen. Der Klebrige Hörnling kann als Garnitur von Speisen und sauer eingemachten Pilzen verwendet werden. Doch ist er sehr zäh und praktisch unverdaulich.

J	F	M	A	M	J	J	A	S	O	N	D
					J	J	A	S	O		

Geweihförmige Holzkeule
Xylaria hypoxylon

Fruchtkörper 3–5 cm hoch, Stiel oder Äste 0,2–0,6 cm breit, stiel- bis geweihförmig, unterer Teil stielartig, dünn, oft verbogen und bisweilen zusammengedrückt, schwarzfilzig, oberer Teil oft geweihförmig, selten ohne Gabelungen und von den Konidien deutlich grau bis weißlich bestäubt. Oberfläche der oberen Fruchtkörperhälfte etwas höckerig.
Fleisch Korkig und elastisch.
Sporen Sporenpulver schwarz.
Speisewert Kein Speisepilz.
Vorkommen Ganzjährig. Auf totem Laubholz, häufig.
Wissenswertes Kaum zu glauben, aber die Geweihförmige Holzkeule ist ein Schlauchpilz. Die Sporenschläuche (Asci) werden in den sogenannten Perithezien entwickelt. Diese lassen die Oberfläche höckerig erscheinen. Eine ähnliche Art ist die ebenfalls häufige, aber kleinere Buchenfruchtschalen-Holzkeule *(X. carpophila)*. Auch kann die Geweihförmige Holzkeule wegen ihrer Größe, Form und korkigen Konsistenz mit Flechten verwechselt werden. Eine andere Art aus derselben Gattung Xylaria ist die ebenfalls häufige Vielgestaltige Holzkeule *(X. polymorpha)* mit dunkelgrauen bis schwarzen, charakteristisch keulenförmigen Fruchtkörpern.

J	F	M	A	M	J	J	A	S	O	N	D

Halskrausen-Erdstern
Geastrum triplex

Fruchtkörper 5–15 cm im Durchmesser, entwickelt sich meist oberirdisch. Durch Aufreißen der zwiebelförmigen Außenhülle entstehen fünf bis acht dickfleischige, cremefarbene Lappen, die sich dann nach innen umbiegen und dabei oberflächlich deutlich feldrig aufreißen. Beim Umbiegen der Lappen zerreißt die Außenhülle (Exoperidie) rundum, so dass ein derber Kragen um die Innenhülle entsteht. Innenhülle 2,5–4 cm im Durchmesser, blassocker bis graubraun, kugelförmig und an der Spitze durch einen Porus geöffnet; sie enthält die Sporen.
Sporen Sporenpulver hellbraun.

Speisewert Kein Speisepilz.
Vorkommen August bis Oktober. In Nadel- und Laubwäldern, gerne auf Ablageplätzen von pflanzlichen Abfällen, gesellig.
Wissenswertes Der Halskrausen-Erdstern gehört zu den größten und kräftigsten Erdsternen. Sein derber Kragen, der einer Halskrause oder einem Stehkragen gleicht, gab ihm seinen Namen. Dadurch unterscheidet er sich leicht von anderen ähnlichen Arten. Er ist weit verbreitet, aber seltener als der Gewimperte Erdstern (*G. fimbriatum*, s. S. 349). Als Speisepilze lassen sich keine Erdsterne verwenden.

J	F	M	A	M	J	J	A	S	O	N	D

Gewimperter Erdstern
Geastrum fimbriatum (G. sessile)

Fruchtkörper 2–5 cm im Durchmesser, die Außenhülle springt in sieben bis acht sternförmig angeordnete, blass cremefarbene Lappen auf. Diese rollen sich bald völlig nach unten ein und geben die Innenhülle frei, diese sitzt stiellos auf, ist von kugeliger Form und blassbraun gefärbt; reif an der Spitze durch den Porus geöffnet, so dass die Sporen austreten können.
Sporen Sporenpulver hellbraun.
Speisewert Kein Speisepilz.
Vorkommen September bis Oktober. In Nadelwäldern, bei Fichten in Nadelstreu, auf kalkhaltigen Böden, gesellig, häufig.

Wissenswertes Dieser Pilz ist der häufigste Vertreter der hübschen Gattung Erdsterne (*Geastrum*). Der ähnliche Rötende Erdstern (*G. rufescens*) besitzt eine bedeutend dickere Außenhülle, rötendes Fleisch und hat größere Fruchtkörper. Erdsterne sind in Mitteleuropa mit etwa 25 Arten vertreten. Die meisten von ihnen sind selten, manche von ihnen sogar sehr selten. Sie leben saprophag auf dem Erdboden und sind relativ klein und unauffällig. Ohne die sternförmig angeordneten Arme ähneln sie mit ihren runden Sporenbehältern den Bovisten und Stäublingen (Lycoperdaceae).

| J | F | M | A | M | J | J | A | S | O | N | D |

Kleiner Nest-Erdstern
Geastrum quadrifidum

Fruchtkörper 2–3,5 cm hoch, 1,5–3 cm breit, die äußere Hülle zerspringt sternförmig meist in vier, seltener in fünf Lappen. Lappen weißlich bis cremefarben, Enden bei Reife nach unten umgebogen, so dass der Fruchtkörper charakteristisch emporgehoben wird. Innenhülle bleigrau, im Alter dunkelbraun und rundlich, unten von einem weißlichen, wulstigen Kragen umgeben, kurz gestielt. Bei Reife reißt die Haut an der Spitze auf, es entsteht eine Öffnung, durch die die Sporen entlassen werden.
Sporen Sporenpulver violettbraun.
Speisewert Kein Speisepilz.

Vorkommen August bis Oktober. In Fichtenwäldern, in Nadelstreu, gesellig, selten.
Wissenswertes Der Kleine Nest-Erdstern gehört zu den kleinsten Erdsternen *(Geastrum)* und wird deshalb sicherlich oft übersehen. Typisch für ihn sind die durch seine vier bis fünf Sternzacken stelzenartig emporgehobenen Fruchtkörper. Das Fleisch ist auffallend brüchig. Da die Fruchtkörper der Erdsterne über Monate überdauern, kann man oft alte, schon ausgetrocknete und frische Exemplare beieinander finden. Die Fruchtkörper aller Erdsterne sind in der Jugend zwiebelförmig geschlossen.

| J | F | M | A | M | J | J | A | S | O | N | D |

Wetterstern
Astraeus hygrometricus

Fruchtkörper Zunächst 2–4 cm breit, kugelig geschlossen und fast unterirdisch, die Außenhaut (Exoperidie) öffnet sich dann an der Erdoberfläche und zerreißt in mehrere Lappen (Arme), die dem Pilz ein sternförmiges Aussehen verleihen. Nun 2,5–10 cm, Arme oberseits auf braunem Untergrund krokodilartig gemustert und weißlich bis grau gefärbt. Innenhülle (Endoperidie) ungestielt, kugelig, graubraun, im Alter schwärzlich, fein netzig ornamentiert. Im reifen Zustand ist der Porus auf dem Scheitel geöffnet, dort werden die Sporen freigesetzt.
Sporen Sporenpulver braun.

Speisewert Kein Speisepilz.
Vorkommen August bis November. Bei Kiefern, unter Laubbäumen, kommt in Südeuropa vielerorts massenhaft vor, nimmt aber nach Norden ab, auf kalkfreien Böden.
Wissenswertes Das eigenartige Verhalten bei unterschiedlicher Luftfeuchtigkeit hat ihm den Namen gegeben. Bei trockenem Wetter rollen sich die Arme der sternförmigen Außenhülle nach oben ein und schützen die Innenhülle. Bei feuchtem Wetter breiten sie sich wieder aus und heben die Sporenhülle vom Boden an. Der Wetterstern ist ein Mykorrhizapilz insbesondere der Kiefer.

| J | F | M | A | M | J | J | A | S | O | N | D |

Riesenbovist
Langermannia gigantea

Fruchtkörper 10–50 cm, unregelmäßig rundlich, am Grunde furchig, große Exemplare sind abgeflacht. Haut erst weiß, glatt, feinsamtig und matt, dann braungelblich und aufreißend, bei reifen Exemplaren braun und papierartig. Fruchtkörper stiellos und mit dicken Mycelsträngen am Grunde verwachsen, bald aber ablösend und frei umherrollend.
Fruchtmasse Erst weiß, fest, dann grüngelb, breiig, schließlich olivbraun, trocken bis pulverig. Geruch eher etwas unangenehm säuerlich, Geschmack mild.
Sporen Sporenpulver braun.

Speisewert Essbar, solange die Fruchtmasse noch weiß ist.
Vorkommen August bis Oktober. Auf Wiesen und Weiden, auch in Gärten, auf nährstoffreichen Böden, nicht häufig, aber standorttreu, einzeln oder in Gruppen wachsend.
Wissenswertes Seine Fruchtkörper übertreffen die sämtlicher anderer Pilze an Größe und Gewicht. In Scheiben geschnitten und wie ein Schnitzel gebraten, ist er ein vorzüglicher Speisepilz. Er eignet sich nicht zum Einfrieren. Jeder Fruchtkörper produziert über sieben Billionen Sporen, was ihn zum vielleicht fruchtbarsten aller Pilze macht.

| J | F | M | A | M | J | J | A | S | O | N | D |

Beutel-Großstäubling
Calvatia excipuliformis

Fruchtkörper 8–15 cm hoch, 5–10 cm breit, langstielig mit deutlichem, rundlichem Kopfteil, stößel-, seltener birnenförmig. Kopfteil creme- oder ockerfarben, dicht mit feinen, vergänglichen, leicht abwischbaren Wärzchen besetzt. Stiel macht die Hälfte bis Dreiviertel der Gesamthöhe aus, schwammig. Ganzer Fruchtkörper später ockerbraun, faltig, bei Reife zerreißt die ausgetrocknete, nun hellbraune, pergamentartige Außenhaut und lässt dabei die Sporen frei.
Fruchtmasse Erst weiß, fest, dann grüngelb, breiig, schließlich olivbraun, trocken bis pulverig. Geschmack mild.
Sporen Sporenpulver braun.
Speisewert Essbar, solange das Fleisch weiß ist.
Vorkommen Juli bis November. Im Laubwald, weniger im Nadelwald, an Waldrändern, seltener auf Wiesen und Weiden, einzeln oder in Gruppen.
Wissenswertes Exemplare auf Wiesen können mit dem Hasenbovist *(C. utriformis)* verwechselt werden. Dieser ist aber kurz gestielt, schon früh feldrig aufgerissen und breitgedrückt. Alte pergamentartige, braune Exemplare findet man den ganzen Winter über bis zum Frühjahr.

Flaschen-Stäubling
Lycoperdon perlatum

Fruchtkörper 3–8 cm hoch, 2,5–6 cm breit, jung weiß, dann ockerlich bis bräunlich. Mit deutlichem Stiel und Kopfteil, birnenförmig. Kopfteil rundlich bis etwas breitgedrückt, mit abwischbaren Wärzchen dicht bedeckt. Scheitel oft klein gebuckelt, daraus entwickelt sich bei Reife eine kleine Öffnung, aus der die Sporen entweichen. Kopfunterseite grubig bis faltig, Stiel regelmäßig, Basis verjüngt.
Fruchtmasse Erst weiß, zart, später gelblich, breiig, bei Reife staubig, flockig.
Sporen Sporenpulver braun.
Speisewert Essbar, solange das Fleisch weiß ist.

Vorkommen Juli bis November. Im Nadel- und Laubwald, auf Erde und in Nadelstreu, büschelig, häufig.
Wissenswertes Zusammen mit dem Birnen-Stäubling (*L. pyriforme*, s. S. 356) gehört er zu den häufigsten Stäublingen. Tritt man auf reife Exemplare und drückt sie dabei zusammen, kommt aus der Scheitelöffnung eine olivbraune Sporenwolke hervor. Vorsicht vor Verwechslungen mit giftigen Wulstlingen *(Amanita)*, die wie frische Stäublinge aussehen. Diese sind jung von ihrem weißen Velum überzogen und weisen kugelige bis eiförmige Formen auf.

J	F	M	A	M	J	J	A	S	O	N	D
						J	A	S	O	N	

Bräunlicher Stäubling
Lycoperdon umbrinum

Fruchtkörper 2–4,5 cm hoch, braun. Kugelig bis birnenförmig, oft etwas niedergedrückt, mit faltiger, blasser Stielbasis. Oberfläche mit sehr feinen, bräunlichen Stacheln bedeckt, nach Abfallen der Stacheln ist der Fruchtkörper ockergelb gefärbt und glatt. Sporen treten durch eine kleine Öffnung an der Spitze aus.
Fruchtmasse Jung weiß, im Alter olivgelb, gelbbraun, schließlich bräunlich schwarz.
Sporen Sporenpulver gelbbraun.
Speisewert Essbar, solange das Fleisch noch weiß ist.
Vorkommen Juli bis September. Im Nadelwald bei Fichten, oft in Nadelstreu.

Wissenswertes Ein ebenfalls brauner Vertreter aus der Familie Lycoperdaceae ist der Weiche Stäubling *(L. molle)*, der sich durch das olivbraune Sporenpulver und durch eine deutliche Wölbung auf dem Scheitel vor dem Öffnen des Porus auszeichnet. Der Bräunliche Stäubling zieht saure Böden und Nadelwälder vor, während der Weiche Stäubling bei Laub- oder Nadelbäumen zu finden ist. Boviste und Stäublinge werden als Bauchpilze bezeichnet. Kennzeichnend für diese ist, dass die Sporen nicht außen auf einer Fruchtschicht, sondern im Innern der Fruchtkörper gebildet werden.

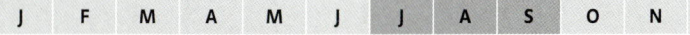

| J | F | M | A | M | J | J | A | S | O | N | D |

Birnen-Stäubling
Lycoperdon pyriforme

Fruchtkörper 1–5 cm hoch, 1–3,5 cm breit, jung weiß, dann ockerlich, schließlich graubraun. Birnenförmig, bisweilen lang gestielt mit rundlichem Kopf. Oberfläche jung feinwarzig, kleiig bis körnig, Spitze bisweilen fast gebuckelt. Bei Reife reißt der Scheitel porig auf und entlässt dabei die Sporen. Am Grunde des Stiels mit sterilem Fruchtfleisch, Basis mit verzweigten Mycelsträngen. Geruch unangenehm, Geschmack mild.
Fruchtmasse Jung weiß und fest, dann zäh bis schwammig, von Gelbgrün über Oliv bis Braun verfärbend, breiig bis pulverig.
Sporen Sporenpulver braun.
Speisewert Essbar, solange das Fleisch weiß ist.
Vorkommen August bis November. Auf morschem Holz von Nadel- und Laubbäumen, büschelig, häufig.
Wissenswertes Das büschelige Auftreten, der Standort auf morschem Holz und der birnenförmige Fruchtkörper lassen ihn leicht erkennen. Da das Fleisch des Birnen-Stäublings beim Kochen schleimig und oft gallertartig wird, kann er als Speisepilz nicht besonders empfohlen werden. Die Stäublingsgattung *(Lycoperdon)* ist in Europa mit etwa 20 Arten vertreten.

| J | F | M | A | M | J | J | A | S | O | N | D |

Igel-Stäubling
Lycoperdon echinatum

Fruchtkörper 2–5 cm, fast kugelig, mit 3–6 mm langen, kantigen, braunen Stacheln dicht besetzt, die eine gekrümmte Spitze aufweisen. Nach Abfallen der Stacheln bleibt ein mosaikartiges Netzmuster zurück, das dem Fruchtkörper ein ganz anderes Aussehen verleiht. Die reifen Sporen treten auf dem Scheitel durch eine rundliche Öffnung aus. Mit kurzem Stiel, bisweilen auch ungestielt.
Fruchtmasse Jung weiß und fest, bei Reife olivgelb bis braun.
Sporen Sporenpulver braun.
Speisewert Essbar, solange das Fleisch weiß ist.

Vorkommen Juli bis Oktober. In Laubwäldern, bei Buchen, auf kalkreichen Böden.
Wissenswertes Durch sein igeliges Aussehen ist er als junger Pilz leicht erkennbar. Er ist der auffälligste unter den Stäublingen, aber nicht der häufigste. Seine pyramidenförmigen Stacheln erreichen eine Länge von 3–6 mm. Ältere Exemplare mit abgebrochenen Stacheln machen Verwechslungen mit dem kurzstacheligen Stinkenden Stäubling (*L. foetidum*) möglich. Dieser riecht aber unangenehm und bevorzugt saure und kalkarme Böden. Der Igel-Stäubling ist als Speisepilz nicht besonders empfehlenswert.

| J | F | M | A | M | J | J | A | S | O | N | D |

Dickschaliger Kartoffelbovist
Scleroderma citrinum

Fruchtkörper 3–8 cm, knollig, kugelig, oft breitgedrückt, nierenförmig, Hülle (Peridie) bis zu 5 mm dick, derb und elastisch. Weißgelblicher bis ockerlicher Grund, federig rissig bis braun geschuppt. Bei Reife reißt die Hülle am Scheitel unregelmäßig auf, um die Sporen zu entlassen. Stiellos, am Grunde lediglich durch weißliche, kräftige Mycelstränge mit dem Substrat verbunden.
Fruchtmasse Erst weißlich, später violettlich getönt, bald aber purpurschwarz und weißfädig marmoriert, schließlich pulverig. Mit metallischem Geruch.
Sporen Sporenpulver braun.

Speisewert Giftig.
Vorkommen Juli bis November. Im Laub- und Nadelwald, auf sauren, sandigen Böden, einzeln, oft auch gesellig, häufig.
Wissenswertes Er wird bisweilen vom parasitischen Schmarotzer-Röhrling *(Xerocomus parasiticus)* befallen. Besonders ganz junge, noch weißfleischige Exemplare des Dickschaligen Kartoffelbovists können mit verschiedenen essbaren Stäublingen (Lycoperdaceae) verwechselt werden. Ausgewachsen ist er im Schnitt schwarzviolett. Er verursacht Verdauungstörungen mit einer Latenzzeit von einer halben bis drei Stunden.

| J | F | M | A | M | J | J | A | S | O | N | D |

Gemeine Stinkmorchel
Phallus impudicus

Fruchtkörper Entwickelt sich unterirdisch und kommt als weißes, eiartiges Gebilde (Hexenei) an die Oberfläche. 3–6 cm, Hülle glatt bis schwach aderig, Unterseite etwas faltig und mit derben, weißen Mycelfäden im Boden verankert. Bei Reife reißt die Außenhülle und in kurzer Zeit (anderthalb bis zwei Stunden) streckt sich der weiße Stiel mitsamt dem glockenförmigen Kopf bis zu 20 cm in die Höhe. Kopf schleimig und weich, dunkelgrün, mit einem weißen Ring auf dem Scheitel. Geruch unangenehm süßlich, aasartig.
Sporen Sporenmasse olivfarben, Sporen grünlich.

Speisewert Nur als Hexenei essbar.
Vorkommen Mai bis September. Im Nadel- und Laubwald, oft sehr gesellig, häufig, in Berglagen fehlend.
Wissenswertes Der dunkelgrüne, schleimig überzogene Kopf mit Aasgeruch zieht Insekten an, die innerhalb kurzer Zeit die Fruchtmasse abtragen und ein weißes, gekammertes Gerippe zurücklassen, das in der Form einer Morchel sehr ähnelt. Ebenfalls einen aasartigen Geruch nach verdorbenem Fleisch verströmen der Tintenfischpilz *(Clathrus archeri)* und der Rote Gitterling *(Clathrus ruber)*.

Hundsrute
Mutinus caninus

Fruchtkörper Entwickelt sich unterirdisch und kommt als weißes Hexenei an die Oberfläche. 2–3,5 cm, weiß, glatt. Aus dem Hexenei streckt sich nach kurzer Zeit ein Stiel mit abgerundeter Spitze bis zu 10 cm in die Höhe. Spitze mit schleimiger, olivgrüner Fruchtmasse überzogen. Scheitel oft mit orangerotem Ring. Geruch unangenehm, zieht Insekten an, die die Fruchtmasse abtragen. Nach kurzer Zeit bleibt nur noch die orange bis braunrote Spitze zurück. Stiel weißlich, hohl, porös und gebrechlich.
Sporen Sporenmasse dunkel olivgrün, Sporen gelblich.

Speisewert Kein Speisepilz. Das Hexenei ist ebenfalls ungenießbar.
Vorkommen Juni bis Oktober. Im Laubwald, seltener im Nadelwald, auf vermodertem Holz und humusreichem Boden, selten, aber standorttreu.
Wissenswertes Der Stiel ist oft nicht aufrecht, sondern dem Boden anliegend, als ob die Kraft zum Aufrechtstehen fehlt. Sehr ähnlich, aber etwas größer sind die in Nordamerika heimischen Arten Himbeerrote Hundsrute (*M. ravenelii*) und Vornehmer Rutenpilz (*M. elegans*). Diese beiden Arten sind in Europa sehr selten.

| J | F | M | A | M | J | J | A | S | O | N | D |

Weiß-Trüffel
Deutsche Trüffel, *Choiromyces meandriformis*

Fruchtkörper Bis zu 10 cm, jung weißlich, dann gelbbräunlich. Knollig, unregelmäßig kugelig, kartoffelähnlich, für die Größe auffallend schwer, grob höckerig, mit Rissen und Löchern. Hülle lederartig, glatt.

Fruchtmasse Erst weißlich, dann gräulich, durch gewundene, gelbbraune, wenig zusammenfließende Adern marmoriert, schließlich gelbbräunlich bis braun. Jung geruchlos, dann aromatisch, überreif stark und unangenehm riechend, Geschmack mild, aromatisch.

Sporen Sporenpulver gelblich.

Speisewert Essbar, nur in kleinen Mengen als Gewürzpilz verwendbar.

Vorkommen Juli bis September. In Laub- und Nadelwäldern, auf lehmigen, kalkhaltigen Böden, unterirdisch, ältere Exemplare ragen oft etwas aus dem Boden, selten.

Wissenswertes Die Weiß-Trüffel, die nicht zu den Echten Trüffeln (Tuberales) gezählt wird, wirkt in großen Mengen genossen abführend. Ähnlich in Farbe und Größe, aber nur in Norditalien im Piemontgebiet vorkommend ist die Magnaten-Trüffel *(Tuber magnatum)*. Diese gilt als die Königin unter den Trüffeln. In Italien wird sie auch „Schweinetrüffel" oder „verrückte weiße Trüffel" genannt.

J	F	M	A	M	J	J	A	S	O	N	D
						J	A	S			

Warzige Hirschtrüffel
Elaphomyces granulatus

Fruchtkörper 1–4 cm, rundlich oder oval, von gelben Mycelsträngen umgeben, frisch aus der Erde goldgelb, dann gelbbraun bis strohgelb. Schale (Peridie) dicht feinwarzig, beim Aufschneiden erweist sie sich als eine zweischichtige Rinde. Dick, weißlich, erst elastisch, im Alter brüchig.
Fruchtmasse Erst rötlich, dann schwarz-purpurfarben, zerfällt reif.
Sporen Sporenpulver schwarz-purpurfarben.
Speisewert Kein Speisepilz.
Vorkommen Mai bis September. Im Nadelwald, bei Kiefern, einige Zentimeter unter der Erdoberfläche im Humus eingebettet, oft zusammen mit vorjährigen, zerfallenden Exemplaren.
Wissenswertes Warzige Hirschtrüffeln sind bei Wildtierarten wie Rehen, Hirschen und Wildschweinen sehr begehrt. Ihr ausgeprägter Geruchsinn lässt sie die Trüffelnester aufspüren. Mit etwas Glück trifft man auf solche Scharrstellen und sieht das gelbe Mycel der Keulenpilze, das den Trüffel umspinnt. Die auf Hirschtrüffeln parasitierenden Kopfigen und Zungen-Kernkeulen (*Cordyceps canadensis* und *C. ophioglossoides*) verraten die Standorte. Neuere Erkentnisse zeigen, dass die Hirschtrüffel mit Cäsium kontaminiert ist.

Gemeine Morchel
Speise-Morchel, *Morchella esculenta* var. *vulgaris*

Fruchtkörper 5–12 cm hoch, Hutteil 2–7 cm hoch, jung dunkelbraun, oft fast schwarz, dann graubraun. Eiförmig, selten stumpfkegelig, mit länglichen, sehr unregelmäßigen, dunklen Gruben, die durch hellere, gewundene, rostfleckige Rippen wabenartig getrennt sind. Im Gegensatz zur Mai-Morchel (s. S. 364) zeichnen sich an den Rippen schwache, senkrechte Linien ab, am Stiel abgerundet und mit ihm verwachsen. Stiel blassweiß, an der Basis angeschwollen und gefurcht.
Fleisch Weißlich, ganzer Fruchtkörper hohl, wachsartig, brüchig. Mit angenehm würzigem Geruch und mildem Geschmack.

Sporen Sporenpulver weiß bis gelblich.
Speisewert Essbar, vorzüglicher Speisepilz.
Vorkommen April bis Mai. In lichten Laubwäldern, gerne bei Eschen, auf lockeren Böden, im Gras, in Gärten.
Wissenswertes Der Unterschied zur Mai-Morchel (*M. esculenta*, s. S. 364) ist nicht sehr groß. Die Gemeine Morchel ist jedoch kleiner und auch nicht wie diese gleichmäßig gelblich gefärbt, sondern jung dunkelbraun, später graubraun und oft mit rostfarbenen Flecken auf den Rippen. Morcheln sollten gedörrt werden, da sie dadurch ein köstliches Aroma entwickeln.

J	F	M	A	M	J	J	A	S	O	N	D

Mai-Morchel
Gelbe Speise-Morchel, *Morchella esculenta*

Fruchtkörper 6–20 cm hoch, Hutteil 3–10 cm hoch, 3–7 cm breit, blassgelblich braun, ockergelb. Oft stumpfkegelig, aber auch eiförmig bis rundlich, mit wabenartig angeordneten starken Vertiefungen (Alveolen), die durch spitze, oft hellere Rippen unregelmäßig und nicht deutlich senkrecht getrennt sind. Um den Stiel mehr oder weniger abgerundet und mit ihm verwachsen. Stiel 2–9 cm lang, 2–4 cm dick, blassweiß. Oberfläche körnig, kleiig. Basis oft verbreitert und wellig gefurcht. Ganzer Fruchtkörper hohl.
Fleisch Weißlich, wachsartig, brüchig. Mit würzigem Geruch und mildem Geschmack.
Sporen Sporenpulver gelbocker.
Speisewert Essbar, vorzüglicher Speisepilz.
Vorkommen April bis Juni. In Wäldern, an Fluss- und Bachauen, bei Laubbäumen wie Eschen und Ulmen, auch bei Obstbäumen, seltener im Nadelwald, im Gras.
Wissenswertes Die Mai-Morchel, auch Gelbe Speise-Morchel genannt, ist in Form und Farbe sehr veränderlich und wird deshalb in verschiedene Varietäten unterteilt. Die Abbildung oben rechts zeigt ein besonders kräftiges Exemplar der Hauptform. Besonders groß gewachsen ist die Dickfüßige

Morchel *(M. esculenta* var. *crassipes)*. Kugelige Hüte besitzt die Rund-Morchel *(M. esculenta* var. *rotunda)*. Ähnlich ist die grau bis schwarzbraun gefärbte Spitz-Morchel *(M. conica, s.* S. 366), die sich von der ockergelben Mai-Morchel und der ebenfalls ähnlichen graubraunen, rostfleckigen Gemeinen Morchel *(M. esculenta* var. *vulgaris, s.* S. 363) durch die spitzkegelige Hutform und die senkrecht angeordneten Längsrippen unterscheidet. Die Spitz-Morchel kommt vor allem im Nadelwald und auf Holzlagerplätzen vor. Alle diese Morcheln sind schmackhafte Speisepilze. Sie eignen sich vorzüglich zum Dörren.

Spitz-Morchel
Morchella conica

Fruchtkörper 5–12 cm hoch, Hutteil 3–5 cm hoch, jung gräulich, dann graurosa, auch schwarzbraun oder gelbbraun. Eiförmig, kegelig, fast spitz endend, mit erhöhten, deutlich zusammenhängend verlaufenden, dunklen Längsrippen und tiefer liegenden, weniger ausgeprägten Querrippen, die den Gruben eine fast rechteckige Form geben. Rippen reif fast schwarz, gehen in den Stiel über und sind mit ihm verwachsen. Stiel etwa halb so lang wie der ganze Fruchtkörper, weiß bis blassgelblich, an der Basis oft angeschwollen und gefurcht.
Fleisch Weiß bis blassocker, ganzer Fruchtkörper ist hohl, wachsartig, biegsam. Fast geruchlos, mit mildem Geschmack.
Sporen Sporenpulver blassocker.
Speisewert Essbar, beliebter Speisepilz.
Vorkommen März bis Mai. Meist in Nadelwäldern, auf Waldwiesen, an Waldrändern, auf Holzplätzen, oft bei Adlerfarn, gesellig.
Wissenswertes Der giftige Doppelgänger von Morcheln ist die Frühjahrs-Lorchel (*Gyromitra esculenta*, s. S. 370). Sie kommt oft in Kiefernwäldern an ähnlichen Standorten und ebenfalls um die gleiche Jahreszeit vor. Sie ist unregelmäßig, kraus gelappt und hirnartig gewunden.

J	F	M	A	M	J	J	A	S	O	N	D

Käppchen-Morchel
Morchella gigas (Mitrophora semilibera)

Fruchtkörper 5–15 cm hoch, Hutteil 2–4 cm hoch, dunkel- bis hellbraun. Kegelig, glocken- oder käppchenförmig, mit senkrecht verlaufenden, stumpfen, schwärzlichen Längs- und schwach ausgebildeten Querrippen. Hutrand schwach aufgeschirmt, vom Stiel frei, abstehend und nie mit ihm verwachsen. Stiel jung kurz, später aber auffallend lang, weißlich bis ockergelblich, schlauchartig, dünnfleischig, kleiig, körnig.
Fleisch Weiß, ganzer Fruchtkörper ist hohl, wachsartig, brüchig. Fast geruchlos, mit mildem Geschmack.
Sporen Sporenpulver ockergelb.

Speisewert Essbar, guter, aber wenig ergiebiger Speisepilz.
Vorkommen April bis Mai. In Wäldern, auf Wiesen, in Parks, Flussauen, liebt feuchte Böden, gesellig.
Wissenswertes Sie wird auch Halbfreie Morchel genannt, da ihr Hutrand nicht direkt waagrecht mit dem Stiel verwachsen ist wie bei den übrigen Morcheln. Ihre Form ist sehr veränderlich. Oft ist der Hutteil auffallend kurz und der Stiel besonders lang, oder auch umgekehrt. Die Käppchen-Morchel ist ein typischer Frühjahrspilz der Auenwälder, wo sie auch am meisten angetroffen werden kann.

J	F	M	A	M	J	J	A	S	O	N	D

Aderiger Morchelbecherling
Disciotis venosa

Fruchtkörper 3–15 cm, becher- bis scheibenförmig, dünnfleischig, Oberseite (Fruchtschicht) gelbbraun, graubraun, auch dunkel rotbraun. Oft verbogen und feinrunzelig, glatt. Unterseite weißlich, später graugelblich, mehlig bis kleiig überzogen, gegen den Stiel stark rippig, aderig, mit kurzem, blassgrauem, oft im Boden steckendem, nur angedeutetem Stiel.
Fleisch Weiß bis bräunlich, besonders brüchig. Mit deutlichem Chlorgeruch und mildem Geschmack.
Sporen Sporenpulver weiß.
Speisewert Essbar.

Vorkommen April bis Mai. In Auwäldern, Laubwäldern, entlang von Waldrändern und auf Wiesen, nicht häufig.
Wissenswertes Er ist durch seinen chlorartigen Geruch und seine großen Fruchtkörper gut von anderen Becherlingen zu unterscheiden. Er bevorzugt meist dieselben Standorte wie Morcheln *(Morchella)* oder die seltenen Verpeln *(Verpa)*. Ebenfalls wie die begehrten Morcheln eignet sich auch dieser Pilz besonders gut zum Dörren, da er dadurch ein intensiveres Aroma entwickelt. Die Hochgerippte Becher-Lorchel *(Helvella acetabulum)* ist ähnlich, hat aber keinen Chlorgeruch.

| J | F | M | A | M | J | J | A | S | O | N | D |

Herbst-Lorchel
Helvella crispa

Fruchtkörper 5–15 cm hoch, Hutteil 3–5 cm breit, weiß oder weißlich. Unregelmäßig wellig, kraus, mit mehreren faltigen Lappen, oft sattelförmig, mit den Rändern am Stiel angewachsen oder frei. Stiel weiß, tief längsfurchig, durch Querrippen grubig.
Fleisch Weißlich, zäh, elastisch, ganzer Fruchtkörper unregelmäßig hohl. Fast geruchlos, mit mildem Geschmack.
Sporen Sporenpulver weiß.
Speisewert Kein Speisepilz.
Vorkommen August bis November. Im Nadel- und Laubwald, an Wegrändern, in Parks, auf Wiesen, häufig.

Wissenswertes Die eigenartige Fruchtkörperform und die überwiegend weißen Farbtöne lassen die Herbst-Lorchel sehr einfach erkennen. Sie gilt nach Abbrühen und langem Kochen als essbar. Da man alte, in Zersetzung begriffene Fruchtkörper jedoch oft nicht von frischen unterscheiden kann und die Herbst-Lorchel roh vermutlich fast ebenso giftig ist wie die Frühjahrs-Lorchel (*Gyromitra esculenta*, s. S. 370) ist von einem Pilzgericht mit diesen Pilzen abzuraten. Die ungenießbare Gruben-Lorchel (*H. lacunosa*) ist kleiner und schwarz bis hellgrau. Auch sie gilt nicht als Speisepilz.

| J | F | M | A | M | J | J | A | S | O | N | D |

Frühjahrs-Lorchel
Gyromitra esculenta

Fruchtkörper 3–9 cm breit, kastanienbraun bis rotbraun. Rundlich, sehr unregelmäßig, kraus gelappt, hirnartig gewunden, Rand mit dem Stiel verwachsen. Stiel weißlich bis blassgrau, oft kurz und nicht immer deutlich ausgebildet, runzelig bis furchig.
Fleisch Weißlich, wachsartig, brüchig, ganzer Fruchtkörper unregelmäßig hohl. Fast geruchlos, mit mildem Geschmack.
Sporen Sporenpulver weiß.
Speisewert Sehr giftig, roh tödlich giftig.
Vorkommen März bis Mai. Hauptsächlich in Kiefernwäldern, auf Holzplätzen, an moderigen Strünken.

Wissenswertes Dieser Pilz gilt als der typische Doppelgänger von Morcheln *(Morchella)*. Die gehirnartigen Windungen des Huts lassen die Frühjahrs-Lorchel jedoch gut von den wabenartigen Hüten der Morcheln unterscheiden. Im rohen Zustand ist sie tödlich giftig. Abgebrüht oder getrocknet wurde sie früher oft gegessen, aber auch solchermaßen behandelte Pilze können sehr schwere Vergiftungen hervorrufen. Die Frühjahrs-Lorchel ist in Russland für 45 % aller Pilzvergiftungen verantwortlich, die auch tödlich ausgehen können. Sie gilt in Osteuropa immer noch als bekömmlicher Speisepilz.

| J | F | M | A | M | J | J | A | S | O | N | D |

Elastische Lorchel
Helvella elastica

Hut 1–3 cm hoch und oft ebenso breit, verschiedenfarbig: weiß, grau, blassockerlich bis graubraun. Sattelförmig und unregelmäßig gelappt, oft heruntergebogen, aber am Stiel nicht angewachsen, mit glatter Oberfläche.
Stiel Weißlich bis blassgelblich. Zylindrisch, schlank und hohl, glatt oder schwach grubig.
Fleisch Weißlich, elastisch, wachsartig. Mit angenehmem Geruch, Geschmack mild.
Sporen Sporenpulver weiß.
Speisewert Kein Speisepilz.
Vorkommen Juni bis Oktober. Im Nadel- und Laubwald, an Wegrändern, in Laub- und Nadelstreu, zwischen Gras, nicht häufig.

Wissenswertes Ähnlich wie diese Art, jedoch mit schwarzem Kopfteil und dunkelbraunem Stiel, sieht die seltene Schwarze Lorchel *(H. atra)* aus. Beide Arten haben einen sattelförmigen Hut und sind im Stielbereich von auffallend elastischer Konsistenz. Die Elastische Lorchel ist nicht besonders häufig, aber oft sehr zahlreich. Nicht selten wachsen hellgraue bis schokoladenbraune Exemplare am selben Standort beieinander. Wie sämtliche Lorcheln ist sie als Speisepilz keinesfalls zu empfehlen. Empfindliche Personen sollten generell auf deren Verzehr verzichten.

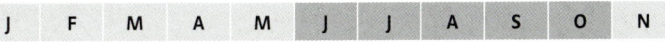

J	F	M	A	M	J	J	A	S	O	N	D
					J	J	A	S	O		

Wurzellorchel
Rhizina undulata

Fruchtkörper 3–8 cm, kastanienbraun bis schwarzbraun. Kreisförmig, mit stark wellig faltiger, glatter Oberfläche, oft flach, mit aufgebogenem, weißlichem Rand. Unterseite weißlich bis ockerfarben, mit mehreren 1–2 mm dicken, wurzelähnlichen Hyphensträngen (Rhizoiden), mit denen die Wurzellorchel auf dem Substrat aufsitzt.

Fleisch Weißlich bis ockerlich, wachsartig, brüchig, im Alter lederig. Mit angenehmem Geruch und mildem Geschmack.

Sporen Sporenpulver weiß.

Speisewert Kein Speisepilz.

Vorkommen Juli bis Oktober. In Nadelwäldern, auf dem Erdboden parasitisch auf Kiefern, wo sie die Wurzeln schädigt, bei alten Brandstellen, oft in großen Gruppen.

Wissenswertes Durch den ungestielten Fruchtkörper könnte sie für einen der verschiedenen Becherlinge gehalten werden. Betrachtet man aber die Unterseite, so wird dies durch die vielen Hyphenstränge ausgeschlossen. Nicht selten bedeckt sie mit ihren Fruchtkörpern teppichartig den Boden. Für die Keimung der Sporen ist einige Stunden lang eine Temperatur von mindestens 37 °C sowie ein saurer Boden Voraussetzung für das anfänglich saprophage Wachstum.

Gemeiner Orangebecherling
Aleuria aurantia

Fruchtkörper 2–10 cm, becherförmig bis schüsselförmig, dünnfleischig, bald mit wellig verbogenem, bisweilen einreißendem, nicht behaartem Rand, ausgewachsene Exemplare, die dicht beieinander stehen, sind oft wegen Platzmangels deformiert. Becherinnenseite (Fruchtschicht) leuchtend rotorange und glatt, Außenseite blasser, weißlich mehlig bereift. Sitzt stiellos am Boden auf.
Fleisch Weiß, wachsartig, brüchig. Ohne besonderen Geruch und Geschmack.
Sporen Sporenpulver weiß.
Speisewert Kein Speisepilz.
Vorkommen Juli bis Oktober. Auf frisch aufgeworfener Erde, in Wäldern entlang von Wegen, auf Wegen, in Gärten und Parks, zwischen Gras und Kräutern.
Wissenswertes Der Gemeine Orangebecherling wird in manchen südlichen Ländern (z. B. Italien) roh mit Likör getränkt gegessen. Er ist geruch- und geschmacklos und erfüllt eigentlich eher dekorative als kulinarische Zwecke. Da er nicht besonders häufig vorkommt, schon Übelkeit verursacht hat und durch sein dünnes Fleisch sehr unergiebig ist, lässt man diesen prächtigen Pilz lieber stehen und erfreut sich stattdessen an seiner leuchtenden Farbenpracht.

| J | F | M | A | M | J | J | A | S | O | N | D |

Scharlachroter Kelchbecherling
Zinnoberroter Prachtbecherling, *Sarcoscypha coccinea*

Fruchtkörper 1–5 cm, erst pokalförmig, dann becher- bis schüsselförmig, jung kreisrund, ausgewachsen oval oder nierenförmig, dünnfleischig. Innenseite (Fruchtschicht) leuchtend zinnoberrot, orangerot, glatt, glänzend, Außenseite rosa bis blassrötlich, haarig, filzig, matt. Rand lange eingebogen, meist mit angedeutetem, oft aber auch langem Stiel dem Substrat aufsitzend.
Fleisch Weiß, zäh. Geruchlos.
Sporen Sporenpulver weiß.
Speisewert Kein Speisepilz.
Vorkommen Dezember bis April. Oft auf morschen Laubholzresten, kalkliebend.

Wissenswertes Er ist mit seiner leuchtend zinnoberroten Färbung (*coccinea* = scharlachrot) besonders auffällig und gehört zu den schönsten Becherlingen. Seine Fruchtkörper findet man, für Pilze eher ungewöhnlich, im Winterhalbjahr. Gerne erscheint er nach der ersten Schneeschmelze. Makroskopisch kann man den Scharlachroten Kelchbecherling nicht vom Österreichischen Kelchbecherling *(S. austriaca)* unterscheiden. Beide Arten gehören zur Familie der Sarcoscyphaceae, die in Europa mit sieben Gattungen und etwas über zehn seltenen bis sehr seltenen Arten vertreten ist.

| J | F | M | A | M | J | J | A | S | O | N | D |

Violetter Kronenbecherling
Sarcosphaera coronaria (S. crassa)

Fruchtkörper 3–10 cm, erst als hohle, gebrechliche, weiße Kugel im Boden eingesenkt, dann aus der Erde hervorbrechend und von der Mitte her sternförmig aufreißend. Außenseite schmutzig- bis grauweißlich, Innenseite (Fruchtschicht) deutlich violett, bei S. *coronaria* var. *nivea* weiß, mit glatter Oberfläche, ungestielt.
Fleisch Weiß, brüchig, von etwas wachsartiger Konsistenz. Geruchlos, mit mildem Geschmack.
Sporen Sporenpulver weiß.
Speisewert Sehr giftig, roh unter Umständen tödlich giftig.

Vorkommen Mai bis Juni. Im Nadel- und Laubwald, auf Kalkböden, oft gesellig wachsend, seltener einzeln, eher selten.
Wissenswertes Er ist ähnlich toxisch wie die ebenfalls im Frühling vorkommende Frühjahrs-Lorchel *(Gyromitra esculenta)*. Da Vergiftungsfälle mit dem Violetten Kronenbecherling sehr selten sind, ist über den Verlauf nur wenig bekannt. Er unterscheidet sich jedoch von anderen Becherlingen deutlich durch die jungen, vollkommen kugeligen, hohlen Fruchtkörper. Fruchtkörper, die vorwiegend weiße und fast keine violetten Farbtöne aufweisen, werden als Varietät *nivea* bezeichnet.

J	F	M	A	M	J	J	A	S	O	N	D
				M	J						

Eselsohr
Otidea onotica

Fruchtkörper Bis zu 8 cm hoch, 2–5 cm breit, ohrförmig, oft einseitig tief gekerbt, dünnfleischig, mit längs eingebogenem Rand. Innenseite (Fruchtschicht) glatt, ockerlich gefärbt, mit einem deutlich rosa Beiton, Außenseite kleiig bis mehlig und ockergelb gefärbt. Fruchtkörper kurz gestielt, mit weißer Basis.
Fleisch Weißlich, brüchig. Ohne besonderen Geruch und Geschmack.
Sporen Sporenpulver weiß.
Speisewert Essbar, aber schonenswert.
Vorkommen September bis November. In Laub- und Nadelwäldern, in kleinen Gruppen wachsend, selten.

Wissenswertes Besonders ähnlich ist der Zitronengelbe Öhrling *(O. concinna)*, der aber im Laubwald bei Buchen vorkommt. Die Gattung der Öhrlinge *(Otidea)* umfasst zehn Arten, die oft schwer voneinander zu unterscheiden sind. In der Regel muss ein Mikroskop hinzugezogen werden. Die meisten von ihnen sind nicht häufig, einige sogar sehr selten. Wegen ihrer kleinen Fruchtkörper sind sie unergiebig und als Speisepilze ungeeignet. Da sie zudem selten sind, sollten alle Öhrlinge geschont werden. Das Eselsohr kommt in Europa und Amerika vor. In Nordamerika ist es weit verbreitet.

J	F	M	A	M	J	J	A	S	O	N	D
								S	O	N	

Anemonenbecherling
Dumontinia tuberosa (Sclerotinia tuberosa)

Fruchtkörper 1–3 cm, erst tief becherförmig, dann breiter geöffnet, im Alter ausgebreitet und unregelmäßig wellig, dünnfleischig. Innenseite dunkel- bis rötlich braun, oft grubig, runzelig, mit glatter Oberfläche, außen ähnlich gefärbt, oft heller, glatt. Stiel 3–10 cm lang, wurzelartig, mit hellbräunlicher Spitze. Der lange, unterirdische Mycelstrang ist schwärzlich gefärbt.
Fleisch Wachsartig. Geruchlos, mit süßlichem Geschmack.
Sporen Sporenpulver weiß.
Speisewert Kein Speisepilz.
Vorkommen März bis Mai. In lichten Wäldern, Parks, Auen, bei Busch-Windröschen häufig.
Wissenswertes Er hat sich als Parasit auf das Busch-Windröschen, selten auch auf Gelbe Anemone und Scharbockskraut spezialisiert. An den Wurzeln dieser Blütenpflanze bildet dieser Pilz ein schwarzes, 15–40 mm großes Knöllchen, das ein Überdauerungsorgan (Sklerotium) darstellt. Im Frühjahr bildet der Pilz aus einem unterirdischen Sklerotium jeweils einen langen, wurzelnden Stiel aus, auf dem sich überirdisch ein becherartiger Pilz entwickelt. Die Pflanzen werden dabei im Wuchs beeinträchtigt.

J	F	M	A	M	J	J	A	S	O	N	D
		M	A	M							

Gestreifter Teuerling
Cyathus striatus

Fruchtkörper 0,5–1,5 cm hoch, 1–1,2 cm breit, jung eiförmig und völlig von einer dunkelbraunen, zottigen, haarigen Hülle umgeben, später flacht die Oberseite ab und es entsteht ein häutiger, weißlicher Deckel, der bei Reife aufplatzt und den Blick auf ein becherartiges Inneres freigibt. Wand kahl und deutlich längsfurchig gestreift, erst weißlich, dann grau bis bräunlich gefärbt, am Grunde befinden sich 12–16 weißliche, linsenförmige Sporenpäckchen (Peridiolen).
Sporen Sporenpulver weiß.
Speisewert Kein Speisepilz.
Vorkommen Mai bis November. Auf Pflanzenresten wie Ästchen, Blättern und Nadeln vorkommend, häufig.
Wissenswertes Die Becher sind anfangs mit einem weißen Häutchen verschlossen, das später einreißt und das Innere preisgibt. Nun sieht man die linsenförmigen Sporenpäckchen, die auf dem Boden der Becherchen untergebracht sind. Ausgelöst durch Regentropfen werden die Päckchen hoch hinausgeschleudert. Dabei entrollt sich der Faden, mit dem das Paket am Grunde des Becherchens befestigt war, und wickelt sich z. B. um den nächsten Grashalm. Bei Reife platzt das Paket und die Sporen werden frei.

J	F	M	A	**M**	J	J	A	S	O	N	**D**

Gemeines Gallertkäppchen
Leotia lubrica

Hut 1–2 cm breit, gelb oder grünlich gelb, olivbraun, bisweilen auch schwarz. Oberfläche matt, glatt, schmierig, erst kugelig, dann rundlich bis gewölbt, abgeflacht, buckelig bis genabelt, gewellt, mit stark nach unten eingerolltem Rand. Fruchtschicht überzieht die Außenseite des Käppchens.
Stiel Hellgelb bis ockerlich. Zylindrisch, oft etwas zusammengedrückt, jung voll, dann wattig ausgestopft, mit fein kleiig-rauer Oberfläche.
Fleisch Weißgelblich, gallertig. Geruch angenehm, Geschmack fade.
Sporen Sporenpulver weiß.

Speisewert Kein Speisepilz.
Vorkommen Juli bis Dezember. In Wäldern und an Waldrändern, auf nacktem, lehmigem Boden, zwischen Moos und Gräsern, feuchtigkeitsliebend, seit Jahren rückläufig.
Wissenswertes Diese zu den Schlauchpilzen gehörend Art fällt aus dem Rahmen, da sie ähnlich wie die meisten Ständerpilze in Hut und Stiel gegliedert ist. Beim näheren Hinsehen entdeckt man, dass das Käppchen weder Lamellen noch Leisten aufweist und lediglich glatt gelatinös ist. Die Fruchtschicht überzieht aber, wie üblich für Schlauchpilze, die Außenseite des Fruchtkörpers, hier das Käppchen.

| J | F | M | A | M | J | J | A | S | O | N | D |

Goldgelber Zitterling
Tremella mesenterica

Fruchtkörper Ausdehnung von 2–5 cm, jung hirnartig gewunden und gelborange gefärbt, dann unregelmäßig büschelig, mehrmals gelappt, faltig, Farben im Alter blasser, schwefelgelb. Oberfläche glatt, feucht glänzend, jung bisweilen von Konidien weiß bestäubt, am Substrat breit angewachsen.
Fleisch Gelb, gelatinös, gallertig, weich, durchscheinend, zerfließt im Alter zu einer formlosen Masse. Geruch leicht fruchtartig.
Sporen Sporenpulver weiß.
Speisewert Kein Speisepilz.
Vorkommen Ganzjährig, vorwiegend in Feuchtperioden im Herbst, Winter und Frühjahr. An totem Laubholz, meistens an abgefallenen Ästen, hauptsächlich von Buchen, aber auch auf vielen anderen Laubhölzern, häufig vorkommend.
Wissenswertes Die auffällig gefärbten Fruchtkörper lassen den Goldgelben Zitterling gut erkennen. Er hat eine eigenartige Form der Vermehrung entwickelt. Jung vermehrt er sich ungeschlechtlich mit Konidien, erst später entwickeln sich die Basidien, auf denen dann die geschlechtlich gebildeten Sporen heranreifen. Die Zitterpilze können bei Trockenheit einschrumpfen und bei Feuchtigkeit wieder stark aufquellen.

| J | F | M | A | M | J | J | A | S | O | N | D |

Rötlicher Gallerttrichter
Tremiscus helvelloides

Fruchtkörper 3–10 cm hoch, 2–5 cm breit, orangerosa, lachsfarben bis orangerot. Erst zungenförmig, dann trichterig umgeschlagen, in eine stielartige, oft weißliche Basis übergehend. Oberfläche der Innenseite glatt, matt, frische Exemplare sind weißlich bereift. Oberer Teil der Außenseite (Fruchtschicht) erst glatt, dann längsaderig und im Alter durch die reifen Sporen weißlich überhaucht.
Fleisch Rötlich, blasser gefärbt als die Oberfläche, durchscheinend, gelatinös, im Stiel knorpelig, voll. Ohne besonderen Geruch und Geschmack.
Sporen Sporenpulver weiß.
Speisewert Roh essbar.
Vorkommen Juli bis Oktober. Feuchte, schattige Stellen in Wäldern, entlang von Wegen, in Gräben, zwischen Gräsern, bevorzugt kalkhaltige Böden.
Wissenswertes Er wird oft als Salatpilz gesammelt. Wie beim Eispilz (*Pseudohydnum gelatinosum*, s. S. 382) gilt auch für den Rötlichen Gallerttrichter, dass man das Sammeln dieses roh essbaren Pilzes in vom Fuchsbandwurm verseuchten Gebieten besser unterlässt. Die Eier des Fuchsbandwurms sind sehr hitzeempfindlich. Diese werden bei 50 °C in ein paar Minuten, bei 70 °C sofort abgetötet.

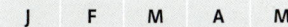

| J | F | M | A | M | J | J | A | S | O | N | D |

Eispilz
Zitterzahn, *Pseudohydnum gelatinosum*

Fruchtkörper 2–6 cm breit, 0,5–1 cm dick, weiß, fast durchscheinend, seltener graubräunlich. Konsolenförmig, gallertartig, zitterig, muschelförmig, stielartig am Substrat angewachsen. Oberseite körnig, kleiig, gegen den welligen Rand fast glatt, Unterseite (Fruchtschicht) mit Stacheln, diese sind weißlich mit bläulichem Schimmer, bis zu 3 mm lang, spitz, gelatinös.
Fleisch Weißlich mit leicht bläulichen Farbtönen, durchscheinend, gelatinös, voll. Ohne besonderen Geruch und Geschmack.
Sporen Sporenpulver weiß.
Speisewert Roh essbar.

Vorkommen Juli bis November. An morschen Nadelholzstrünken, meist von Fichten, oft dachziegelartig übereinander, selten einzeln wachsend, häufig.
Wissenswertes Der Eispilz ist der einzige gallertartige Pilz mit stacheliger oder zahnartiger Fruchtschicht. Er wird als Salatpilz verwendet, schmeckt aber fade und kann nicht besonders empfohlen werden. In Gebieten, in denen der Fuchsbandwurm verbreitet ist, lässt man diesen dekorativen Pilz besser stehen. Die Gattung *Pseudohydnum* umfasst lediglich diese eine Art. Seltener findet man Fruchtkörper mit graubrauner Färbung der Oberfläche.

| J | F | M | A | M | J | J | A | S | O | N | D |

Judasohr
Auricularia auricula-judae

Fruchtkörper 2–6 cm breit, rotbraun bis olivbraun, bisweilen schwärzlich. Runzelig, wellig, muschel- oder ohrförmig. Oberfläche feinsamtig, Innenseite (Fruchtschicht) glänzend, glatt, mit adrigen, runzeligen Leisten durchzogen, bisweilen von den Sporen matt weißlich bereift. Durch einen kurzen Stiel mit dem Substrat verbunden.
Fleisch Dunkelbraun bis schwarz, gallertig, zäh, elastisch, bei Trockenheit zusammengeschrumpft. Ohne besonderen Geruch und Geschmack.
Sporen Sporenpulver weiß.
Speisewert Essbar.

Vorkommen August bis März. Hauptsächlich an alten, abgestorbenen Holunderstämmen, oft dicht gedrängt und gesellig.
Wissenswertes Das Judasohr, unter anderem auch als Mu-Err bezeichnet, ist ein nahezu weltweit verbreiteter Speisepilz, der in vielen Gerichten der asiatischen und speziell auch der chinesischen Küche verwendet wird. Es wirkt zudem entzündungshemmend, senkt den Cholesterinspiegel und wird zur Behandlung von Kreislaufproblemen verwendet. Die Fruchtkörper lassen sich trocknen. Beim Quellen erreichen sie wieder ein Vielfaches der Größe des trockenen Zustands.

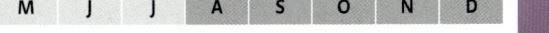

J	F	M	A	M	J	J	A	S	O	N	D

Blutmilchpilz
Lycogala epidendrum

Fruchtkörper Bis zu 1,5 cm, jung leuchtend rot, himbeerrosa milchend, später ausblassend, im Alter graubraun, ausgetrocknet pulverig. Oberfläche feinwarzig, kugelig, bovistartig, aber kleiner.

Sporen Engnetzig ornamentiert. Sporenpulver blassrot.

Speisewert Kein Speisepilz.

Vorkommen Mai bis September. Auf morschen Strünken, meist in kleinen Kolonien, nach Regenfällen.

Wissenswertes Der Blutmilchpilz ist einer der häufigsten und auffälligsten, bei uns heimischen Arten aus der Klasse der Schleimpilze (Myxomycetae). Das, was wir als Fruchtkörper bezeichnen, ist oft eine schleimige Masse, das sogenannte Plasmodium. Diese Pilze beziehen ihre Nahrung weder von lebendem noch von totem Holz und gehen auch keine Symbiosen mit Pflanzen ein. Sie ernähren sich von Bakterien, Pilzsporen und verschiedenen anderen Mikroorganismen. Die Unterlage wird dabei nicht angegriffen. Wenn die Pilze genügend Nährstoffe aufgenommen haben, erhärtet sich die schleimige Masse und die Kügelchen verfärben sich graubraun. Im Innern bilden sich pulverige Sporen heran, die bei Reife entlassen werden.

| J | F | M | A | **M** | **J** | **J** | **A** | **S** | O | N | D |

Gelbe Lohblüte
Fuligo septica

Fruchtkörper 3–15 cm im Durchmesser, 1–2 cm hoch, jung kräftig zitronengelb, dann goldgelb, schließlich bräunlich und sich pulverig auflösend. Kissenförmiges, schleimiges Gebilde, das sich langsam fortbewegen kann.
Sporen Glatt. Sporenpulver schwärzlich.
Speisewert Kein Speisepilz.
Vorkommen Juni bis Oktober. Auf faulendem Holz und auf dem Erdboden, überall häufig.
Wissenswertes Die Gelbe Lohblüte gehört zu den in Form und Lebensweise sehr eigentümlichen Schleimpilzen. Manche Autoren stellen diese in die Nähe des Tierreichs, denn dieser Pilz kann im frischen, noch gelb gefärbten Zustand freie Ortsbewegungen vornehmen. Er besteht aus einem nackten Plasmahaufen miteinander verschmolzener Zellen mit vielen Zellkernen, die sich ähnlich wie tierische Einzeller amöboid fortbewegen können. Dies ist aber nur bei entsprechender Luftfeuchtigkeit möglich, wie z. B. in Wäldern. Bei Reife verfestigt sich der Pilz zu einer braunen, derben Masse, während sich im Innern die Sporen bilden, die für die Verbreitung sorgen und bei Reife stäuben. Manche Schleimpilze können extreme Mengen an Calcium, Mangan, Zink und Barium anreichern.

Zum Weiterlesen

Bücher

BON, M.: **Pareys Buch der Pilze**, KOSMOS, Stuttgart 2005
BREITENBACH, J. und F. KRÄNZLIN: **Pilze der Schweiz Band 1–6**, Mykologia-Verlag, Luzern 1981–2005
DÄHNCKE, R.: **1200 Pilze in Farbfotos**, AT Verlag, Aarau 1993
DÖRFELT, H.: **Lexikon der Mykologie**, G. Fischer-Verlag, Stuttgart 1989
FLAMMER, R. und E. HORAK: **Giftpilze Pilzgifte**, Schabe, Basel 2003
GARNWEIDNER, E.: **Pilze**, Gräfe und Unzer, München 1992
GERHARDT, E.: **Der große BLV Pilzführer**, BLV Verlagsgesellschaft, München 1997
GERHARDT, E.: **Pilze**, BLV Verlagsgesellschaft, München 2003
GMINDER, A. und T. BÖHNING: **Handbuch für Pilzsammler**, KOSMOS, Stuttgart 2008
GMINDER, A. und T. BÖHNING: **Welcher Pilz ist das?**, KOSMOS, Stuttgart 2007
GODET, J.-D.: **Bäume und Sträucher**, Eugen Ulmer, Stuttgart 2007
HORAK, E.: **Röhrlinge und Blätterpilze in Europa**, Spektrum Akademischer Verlag 2005
LAUX, H.E.: **Essbare Pilze und ihre giftigen Doppelgänger**, KOSMOS, Stuttgart 1992
LAUX, H.E.: **Der große Kosmos Pilzführer**, KOSMOS, Stuttgart 2001
LAUX, H.E.: **Der neue Kosmos Pilzatlas**, KOSMOS, Stuttgart 2002
LELLEY, J.: **Die Heilkraft der Pilze**, Econ-Verlag, München 1997
MAYER, J. und H.-W. SCHWEGLER: **Welcher Baum ist das?** KOSMOS, Stuttgart 2002
PÄTZOLD, W. UND H.E. LAUX: **1mal1 des Pilzesammelns**, KOSMOS, Stuttgart 2004
STAMETS, P.: **Psilocybinpilze der Welt**, AT Verlag, Aarau 1999
STEIN, D. UND S. STEIN: **Pilze anbauen**, BLV Buchverlag, München 2005
WALDVOGEL, F., H.-P. NEUKOM und R. WINKLER: **Pilze Champignons Fungi**, AT Verlag, Aarau 2001
WINKLER R.: **2000 Pilze einfach bestimmen**, AT Verlag, Aarau 1996

Zeitschriften

Zeitschrift für Mykologie, DGfM (früher: Zeitschrift für Pilzkunde), Einhorn Verlag, Schwäbisch Gmünd
Österreichische Zeitschrift für Pilzkunde, Österreichische Mykologische Gesellschaft, Wien
Schweizerische Zeitschrift für Pilzkunde (SZP), Verband schweizerischer Vereine für Pilzkunde, Wabern/Bern

Zum Weiterklicken

Deutschland

Pilze, Pilze, Pilze **www.pilzepilze.de/**
Deutsche Gesellschaft für Mykologie **www.dgfm-ev.de/**
Volkers Pilzewelt **www.pilzewelt.de/**
Pilzforum **www.pilzforum.eu/**
Toxikologische Abteilung der II. Medizinischen Klinik der Technischen Universität München **www.toxinfo.org/**

Schweiz

Schweizerische Vereinigung amtlicher Pilzkontrollorgane **www.vapko.ch/**
Giftpilze **www.ciqcaq.ch/giftpilze.htm**
Seite für Pilzkunde in der Schweiz **www.pilze.ch/**
WSL Swissfungi **www.wsl.ch/swissfungi/**
Verein für Pilzkunde Basel **www.pilze-basel.ch/**
Die Seite für den Pilzsammler **www.mykonet.ch/**
Verband Schweizer Pilzproduzenten VSP **www.champignonsuisse.ch/index.cfm/fuseaction/show/path/1.htm**
Mykologische Gesellschaft Luzern Schweiz **www.mgl.ch.vu/**

Weltweit

Fungi-Pilze-Grzyby **www.rysch.com/pilze/**
Australien Fungi **http://mycorrhizas.info/ecmf.html**
MykoWeb, Mushrooms, Fungi, Mykology, USA **www.mykoweb.com/index.html**
Polen, Darz Grzyb **www.NaGrzyby.pl**

Register

Abgestutzte Koralle 342
Abgestutzte Riesenkeule 317
Ackerling 88
Ackerling, Voreilender 257
Acromelalga-Syndrom 98
Aderiger Morchelbecherling 368
Affenkopf 89
Agaricus abruptibulbus 246
– *arvensis* 247
– *augustus* 244
– *bisporus* 87
– *bitorquis* 243
– *campestris* 245
– *essettei* 246
– *angei* 244
– *macrosporus* 249
– *placomyces* 244
– *silvaticus* 244
– *silvicola* 246
– *xanthoderma* 248
Agrocybe aegerita 88
– *dura* 257
– *praecox* 257
Aleuria aurantia 373
Alkalischer Rötling 221
Amanita caesarea 230
– *cecilae* 226
– *citrina* 237
– *crocea* 228
– *excelsa* 239
– *franchetii* 240
– *fulva* 228
– *gemmata* 236
– *inaurata* 226
– *mairei* 229
– *muscaria* 230
– *ovoidea* 242
– *pantherina* 231
– *pantherina* var. *abietina* 231
– *phalloides* 232f.
– *porphyria* 238
– *proxima* 242
– *rubescens* 241
– *spissa* 239
– *strobiliformis* 242
– *vaginata* 227
– *verna* 235
– *virosa* 234f.
Amanitin 92f.
Amethyst-Flockiger Pfifferling 307
Amiant-Körnchenschirmling 255
Anemonenbecherling 377
Anis-Klumpfuß 296

Anis-Zähling 322
Anlaufender Egerlingsschirmpilz 252
Antikörperreaktion 97
Armillaria ostoyae 262f.
Arve 44f.
Ästiger Stachelbart 340
Astraeus hygrometricus 351
Auricularia auricula-judae 89, 383
Austernpilz 324
Austern-Seitling 324

Bärtiger Ritterling 199
Bartkoralle 340
Bauchweh-Koralle 343
Baumschwamm, Rotrandiger 332
Behangener Faserling 272
Beißender Milchling 163
Berg-Porling 330
Beringter Buchen-Schleimrübling 260
Beutel-Großstäubling 353
Biotope 60f.
Birke, Hänge- 56f.
Birkenpilz, Gemeiner 131
–, Moor- 108
–, Rötender 131
–, Schwarzer 131
Birken-Porling 331
Birken-Rotkappe 130
Birnengitterrost 75f.
Birnen-Risspilz 284
Birnen-Stäubling 356
Bitterer Kiefern-Zapfenrübling 211
Blassblauer Rötelritterling 187
Blasse Koralle 343
Blasser Pfifferling 307
Blaublättriger Weiß-Täubling 146
Blauer Klumpfuß 289
Blauer Saftporling 334
Blauer Träuschling 259
Blaugestiefelter Schleimkopf 290f.
Bleiweißer Trichterling 182
Blutblättriger Hautkopf 286
Blutmilchpilz 384
Blutroter Hautkopf 286
Bolbitius vitellinus 225
Boletinus cavipes 104
Boletus aereus 121
– *aestivalis* 119
– *amarellus* 129
– *calopus* 128
– *edulis* 120f.
– *erythropus* 126
– *fechtneri* 124

– *luridiformis* 126
– *luridus* 125
– *pinophilus* 121
– *piperatus* 129
– *pulverulentus* 117
– *radicans* 123
– *reguis* 124
– *reticulatus* 119
– *rhodopurpureus* 127
– *satanas* 122
– *torosus* 117
Bondarzewia mesenterica 330
Brätling 175
Brauner Filzröhrling 113, 115
Brauner Leder-Täubling 154
Braunfleckender Milchling 163
Braunkappe 88
Bräunlicher Stäubling 355
Braunporling, Kiefern- 333
Braunroter Lacktrichterling 178
Braunschuppiger Riesen-Egerling 244
Breitblättrige Glucke 339
Breitblättriger Rübling 209
Brennender Ritterling 201
Brennender Rübling 207
Bruch-Reizker 173
Buche, Rot- 50f.
Buchenfruchtschalen-Holzkeule 347
Buchen-Spei-Täubling 158
Büscheliger Rasling 203
Butterpilz 111
–, Ringloser 110
Butter-Rübling 205

Calocera viscosa 346
Calocybe gambosa 183
– *gambosa* var. *flavida* 183
Calvatia excipuliformis 353
– *utriformis* 353
Camarophyllus niveus 141
– *pratensis* 142
– *russocoriaceus* 141
– *virgineus* 141
Cantharellus cibarius 306f.
– *cibarius* var. *amethystea* 307
– *cibarius* var. *pallens* 307
– *cinereus* 314
– *friesii* 308
– *lutescens* 311
– *melanoxeros* 309
– *tubaeformis* 310
– *xanthopus* 311
Chalciporus piperatus 129
Champignon de Paris 87
Champignon, Brauner 87

387

Register

–, Großsporiger Riesen- 249
–, Karbol- 248
–, Kleiner Blut- 244
–, Perlhuhn- 244
–, Schaf- 247
–, Schiefknolliger Anis- 246
–, Stadt- 243
–, Stein- 87
–, Trottoir- 243
–, Weißer 87
–, Wiesen- 245
–, Zucht- 87
Choiromyces meandriformis 361
Chroogomphus helveticus 302
– *helveticus* ssp. *helveticus* 302
– *helveticus* ssp. *tatrensis* 302
– *rutilus* 301
Clathrus archeri 359
– *ruber* 359
Clavariadelphus ligula 316
– *pistillaris* 316
– *truncatus* 317
Clavulina coralloides 344
– *cristata* 344
Clitocybe cerussata 182
– *clavipes* 180
– *fragrans* 179
– *geotropa* 181
– *maxima* 181
– *nebularis* 184
– *odora* 179
– *phyllophila* 182
Clitopilus prunulus 218
Collybia butyracea 205
– *butyracea* var. *asema* 205
– *confluens* 208
– *maculata* 206
– *peronata* 207
Coprin 97
Coprinus atramentarius 266
– *comatus* 89, 267
– *disseminatus* 270
– *domesticus* 269
– *micaceus* 269
– *picaceus* 268
coprophil 35
Cordyceps canadensis 362
– *ophioglossoides* 362
Cortina 27
Cortinarius aurantioturbinatus 294
– *cinnabarinus* 286
– *cinnamomeus* 286
– *coerulescens* 289
– *elegantior* 295
– *fulmineus* 294
– *malicorius* 286
– *odorifer* 296

– *orellanus* 288
– *praestans* 290f.
– *rubellus* 288
– *sanguineus* 286
– *semisanguineus* 286
– *speciosissimus* 288
– *splendens* 294
– *trivialis* 297
– *varius*
– *venetus* 287
– *venetus* var. *montana* 287
– *venetus* var. *venetus* 287
– *violaceus* 292
Craterellus cornucopioides 312
Creolophus cirrhatus 340
Cyathus striatus 378
Cystoderma amiantinum 255
– *carcharias* 255

Dachpilz, Rehbrauner 224
Dendropolyporus umbellatus 337
Deutsche Trüffel 361
Dickblättriger Schwärz-Täubling 147
Dickfüßige Morchel 364
Dickschaliger Kartoffelbovist 358
Disciotis venosa 368
Dorniger Stachelbart 340
Dreifarbige Koralle 341
Drogenpilze 97
Dumontinia tuberosa 377
Düngerling, Glocken- 271
Dunkelvioletter Schleierling 292
Dunkler Hallimasch 262f.
Dünnfleischiger Anis-Egerling 246

Echinoderma asperum 250
Echter Pfifferling 306f.
Edel-Reizker 170
Egerling, Braunschuppiger Riesen- 244
–, Dünnfleischiger Anis- 246
–, Großer Wald- 244
–, Großsporiger Riesen- 249
–, Karbol- 248
–, Kleiner Blut- 244
–, Scheiden- 243
–, Schiefknolliger Anis- 246
–, Stadt- 243
–, Weißer Anis- 247
–, Wiesen- 245
Egerlingsschirmpilz, Anlaufender 252
–, Rosablättriger 254
Eiche, Stiel- 48f.
Eichen-Raufuß 130
Eichhase 337

Eierschwamm 306f.
–, Falscher 305
Eier-Wulstling 242
Eispilz 382
Elaphomyces granulatus 362
Elastische Lorchel 371
Elfenbein-Röhrling 108
Elfenbein-Schneckling 135
Ellerling, Glasigweißer 141
–, Juchten- 141
–, Orangefarbener Wiesen- 142
Elstern-Tintling 268
Enokitake 89, 212
Entoloma nitidum 223
– *rhodopolium* 221
– *rhodopolium* f. *nidorosum* 221
– *sinuatum* 222
Erdblättriger Rißpilz 282f.
Erdstern, Gewimperter 349
–, Halskrausen- 348
–, Kleiner Nest- 350
–, Rötender 349
Erlenkrempling 298
Esche, Gewöhnliche 54f.
Eselsohr 376
Espe 58f.
Espen-Rotkappe 130

Fälbling, Großer Rettich- 285
–, Tongrauer 285
Falscher Eierschwamm 305
Falscher Pfifferling 305
Falscher Rotfuß-Röhrling 113
Faserling, Behangener 272
Fertigkultur-Set 90f.
Feuer-Schüppling 277
Fichte 38f.
Fichten-Reizker 168
Fichten-Schneckling 135
Fichten-Steinpilz 120f.
Fichten-Zapfenrübling 211
Filziger Gelbfuß 302
Filzröhrling, Brauner 113, 115
Flamingopilz 87
Flammulina velutipes 212
– *velutipes* 89
Flaschen-Stäubling 354
Fleckender Schmierling 303
Fleisch 21ff.
Fleischroter Speise-Täubling 155
Fliegenlarven 72
Fliegenpilz 230
Flockenstieliger Hexen-Röhrling 126
Föhre 42f.
Föhren-Rotkappe 130
Fomitopsis pinicola 332

Fransiger Wulstling 242
Frost-Schneckling 138
Frühjahrs-Lorchel 370
Frühlings-Knollenblätterpilz 235
Frühlings-Weichritterling 204
Fuchsbandwurm 30
Fuchsiger Klumpfuß 294
Fuchsiger Rötelritterling 185
Fuligo septica 385

Gabeltrichterling, Kaffeebrauner 175
Galerina marginata 264
Gallenstacheling 319
Gallen-Täubling 150
Gallertkäppchen, Gemeines 379
Gallerttrichter, Rötlicher 381
Ganoderma lucidum 88
Geastrum fimbriatum 349
– *quadrifidum* 350
– *rufescens* ssp. 349
– *sessile* 349
– *triplex* 348
Geflecktblättriger Purpur-Schneckling 136
Gefleckter Rübling 205
Gelbe Kraterelle 311
Gelbe Lohblüte 385
Gelbe Speise-Morchel 364f.
Gelber Graustiel-Täubling 149
Gelber Graustiel-Täubling 151
Gelber Knollenblätterpilz 237
Gelbfleischiger Grünling 190
Gelbfuß, Filziger 302
–, Großer 300
–, Kupferroter 301
Gelbliche Koralle 341
Gelbstieliger Nitrat-Helmling 217
Gemeine Morchel 363
Gemeine Stinkmorchel 359
Gemeiner Birkenpilz 131
Gemeiner Erd-Ritterling 201
Gemeiner Gallen-Röhrling 118
Gemeiner Orangebecherling 373
Gemeiner Rettich-Helmling 215
Gemeiner Schafeuter-Porling 326
Gemeiner Spaltblättling 323
Gemeines Gallertkäppchen 379
Gemeines Stockschwämmchen 265
Georgsritterling 183
Geruch 23f.
Gesamthülle 25f.
Gesäter Tintling 270
Geschmack 24
Gestreifter Teuerling 378
Geweihförmige Holzkeule 347
Gewimperter Erdstern 349

Gift-Häubling 264
Giftpilze 92ff.
Gilbender Schafporling 321
Gitterling, Roter 359
Glasigweißer Ellerling 141
Glimmerschüppling 256
Glimmer-Tintling 269
Glocken-Düngerling 271
Glucke, Breitblättrige 339
–, Krause 338
Goldblatt 133
Goldfell-Schüppling 278
Goldgelber Lärchen-Röhrling 105
Goldgelber Zitterling 380
Goldkäppchen 89
Goldmistpilz 225
Gold-Täubling 158
Goldzahn-Schneckling 134
Gomphidius glutinosus 300
– *helveticus* 302
– *helveticus* ssp. *helveticus* 302
– *helveticus* ssp. *tatrensis* 302
– *maculatus* 303
– *roseus* 304
– *rutilus* 301
Gomphus bonarii 315
– *clavatus* 315
– *floccosus* 315
Grasgrüner Täubling 156
Grauer Falten-Tintling 266
Grauer Lärchen-Röhrling 106
Grauer Leistling 314
Grauer Scheidenstreifling 227
Grauer Wulstling 239
Graugrüner Milchling 163
Grifola frondosa 88, 330, 337
Großer Gelbfuß 300
Großer Mehl-Räsling 218
Großer Rettich-Fälbling 285
Großer Schmierling 300
Großer Wald-Egerling 244
Großpilze 9
Großsporiger Riesen-Champignon 249
Großsporiger Riesen-Egerling 249
Großstäubling, Beutel- 353
Größter Saftling 145
Gruben-Lorchel 369
Grubiger Milchling 167
Grubiger Wurzelrübling 210
Grünblättriger Schwefelkopf 275
Grünender Pfeffer-Milchling 161
Grüner Anis-Trichterling 179
Grüner Knollenblätterpilz 232f.
Grüner Raukopf 287
Grünling, Gelbfleischiger 190
Grünspan-Träuschling 259

Gurkenschnitzling 214
Gyromitra esculenta 370
Gyromitrin 93f.
Gyroporus castaneus 102
– *cyanescens* 103

Habichtspilz 319
–, Kiefern- 319
Hahnenkamm 343
Hainbuche 52f.
Hainbuchen-Raufuß 132
Halbfreie Morchel 367
Hallimasch, Dunkler 262f.
Halskrausen-Erdstern 348
Harziger Sägeblättling 220
Hasenbovist 353
Hasen-Röhrling 102
Häubling, Gift- 264
–, Nadelholz- 264
Haus-Tintling 269
Hautkopf, Blutblättriger 286
–, Blutroter 286
–, Orangerandiger 286
–, Zimt- 286
–, Zinnoberroter 286
Hebeloma crustuliniforme 285
– *sinapizans* 285
Heide-Rotkappe 130
Helmling, Gelbstieliger Nitrat- 217
–, Gemeiner Rettich- 215
–, Rosa Rettich- 216
–, Rosaschneidiger 216
Helvella acetabulum 368
– *atra* 371
– *crispa* 369
– *elastica* 371
– *lacunosa* 369
Herbst-Lorchel 369
Herbsttrompete 312
Hericium alpestre 340
– *coralloides* 340
– *erinaceum* 89, 340
– *flagellum* 340
Herkules-Riesenkeule 316
Hexenring 68f.
Himbeerrote Hundsrute 360
Hirschtrüffel, Warzige 362
Hochgerippte Becher-Lorchel 368
Hochthronender Schüppling 278
Hohlfuß-Röhrling 296
Holzkeule, Buchenfruchtschalen- 347
–, Geweihförmige 347
–, Vielgestaltige 347
Holzritterling, Olivgelber 189
–, Rötlicher 189

Register

Horngrauer Rübling 205
Hörnling, Klebriger 346
Hundsrute 360
–, Himbeerrote 360
Hut 11ff.
Hutfarbe 16
Hutform 15f.
Huthaut 17f.
Hutoberfläche 17f.
Hutunterseite 11ff.
Hydnellum ferrugineum 318
– *peckii* 318
Hydnum albidum 321
– *repandum* 320f.
– *repandum* var. *rufescens* 321
Hygrocybe coccinea 145
– *conica* 144
– *nigrescens* 144
– *psittacina* 143
– *punicea* 145
Hygrophoropsis aurantiaca 305
Hygrophorus agathosmus 140
– *chrysodon* 134
– *discoxanthus* 134
– *eburneus* 135
– *erubescens* 136
– *hypothejus* 138
– *marzuolus* 139
– *olivaceoalbus* 139
– *piceae* 135
– *pudorinus* 137
– *russula* 136
Hypholoma capnoides 273
– *capnoides* 90
– *fasciculare* 275
– *marginatum* 273
– *sublateritium* 274

Ibotensäure 95f.
Igel-Stachelbart 340
Igel-Stäubling 357
Inocibium 283
Inocybe erubescens 280f.
– *fastigiata* 279
– *fibrosa* 281
– *fraudans* 284
– *geophylla* 282f.
– *geophylla* var. *lateritia* 283
– *geophylla* var. *violacea* 283
– *patouillardii* 280f.
– *pyriodora* 284
– *rimosa* 279

Japanisches Stockschwämmchen 278
Juchten-Ellerling 141
Judasohr 89, 383

Kaffeebrauner Gabeltrichterling 175
Kaffeebrauner Scheintrichterling 175
Kahler Krempling 298
Kalbfleischpilz 87, 324
Kammförmige Koralle 344
Kampfer-Milchling 173
Käppchen-Morchel 367
Karbol-Champignon 248
Karbol-Egerling 248
Kartoffelbovist, Dickschaliger 358
Kastanienroter Rübling 205
Kegeliger Risspilz 279
Kelchbecherling, Österreichischer 374
–, Scharlachroter 374
Kernkeule, Kopfige 362
–, Zungen- 362
Keulenfüßiger Trichterling 180
Kiefer, Wald- 42f.
–, Zirbel- 44f.
Kiefern-Braunporling 333
Kiefern-Habichtspilz 319
Kiefern-Spei-Täubling 158
Kiefern-Steinpilz 121
Kikuurage 89
Kirschroter Saftling 145
Kirschroter Spei-Täubling 158
Klapperschwamm 88, 330, 337
Klebriger Hörnling 346
Kleiner Blut-Champignon 244
Kleiner Blut-Egerling 244
Kleiner Nest-Erdstern 350
Klumpfuß, Anis- 296
–, Blauer 289
–, Fuchsiger 294
–, Prächtiger 294
–, Schöngelber 294
–, Strohgelber 295
Knollenblätterpilz, Frühlings- 235
–, Gelber 237
–, Grüner 232f.
–, Spitzhütiger 234f.
Knopfstieliger Rübling 208
Königs-Röhrling 124
Konservieren 83ff.
Kopfige Kernkeule 362
Koralle, Abgestutzte 342
–, Bauchweh- 343
–, Blasse 343
–, Dreifarbige 341
–, Gelbliche 341
–, Kammförmige 344
Korkstacheling, Rotbrauner 318
–, Scharfer 318

Kornblumen-Röhrling 103
Körnchen-Röhrling 109
Körnchenschirmling, Amiant- 255
–, Starkriechender 255
Kraterelle, Gelbe 311
–, Krause 313
Krause Glucke 338
Krause Kraterelle 313
Krempling, Erlen- 298
–, Kahler 298
–, Muschel- 325
–, Samtfuß- 299
Kronenbecherling, Violetter 375
Kuehneromyces mutabilis 265
Kuhmaul 300
Kuh-Röhrling 112
Kupferroter Gelbfuß 301

Laccaria amethystea 177
– *amethystina* 177
– *bicolor* 178
– *laccata* 178
– *proxima* 178
– *tortilis* 178
Lachs-Reizker 169
Lackporling, Glänzender 88
Lacktrichterling, Braunroter 178
–, Rötlicher 178
–, Violetter 177
–, Zweifarbiger 178
–, Zwerg- 178
Lactarius blennius 163
– *camphoratus* 173
– *deliciosus* 170
– *deterrimus* 168
– *fluens* 163
– *glaucescens* 161
– *helvus* 173
– *leonis* 167
– *lignyotus* 164
– *mitissimus* 174
– *necator* 162
– *picinus* 165
– *piperatus* 161
– *porninsis* 172
– *pyrogalus* 163
– *rufus* 174
– *salmonicolor* 169
– *sanguifluus* 168, 170
– *scrobiculatus* 167
– *semisanguifluus* 171
– *torminosus* 166
– *turpis* 162
– *vellereus* 160
– *volemus* 175
Laetiporus sulphureus 329

Lamellen 13f.
Langermannia gigantea 352
Langstieliger Pfeffer-Milchling 161
Lärche, Europäische 46f.
Lärchen-Milchling 172
Lästiger Ritterling 200
Leccinum aurantiacum 130
– *duriusculum* 131
– *griseum* 132
– *melaneum* 131
– *oxydabile* 131
– *quercinum* 130
– *rufum* 130
– *scabrum* 131
– *scabrum* var. *niveum* 108
– *versipelle* 130
– *vulpinum* 130
Lederkoralle, Stinkende 345
Leistling, Grauer 314
–, Samtiger 308
Lentinellus cochleatus 322
– *cochleatus* var. *inolens* 322
Lentinula edodes 219
– *edodes* 87
Lentinus adhaerens 220
Leotia lubrica 379
Lepiota aspera 150
Lepista amoenolens 185
– *gilva* 185
– *glaucocana* 187
– *inversa* 185
– *irina* 188
– *nebularis* 184
– *nuda* 186
– *personata* 186
Leuchtender Ölbaumpilz 307
Leucoagaricus badhamii 252
– *leucothites* 254
Ling Zhi 88
Lohblüte, Gelbe 385
Lorchel, Elastische 371
–, Frühjahrs- 370
–, Gruben- 369
–, Herbst- 369
–, Hochgerippte Becher- 368
–, Schwarze 371
Löwengelber Milchling 167
Lycogala epidendrum 384
Lycoperdon echinatum 357
– *foetidum* 357
– *molle* 355
– *perlatum* 354
– *pyriforme* 356
– *umbrinum* 355
Lyophyllum connatum 202
– *decastes* 203

Macrocystidia cucumis 214
Macrolepiota mastoidea 253
– *procera* 251
– *rachodes* 252
– *rhacodes* 252
Magen-Darm-Gifte 94
Maggipilz 173
Magnaten-Trüffel 361
Mai-Morchel 364f.
Maipilz 183
Mai-Porling 327
Mairitterling 183
Maitake 88
Manschette 19f.
Marasmius oreades 213
Maronen-Röhrling 116
März-Schneckling 139
Maskierter Rötelritterling 186
Megacollybia platyphylla 209
Melanoleuca cognata 204
Meripilus giganteus 330
Milch 3
Milchling, Beißender 163
–, Braunfleckender 163
–, Graugrüner 163
–, Grubiger 167
–, Grünender Pfeffer- 161
–, Kampfer- 173
–, Langstieliger Pfeffer- 161
–, Lärchen- 172
–, Löwengelber 167
–, Milder 174
–, Mohrenkopf- 164
–, Olivbrauner 162
–, Pechschwarzer 165
–, Rotbrauner 174
–, Wolliger 160
–, Zottiger Birken- 166
Milder Kiefern-Zapfenrübling 211
Milder Milchling 174
Missbildungen 69f.
Mistpilz, Gold- 225
Mitrophora semilibera 367
Mitternachtspilz 292
Mohrenkopf-Milchling 164
Mönchskopf-Trichterling 181
Moor-Birkenpilz 108
Morchel, Chinesische 89
–, Dickfüßige 364
–, Gelbe Speise- 364f.
–, Gemeine 363
–, Halbfreie 367
–, Käppchen- 367
–, Mai- 364f.
–, Rund- 364
–, Speise- 363

–, Spitz- 366
Morchelbecherling, Aderiger 368
Morchella conica 366
– *esculenta* 364f.
– *esculenta* var. *crassipes* 364
– *esculenta* var. *rotunda* 364
– *esculenta* var. *vulgaris* 363
– *gigas* 367
Mückenlarven 72
Mu-Err 89, 383
Muscarin 95
Muschel-Krempling 325
Muscimol 95f.
Muskelschwäche 97f.
Mutinus caninus 360
– *elegans* 360
– *ravenelii* 360
Mutterkorn 76
Mycelien, Überdauerungs- 71f.
Mycena pura 215
– *renati* 217
– *rosea* 216
– *rosella* 216
Mykorrhiza 32ff.
Mykorrhizapilz 32ff., 37ff.

Nackter Ritterling 186
Nacktschnecken 72
Nadelholz-Häubling 264
Nährwert 77
Narzissengelber Wulstling 236
Natternstieliger Schleimfuß 297
Natternstieliger Schneckling 139
Natternstieliger Schwefelkopf 273
Nebelgrauer Trichterling 184
Nebelkappe 184
Nelken-Schwindling 213
Netzstieliger Hexen-Röhrling 125
Niedergedrückter Rötling 221
Nutzpilze 74

Ochsen-Röhrling 117
Ockerscheidiger Eier-Wulstling 242
Ockerweißer-Täubling 149
Öhrling, Zitronengelber 376
Ölbaumpilz, Leuchtender 307
Olivbrauner Milchling 162
Olivgelber Holzritterling 189
Omphalotus olearius 307
Orangebecherling, Gemeiner 373
Orangefarbener Wiesen-Ellerling 142
Orangefuchsiger Raukopf 288
Orangegelber Scheidenstreifling 228
Orangerandiger Hautkopf 286
Orangeroter Graustiel-Täubling 151

Register

Orangeroter Ritterling 198
Orange-Schneckling 137
Orange-Seitling 325
Orellanin 94f.
Österreichischer Kelchbecherling 374
Otidea concinna 376
– *onotica* 376
Oudemansiella mucida 260
– *platyphylla* 209
– *radicata* 210

Panaeolus papilionaceus 271
– *sphinctrinus* 271
Pantherpilz 231
Papageien-Saftling 143
Pappel, Zitter- 58f.
Pappel-Raufuß 131
Parasitische Pilze 35
Parasolpilz 251
Parfümierter Trichterling 185
Paxillus atrotomentosus 299
– *involutus* 298
– *panuoides* 325
– *rubicundulus* 298
Pechschwarzer Milchling 165
Perlhuhn-Champignon 244
Perlpilz 241
Pfeffer-Röhrling 129
Pfifferling, Amethyst-Flockiger 307
–, Blasser 307
–, Echter 306f.
–, Falscher 305
–, Schwärzender 309
–, Trompeten- 310
Pfirsich-Täubling 157
Phaeolepiota aurea 256
Phaeolus schweinitzii 333
– *spadiceus* 333
Phallus impudicus 359
Pholiota adiposa 276
– *aurivella* 278
– *cerifera* 278
– *flammans* 277
– *jahnii* 276
– *mutabilis* 265
– *nameko* 278
– *nameko* 89
– *squarrosa* 276
Phylloporus pelletieri 133
– *rhodoxanthus* 133
Phyllotopsis nidulans 325
Pilze, gebratene 81f.
Pilzgemüse 80
Pilzgifte 92ff.
Pilzkultur 86ff.
Pilzsalat 82f.

Pilzsoße 81
Pilzsuppe 81
Pinsel-Schüppling 276
Pioppino 88
Piptoporus betulinus 331
Pleurotus cornucopiae var. *citrino-pileatus* 87
– *djamor* 87
– *eryngii* 88
– *ostreatus* 324
– *ostreatus* 87
– *salmoneo-stramineus* 87
Pluteus atricapillus 224
– *atromarginatus* 224
– *cervinus* 224
Polyporus brumalis 327
– *ciliatus* 327
– *lepideus* 327
– *squamosus* 328
– *umbellatus* 337
Pom Pom 89, 340
Poren 12f.
Porling, Berg- 330
–, Birken- 331
–, Gemeiner Schafeuter- 326
–, Mai- 327
–, Riesen- 330
–, Schuppiger 328
–, Schwefel- 329
–, Semmel- 321
–, Winter- 327
Porphyrbrauner Wulstling 238
Porphyrellus porphyrosporus 101
Porphyr-Röhrling 101
Postia caesia 334
Prachtbecherling, Zinnoberroter 374
Prächtiger Klumpfuß 294
Psathyrella candolleana 272
– *piluliformis* 272
Pseudoclitocybe cyathiformis 175
Pseudocraterellus sinuosus 313
– *undulatus* 313
Pseudohydnum gelatinosum 382
Psilocin 96
Psilocybin 96
Purpurbrauner Schwefel-Ritterling 191
Pycnoporus cinnabarinus 335

Radioaktivität 78f.
Ramaria botrytis 343
– *flavescens* 341
– *formosa* 341
– *obtusissima* 342
– *pallida* 343
Rasiger Purpur-Schneckling 136

Räsling, Großer Mehl- 218
Rasling, Büscheliger 203
–, Weißer 202
Rauchblättriger Schwefelkopf 273
Rauer Wulstling 240
Raufuß, Eichen- 130
–, Hainbuchen- 132
–, Pappel-131
Raukopf, Grüner 287
–, Orangefuchsiger 288
–, Spitzgebuckelter 288
Rehbrauner Dachpilz 224
Rehpilz 319
Reifpilz 261
Reishi 88
Reizker, Bruch- 173
–, Edel- 170
–, Fichten- 168
–, Lachs- 169
–, Spangrüner Kiefern- 171
–, Weinroter Kiefern- 168, 170
Rezepte 80ff.
Rhizina undulata 372
Rhodocybe gemina 188
Riesenbovist 352
Riesenkeule, Abgestutzte 317
Riesenkeule, Herkules- 316
Riesen-Porling 330
Riesen-Rötling 222
Riesen-Scheidenstreifling 226
Riesen-Schirmling 251
Riesenschirmpilz 251
–, Safran- 252
–, Zitzen- 253
Riesen-Trichterling 181
Ring 19f.
Ringloser Butterpilz 110
Ringzone 19f.
Risspilz, Birnen- 284
–, Erdblättriger 282f.
–, Kegeliger 279
–, Seidiger 282f.
–, Weißer 281
–, Ziegelroter 280f.
Ritterling, Bärtiger 199
–, Brennender 201
–, Gemeiner Erd- 201
–, Georgs- 183
–, Lästiger 200
–, Mai- 183
–, Nackter 186
–, Orangeroter 198
–, Purpurbrauner Schwefel- 191
–, Rosafüßiger 195
–, Schärflicher 195
–, Schnee- 197
–, Schwarzfasriger 197

–, Schwarzschuppiger 196
–, Schwefel- 191
–, Seidiger 182, 193, 233
–, Seifen- 192
–, Strohblasser 193
–, Tiger- 194f.
–, Unverschämter 193, 200
–, Wolliger 199
Röhren 12f.
Röhrenpilz 11
Röhrling, Elfenbein- 108
–, Falscher Rotfuß-113
–, Flockenstieliger Hexen- 126
–, Gemeiner Gallen- 118
–, Goldgelber Lärchen- 105
–, Grauer Lärchen- 106
–, Hasen- 102
–, Hohlfuß- 104
–, Königs- 124
–, Kornblumen- 103
–, Körnchen- 109
–, Kuh- 112
–, Maronen- 116
–, Netzstieliger Hexen- 125
–, Ochsen-117
–, Pfeffer- 129
–, Porphyr- 101
–, Rostroter Lärchen- 107
–, Rotfuß- 114f.
–, Sand- 112
–, Satans- 122
–, Schmarotzer- 358
–, Schönfuß- 128
–, Schwarzblauender 117
–, Silber- 124
–, Sommer- 124
–, Strubbelkopf- 100
–, Weinroter Purpur- 127
–, Wurzelnder Bitter- 123
–, Zimt- 102
–, Zwerg- 129
Rosa Rettich-Helmling 216
Rosa Schmierling 304
Rosablättriger Egerlingsschirmpilz 254
Rosafüßiger Ritterling 195
Rosaschneidiger Helmling 216
Rostroter Lärchen-Röhrling 107
Rotbrauner Korkstacheling 318
Rotbrauner Milchling 174
Rotbrauner Riesen-Träuschling 258
Rotbrauner Scheidenstreifling 228
Rötelritterling, Blassblauer 187
–, Fuchsiger 185
–, Maskierter 186
–, Veilchen- 188
–, Violetter 186

–, Wasserfleckiger 185
Rötender Birkenpilz 131
Rötender Erdstern 349
Rötender Schafeuter-Porling 326
Roter Gitterling 359
Roter Herings-Täubling 152
Rotfuß-Röhrling 114f.
Rotgelber Semmel-Stoppelpilz 320
Rotkappe, Birken- 130
–, Espen- 130
–, Föhren- 130
–, Heide- 130
Rötlicher Gallerttrichter 381
Rötlicher Holzritterling 189
Rötlicher Lacktrichterling 178
Rötling, Alkalischer 221
–, Riesen- 222
–, Stahlblauer 223
Rotrandiger Baumschwamm 332
Rotstieliger Leder-Täubling 153
Rottanne 38f.
Rozites caperatus 261
Rübling, Breitblättriger 209
–, Brennender 207
–, Butter- 205
–, Geflreckter 206
–, Horngrauer 205
–, Kastanienroter 205
–, Knopfstieliger 208
Rund-Morchel 364
Rußkopf 197
Russula aeruginea 156
– *aurea* 158
– *badia* 152, 154
– *claroflava* 149, 151
– *cyanoxantha* 156
– *decolorans* 151
– *delica* 146
– *emetica* 158
– *emetica* var. *mairei* 158
– *emetica* var. *silvestris* 158
– *erythropoda* 152
– *fellea* 150
– *firmula* 154
– *foetens* 148
– *integra* 154
– *mustelina* 154
– *nigricans* 147
– *ochroleuca* 149
– *olivacea* 153
– *queletii* 159
– *sardonia* 159
– *solaris* 150
– *vesca* 155
– *violeipes* 157
– *xerampelina* 152
Rutenpilz, Vornehmer 360

Safran-Riesenschirmpilz 252
Safran-Schirmling 252
Saftling, Größter 145
–, Kirschroter 145
–, Papageien- 143
–, Schwärzender 144
Saftporling, Blauer 334
Sägeblättling, Harziger 220
Samtfuß-Krempling 299
Samtfußrübling 89, 212
Samtiger Leistling 308
Sand-Röhrling 112
Saprobiont 34f.
saprophag 34
Sarcodon imbricatus 319
– *scabrosus* 319
– *squamosus* 319
Sarcoscypha austriaca 374
– *coccinea* 374
Sarcosphaera coronaria 375
– *crassa* 375
Satans-Röhrling 122
Saumpilz, Wässeriger 272
Schadpilze 74f.
Schadstoffe 77f.
Schaf-Champignon 247
Schafporling, Gilbender 321
Scharfer Glanz-Täubling 154
Scharfer Korkstacheling 318
Schärflicher Ritterling 195
Scharlachroter Kelchbecherling 374
Scheiden-Egerling 243
Scheidenstreifling, Grauer 227
–, Orangegelber 228
–, Riesen- 226
–, Rotbrauner 228
–, Silbergrauer 229
Scheintrichterling, Kaffeebrauner 175
Schiefknolliger Anis-Champignon 246
Schiefknolliger Anis-Egerling 246
Schimmelpilze 74f.
Schirmling, Riesen- 251
–, Safran- 252
Schizophyllum commune 323
Schleier 27
Schleiereule 290f.
Schleierling, Dunkelvioletter 292
Schleimfuß, Natternstieliger 297
Schleimiger Schüppling 276
Schleimkopf, Blaugestiefelter 290f.
–, Ziegelgelber 293
Schleimrübling, Beringter Buchen- 260
Schmarotzer-Röhrling 358

Register

Schmetterlingstramete 336
Schmierling, Fleckender 303
–, Großer 300
–, Rosa 304
Schneckling, Elfenbein- 135
–, Fichten- 135
–, Frost- 138
–, Geflecktblättriger Purpur- 136
–, Goldzahn- 134
–, März- 139
–, Natternstieliger 139
–, Orange- 137
–, Rasiger Purpur- 136
–, Verfärbender 134
–, Wohlriechender 140
Schnee-Ritterling 197
Schönfuß-Röhrling 128
Schöngelber Klumpfuß 294
Schönhorn 346
Schopf-Tintling 267
Schuppiger Porling 328
Schüppling, Feuer- 277
–, Goldfell- 278
–, Hochthronender 278
–, Pappel- 88
–, Pinsel- 276
–, Schleimiger 276
–, Sparriger 276
–, Südlicher 88
Schusterpilz 126
Schutzhülle 25ff.
Schwarzblauender Röhrling 117
Schwarze Lorchel 371
Schwärzender Pfifferling 309
Schwärzender Saftling 144
Schwarzer Birkenpilz 131
Schwarzer Steinpilz 121
Schwarzfasriger Ritterling 197
Schwarzschneidiger Dachpilz 224
Schwarzschuppiger Ritterling 196
Schwefelkopf, Grünblättriger 275
–, Natternstieliger 273
–, Rauchblättriger 273
–, Rauchblättriger 90
–, Ziegelroter 274
Schwefel-Porling 329
Schwefel-Ritterling 191
Schweinsohr, Violettes 315
Schwindling, Nelken- 213
Scleroderma citrinum 358
Sclerotinia tuberosa 377
Scutiger confluens 321
– *ovinus* 321, 326
– *subrubescens* 326
Seidiger Risspilz 282f.
Seidiger Ritterling 182, 193, 233
Seifen-Ritterling 192

Seitling, Austern- 87, 324
–, Kräuter- 88
–, Limonen- 87
–, Mannstreu- 88
–, Orange- 325
–, Rillstieliger 87
–, Rosafarbener 87
–, Rosen- 87
Semmel-Porling 321
Semmel-Stoppelpilz 320f.
Shii-Take 87, 219
Silbergrauer Scheidenstreifling 229
Silber-Röhrling 124
Sommer-Röhrling 124
Sommer-Steinpilz 119
Sonnen-Täubling 150
Spaltblättling, Gemeiner 323
Spangrüner Kiefern-Reizker 171
Sparassis brevipes 339
– *crispa* 338
– *laminosa* 339
Spargelpilz 89
Sparriger Schüppling 276
Specht-Tintling 268
Speise-Morchel 363
Speisepilze 77
Spitzgebuckelter Raukopf 288
Spitzhütiger Knollenblätterpilz 234f.
Spitz-Morchel 366
Spitzschuppiger Stachelschirmling 250
Spongiporus caesius 334
Sporen 24, 64ff.
Sporenbildung 64ff.
Sporenpulverfarbe 25
Sporenverbreitung 64ff.
Stachelbart, Ästiger 340
–, Dorniger 340
–, Igel- 89, 340
–, Tannen- 340
Stachelbeer-Täubling 159
Stachelschirmling, Spitzschuppiger 250
Stadt-Champignon 243
Stadt-Egerling 243
Stahlblauer Rötling 223
Standorte, natürliche 60f.
Starkriechender Körnchenschirmling 255
Stäubling, Birnen- 356
–, Bräunlicher 355
–, Flaschen- 354
–, Igel- 357
–, Weicher 355
Steinpilz, Fichten- 120f.
–, Kiefern- 121

–, Schwarzer 121
–, Sommer- 119
Stiel 18ff.
Stielbasis 20f.
Stinkende Lederkoralle 345
Stinkender Stäubling 357
Stinkender Warzenpilz 345
Stinkmorchel, Gemeine 359
Stink-Täubling 148
Stockschwämmchen, Gemeines 265
–, Japanisches 89, 278
Stoppelpilz, Rotgelber Semmel- 321
–, Semmel- 320f.
–, Weißer 321
Streuliebender Trichterling 182
Strobilomyces floccopus 100
– *strobilaceus* 100
Strobilurus esculentus 211
– *stephanocystis* 211
– *tenacellus* 211
Strohblasser Ritterling 193
Strohgelber Klumpfuß 295
Stropharia aeruginosa 259
– *caerulea* 259
– *rugosoannulata* 258
– *rugosoannulata* 88
Strubbelkopf-Röhrling 100
Suillus aeruginascens 106
– *bovinus* 112
– *collinitus* 110
– *fluryi* 110
– *granulatus* 109
– *grevillei* 105
– *luteus* 111
– *placidus* 108
– *tridentinus* 107
– *variegatus* 112
– *viscidus* 106
Symbiont 32ff.
Symbiose 32ff.

Tanne, Weiß- 40f.
Tannenstachelbart 340
Täubling, Blaublättriger Weiß- 146
–, Brauner Leder- 154
–, Buchen-Spei- 158
–, Dickblättriger Schwärz- 147
–, Fleischroter Speise- 155
–, Gallen- 150
–, Gelber Graustiel- 149, 151
–, Gold- 158
–, Grasgrüner 156
–, Kiefern-Spei- 158
–, Kirschroter Spei- 158

–, Ockerweißer- 149
–, Orangeroter Graustiel- 151
–, Pfirsich- 157
–, Roter Herings- 152
–, Rotstieliger Leder- 153
–, Scharfer Glanz- 154
–, Sonnen- 150
–, Stachelbeer- 159
–, Stink- 148
–, Violettgrüner Frauen- 156
–, Wiesel- 154
–, Zedernholz- 152, 154
–, Zitronenblättriger 159
Teilhülle 26f.
Teuerling, Gestreifter 378
Thelephora palmata 345
Tiger-Ritterling 194f.
Tintenfischpilz 359
Tintling, Elstern- 268
–, Gesäter 270
–, Glimmer- 269
–, Grauer Falten-266
–, Haus- 269
–, Schopf- 89, 267
–, Specht- 268
Tollwut 30
Tongrauer Fälbling 285
Toskanapilz 89
Totentrompete 312
Tramete, Schmetterlings- 336
–, Zinnoberrote 335
Trametes versicolor 336
Träuschling, Blauer 259
–, Grünspan- 259
–, Rotbrauner Riesen- 258
–, Rotbrauner Riesen- 88
Tremella mesenterica 380
Tremiscus helvelloides 381
Tricholoma album 193
 – *atrosquamosum* 196
 – *aurantium* 198
 – *basirubens* 195
 – *bufonium* 191
 – *columbetta* 182, 193, 233
 – *equestre* 190
 – *flavovirens* 190
 – *inamoenum* 200
 – *lascivum* 193
 – *pardalotum* 194f.
 – *pardinum* 194f.
 – *portentosum* 197
 – *saponaceum* 192
 – *sciodes* 195
 – *sulphureum* 191
 – *terreum* 201
 – *vaccinum* 199
 – *virgatum* 201

Tricholomopsis decora 189
 – *rutilans* 189
Trichterling, Bleiweißer 182
–, Grüner Anis- 179
–, Keulenfüßiger 180
–, Nebelgrauer 184
–, Parfümierter 185
–, Riesen- 181
–, Streuliebender 182
–, Weißer Anis- 179
–, Mönchskopf- 181
Trompeten-Pfifferling 310
Trottoir-Champignon 243
Trüffel, Deutsche 361
–, Magnaten- 361
–, Weiß- 361
Tuber magnatum 361
Tylopilus felleus 118

Unverschämter Ritterling 193, 200

Veilchen-Rötelritterling 188
Velum partiale 26
Velum universale 25
Verfärbender Schneckling 134
Verfärbungen 22
Vermehrung 63ff.
Vielgestaltige Holzkeule 347
Violetter Kronenbecherling 375
Violetter Lacktrichterling 177
Violetter Rötelritterling 186
Violettes Schweinsohr 315
Violettgrüner Frauen-Täubling 156
Voreilender Ackerling 257
Vornehmer Rutenpilz 360

Warzenpilz, Stinkender 345
Warzige Hirschtrüffel 362
Wasserfleckiger Rötelritterlinge 185
Wässeriger Saumpilz 272
Weicher Stäubling 355
Weichritterling, Frühlings- 204
Weinroter Kiefern-Reizker 168, 170
Weinroter Purpur-Röhrling 127
Weißer Ackerling 257
Weißer Anis-Egerling 247
Weißer Anis-Trichterling 179
Weißer Rasling 202
Weißer Rißpilz 281
Weißer Stoppelpilz 321
Weiß-Trüffel 361
Wetterstern 351
Wiesel-Täubling 154
Wiesen-Champignon 245
Wiesen-Egerling 245
Wildtiere 72

Winter-Porling 327
Winterrübling 89, 212
Wohlriechender Schneckling 140
Wolliger Milchling 160
Wolliger Ritterling 199
Wulstling, Eier- 242
–, Fransiger 242
–, Grauer 239
–, Narzissengelber 236
–, Ockerscheidiger Eier-242
–, Porphyrbrauner 238
–, Rauer 240
Wurzellorchel 372
Wurzelnder Bitter-Röhrling 123
Würziger Tellerling 188

X*erocomus badius* 116
 – *chrysenteron* 114f.
 – *parasiticus* 358
 – *spadiceus* 113, 115
 – *subtomentosus* 113
 – *truncatus* 113
Xerula radicata 210
Xylaria carpophila 347
 – *hypoxylon* 347
 – *polymorpha* 347

Zähling, Anis- 322
Zapfenrübling, Bitterer Kiefern- 211
–, Fichten- 211
–, Milder Kiefern- 211
Zecken 30
Zedernholz-Täubling 152, 154
Ziegelgelber Schleimkopf 293
Ziegelroter Rißpilz 280f.
Ziegelroter Schwefelkopf 274
Ziegenlippe 113
Zigeuner 261
Zimthautkopf 286
Zimt-Röhrling 102
Zinnoberrote Tramete 335
Zinnoberroter Hautkopf 286
Zinnoberroter Prachtbecherling 374
Zitronenblättriger Täubling 159
Zitronengelber Öhrling 376
Zitterling, Goldgelber 380
Zitterzahn 382
Zitzen-Riesenschirmpilz 253
Zottiger Birken-Milchling 166
Zuchtpilze 74
Zungen-Kernkeule 362
Zungenkeule 316
Zweifarbiger Lacktrichterling 178
Zwerg-Lacktrichterling 178
Zwergröhrling 129

395

Notruf

Informationszentralen für Vergiftungsfälle

Deutschland
Landesberatungsstelle
für Vergiftungserscheinungen
u. Embryonaltoxikologie
Spandauer Damm 130
Haus 10
14050 Berlin
Tel. (0 30) 1 92 40
www.giftnotruf.de

Giftinformationszentrum Nord
Pharmakol. u. toxikol. Zentrum
der Universität Göttingen
Robert-Koch-Str. 40
37075 Göttingen
Tel. (0 551) 1 92 40
www.giz-nord.de

Informationszentrale
gegen Vergiftungen
der Rhein. Fried.-Wilh.-Univ.
Zentrum f. Kinderheilkunde
Adenauerallee 119
53113 Bonn
Tel. (0 228) 1 92 40
www.meb.uni-bonn.de/giftzentrale

Beratungsstelle bei Vergiftungen der
II. Med. Klinik und Poliklinik der Universität
Langenbeckstr. 1
55131 Mainz
Tel. (0 61 31) 1 92 40
www.giftinfo.uni-mainz.de

Universitätskliniken
Klinik für Kinder- und Jugendmedizin
Kirrberger Str.
Gebäude 9
66241 Homburg/Saar
Tel. (0 68 41) 1 92 40
www.uniklinikum-saarland.de/de/
einrichtungen/andere/giftzentrale

Informationszentrale für Vergiftungen
Universitätskinderklinik Freiburg
Mathildenstr. 1
79106 Freiburg
Tel. (0 761) 1 92 40
www.ukl.uni-freiburg.de/giftberatung/live/index.html

Giftnotruf München
Tox. Abt. d. II. Med. Klinik rechts der Isar
der Techn. Univ. München
Ismaninger Str. 22
81675 München
Tel. (0 89) 1 92 40
www.toxinfo.org

Toxikologische Intensivstation d. II. Med. Klinik
im Städt. Klinikum
Flurstr. 17
90419 Nürnberg
Tel. (0 911) 3 98-24 51 oder (0 911) 3 98-26 65
www.giftinformation.de

Gemeinsames Giftinformationszentrum der
Länder Mecklenburg-Vorpommern, Sachsen,
Sachsen-Anhalt u. Thüringen
c/o Klinikum Erfurt GmbH
Nordhaeuser Str. 74
99089 Erfurt
Tel. (0 361) 7 30-7 30
www.ggiz-erfurt.de/

Österreich
Vergiftungsinformationszentrale
Allgemeines Krankenhaus
Währinger Gürtel 18–20
1090 Wien
Tel. (0 043) 1-406 43 43

Schweiz
Schweizerisches Toxikologisches Info-Zentrum
Freiestr. 16
8032 Zürich
Tel. 145 (24 h – Notruf)
Tel. (0 44)-25 16 666 (Anfragen)

Der Autor

Markus Flück ist seit seiner Kindheit begeisterter Natur- und Pilzliebhaber. Eine weitere Leidenschaft gilt der Fotografie, wie die unzähligen Bilder in diesem Buch beweisen. Er ist Schweizerischer Pilzexperte und führt schon seit 20 Jahren die Pilzkontrolle für mehrere Gemeinden durch. Neben Pilzkursen für jedermann bietet Markus Flück auch Pilzausbildungen für Forstleute sowie Kochkurse mit Wildpilzen an. Sein großes Anliegen ist es, die Zusammenhänge von Pilz, Baum, Wald und Biotop einem großen Publikum weiterzugeben. 1995 erschien sein erstes Buch „Welcher Pilz ist das?", das in mehrere Sprachen übersetzt wurde. Es folgten weitere Veröffentlichungen.

Bildnachweis
Mit 458 Farbfotos von Philipp Aeberhard (S. 96 u.), Josef Breitenbach (S. 63, 64, 222), Mohan Rolf (S. 65 beide) und Peter Schönfelder (S. 76), alle übrigen vom Autor.
Mit 170 Illustrationen auf den Klappen und im Innenteil sowie 10 Symbolzeichnungen von Wolfgang Lang.
Mit 1 Tabelle auf der hinteren Umschlagklappe von Katrin Kilian, unter Verwendung eines Grundlayouts von Friedhelm Steinen-Broo.

Impressum
Umschlaggestaltung von eStudio Calamar unter Verwendung von vier Farbfotos von Markus Flück: auf der Vorderseite der Fliegenpilz, auf der Rückseite (von links nach rechts) Kirschroter Saftling, Mai-Morchel und Korb mit Steinpilzen. Das Bild auf Seite 2/3 zeigt Stockschwämmchen.

Mit 458 Farbfotos und 170 Illustrationen

> **Wichtige Hinweise für den Benutzer**
> Auch die ausführlichste Diagnose in einem Pilzbestimmungsbuch kann die umfassende Erfahrung nicht ersetzen, die ein Pilzsammler erst im Lauf der Zeit erwirbt. Lassen Sie deshalb selbstbestimmte Pilze beim geringsten Zweifel an der Diagnose vorsichtshalber von einem Fachmann nachbestimmen (Pilzberatungsstelle, anerkannter Pilzberater). Im Zweifelsfall sollten Sie eine fragliche Art nicht verwenden. Verlag und Autor tragen keinerlei Verantwortung für Fehlbestimmungen durch den Leser dieses Buches oder für individuelle Unverträglichkeiten.
> Mit Ausnahme des Rötlichen Gallerttrichters *(Tremiscus helvelloides)* und des Eispilzes *(Pseudohydnum gelantinosum)* Pilze nie roh essen! Sofern nicht anders angegeben, schließt der Hinweis „essbar" stets ein, dass der Pilz vorher durch Braten, Kochen, etc. eine Hitzebehandlung erfuhr.

Unser gesamtes lieferbares Programm und viele weitere Informationen zu unseren Büchern, Spielen, Experimentierkästen, DVDs, Autoren und Aktivitäten finden Sie unter **www.kosmos.de**

Dritte Auflage
© 2009, Franckh-Kosmos Verlags-GmbH & Co. KG, Stuttgart.
Alle Rechte vorbehalten
ISBN 978-3-440-11561-9
Projektleitung: Alke Rockmann
Redaktion: Bärbel Oftring, Julia Grimm
Produktion: Markus Schärtlein, Siegfried Fischer
Printed in Italy/Imprimé en Italie

KOSMOS.
Mehr Wissen. Mehr Erleben.

Bärbel Oftring | **Ab in den Wald!**
96 S., 150 Abb., €/D 9,95
ISBN 978-3-440-12586-1

Für alle Entdecker

Es gibt so viel zu entdecken! Natur tut gut. Natur macht Spaß - besonders, wenn man sie Kindern nahe bringt und mit der ganzen Familie in den Wald zieht. Hier gibt es eine wunderbare Vielfalt an Tieren, Pflanzen und kleinen Wundern, an Erlebnissen und Sinneseindrücken: Tierspuren erkennen, über Mooswege laufen, Pilze finden, die Rotwildbrunft beobachten, Forstzeichen an Bäumen verstehen oder verborgene Spechthöhlen ausmachen.

www.kosmos.de/natur

KOSMOS.
Mehr Wissen. Mehr Erleben.

Ideal für unterwegs

Kennen Sie den Taubenbaum, die Weiden-Birne oder die Seidenakazie? Entdecken Sie in diesem Naturführer über 350 Baum- und Straucharten aus ganz Europa. Der Kosmos-Farbcode bietet eine schnelle Orientierung.

Margot und Roland Spohn
Welcher Baum ist das?
256 S., 1.720 Abb., €/D 9,95
ISBN 978-3-440-10794-2

978-3-440-10797-3

978-3-440-10796-6

978-3-440-10798-0

978-3-440-10889-5

978-3-440-10795-9

Jeder Band mit 256–320 Seiten, ca. 1.800–2.200 Abb., je €/D 9,95

empfohlen vom

NABU

www.kosmos.de/natur

Verwerten und Konservieren

Pilze putzen (S. 79)

Pilze tiefgefrieren (S. 83)

Pilze klein schneiden (S. 79)

Pilze trocknen (S. 83)

Dörrapparat

Pilze im eigenen Saft einmachen (S. 85)

Pilze in Essig (S. 85)